रिच डैड्स

अपना फ़ाइनैंशियल आईक्यू बढ़ाएँ

Other titles by the authors published by Manjul

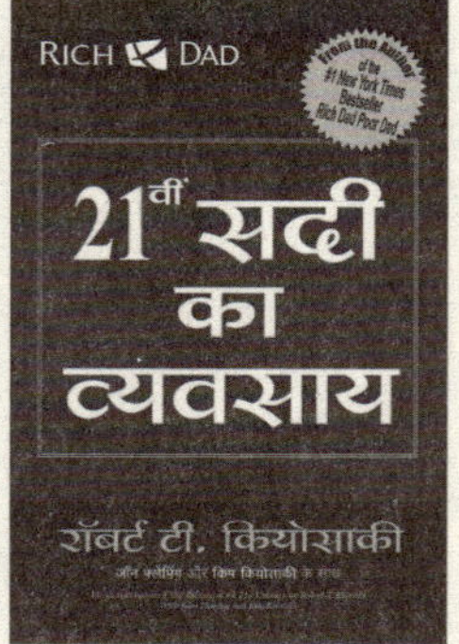

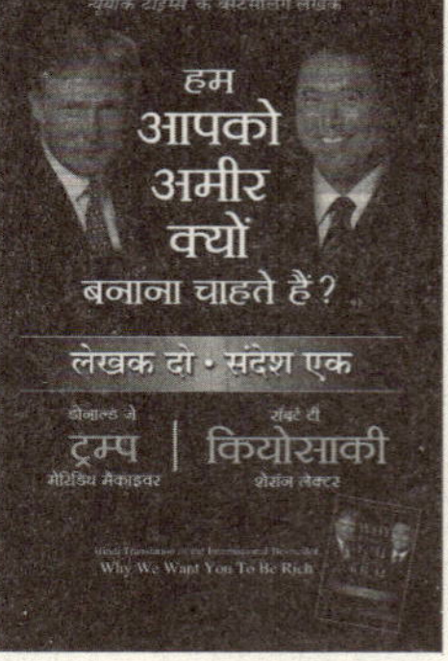

Available at all leading booksellers across India or through **www.manjulindia.com**

रिच डैड्स

अपना फ़ाइनैंशियल आईक्यू बढ़ाएँ

ज़्यादा स्मार्ट बनें, ज़्यादा अमीर बनें

रॉबर्ट टी. कियोसाकी

अनुवाद : सुधीर दीक्षित

मंजुल पब्लिशिंग हाउस

मंजुल पब्लिशिंग हाउस

कॉरपोरेट एवं संपादकीय कार्यालय

• द्वितीय तल, उषा प्रीत कॉम्प्लेक्स, 42 मालवीय नगर, भोपाल-462 003

विक्रय एवं विपणन कार्यालय

• सी-16, सेक्टर 3, नोएडा, उत्तर प्रदेश, 201301

वेबसाइट : www.manjulindia.com

वितरण केन्द्र

अहमदाबाद, बेंगलुरू, भोपाल, कोलकाता, चेन्नई,
हैदराबाद, मुम्बई, नई दिल्ली, पुणे

रॉबर्ट टी. कियोसाकी द्वारा लिखित मूल अंग्रेजी पुस्तक
रिच डैड्स इनक्रीज़ यॉर फ़ाइनैंशियल आईक्यू : गेट स्मार्टर विद यॉर मनी
का हिन्दी अनुवाद

Rich Dad's Increase Your Financial IQ: Get Smarter With Your Money
by Robert T. Kiyosaki – Hindi edition

यह संस्करण रिच डैड ऑपरेटिंग कंपनी, एल एल सी के सहयोग से प्रकाशित

हिन्दी संस्करण सर्वप्रथम 2022 में मंजुल पब्लिशिंग हाउस प्रा. लि. द्वारा प्रकाशित

यह हिन्दी संस्करण 2022 में पहली बार प्रकाशित
द्वितीय आवृत्ति 2024

ISBN 978-93-5543-111-0

अनुवाद : सुधीर दीक्षित

मुद्रण व जिल्दसाज़ी : रेप्रो इंडिया लिमिटेड

अनुक्रम

प्रस्तावना :

शिक्षा पर एक पूँजीपति का दृष्टिकोण

हम अमेरिका के इतिहास में सबसे बुरे वित्तीय संकटों में से एक का सामना कर रहे हैं - ऐसा संकट, जो सिर्फ़ हमें ही नहीं, बल्कि हमारे बच्चों के बच्चों को भी प्रभावित कर सकता है। इस बात पर ज़ोर देना चाहूँगा कि आज का आर्थिक तूफ़ान ऋणों के विघटन के कारण ही नहीं है, बल्कि पूँजीवाद के लिए भी संकट है। जैसा कि क्लेवो के सेंट बर्नार्ड ने चेतावनी दी थी, "नरक अच्छे इरादों या इच्छाओं से भरा हुआ है।" दुर्भाग्य से, आज अमेरिका में जानकार निर्णयों की जगह अच्छे इरादों ने ले ली है। जिस दहशत भरी नादानी से हमारे तथाकथित नेता वर्तमान आर्थिक आपातकालीन स्थिति से निपट रहे हैं, यह बात उससे बेहतर कहीं अन्य स्पष्ट नहीं होती। इसके फलस्वरूप हम में से कई लोग कष्ट उठाएँगे, क्योंकि हमारी सरकार और व्यावसायिक नेताओं के कामों की वजह से ही यह आर्थिक आपदा उत्पन्न हुई है और नुक़सान कम करने की उनकी कोशिशों से यह और गहरी हुई है।

विडंबना यह है कि रोनाल्ड रीगन जैसे साहसी नेताओं ने डॉलर को मज़बूत करने और मुक्त बाज़ार के पूँजीवाद का मार्ग खोलने की जो पुरज़ोर कोशिश की, उसे आजकल के नेताओं और अफ़सरशाहों ने दरकिनार कर दिया है, क्योंकि उन्हें नेतृत्व करने के बजाय लोगों को ख़ुश करने की ज़्यादा चिंता है। समाजवादी दिखावे की लहर पूँजीवाद और मुक्त बाज़ारों के मार्ग को बाधित कर चुकी है। अमेरिकी सरकार अब दरअसल देश में सबसे बड़ी मॉर्गेज प्रदाता है और सबसे बड़ी बीमाकर्ता भी। यही नहीं, यह जल्दी ही उन बदहाल कॉर्पोरेशन्स में बड़ी हिस्सेदारी की स्वामी भी बन जाएगी, जिनके पास अपनी सबप्राइम संपत्तियाँ सरकार को बेचने के अलावा दूसरा विकल्प नहीं है, क्योंकि मार्क टू मार्केट (एमटीएम) जैसी मूर्खतापूर्ण नियामक आवश्यकताएँ विद्यमान हैं।

साख या ऋण का संकट बहुत दुखद है। जिस पूँजीवादी तंत्र ने अमेरिकी जनता को अपूर्व समृद्धि दिलाई, उसकी दुर्दशा बहुत दुखद है, लेकिन इससे भी ज़्यादा बड़ी त्रासदी यह है कि बहुत कम लोग सचमुच समझते हैं कि क्या हुआ या क्यों हुआ। हम यह भी नहीं समझते हैं कि हमें ख़ुद की और अपनी अर्थव्यवस्था की रक्षा करने के लिए क्या करना चाहिए। और चूँकि हम में से कई लोग इन चीज़ों को नहीं समझ पाए हैं, इसलिए आज हमारे सामने जो अवसर हैं, वे हमारी अँगुलियों से फिसल जाएँगे और जिन चुनौतियों का हम आज सामना कर रहे हैं, उनमें से कई लंबे समय तक जारी रहेंगी। अमेरिकी स्वप्न की

परिभाषा अब्राहम लिंकन ने प्रशंसनीय तरीक़े से दी थी कि हर अमेरिकी के पास 'जीवन में अपनी स्थिति को बेहतर बनाने' का अवसर होना चाहिए, लेकिन उस स्वप्न को साकार करने की कई लोगों की योग्यता अमेरिका की वित्तीय शिक्षा के गंभीर अभाव के कारण काफ़ी कम है। जैसा पैगंबर हॉस्या ने बहुत वाकपटुता से कहा है, "मेरे लोग ज्ञान के अभाव में नष्ट हो जाते हैं।"

तो फिर समाधान क्या है? हम बेजान होते पूँजीवाद में दोबारा जान कैसे फूँक सकते हैं? हमारी आर्थिक समृद्धि को क़ायम रखने के लिए हमें कौन से क़दम उठाने चाहिए? बहुत से समझदारी भरे और प्रभावी समाधानों की तरह हर इन सवालों का जवाब भी आसान है : शिक्षा। शिक्षा हमें वह ज्ञान देती है, जिससे हम अवसर के बंधनों को हटा सकते हैं। शिक्षा की बदौलत हम अच्छे इरादों के सीमित करने वाले बंधनों के पार जाकर उस प्रभावी व्यवहारवाद को अंगीकार कर सकते हैं, जो सिर्फ़ ज्ञान और समझ से ही मिल सकता है।

कई लोगों के मामले में समृद्ध जीवन और वित्तीय सुरक्षा का आनंद लेने की कुंजी तंत्र को समझने के साथ यह जानना भी है कि इससे वे अपनी ख़ातिर काम कैसे करा सकते हैं - यानी वित्तीय बुद्धि हासिल करना और जैसा रॉबर्ट ने बहुत अच्छी तरह कहा है, वित्तीय आईक्यू बढ़ाना। यह प्रक्रिया ज़िंदगी भर चलती है। इस प्रक्रिया में शामिल होने के लिए जीनियस होने की ज़रूरत नहीं है। इसके लिए तो बस सीखने और तैयारी करने की इच्छा की ज़रूरत है।

वित्त और अर्थव्यवस्था का व्यावहारिक ज्ञान पास-फेल वाली बात नहीं है। यह ऐसा मामला नहीं है कि या तो आप इसे जानते हैं या नहीं जानते हैं। यह तो धन, वित्त और अर्थव्यवस्था के बारे में ज्ञान हासिल करने तथा उस ज्ञान को लागू करने की दोतरफ़ा प्रक्रिया है। आप सीखते हैं कि ये चीज़ें कैसे आपके दैनिक जीवन पर प्रभाव डालती हैं और आप उन पर कैसे प्रतिक्रिया करके सफल हो सकते हैं। आपका ज्ञान जितना ज़्यादा होगा, आपके समृद्ध होने की उतनी ही ज़्यादा संभावना होगी। आपका वित्तीय आईक्यू जितना ज़्यादा होता है, आपका वित्तीय प्रदर्शन उतना ही ज़्यादा शक्तिशाली होगा।

वित्तीय शिक्षा सिर्फ़ आँकड़ों और स्प्रेडशीट्स के बारे में ही नहीं है, हालाँकि वे निश्चित रूप से इसका हिस्सा हैं। वित्तीय शिक्षा के लिए इस बात की ठोस समझ होनी चाहिए कि कंपनियाँ और सरकार कैसे काम करती हैं (या काम नहीं करती हैं, जैसी भी स्थिति हो)। इसके अलावा, इतिहास, मानविकी तथा मानव स्वभाव, कलाओं व विज्ञान, और संगीत तथा मैकेनिक्स के बारे में भी जानकारी होनी चाहिए। परिपूर्ण, सुसंस्कृत और पूरी तरह तैयार नागरिक बनने के लिए संपूर्ण शिक्षा की ज़रूरत है, जो सिर्फ़ संख्याओं और स्प्रेडशीट्स के बजाय आत्मा पर ध्यान केंद्रित करती हो।

जब आप अपने भीतर के ईश्वर प्रदत्त गुणों को खोजते और पूरी तरह विकसित करते हैं, तो सारी शिक्षा का मूल्य होता है और सारी शिक्षा उपयोगी होती है। प्रजातांत्रिक पूँजीवाद का समर्थक होने के नाते मुझे विश्वास है कि शिक्षा हमारे देश के आर्थिक हितों के लिए अत्यंत महत्त्वपूर्ण है। यह अत्यंत आवश्यक है, ताकि अमेरिका अंधकार भरे संसार में जगमगाती मशाल के रूप अपनी भूमिका निभा सके। शिक्षा लोगों की पूरी क्षमता के दोहन

के लिए बेहद आवश्यक है। जिस आर्थिक तूफ़ान का हम सामना कर रहे हैं, उसमें अपनी परिस्थितियों की ज़िम्मेदारी लेने और फलने-फूलने के लिए शिक्षा अनिवार्य है।

इसीलिए मैं वित्तीय शिक्षा प्रदान करने के रॉबर्ट कियोसाकी के प्रयासों की सराहना करता हूँ। वे उन लोगों को शिक्षित करना चाहते हैं, जो अपना जीवन बदलना चाहते हैं, वित्तीय सुरक्षा हासिल करना चाहते हैं और अपने सपनों का जीवन जीने के लिए संसाधन विकसित करना चाहते हैं। आप यह उत्कृष्ट पुस्तक पढ़ रहे हैं, इसका मतलब है कि आप ख़ुद को और अपने देश को बेहतर बनाने के लिए सही मार्ग पर चल रहे हैं। इसलिए मैं आपकी भी प्रशंसा करता हूँ। इस पुस्तक का आनंद लें - जिस तरह मैंने लिया था - शायद यह ज्ञान तथा समझ हासिल करने की आपकी आजीवन प्रक्रिया का हिस्सा बन जाए!

—स्टीव फ़ोर्ब्स

प्रस्तावना

मैं 2004 में रॉबर्ट कियोसाकी से पहली बार मिला था। हम दोनों ने मिलकर 2006 में एक बेस्टसेलिंग पुस्तक लिखी। 2008 में मुझे इस बात का स्पष्ट अहसास हुआ कि रॉबर्ट जो कहते और सिखाते हैं, वह पहले से कहीं ज़्यादा महत्त्वपूर्ण है। वित्तीय शिक्षा आज अमेरिका के लिए अनिवार्य है और इस क्षेत्र में रॉबर्ट की कुशाग्र बुद्धि निर्विवाद है।

अपनी पुस्तक *व्हाई वी वांट यू टू बी रिच* में हमने जो कहा था, उस पर नज़र डालें और फिर देखें कि उसके बाद क्या हुआ है। मैं कहूँगा हम जानते थे कि हम किस बारे में चर्चा कर रहे थे। इस पुस्तक में रॉबर्ट आपको एक और क़दम आगे ले जा रहे हैं और मेरा मानना है कि वे उतने ही सटीक भविष्यदृष्टा साबित होंगे, जितने हम 2006 में साबित हुए थे। आपको मेरी सलाह है कि आप उनकी बातों पर ध्यान दें।

रॉबर्ट और मेरी चिंताएँ समान हैं। शिक्षक तथा व्यवसायी के रूप में हम काफ़ी कुछ एक जैसे मार्ग पर चले हैं। हम दोनों के अलग-अलग अमीर डैडी थे, जिन्होंने हमारे जीवन, उत्साह और कई सफलताओं को आकार देने में मदद की। हम दोनों ही उद्यमी तथा रियल एस्टेट निवेशक हैं और वित्तीय शिक्षा ही हमारी सफलता का राज़ है। हम वित्तीय साक्षरता का महत्त्व जानते हैं, इसलिए हम इस मामले में काफ़ी गंभीर हैं। रॉबर्ट ने कहा है, "वित्तीय शिक्षा से ही लोग वित्तीय जानकारी की प्रोसेसिंग करके उसे ज्ञान में बदल पाते हैं... और ज़्यादातर लोगों के पास उतनी वित्तीय शिक्षा नहीं है, जिसकी बदौलत वे अपने जीवन के प्रभारी बन सकते हैं।" मैं उनकी इस बात से पूरी तरह सहमत हूँ।

मैंने मिलते ही देख लिया था कि रॉबर्ट आत्मसंतुष्ट नहीं हैं। वे बहुत सफल हैं - क्योंकि वे जो कर रहे हैं, उससे वे प्रेम करते हैं। हम में यह एक और समानता है। यह आपके लिए सौभाग्य की बात है, क्योंकि वे आपको बहुत अच्छी और व्यापक सलाह दे सकते हैं। जैसा कि मैंने *व्हाई वी वांट यू टू बी रिच* में कहा था, इसमें क्या तुक है कि आपके पास बेहतरीन ज्ञान हो, लेकिन आप इसे ख़ुद तक सीमित रखें। रॉबर्ट अपनी हर पुस्तक में इस सवाल का जवाब देते हैं और आप ख़ुशक़िस्मत हैं कि वे आपको यह ज्ञान दे रहे हैं।

पैसे के साथ ज़्यादा स्मार्ट बनकर ज़्यादा अमीर बनने का पहला क़दम यह है कि आप अपने सामने आने वाले अवसरों का लाभ लें। हाल-फ़िलहाल आप अपने हाथ में एक महान अवसर थामे हैं। आपको मेरी सलाह है कि आप यह पुस्तक न सिर्फ़ पढ़ें, बल्कि

ग़ौर से पढ़ें। इसकी बदौलत आप वित्तीय स्वतंत्रता के सही मार्ग पर चलने लगेंगे, जो बड़ी सफलता का मार्ग है। एक बात और, बड़ी सोच रखें। विजेताओं के समूह में पहुँचें, हम वहाँ आपका इंतज़ार करेंगे।

—डोनाल्ड जे. ट्रम्प

लेखक की टिप्पणी

पैसा बुरा नहीं होता

शिक्षा प्रणाली की एक बड़ी असफलता यह है कि विद्यार्थियों को वित्तीय शिक्षा नहीं दी जाती है। शिक्षाविद् सोचते हैं कि धन-दौलत किसी तरह का अर्द्ध धार्मिक और पंथ जैसा कलंक है। प्रायः वे मानते हैं कि *पैसे का प्रेम ही सारी बुराइयों की जड़ है।*

जैसा कि हम में से ज़्यादातर लोग जानते हैं, पैसे का प्रेम बुरा नहीं होता - पैसे का अभाव बुरा होता है। बुरा यह होता है कि हम वह नौकरी करें, जिससे हम नफ़रत करते हैं। बुरा यह होता है कि हम कड़ी मेहनत करने के बावजूद पर्याप्त आमदनी न कमा पाएँ। बुरा यह होता है कि लोग गहरे क़र्ज़ में डूब जाएँ। आर्थिक विवादों के कारण प्रियजनों से लड़ना बुरा है। लोभी होना बुरा है। पैसे पाने के लिए आपराधिक या अनैतिक काम करना बुरा है। पैसा अपने आप में बुरा नहीं है। पैसा तो बस पैसा है।

आपका घर संपत्ति नहीं है

वित्तीय शिक्षा की कमी के कारण लोग मूर्खतापूर्ण चीज़ें करते हैं या फिर वे मूर्ख लोगों की बातों में आकर गुमराह होते हैं। मिसाल के तौर पर 1997 में जब मैंने अपनी पुस्तक *रिच डैड पुअर डैड* में लिखा कि "आपका घर संपत्ति नहीं है... आपका घर दायित्व है," तो विरोध का तूफ़ान खड़ा हो गया। मेरी पुस्तक और मेरी दोनों की काफ़ी कटु आलोचना हुई।

कई स्वघोषित वित्तीय विशेषज्ञ मीडिया में मुझ पर प्रहार करने लगे। दस साल बाद 2007 में जब क्रेडिट मार्केट चरमराया और करोड़ों लोग वित्तीय गिरावट के शिकार हुए, रियल एस्टेट के भाव गिरने की वजह से कई ने अपने घर गँवा दिए, कुछ को ख़ुद को दिवालिया घोषित करना पड़ा, कुछ पर तो मकान के मूल्य से ज़्यादा क़र्ज़ चढ़ गया, तब कहीं जाकर इन लोगों को दर्दनाक तरीक़े से इस सत्य का अहसास हुआ कि उनका घर *वास्तव में संपत्ति नहीं, बल्कि दायित्व था।*

दो इंसान, एक संदेश

2006 में मेरे मित्र डोनाल्ड ट्रम्प और मैंने एक पुस्तक लिखी, जिसका शीर्षक था *व्हाई वी वांट यू टू बी रिच।* हमने इस बारे में लिखा कि मध्य वर्ग क्यों पिछड़ रहा था और हमारे

हिसाब से इसके क्या कारण थे। हमारे हिसाब से कई कारण वैश्विक, शासन और वित्तीय बाज़ार थे। इस पुस्तक पर भी वित्तीय मीडिया में हमला हुआ, लेकिन 2007 तक हमारी कही ज़्यादातर बातें सच निकलीं।

दक़ियानूसी सलाह

आज भी कई वित्तीय विशेषज्ञ यही सलाह दे रहे हैं, "कड़ी मेहनत करो, पैसे बचाओ, क़र्ज़ से बाहर निकलो, अपने संसाधनों से कम में गुज़ारा करो और म्यूचुअल फ़ंड्स के अच्छी तरह डाइवर्सिफ़ाइड समूह में निवेश करो।" इस सलाह के साथ समस्या यह है कि यह *बुरी सलाह* है - क्योंकि यह *दक़ियानूसी सलाह* है। पैसे के नियम बदल गए हैं। वे 1971 में बदल गए थे। आज एक नया पूँजीवाद आ चुका है। पैसे बचाना, क़र्ज़ से बाहर निकलना और डाइवर्सिफ़ाई करना पुराने पूँजीवाद के युग में कारगर थे, लेकिन आज जो लोग *पुराने पूँजीवाद* के 'कड़ी मेहनत करो और पैसे बचाओ' के मंत्र का अनुसरण करेंगे, वे वित्तीय दृष्टि से कमज़ोर रहेंगे, क्योंकि आज *नए पूँजीवाद* का युग आ चुका है।

जानकारी बनाम शिक्षा

हमारी स्कूल प्रणाली में वित्तीय शिक्षा नहीं दी जाती, जो क्रूर और शर्मनाक बुराई है। देखिए, हम अमीर हों या ग़रीब, स्मार्ट हों या बुद्धू, आज के संसार में वित्तीय शिक्षा अस्तित्व के बचाव के लिए पूरी तरह अनिवार्य है।

जैसा कि हम में से ज़्यादातर लोग जानते हैं, हम सूचना युग में रहते हैं। सूचना युग के साथ समस्या यह है कि हमारे चारों तरफ़ *जानकारी का सैलाब* है। आज ज़रूरत से बहुत ज़्यादा जानकारी उपलब्ध है। नीचे दिया सूत्र स्पष्ट करता है कि वित्तीय शिक्षा इतनी महत्त्वपूर्ण क्यों है।

जानकारी + शिक्षा = ज्ञान

वित्तीय शिक्षा न होने पर लोग जानकारी की प्रोसेसिंग करके उसे उपयोगी ज्ञान में नहीं बदल सकते। वित्तीय ज्ञान के बिना लोग वित्तीय दृष्टि से संघर्ष करते हैं। वित्तीय ज्ञान के बिना लोग मकान ख़रीदकर यह सोचते हैं कि उनका घर एक संपत्ति है। या फिर वे पैसे बचाते हैं और उन्हें यह अहसास ही नहीं होता है कि 1971 के बाद से उनका पैसा पैसा नहीं रह गया है, यह तो सिर्फ़ मुद्रा बन गया है। वित्तीय ज्ञान के बिना लोग अच्छे क़र्ज़ और बुरे क़र्ज़ के बीच का फ़र्क़ नहीं जानते या यह नहीं जानते कि अमीर ज़्यादा कमाने के बावजूद कम टैक्स क्यों देते हैं या संसार के सबसे अमीर निवेशक वॉरेन बफ़ेट डाइवर्सिफ़ाई क्यों नहीं करते।

आत्मघाती छलाँग

वित्तीय ज्ञान के बिना लोग किसी ऐसे व्यक्ति की तलाश करते हैं, जो उन्हें बताए कि क्या करना है। और ज़्यादातर वित्तीय विशेषज्ञ यही सलाह देते हैं कि कड़ी मेहनत करो, पैसे बचाओ, क़र्ज़ से बाहर निकलो, अपने संसाधनों से कम में रहो और म्यूचुअल फ़ंड्स के अच्छी तरह डाइवर्सिफ़ाइड पोर्टफ़ोलियो में निवेश करो। जिस तरह आत्मघाती छलाँग लगाने वाले लोग अपने नेताओं का अनुसरण करते हैं, उसी तरह वित्तीय दृष्टि से अज्ञानी लोग भी दौड़कर चट्टान तक जाते हैं और वित्तीय अनिश्चितता के महासागर में छलाँग लगा देते हैं और यह उम्मीद करते हैं कि वे तैरकर दूसरे किनारे तक पहुँच जाएँगे।

यह पुस्तक वित्तीय सलाह के बारे में नहीं है

यह पुस्तक आपको यह नहीं बताएगी कि क्या करना है। पुस्तक में आपको वित्तीय सलाह नहीं मिलेगी। यह पुस्तक तो आपको वित्तीय दृष्टि से ज़्यादा स्मार्ट बनने के तरीक़े बताएगी, ताकि आप अपनी वित्तीय जानकारी को ख़ुद प्रोसेस कर सकें और अपने वित्तीय लक्ष्यों तक पहुँचने का स्वयं का मार्ग खोज सकें।

सारांश में यह पुस्तक ज़्यादा स्मार्ट बनकर ज़्यादा अमीर बनने के बारे में है। यह पुस्तक आपका वित्तीय आईक्यू बढ़ाने के बारे में है।

भूमिका

क्या पैसा आपको अमीर बनाता है?

यह संतोषजनक स्थिति है कि देश के लोग हमारे बैंकिंग और मौद्रिक तंत्र को नहीं समझते, क्योंकि यदि वे समझते, तो मेरा मानना है कि कल सुबह से पहले ही क्रांति हो जाती।

—हेनरी फ़ोर्ड

जवाब है नहीं। सिर्फ़ पैसा आपको अमीर नहीं बनाता। हम सभी उन लोगों को जानते हैं, जो हर दिन काम पर जाते हैं, पैसे की ख़ातिर काम करते हैं और ज़्यादा पैसे कमाते हैं, लेकिन इसके बावजूद ज़्यादा अमीर नहीं बन पाते। विडंबना यह है कि कई तो हर डॉलर कमाने के साथ क़र्ज़ में ज़्यादा गहरे धँसते चले जाते हैं। हम सबने लॉटरी विजेताओं और तुरंत करोड़पति बनने वाले लोगों की कहानियाँ सुनी हैं, जो लगभग तुरंत ही दोबारा ग़रीब बन जाते हैं। हमने रियल एस्टेट में लोगों के घर नीलाम होने की कहानियाँ भी सुनी हैं। मकान मालिकों को ज़्यादा अमीर और वित्तीय दृष्टि से ज़्यादा सुरक्षित बनाने के बजाय रियल एस्टेट उन्हें उनके मकान से बाहर निकालकर फुटपाथ पर पहुँचा देती है। हम में से कई ऐसे लोगों को जानते हैं, जिन्होंने शेयर बाज़ार में निवेश करके पैसा गँवाया है। शायद आपके साथ भी ऐसा हुआ हो। सोना संसार का एकमात्र वास्तविक धन है, लेकिन उसमें निवेश करने पर भी निवेशक का पैसा डूब सकता है।

दरअसल, युवावस्था में मैंने सबसे पहले सोने में ही निवेश किया था, रियल एस्टेट में तो मैंने बाद में निवेश किया। 1972 में 25 साल की उम्र में मैं सोने के सिक्के ख़रीदने लगा और उस वक़्त सोने का भाव 70 डॉलर प्रति औंस था। 1980 तक सोना 800 डॉलर प्रति औंस के क़रीब पहुँच गया। लोगों में सोने के प्रति जुनून था। लोभ सावधानी पर हावी हो गया। अफ़वाहें थीं कि सोना 2,500 डॉलर प्रति औंस तक जाएगा। लोभी निवेशक सोना ख़रीदकर इकट्ठा करने लगे, हालाँकि उन्होंने ऐसा पहले कभी नहीं किया था। मेरे ख़रीदे सोने के भाव बढ़ चुके थे और मैं उससे थोड़ा मुनाफ़ा कमा सकता था, लेकिन इसके बजाय मैं उसे रोके रहा और सोने के भाव और ऊपर जाने का इंतज़ार करने लगा। आख़िरकार, जब लगभग एक साल बाद सोना 500 डॉलर प्रति औंस के नीचे आया, तो मैंने अपना

आख़िरी सिक्का बेच दिया। 1980 से मैं सोने को नीचे लुढ़कते देखता रहा और 1999 में यह आख़िरकार 250 डॉलर तक पहुँचने के बाद दोबारा ऊपर चढ़ा।

हालाँकि सोने में निवेश से मैंने ज़्यादा पैसा नहीं कमाया, लेकिन इससे मैंने पैसे के बारे में कई अनमोल सबक़ सीखे। मैं असली धन यानी सोने में निवेश करके भी पैसे गँवा सकता हूँ, इस अनुभव के बाद मुझे यह अहसास हुआ कि सोना नहीं, बल्कि संपत्ति मूल्यवान होती है। दरअसल, उस संपत्ति के बारे में *जानकारी* ही अंततः किसी व्यक्ति को अमीर या ग़रीब बनाती है। दूसरे शब्दों में, *रियल एस्टेट, शेयर, म्यूचुअल फ़ंड, कंपनियाँ या धन किसी व्यक्ति को अमीर नहीं बनाते। इसकी बजाय सूचना, ज्ञान, बुद्धिमत्ता और तकनीकी जानकारी यानी वित्तीय बुद्धि ही इंसान को दौलतमंद बनाती है।*

गोल्फ़ का प्रशिक्षण या गोल्फ़ के क्लब

मेरा एक मित्र गोल्फ़ का दीवाना है। वह हर साल नए क्लबों और बाज़ार में उतरने वाले नए गोल्फ़ उपकरणों पर हज़ारों डॉलर ख़र्च करता है। समस्या यह है कि वह गोल्फ़ सीखने पर एक डॉलर भी ख़र्च नहीं करता। इसलिए नवीनतम और सबसे बेहतरीन गोल्फ़ उपकरण होने के बावजूद उसका गोल्फ़ का खेल वैसा ही रहता है, जैसा पिछले साल था। अगर वह गोल्फ़ के प्रशिक्षण में निवेश करता और पिछले साल के क्लबों से ही खेलता, तो शायद वह ज़्यादा बेहतर गोल्फ़ खिलाड़ी होता।

यही अजीब आदत पैसों के खेल में भी देखी जा सकती है। अरबों लोग शेयरों और रियल एस्टेट जैसी संपत्तियों में अपनी कड़ी मेहनत का पैसा निवेश करते हैं, लेकिन सूचना या जानकारी में ज़रा भी निवेश नहीं करते। इसलिए उनका वित्तीय स्कोर लगभग समान रहता है।

कोई जादुई फ़ॉर्मूला नहीं है

यह पुस्तक फटाफट अमीर बनाने वाली पुस्तक नहीं है, न ही यह पुस्तक आपको अमीर बनने का कोई जादुई फ़ॉर्मूला बताती है। यह पुस्तक तो आपकी वित्तीय बुद्धि यानी आपके वित्तीय आईक्यू को बढ़ाने के बारे में है। यह ज़्यादा स्मार्ट बनकर ज़्यादा अमीर बनने के बारे में है। यह *पाँच बुनियादी वित्तीय बुद्धियों* के बारे में है, जिनकी मदद से आप ज़्यादा अमीर बन सकते हैं, चाहे अर्थव्यवस्था, शेयरों या रियल एस्टेट बाज़ारों की दशा या दिशा कैसी भी हो।

धन के नए नियम

यह पुस्तक धन के नए नियमों के बारे में है, जो 1971 में बदले थे। नियमों में हुए परिवर्तन की वजह से पुराने नियम दक़ियानूसी हो गए हैं। इतने सारे लोग वित्तीय दृष्टि से इसीलिए संघर्ष करते हैं, क्योंकि वे धन के पुराने नियमों पर ही चल रहे हैं, जैसे *कड़ी मेहनत करो, पैसे बचाओ, क़र्ज़ से बाहर निकलो और शेयरों, बॉन्ड तथा म्यूचुअल फ़ंड्स के अच्छी तरह डाइवर्सिफ़ाइड पोर्टफ़ोलियो में लंबे समय के लिए निवेश करो।* यह पुस्तक धन के नए नियमों

से खेलने के बारे में है, लेकिन इसके लिए आपको अपनी वित्तीय बुद्धि और वित्तीय आईक्यू को बढ़ाने की ज़रूरत है।

इस पुस्तक को पढ़ने के बाद आप ज़्यादा अच्छी तरह तय कर पाएँगे कि आपके लिए *पुराने नियमों* से खेलना बेहतर है या फिर *नए नियमों* से।

अपना वित्तीय जीनियस खोजना

इस पुस्तक का अध्याय 9 आपके मस्तिष्क के तीनों हिस्सों का इस्तेमाल करके अपना वित्तीय जीनियस खोजने के बारे में है। जैसा हम में से ज़्यादातर लोग जानते हैं, हमारे मस्तिष्क के तीन हिस्से होते हैं : बायाँ, दायाँ और अवचेतन मस्तिष्क।

ज़्यादातर लोग अमीर इसलिए नहीं बन पाते हैं, क्योंकि अवचेतन मस्तिष्क इन तीनों हिस्सों में सबसे शक्तिशाली होता है। उदाहरण के लिए, जो लोग रियल एस्टेट का अध्ययन करते हैं, उन्हें उनके बाएँ और दाएँ मस्तिष्क सटीकता से बता देते हैं कि उन्हें क्या करना चाहिए, लेकिन उनके मस्तिष्क का शक्तिशाली अवचेतन हिस्सा कमान सँभाल लेता है और कहता है, "ओह, इसमें तो बहुत जोखिम है। अगर आपका पैसा डूब गया, तो क्या होगा? अगर आपसे ग़लती हो गई, तो क्या होगा?" इस उदाहरण में डर की वजह से आपका अवचेतन मस्तिष्क बाएँ और दाएँ मस्तिष्क की इच्छाओं के ख़िलाफ़ काम कर रहा है। सरल भाषा में, अपने वित्तीय जीनियस को विकसित करने के लिए सबसे पहले तो यह जानना महत्त्वपूर्ण है कि आपके मस्तिष्क के तीनों हिस्सों से एक-दूसरे के ख़िलाफ़ नहीं, बल्कि एक-दूसरे के सामंजस्य में काम कैसे कराएँ। यह पुस्तक आपको बताएगी कि आप ऐसा कैसे कर सकते हैं।

संक्षेप में

कई लोगों को लगता है कि पैसा बनाने के लिए पैसे की ज़रूरत होती है। यह सच नहीं है। हमेशा याद रखें कि अगर सोने में निवेश करने पर भी आपका पैसा डूब सकता है, तो आपका पैसा किसी भी चीज़ में डूब सकता है। अंतिम निष्कर्ष में, सोना, शेयर, रियल एस्टेट, कड़ी मेहनत या पैसा आपको अमीर नहीं बनाता है - आप सोने, शेयरों, रियल एस्टेट, कड़ी मेहनत और पैसे के बारे में *जो जानते* हैं, वह आपको अमीर बनाता है, यानी आपकी वित्तीय बुद्धि या आपका वित्तीय आईक्यू ही आपको अमीर बनाता है।

कृपया आगे पढ़ते रहें और ज़्यादा स्मार्ट बनकर ज़्यादा अमीर बनें।

अध्याय 1

वित्तीय बुद्धि क्या है?

जब मैं पाँच साल का था, तो मुझे आपातकालीन सर्जरी के लिए अस्पताल ले जाया गया। चिकन पॉक्स की वजह से मेरे कानों में गंभीर संक्रमण हो गया था, हालाँकि अनुभव डरावना था, लेकिन मेरे मन में आज भी यह प्रेमपूर्ण स्मृति अंकित है कि मेरे ठीक होते समय अस्पताल की खिड़की के बाहर मेरे डैडी, छोटा भाई और दोनों बहनें लॉन पर खड़े थे और मेरी तरफ़ हाथ हिला रहे थे। मेरी माँ वहाँ नहीं थीं। वे घर पर बिस्तर पर थीं और कमज़ोर हृदय की समस्या से जूझ रही थीं।

साल भर के अंदर ही मेरा छोटा भाई गैराज के आले से सिर के बल गिर गया और उसे अस्पताल ले जाना पड़ा। इसके बाद मेरी छोटी बहन का नंबर था। उसका घुटने का ऑपरेशन होना था। और सबसे छोटी बहन बेथ, जो नवजात शिशु थी, को एक गंभीर त्वचा रोग हो गया, जिसने डॉक्टरों को भी चकरा दिया।

वह साल मेरे डैडी के लिए काफ़ी मुश्किल रहा, हालाँकि हम छह में वे वही अकेले थे, जो बीमार नहीं हुए। अच्छी ख़बर यह थी कि हम सभी ठीक होकर स्वस्थ जीवन जीने लगे। बुरी ख़बर यह थी कि इलाज के बिल आते रहे। उस साल डैडी बीमार नहीं पड़े, लेकिन उन्हें एक गंभीर समस्या का सामना करना पड़ा - भारी चिकित्सकीय क़र्ज़।

उस वक़्त डैडी हवाई यूनिवर्सिटी में ग्रेजुएट विद्यार्थी थे। वे स्कूल में बहुत प्रतिभाशाली थे, उन्होंने सिर्फ़ दो सालों में ही बैचलर्स डिग्री पूरी कर ली और वे कॉलेज प्रोफ़ेसर बनने के सपने देखने लगे। अब परिवार में छह लोग हो गए थे, मकान की क़िस्त और भारी मेडिकल बिल चुकाने थे, इसलिए उन्हें अपने सपने को छोड़ना पड़ा और हवाई के बिग आईलैंड पर हिलो नामक छोटे कस्बे में स्कूलों के सहायक सुपरिंटेंडेंट की नौकरी करनी पड़ी। परिवार को एक टापू से दूसरे टापू तक ले जाने के लिए उन्हें अपने पिता से उधार लेना पड़ा। यह उनके और हमारे पूरे परिवार के लिए काफ़ी मुश्किल समय था।

हालाँकि वे अपने पेशे में काफ़ी सफल हुए और उन्होंने आख़िरकार डॉक्टरेट की उपाधि भी हासिल कर ली, लेकिन मुझे लगता है कि कॉलेज प्रोफ़ेसर न बन पाने का अफ़सोस उन्हें मरते दम तक रहा। वे अक्सर कहते थे, “जब तुम बच्चे लोग घर से चले जाओगे, तो मैं दोबारा कॉलेज जाकर वह करूँगा, जिससे मैं प्रेम करता हूँ - पढ़ाना।”

लेकिन पढ़ाने के बजाय डैडी अंततः हवाई राज्य के शिक्षा अधीक्षक बन गए, जो प्रशासकीय पद था। इसके बाद वे लेफ़्टिनेंट गवर्नर पद का चुनाव लड़े और हार गए। पचास साल की उम्र में उन्होंने अचानक ख़ुद को बेरोज़गार पाया। चुनाव के कुछ समय बाद ही मेरी माँ कमज़ोर हृदय के कारण 48 साल की उम्र में अचानक दुनिया को अलविदा कह गईं। डैडी इस क्षति से कभी नहीं उबर पाए।

एक बार फिर पैसे की समस्याएँ बढ़ती गईं। नौकरी जाने के बाद उन्होंने अपने रिटायरमेंट की बचत निकालकर एक राष्ट्रीय आइसक्रीम फ्रैंचाइज़ी में निवेश कर दिया। उनका सारा पैसा डूब गया।

उम्र बढ़ने पर डैडी को महसूस हुआ कि वे अपने साथियों से पीछे रह गए थे, उनके जीवन का करियर ख़त्म हो चुका था। शिक्षा प्रमुख की नौकरी जाने के बाद उनकी पहचान भी ख़त्म हो चुकी थी। वे अपने अमीर सहपाठियों पर नाराज़ होते थे, जो उनकी तरह शिक्षा में जाने के बजाय व्यवसाय में चले गए थे। वे अक्सर उनकी निंदा करते हुए कहते थे, "मैंने पूरी ज़िंदगी हवाई के बच्चों को शिक्षित करने के लिए समर्पित कर दी और बदले में मुझे क्या मिला? मेरे मूर्ख सहपाठी ज़्यादा अमीर बनते जाते हैं और मुझे क्या मिलता है? कुछ नहीं।"

मुझे नहीं पता कि वे कॉलेज में पढ़ाने क्यों नहीं गए। मेरे ख़याल से ऐसा इसलिए हुआ होगा, क्योंकि वे जल्दी से जल्दी अमीर बनने की पुरज़ोर कोशिश कर रहे थे और खोए हुए समय की भरपाई करना चाहते थे। वे फटाफट अमीर बनाने वाले सौदों के पीछे भागते रहे और बड़े-बड़े सपने दिखाने वाले धोखेबाज़ों के साथ उठते-बैठते रहे। उनका फटाफट अमीर बनाने वाला एक भी अभियान सफल नहीं हुआ।

अगर कुछ छुटपुट काम और सोशल सिक्युरिटी नहीं होती, तो उन्हें अपनी किसी संतान के पास जाकर रहना पड़ता। उनका देहांत 72 साल की उम्र में कैंसर से हुआ। इसके कुछ महीनों पहले डैडी ने मुझे अपने सिरहाने के पास खींचा और माफ़ी माँगी कि वे अपनी संतानों के लिए ज़्यादा छोड़कर नहीं जा रहे हैं। उनका हाथ थामकर मैंने अपना सिर उनके हाथ पर रख दिया और हम मिलकर रोए।

पर्याप्त पैसा नहीं

मेरे ग़रीब डैडी को ज़िंदगी भर पैसों की समस्याएँ रहीं। चाहे वे कितने भी पैसे कमा लें, उनके पास *पर्याप्त पैसे न होने* की समस्या रहती थी। उनमें इस समस्या को सुलझाने की योग्यता नहीं थी, इस वजह से वे मरते दम तक काफ़ी परेशान रहे। वे ख़ुद को अक्षम मानने लगे - पेशेवर दृष्टि से भी और पिता के रूप में भी।

शिक्षाविद् होने के नाते उन्होंने अपनी वित्तीय समस्याओं को नज़रअंदाज़ करने और पैसे से ज़्यादा ऊँचे उद्देश्य के प्रति जीवन समर्पित करने की पूरी कोशिश की। उन्होंने दावा किया कि पैसा मायने नहीं रखता, हालाँकि यह रखता था। वे बेहतरीन इंसान थे, बेहतरीन पति और पिता थे और प्रतिभाशाली शिक्षाविद् थे, लेकिन उनके निर्णय पैसा लेता था, जो ख़ामोशी से उनके पीछे पड़ा रहा। अंतिम समय में उन्होंने अपने जीवन का मूल्यांकन करने

के लिए धन के पैमाने का ही इस्तेमाल किया। बहुत स्मार्ट होने के बावजूद वे अपनी पैसे की समस्याओं को कभी नहीं सुलझा पाए।

बहुत ज़्यादा पैसा

मेरे अमीर डैडी ने मुझे नौ साल की उम्र में पैसे के बारे में सिखाना शुरू किया। विचित्र बात यह थी कि उनके पास भी पैसों की समस्याएँ थीं, लेकिन इन समस्याओं को उन्होंने मेरे ग़रीब डैडी से अलग तरीक़े से सुलझाया। उन्होंने स्वीकार किया कि पैसा मायने रखता है और चूँकि उन्हें इस बात का अहसास हो गया, इसलिए उन्होंने हर मौक़े पर अपनी वित्तीय बुद्धि को बढ़ाने की कोशिश की, यानी उन्होंने अपने सामने मौजूद पैसे की समस्याओं को सुलझाने की कोशिश की और इस प्रक्रिया से सबक़ सीखे। अमीर डैडी शैक्षणिक दृष्टि से ग़रीब डैडी जितने स्मार्ट नहीं थे, लेकिन उन्होंने अपने पैसे की समस्याओं को अलग तरीक़े से सुलझाया और अपनी वित्तीय बुद्धि को बढ़ाया, इसलिए अमीर डैडी की पैसे की समस्या बहुत अलग थी - यह समस्या बहुत ज़्यादा पैसे की थी।

मेरे एक डैडी अमीर थे, दूसरे ग़रीब थे। इन दोनों को देखकर मैंने सीखा कि हम अमीर हों या ग़रीब, हम सभी के सामने पैसे की समस्याएँ होती हैं।

ग़रीबों की पैसों की समस्याएँ ये होती हैं :

1. पर्याप्त पैसे न होना।
2. पैसे की कमी पूरी करने के लिए उधार लेना।
3. जीवनयापन के ख़र्च बढ़ना।
4. ज़्यादा कमाने पर ज़्यादा टैक्स देना।
5. आपातकालीन परिस्थितियों का डर।
6. बुरी वित्तीय सलाह।
7. रिटायरमेंट के लिए पर्याप्त पैसे न होना।

अमीरों की पैसे की समस्याएँ ये होती हैं :

1. बहुत ज़्यादा पैसे होना।
2. धन को सुरक्षित और निवेशित रखने की ज़रूरत।
3. यह पता न होना कि लोग किसे पसंद करते हैं - उन्हें या उनके पैसों को।
4. ज़्यादा स्मार्ट वित्तीय सलाहकारों की आवश्यकता।
5. बिगड़ी संतानों की परवरिश।
6. एस्टेट और विरासत नियोजन।
7. अत्यधिक सरकारी टैक्स।

मेरे ग़रीब डैडी को जीवनभर पैसे की समस्याएँ रहीं। उनकी आमदनी बढ़ने के बाद भी उनके सामने *पर्याप्त पैसे न होने* की समस्या रही। मेरे अमीर डैडी को भी पैसे की समस्याएँ थीं। उनकी समस्या *बहुत ज़्यादा पैसों की* थी। आप पैसों की कौन सी समस्या चाहते हैं?

पैसे की समस्याओं के तुच्छ समाधान

यह एक बहुत महत्त्वपूर्ण सबक़ था कि मुझे कम उम्र में ही यह पता चल गया था कि हम चाहे कितने ही अमीर या ग़रीब हों, हम सभी को पैसे की समस्याएँ रहती हैं। कई लोग मानते हैं कि अगर उनके पास बहुत सारा पैसा आ जाएगा, तो उनकी पैसे की समस्याएँ ख़त्म हो जाएँगी। उन्हें यह पता नहीं होता कि बहुत सारा पैसा आने पर पैसे की समस्याएँ बढ़ जाएँगी।

मेरा प्रिय विज्ञापन एक वित्तीय सेवा कंपनी का है। इसमें शुरुआत में बताया गया है कि रैपर एमसी हैमर सुंदर महिलाओं, बेंटले और फ़रारी के साथ नाच रहे हैं और उनके पीछे बहुत बड़ा महल दिख रहा है। पृष्ठभूमि में बहुत सी महँगी चीज़ें महल में ले जाई जा रही हैं। जब यह सब हो रहा है, तब एमसी हैमर का हिट गीत 'यू कान्ट टच दिस' बज रहा है। फिर स्क्रीन काली हो जाती है और उस पर शब्द आते हैं, '15 मिनट बाद।' अगला दृश्य दिखाता है कि एमसी हैमर उसी बड़े महल के सामने की फुटपाथ पर बैठे हैं, सिर हाथ में पकड़े हैं और उनके बग़ल में एक संकेत है, जिस पर लिखा है 'क़ब्ज़ा।' उद्घोषक कहता है, "जीवन बहुत तेज़ी से प्रहार करता है। हम यहाँ पर मदद करने के लिए हैं।"

संसार में एमसी हैमर जैसे बहुत सारे लोग हैं। हम सभी ने लॉटरी विजेताओं की कहानियाँ पढ़ी-सुनी हैं, जिनके पास करोड़ों थे, लेकिन कुछ साल बाद वे गहरे कर्ज़ में डूब गए। या युवा पेशेवर खिलाड़ी खेलते समय तो महल में रहता है, लेकिन जब उसके खेलने के दिन ख़त्म हो जाते हैं, तो उसे पुल के नीचे रहने के लिए विवश होना पड़ता है। या वह युवा रॉक स्टार, जो बीस साल की उम्र में मल्टी मिलियनेयर रहता है, लेकिन तीस की उम्र के बाद नौकरी की तलाश करता है। (या वित्तीय सेवाओं का प्रचार करने वाला रैपर, जिनका वह शायद *उस वक़्त भी* इस्तेमाल कर रहा था, जब उसका पैसा डूबा।)

आपकी पैसे संबंधी समस्याएँ सिर्फ़ पैसे से नहीं सुलझ सकतीं। इसीलिए ग़रीब लोगों को पैसे देने से उनकी धन संबंधी समस्याएँ नहीं सुलझती हैं। कई मामलों में इससे समस्या लंबी खिंचती है और ज़्यादा ग़रीब लोगों को उत्पन्न करती है। मिसाल के तौर पर, सामाजिक कल्याण के विचार को देखें। महामंदी के समय से 1996 तक सरकार ने अमेरिका के ग़रीबों को पैसों की गारंटी दी, चाहे उनकी व्यक्तिगत परिस्थिति कैसी भी हो। आपको सरकारी चेक हासिल करने के लिए बस ग़रीबी की शर्तों को पूरा करना था - अनंत काल तक। अगर आप मेहनत करने की इच्छा करते, नौकरी करते और ग़रीबी की सीमारेखा से ज़्यादा पैसे कमाते, तो सरकार आपके लाभ बंद कर देती। ज़ाहिर है, नौकरी करने पर ग़रीबों के दूसरे ख़र्च भी बढ़ जाते, जो उनके पास पहले नहीं थे, जैसे यूनिफ़ॉर्म, चाइल्ड केयर, यातायात आदि। नौकरी करने के बाद कई मामलों में उनके पास बेरोज़गारी से कम पैसा रहता और कम समय भी। ज़ाहिर है, यह प्रणाली आलसी लोगों को लाभ पहुँचाती है और पहलशक्ति दिखाने वालों को दंडित करती है। इस प्रणाली की वजह से ज़्यादा ग़रीब लोग उत्पन्न हो गए।

कड़ी मेहनत से पैसे की समस्याएँ नहीं सुलझती हैं। संसार मेहनती लोगों से भरा है, जिनके पास पैसे नहीं हैं। मेहनती लोग पैसे तो कमाते हैं, लेकिन क़र्ज़ में गहरे चले जाते हैं और उन्हें ज़्यादा पैसे कमाने के लिए और ज़्यादा कड़ी मेहनत करने की ज़रूरत पड़ती है।

शिक्षा से पैसे की समस्याएँ नहीं सुलझती हैं। संसार बेहद शिक्षित ग़रीब लोगों से भरा हुआ है। उन्हें समाजवादी कहा जाता है।

सिर्फ़ नौकरी से पैसे की समस्याएँ नहीं सुलझतीं। कई लोगों के लिए नौकरी (JOB) का मतलब होता है, *दिवालियेपन से बस थोड़ा सा ऊपर* (just over broke)। करोड़ों लोगों की आमदनी जीवनयापन लायक़ ही होती है और वे अच्छी जीवनशैली का ख़र्च नहीं उठा सकते। नौकरी वाले कई लोग अपने ख़ुद के मकान, पर्याप्त स्वास्थ्य सुविधा, शिक्षा का ख़र्च नहीं उठा सकते या रिटायरमेंट के लिए पर्याप्त पैसे नहीं जोड़ पाते।

कौन सी चीज़ पैसे की समस्याओं को सुलझाती है?

वित्तीय बुद्धि पैसे की समस्याओं को सुलझाती है। सामान्य शब्दावली में, वित्तीय बुद्धि हमारी सकल बुद्धि का वह हिस्सा है, जिसका इस्तेमाल हम वित्तीय समस्याओं को सुलझाने के लिए करते हैं। पैसे की समस्याओं के कुछ बहुत आम उदाहरण ये हैं :

1. "मैं पर्याप्त पैसे नहीं कमा पाता।"
2. "मैं गहरे क़र्ज़ में हूँ।"
3. "मैं मकान ख़रीदने का ख़र्च नहीं उठा सकता।"
4. "मेरी कार ख़राब हो गई है। मैं इसकी मरम्मत के पैसे कहाँ से लाऊँ?"
5. "मेरे पास 10,000 डॉलर हैं। मुझे कहाँ निवेश करना चाहिए?"
6. "मेरा बच्चा कॉलेज जाना चाहता है, लेकिन हमारे पास पैसे नहीं हैं।"
7. "मेरे पास रिटायरमेंट के लिए पर्याप्त पैसे नहीं हैं।"
8. "मैं अपनी नौकरी को पसंद नहीं करता, लेकिन मैं इसे छोड़ना वहन नहीं कर सकता।"
9. "मैं रिटायर हो चुका हूँ और मेरे पैसे ख़त्म हो रहे हैं।"
10. "मैं सर्जरी का ख़र्च नहीं उठा सकता।"

वित्तीय बुद्धि पैसे की इन समस्याओं सहित दीगर समस्याओं को भी सुलझाती है। दुर्भाग्य से, अगर हमारी वित्तीय बुद्धि इतनी विकसित नहीं है कि हमारी समस्याओं को सुलझा पाए, तो समस्याएँ जारी रहती हैं। वे दूर नहीं होती हैं। कई बार तो वे बदतर हो जाती हैं और पैसे संबंधी ज़्यादा समस्याओं को उत्पन्न करती हैं। मिसाल के तौर पर, करोड़ों लोग हैं, जो रिटायरमेंट के लिए पर्याप्त पैसे नहीं जोड़ पाते हैं। अगर वे इस समस्या को सुलझाने में असफल रहते हैं, तो समस्या बदतर हो जाएगी, जब ज़्यादा बूढ़े होने पर उन्हें इलाज के लिए ज़्यादा पैसों की ज़रूरत होगी। चाहे आप इसे पसंद करें या न करें, पैसा जीवनशैली और जीवन की गुणवत्ता को प्रभावित करता है - साथ ही यह सुविधाओं और समस्यारहित

विकल्पों का ख़र्च उठाने में भी मदद करता है। पैसा विकल्प चुनने की जो स्वतंत्रता देता है, वह हिचहाइकिंग यानी लिफ़्ट माँगने या बस पकड़ने... या प्राइवेट जेट से यात्रा करने के बीच का फ़र्क़ हो सकता है।

पैसे की समस्याएँ सुलझाने से आप ज़्यादा स्मार्ट बनते हैं

जब मैं छोटा था, तो अमीर डैडी ने मुझसे कहा था, "पैसे की समस्याएँ तुम्हें ज़्यादा स्मार्ट बनाती हैं... बशर्ते तुम समस्या को सुलझा लो।" उन्होंने यह भी कहा था, "अगर तुम अपनी पैसों की समस्या को सुलझा लेते हो, तो इससे तुम्हारी वित्तीय बुद्धि बढ़ती है। जब तुम्हारी वित्तीय बुद्धि बढ़ती है, तो तुम ज़्यादा अमीर बनते हो। अगर तुम अपने पैसे की समस्या को नहीं सुलझा पाते हो, तो तुम ज़्यादा ग़रीब बनते हो। अगर तुम अपने पैसे की समस्या को नहीं सुलझा पाते हो, तो वह समस्या अक्सर दूसरी समस्याओं को पैदा कर देगी।" अगर आप अपनी वित्तीय बुद्धि को बढ़ाना चाहते हैं, तो आपको समस्या सुलझाने वाला बनने की ज़रूरत है। अगर आप पैसे की समस्याओं को नहीं सुलझा पाते हैं, तो आप कभी अमीर नहीं बन पाएँगे। वास्तव में, समस्या जितनी ज़्यादा देर तक क़ायम रहती है, आप उतने ही ज़्यादा ग़रीब बनेंगे।

एक समस्या दूसरी समस्याओं की ओर कैसे ले जाती है, यह बताते समय अमीर डैडी ने दाँत दर्द का उदाहरण दिया था। उन्होंने कहा था, "पैसे की समस्या होना दाँत के दर्द जैसा होता है। अगर आप इस दर्द को दूर नहीं कर पाते हैं, तो आपको बुरा महसूस होता है। अगर आप बुरा महसूस करते हैं, तो आप ठीक से कामकाज नहीं कर सकते, क्योंकि आप चिड़चिड़े हो जाते हैं। दाँत दर्द ठीक न होने की वजह से दूसरी बीमारियाँ भी हो सकती हैं, क्योंकि कीटाणु पैदा होकर फैल सकते हैं। एक दिन आपकी नौकरी चली जाएगी, क्योंकि आप अपनी दीर्घकालीन बीमारी के कारण नौकरी पर नहीं जा पाए। नौकरी के बिना आप अपने मकान का किराया नहीं चुका सकते। अगर आप किराया चुकाने की समस्या को नहीं सुलझा पाते हैं, तो आप सड़क पर आ जाते हैं - बेघर, बीमार, कूड़ेदानों में भोजन की तलाश करते हुए - और आपके दाँत का दर्द अब भी क़ायम है।"

हालाँकि यह काफ़ी अतिशयोक्तिपूर्ण उदाहरण था, लेकिन यह कहानी मुझे याद रही। मुझे बचपन में ही समस्याएँ सुलझाने का महत्त्व समझ आ गया और इसे न सुलझाने के डोमिनो प्रभाव का अहसास हो गया।

कई लोग अपनी वित्तीय समस्याओं को तब नहीं सुलझाते हैं, जब वे छोटी होती हैं यानी दाँत दर्द की अवस्था में होती हैं। समस्या को सुलझाने के बजाय वे इसे नज़रअंदाज़ करके या समस्या की जड़ को दूर न करके इसे बदतर बना लेते हैं। मिसाल के तौर पर, जब पैसे की तंगी होती है, तो इसे दूर करने के लिए लोग अपने क्रेडिट कार्ड का इस्तेमाल करते हैं। जल्दी ही उनके पास क्रेडिट कार्ड के बिलों का ढेर लग जाता है और क़र्ज़ देने वाले पैसे माँगने के लिए चीख़-पुकार मचाने लगते हैं। अपने क्रेडिट कार्ड का उधार चुकाने के लिए वे होम इक्विटी लोन ले लेते हैं। समस्या यह है कि वे अब भी क्रेडिट कार्ड का

इस्तेमाल करते रहते हैं। अब उन पर होम इक्विटी मॉर्गेज की क़िस्त चुकाने का अतिरिक्त बोझ बढ़ चुका होता है और ज़्यादा क्रेडिट कार्ड आ चुके होते हैं।

क़र्ज़ की इस समस्या को सुलझाने और पुराने क्रेडिट कार्ड का भुगतान करने के लिए वे नए क्रेडिट कार्ड ले लेते हैं। पैसे की बढ़ती समस्याओं की वजह से वे निराश महसूस करते हैं, इसलिए वे नए क्रेडिट कार्ड का इस्तेमाल करके वैकेशन मनाने चले जाते हैं। जल्दी ही वे अपने मॉर्गेज या क्रेडिट कार्ड का भुगतान करने में असमर्थ हो जाते हैं और ख़ुद को दिवालिया घोषित करने का निर्णय लेते हैं। दिवालिया घोषित करने के साथ मुश्किल यह है कि समस्या की जड़ अब भी वहाँ पर है - दाँत दर्द की तरह। समस्या की जड़ वित्तीय बुद्धि का अभाव है। इस वजह से वे आसान वित्तीय समस्याओं को सुलझाने में अक्षम रहते हैं। समस्या की जड़ को सही करने के बजाय - इस मामले में, ख़र्च की आदतें - कई लोग समस्या को नज़रअंदाज़ कर देते हैं। अगर आप खरपतवार को जड़ से नहीं उखाड़ते हैं और सिर्फ़ इसका ऊपरी हिस्सा काटते हैं, तो यह ज़्यादा जल्दी फैलेगी और ज़्यादा बड़ी बन जाएगी। यही आपकी वित्तीय समस्याओं के बारे में भी सही है।

हालाँकि ये उदाहरण अतिशयोक्तिपूर्ण लग सकते हैं, लेकिन वे असामान्य नहीं हैं। मुद्दे की बात यह है कि वित्तीय समस्याएँ सिर्फ़ *समस्या* नहीं, बल्कि वे *समाधान* भी हैं। अगर लोग इन समस्याओं को सुलझा लेते हैं, तो वे ज़्यादा स्मार्ट बन जाते हैं। उनका वित्तीय आईक्यू बढ़ जाता है। ज़्यादा स्मार्ट बनने के बाद वे ज़्यादा बड़ी समस्याओं को सुलझा सकते हैं। और अगर वे ज़्यादा बड़ी वित्तीय समस्याओं को सुलझा सकते हैं, तो वे ज़्यादा अमीर बन जाते हैं।

मैं गणित का उदाहरण देना चाहूँगा। कई लोग गणित से नफ़रत करते हैं। जैसा आप जानते हैं, अगर आप गणित का होमवर्क नहीं करते हैं (गणित की समस्याओं को सुलझाने का अभ्यास), तो आप गणित की समस्याएँ नहीं सुलझा सकते। अगर आप गणित की समस्याएँ नहीं सुलझा सकते, तो आप गणित की परीक्षा पास नहीं कर सकते। अगर आप परीक्षा पास नहीं कर सकते, तो आपको गणित में एफ़ मिलता है। गणित में एफ़ मिलने का मतलब है कि आप हाई स्कूल की पढ़ाई पूरी नहीं कर पाते। अब आपको जो एकमात्र नौकरी मिल सकती है, वह मैकडॉनल्ड्स में न्यूनतम वेतन वाली नौकरी है। यह उदाहरण आपको स्पष्टता से बता देता है कि किस तरह एक छोटी समस्या एक बड़ी समस्या में बदल सकती है।

दूसरी तरफ़, अगर आप मेहनत से गणित की समस्याएँ सुलझाने का अभ्यास करते हैं, तो आप ज़्यादा बुद्धिमान होते जाते हैं और ज़्यादा जटिल सूत्र हल करने की क्षमता हासिल कर लेते हैं। बरसों तक कड़ी मेहनत करने के बाद आप गणित में जीनियस बन जाते हैं और जो चीज़ें पहले मुश्किल लगती थीं, अब वे आसान लगने लगती हैं। हम सभी को दो धन दो से शुरू करना पड़ता है, लेकिन सफल लोग वहीं नहीं रुकते हैं।

ग़रीबी का कारण

ग़रीबी का मतलब *समाधानों* की तुलना में *समस्याओं* का ज़्यादा होना है। ग़रीबी का मतलब है कि वह व्यक्ति समस्याओं से हार गया है, जिन्हें वह नहीं सुलझा सकता। वित्तीय समस्याएँ

ग़रीबी की एकमात्र कारण नहीं होतीं। इस तरह की समस्याएँ भी इसका कारण हो सकती हैं : नशे की लत, ग़लत व्यक्ति से शादी करना, अपराध वाले इलाक़े में रहना, नौकरी की योग्यताएँ न होना, ऑफ़िस पहुँचने के लिए यातायात का न होना या इलाज का ख़र्च न उठा पाना।

अत्यधिक क़र्ज़ और कम वेतन जैसी आज की कुछ वित्तीय समस्याएँ ऐसे कारणों से उत्पन्न होती हैं, जिन्हें सुलझाना किसी व्यक्ति के बूते की बात नहीं होती, क्योंकि इनका ज़्यादातर संबंध हमारी सरकार और भ्रामक अर्थव्यवस्था से होता है।

मिसाल के तौर पर, कम वेतन का एक कारण यह है कि उत्पादन की ज़्यादा वेतन वाली नौकरियाँ विदेशों में जा रही हैं। आज नौकरियाँ तो बहुत सारी हैं, लेकिन वे उत्पादन के बजाय सेवा क्षेत्र में हैं। जब मैं छोटा था, तब जनरल मोटर्स देश की सबसे बड़ी नियोक्ता थी। आज वॉलमार्ट देश का सबसे बड़ा नियोक्ता है। हम सभी जानते हैं कि वॉलमार्ट ज़्यादा वेतन देने के लिए मशहूर नहीं है - न ही यह उदार पेंशन के लिए मशहूर है।

पचास साल पहले तक यह संभव था कि ज़्यादा शिक्षा के बिना भी कोई व्यक्ति वित्तीय दृष्टि से अच्छा प्रदर्शन करे। हाई स्कूल की डिग्री की दम पर भी कोई युवक तुलनात्मक रूप से अच्छे वेतन वाली नौकरी हासिल कर सकता था - कार उत्पादन या स्टील उत्पादन वाली कंपनी में। आज उसे सिर्फ़ बर्गर बनाने की नौकरी मिल सकती है।

पचास साल पहले निर्माता या उत्पादन कंपनियाँ स्वास्थ्य सुविधा और रिटायरमेंट के लाभ देती थीं। आज करोड़ों कर्मचारियों का वेतन कम है। इसके अलावा, उन्हें अपने इलाज पर ख़ुद ख़र्च करना पड़ता है और रिटायरमेंट के लिए ख़ुद ही बचाना होता है। इन वित्तीय समस्याओं को सुलझाने की कोई कोशिश नहीं की जा रही है, इसलिए वे हर दिन ज़्यादा बड़ी बन रही हैं। ये समस्याएँ ज़्यादा बड़ी राष्ट्रीय समस्या से उत्पन्न होती हैं, जिसे बदलना या सुलझाना व्यक्ति की शक्ति से परे है। वे ख़राब आर्थिक नीतियों और क्रोनिज़्म से उत्पन्न होती हैं।

पैसे के नियम बदल गए हैं

1971 में राष्ट्रपति निक्सन ने स्वर्ण पैमाने को ख़त्म कर दिया। यह ख़राब आर्थिक नीति थी, जिसने पैसे के नियम बदल दिए। यह संसार के इतिहास के सबसे बड़े वित्तीय परिवर्तनों में से एक है, लेकिन बहुत कम लोग इस परिवर्तन या विश्व की वर्तमान अर्थव्यवस्था पर इसके प्रभाव के बारे में जागरूक हैं। निक्सन की इस नीति के कारण ही आज बहुत सारे लोग वित्तीय दृष्टि से संघर्ष कर रहे हैं।

1971 में अमेरिकी डॉलर का निधन हो गया, क्योंकि तब यह पैसा नहीं रह गया - यह मुद्रा बन गया। पैसे और मुद्रा में बहुत फ़र्क़ होता है।

मुद्रा या करेंसी शब्द 'करंट' यानी प्रवाह शब्द से उत्पन्न हुआ है, जैसे बिजली का करंट। इस शब्द का मतलब है *गतिविधि*। बहुत सरल भाषा में कहें, तो मुद्रा को चलते रहना चाहिए। अगर यह चलना छोड़ दे, तो इसका मूल्य तेज़ी से घट जाता है। अगर मूल्य बहुत

ज़्यादा घट जाता है, तो लोग इसे लेना छोड़ देते हैं। अगर लोग इसे लेना छोड़ दें, तो मुद्रा का मूल्य गोता लगाकर शून्य हो जाता है, यानी 1971 के बाद अमेरिकी डॉलर शून्य की तरफ़ चलने लगा।

ऐतिहासिक दृष्टि से सभी मुद्राएँ अंततः शून्य की ओर चलती हैं। पूरे इतिहास में सरकारें मुद्राएँ छापती रही हैं। क्रांतिकारी युद्ध के दौरान अमेरिकी सरकार ने कॉन्टिनेंटल नामक मुद्रा छापी थी। कुछ समय बाद इस मुद्रा का मूल्य शून्य हो गया।

प्रथम विश्व युद्ध के बाद जर्मन सरकार ने अपने बिल चुकाने के लिए मुद्रा छापी। मुद्रास्फीति का विस्फोट हो गया और जर्मनी के मध्य वर्ग की सारी बचत मिट गई। 1933 में कुंठित और दिवालिया जर्मन लोगों ने एडॉल्फ़ हिटलर को इस उम्मीद में अपना शासक चुना कि वह उनकी वित्तीय समस्याओं को सुलझा देगा।

1933 में ही फ्रैंकलिन रूज़वेल्ट ने अमेरिकी जनता की आर्थिक समस्याओं को सुलझाने के लिए सोशल सिक्युरिटी शुरू की, हालाँकि सोशल सिक्युरिटी और मेडिकेयर बहुत लोकप्रिय हैं, लेकिन वित्तीय दृष्टि से वे काफ़ी विस्फोटक हैं और कभी भी भारी वित्तीय समस्याएँ उत्पन्न कर सकते हैं। अगर अमेरिकी सरकार इन दो विराट वित्तीय समस्याओं को सुलझाने के लिए ज़्यादा मुद्रा छापेगी, तो अमेरिकी डॉलर का मूल्य ज़्यादा तेज़ी से गिर जाएगा और वित्तीय समस्या ज़्यादा विकराल हो जाएगी। यह भविष्य की समस्या नहीं है। यह तो इसी समय हो रहा है। ब्लूमबर्ग की हाल की एक रिपोर्ट के अनुसार जब से जॉर्ज डब्ल्यू. बुश ने जनवरी 2001 में कार्यभार सँभाला, तब से अमेरिकी डॉलर की क्रय शक्ति 13.2 प्रतिशत घट चुकी है।

अमेरिकी डॉलर में निक्सन ने जो परिवर्तन किया, उसकी वजह से आज बहुत सारे लोग क़र्ज़ में हैं और अमेरिका की सरकार भी क़र्ज़ में है। 1971 में धन के नियम बदलने के बाद बचत करने वाले हारने लगे और क़र्ज़ लेने वाले जीतने लगे। पूँजीवाद का एक नया रूप प्रकट हुआ। आज जब मैं लोगों को कहते सुनता हूँ, "तुम्हें ज़्यादा पैसे बचाना चाहिए," या "रिटायरमेंट के लिए बचत करो," तो मैं सोचता हूँ कि क्या उस व्यक्ति को अहसास है कि धन के नियम बदल गए हैं।

पूँजीवाद के पुराने नियमों के हिसाब से पैसे बचाने में वित्तीय समझदारी थी, लेकिन नए पूँजीवाद में मुद्रा को बचाना वित्तीय पागलपन है। मुद्रा को रोककर रखने में कोई समझदारी नहीं है। नए पूँजीवाद में मुद्रा को चलायमान रहना होता है। अगर मुद्रा का प्रवाह रुक जाता है, तो इसका मूल्य कम होता जाता है। बिजली के करंट की तरह ही मुद्रा को भी जल्दी से जल्दी एक संपत्ति से दूसरी संपत्ति की ओर चलना होता है। मुद्रा का उद्देश्य उन संपत्तियों को हासिल करना है, जिनका मूल्य बढ़ रहा है या जो कैशफ़्लो उत्पन्न कर रही हैं। मुद्रा को वास्तविक मूल्य वाली वास्तविक संपत्तियों का अधिग्रहण करते रहने के लिए तेज़ी से चलते रहना चाहिए, क्योंकि मुद्रा का स्वयं का मूल्य तेज़ी से कम हो रहा है। सोने, तेल, चाँदी, मकानों और शेयरों जैसी असली संपत्तियों का भाव इसलिए बढ़ रहा है, क्योंकि मुद्रा का मूल्य घट रहा है। सोने आदि का आंतरिक मूल्य नहीं बदलता है, बस इसे हासिल करने के लिए आवश्यक मुद्रा की मात्रा बढ़ जाती है।

ग्रेशम का नियम कहता है, "जब बुरा पैसा प्रचलन में आता है, तो अच्छा पैसा छिप जाता है।" 1971 में अमेरिका ने संसार में बुरे पैसे को प्रचलित करना शुरू किया। दरअसल नए पूँजीवाद में इसमें ज़्यादा समझदारी है कि आप आज उधार लें और कल के ज़्यादा सस्ते डॉलरों से वह उधार चुकाएँ। अमेरिका की सरकार यही करती है, तो फिर हमें क्यों नहीं करना चाहिए? अमेरिका की सरकार क़र्ज़ में है, तो फिर हमें क़र्ज़ में क्यों नहीं रहना चाहिए? जब आप किसी सिस्टम को बदल नहीं सकते, तो सफल होने का एकमात्र तरीक़ा इसके अनुरूप चलकर फ़ायदा उठाना है।

1971 में धन संबंधी नियम बदलने के बाद मकानों के भाव आसमान छूने लगे, क्योंकि डॉलर की क्रय शक्ति कम हो गई। शेयर बाज़ार भी इसलिए बढ़ते हैं, क्योंकि निवेशक अपने डॉलरों के लिए सुरक्षित जगह खोजते हैं, हालाँकि अर्थशास्त्री इसे *मुद्रास्फीति* कहते हैं, लेकिन यह दरअसल *अवमूल्यन* है। इससे घर के मालिक ज़्यादा सुरक्षित महसूस करते हैं, क्योंकि उनके मकान का मूल्य बढ़ता दिखता है। सच तो यह है कि डॉलर की क्रय शक्ति कम हो जाती है, इसलिए घर के मालिकों को अपनी नेट वर्थ बढ़ती दिखती है। मकान के ऊँचे भाव और कम वेतन की वजह से युवाओं के लिए अपना पहला घर ख़रीदना ज़्यादा मुश्किल हो जाता है। अगर युवा इस बात को नहीं समझ पाते हैं कि धन के नियम बदल गए हैं, तो उनकी स्थिति उनके माता-पिता से ज़्यादा बुरी होगी, क्योंकि अमेरिकी मुद्रा का मूल्य आगे भी घटता रहेगा।

धन के नियमों में एक और परिवर्तन

धन के नियमों में एक और परिवर्तन 1974 में हुआ। 1974 से पहले कंपनियाँ अपने कर्मचारियों को रिटायरमेंट के बाद पेंशन देती थीं। वे रिटायर होने वाले कर्मचारी को ज़िंदा रहने तक पेंशन के चेक की गारंटी देती थीं। जैसा शायद आप पहले से जानते हैं, अब यह मामला नहीं रह गया है।

किसी कर्मचारी को जीवनभर पेंशन देने वाली योजनाओं को डिफ़ाइन्ड बेनिफ़िट पेंशन प्लान कहा जाता है। आजकल ये योजनाएँ बहुत कम कंपनियों में उपलब्ध हैं, क्योंकि वे बहुत महँगी पड़ती हैं। 1974 के बाद एक नए प्रकार की पेंशन योजना शुरू हुई, जिसे डिफ़ाइन्ड कंट्रीब्यूशन प्लान कहा जाता है। आज ऐसी योजनाओं को 401(के), आईआरए, कियोग आदि नाम भी दिए जाते हैं। सरल भाषा में कहें, तो डीसी योजना में जीवनभर की पेंशन की कोई गारंटी नहीं होती। आपको सिर्फ़ उतना ही मिलेगा, जितना आपने और आपके नियोक्ता ने योगदान दिया होगा... बशर्ते आप दोनों ने कोई योगदान दिया हो।

यूएसए टुडे समाचार-पत्र के सर्वे में पता चला कि आज अमेरिका में सबसे बड़ा डर आतंकवाद का नहीं है, बल्कि रिटायरमेंट के बाद पैसे ख़त्म होने का है। इस व्यापक डर की जड़ वही है - 1974 में धन के नियमों में हुआ परिवर्तन। और यह डर वाजिब है। अमेरिकी शिक्षा प्रणाली अपने नागरिकों को वह वित्तीय ज्ञान नहीं देती है, जिसकी बदौलत वे अपने रिटायरमेंट के लिए सफलतापूर्वक निवेश कर सकें। अगर स्कूल पैसे के बारे में कोई चीज़ सिखाते हैं, तो वे बच्चों को उनकी चेकबुक बैलेंस करना, कुछ म्यूचुअल फ़ंड चुनना

और समय पर बिल चुकाना सिखाते हैं - इतनी सी वित्तीय शिक्षा हमारे सामने की वित्तीय समस्याओं को सुलझाने के लिए पर्याप्त नहीं है। इसके अलावा, ज़्यादातर लोगों को तो यह अहसास ही नहीं है कि धन के नियम बदल गए हैं और अब अगर वे पैसे बचाते हैं, तो वे हार जाएँगे।

अमीर ज़्यादा अमीर क्यों बनते हैं

यह अन्यायपूर्ण लग सकता है कि धन के नियम बदल गए हैं और इन परिवर्तनों के कारण आप ज़्यादा ग़रीब हो गए हैं और इन पर आपका कोई नियंत्रण नहीं है। यह वाक़ई अन्यायपूर्ण है। अमीर बनने की कुंजी यह पहचानना है कि तंत्र अन्यायपूर्ण है, लेकिन आप नियम सीखकर उनसे फ़ायदा उठा सकते हैं। इसमें वित्तीय बुद्धि की ज़रूरत होती है और वित्तीय बुद्धि सिर्फ़ वित्तीय समस्याओं को सुलझाकर ही हासिल हो सकती है।

अमीर डैडी कहते थे, "अमीर ज़्यादा अमीर इसलिए बनते हैं, क्योंकि वे वित्तीय समस्याओं को सुलझाना सीखते हैं। अमीर लोग वित्तीय समस्याओं को सीखने, विकास करने, ज़्यादा स्मार्ट बनने और ज़्यादा अमीर बनने का अवसर मानते हैं। अमीर लोग जानते हैं कि उनका वित्तीय आईक्यू जितना बढ़ता है, वे उतनी ही ज़्यादा बड़ी समस्या को सँभाल सकते हैं, जिससे वे ज़्यादा पैसा कमा सकते हैं। दूर भागने, बचने या यह नाटक करने के बजाय कि पैसे की समस्याओं का कोई अस्तित्व ही नहीं है, अमीर लोग वित्तीय समस्याओं का स्वागत करते हैं, क्योंकि वे जानते हैं कि समस्याएँ ज़्यादा स्मार्ट बनने का अवसर देती हैं। इसीलिए वे ज़्यादा अमीर बनते हैं।"

ग़रीब पैसे की समस्याओं को कैसे सुलझाते हैं

ग़रीबों के मामले में अमीर डैडी कहते थे, "ग़रीब लोग *पैसे की समस्याओं* को सिर्फ़ समस्याओं के रूप में देखते हैं। उनमें से कई महसूस करते हैं कि वे पैसे के जाल में फँसे हैं। कई महसूस करते हैं कि पैसे की समस्याएँ केवल उन्हीं को हैं। वे सोचते हैं कि अगर उनके पास ज़्यादा पैसे होते, तो पैसे की समस्याएँ ख़त्म हो जातीं। वे यह नहीं जानते हैं कि धन संबंधी समस्याओं के प्रति उनका नज़रिया ही असली समस्या है और उनका नज़रिया ही उनकी धन संबंधी समस्याओं को उत्पन्न कर रहा है। पैसे की समस्याओं को सुलझाने की अक्षमता या उनसे दूर भागने की वजह से उनकी वित्तीय समस्याएँ ज़्यादा लंबे समय तक चलती हैं और ज़्यादा बड़ी बन जाती हैं। ज़्यादा अमीर बनने के बजाय वे ज़्यादा ग़रीब बन जाते हैं। अपने वित्तीय आईक्यू को बढ़ाने के बजाय ग़रीब लोग जो एकमात्र चीज़ बढ़ाते हैं, वह है उनकी वित्तीय समस्याएँ।"

मध्य वर्ग पैसे की समस्याओं को कैसे सुलझाता है

जहाँ ग़रीब लोग धन का शिकार होते हैं, वहीं मध्य वर्ग के लोग धन के क़ैदी होते हैं। मध्य वर्ग के बारे में अमीर डैडी कहते थे, "मध्य वर्ग अपनी आर्थिक समस्याओं को अलग तरीक़े

से सुलझाता है। पैसे की समस्या को सुलझाने के बजाय वे सोचते हैं कि वे अपनी आर्थिक समस्याओं से चतुराई से मुक्ति पा सकते हैं। सुरक्षित नौकरी पाने की ख़ातिर मध्य वर्ग स्कूल-कॉलेज की पढ़ाई में पैसे ख़र्च करता है। इनमें से ज़्यादातर इतने स्मार्ट होते हैं कि पैसे कमाकर अपने और आर्थिक समस्याओं के बीच में एक फ़ायरवॉल या दीवार खड़ी कर लेते हैं। वे मकान ख़रीदते हैं, ऑफ़िस जाते हैं, खेल को सुरक्षित तरीक़े से खेलते हैं, कंपनी की सीढ़ी पर चढ़ते हैं और शेयर, बॉन्ड तथा म्यूचुअल फ़ंड ख़रीदकर रिटायरमेंट के लिए बचत करते हैं। उनका विश्वास होता है कि उनकी शैक्षणिक या पेशेवर शिक्षा उन्हें धन के क्रूर और बेरहम संसार से बचा लेगी।

अमीर डैडी ने कहा था, "पचास की उम्र में कई लोगों को पता चलता है कि वे अपने ऑफ़िस के क़ैदी हैं। कई तो मूल्यवान कर्मचारी होते हैं। उनके पास अनुभव होता है। वे पर्याप्त पैसे कमाते हैं और उनके पास नौकरी की पर्याप्त सुरक्षा होती है, लेकिन अंदर गहराई में वे जानते हैं कि वे एक वित्तीय जाल में फँसे हैं और उनमें ऑफ़िस की क़ैद से बचने की वित्तीय बुद्धि नहीं है। वे किसी तरह पंद्रह साल और निकालना चाहते हैं, ताकि वे पैंसठ साल की उम्र में रिटायर हो सकें और ज़ाहिर है, थोड़े कम बजट में जीना शुरू कर सकें।"

अमीर डैडी ने कहा था, "मध्य वर्ग सोचता है कि यह शैक्षणिक और पेशेवर दृष्टि से स्मार्ट बनकर अपनी आर्थिक समस्याओं को हरा सकता है। ज़्यादातर में वित्तीय शिक्षा कम होती है, इसीलिए वे वित्तीय चुनौतियों का सामना करने के बजाय वित्तीय सुरक्षा को ज़्यादा महत्त्व देते हैं। उद्यमी बनने के बजाय वे उद्यमियों की ख़ातिर काम करते हैं। निवेश करने के बजाय वे अपना पैसा प्रबंधन के लिए वित्तीय विशेषज्ञों को सौंप देते हैं। अपने वित्तीय आईक्यू को बढ़ाने के बजाय वे व्यस्त रहते हैं और अपने ऑफ़िस में छिपे रहते हैं।"

अमीर पैसे की समस्याओं को कैसे सँभालते हैं

वित्तीय बुद्धि के मामले में यह देखना आसान है कि अमीर बनने के लिए किसी इंसान में *पाँच बुनियादी बुद्धियाँ* होनी चाहिए। यह पुस्तक उन्हीं पाँच वित्तीय बुद्धियों के बारे में है।

यह पुस्तक अखंडता के बारे में भी है। ज़्यादातर लोग 'अखंडता' शब्द को एक नैतिक अवधारणा मान लेते हैं, लेकिन इस शब्द से मेरा यह मतलब नहीं है। 'अखंडता' का मतलब है पूर्णता। यह 'पूर्ण या अविभाजित होने का गुण या अवस्था' है। जिस व्यक्ति ने उन पाँच वित्तीय बुद्धियों में महारत हासिल कर ली है, जिनके बारे में मैंने इस पुस्तक में लिखा है, उसने वित्तीय अखंडता हासिल कर ली है।

जब अमीरों के सामने पैसे की समस्याएँ आती हैं, तो वे इन समस्याओं को सुलझाने के लिए अपनी वित्तीय अखंडता का इस्तेमाल करते हैं। वे पाँच वित्तीय बुद्धियों से समस्याओं का सामना करने और सुलझाने का कई वर्षों तक अभ्यास करते हैं, तब कहीं जाकर वे वित्तीय अखंडता विकसित कर पाते हैं। अगर अमीर लोगों को अपनी आर्थिक समस्याओं का जवाब मालूम नहीं होता है, तो वे उनसे दूर नहीं जाते हैं या हार नहीं मानते हैं। वे ऐसे विशेषज्ञों को खोजते हैं, जो उनकी समस्याओं को सुलझाने में उनकी मदद कर सकें। इस प्रक्रिया में

वे वित्तीय दृष्टि से ज़्यादा बुद्धिमान बन जाते हैं और जब भी अगली समस्या आती है, तो वे उसे सुलझाने के लिए कहीं ज़्यादा तैयार होते हैं। अमीर लोग मैदान छोड़कर नहीं जाते हैं। वे सीखते हैं। और सीखने की बदौलत वे ज़्यादा अमीर बनते हैं।

दूसरे लोगों की वित्तीय समस्याओं को सुलझाना

अमीर डैडी ने यह भी कहा था, "बहुत से लोग अमीरों की ख़ातिर काम करते हैं और उनकी आर्थिक समस्याएँ सुलझाते हैं।" मिसाल के तौर पर, अकाउंटेंट किसी अमीर का पैसा गिनने के लिए नौकरी करता है। सेल्समैन अमीर आदमी के प्रॉडक्ट्स बेचता है। ऑफ़िस मैनेजर अमीर आदमी के व्यवसाय का प्रबंधन करता है। सेक्रेटरी अमीर आदमी के फ़ोन का जवाब देती है और अमीर आदमी के ग्राहकों के साथ सम्मानजनक व्यवहार करती है। रखरखाव वाले कर्मचारी अमीर आदमी की इमारतों और मशीनों के सुचारु संचालन में योगदान देते हैं। वकील अमीर आदमी को दूसरे वकीलों और मुक़दमों से सुरक्षित रखता है। सीपीए अमीर आदमी के पैसे को टैक्सों से सुरक्षित रखता है। और बैंकर अमीर आदमी के पैसे को सुरक्षित रखता है।

अमीर डैडी दरअसल यह कहना चाहते थे कि ज़्यादातर लोग दूसरे लोगों के पैसे की समस्याएँ सुलझाने के लिए काम करते हैं, लेकिन कर्मचारी की पैसे की समस्याएँ कौन सुलझाता है? ज़्यादातर कर्मचारी जब घर लौटते हैं, तो उनके सामने कई समस्याएँ आती हैं, जिनमें से एक पैसा होता है। अगर कोई व्यक्ति घर पर अपनी आर्थिक समस्याएँ सुलझाने में नाकाम रहता है, तो समस्या दाँत के दर्द की तरह दूसरी समस्याओं की ओर ले जाती है।

ग़रीब और मध्य वर्ग के बहुत से लोग अमीरों की ख़ातिर काम करते हैं, लेकिन घर पर अपनी आर्थिक समस्याएँ सुलझाने में असफल रहते हैं। वे वित्तीय समस्याओं को ज़्यादा स्मार्ट बनने के अवसर के रूप में नहीं देखते हैं। इसके बजाय वे घर जाते हैं, लॉन की कुर्सी पर बैठते हैं, ड्रिंक लेते हैं, ग्रिल पर स्टीक रखते हैं और टीवी देखते हैं। अगली सुबह वे एक बार फिर किसी दूसरे की समस्याओं को सुलझाने के लिए नौकरी करने जाते हैं और किसी दूसरे को ज़्यादा अमीर बनाते हैं।

ग़रीब डैडी का समाधान

मेरे ग़रीब डैडी ने दोबारा कॉलेज जाकर अपनी आर्थिक समस्याओं को सुलझाने की कोशिश की। उन्हें स्कूल-कॉलेज पसंद था। वे वहाँ अच्छा प्रदर्शन करते थे और सुरक्षित महसूस करते थे। इसी कारण उन्होंने ज़्यादा ऊँची उपाधियाँ लीं और पीएचडी भी की। ज़्यादा ऊँची डिग्रियों के साथ उन्होंने ज़्यादा वेतन वाली नौकरी की तलाश की। उन्होंने शैक्षणिक और पेशेवर दृष्टि से ज़्यादा स्मार्ट बनकर अपनी आर्थिक समस्याओं को हराने की कोशिश की, लेकिन वे वित्तीय दृष्टि से ज़्यादा स्मार्ट बनने में नाकाम रहे। वे उच्च शिक्षित और मेहनती इंसान थे, लेकिन इससे उनकी आर्थिक समस्याएँ नहीं सुलझीं। जब-जब उनकी आमदनी बढ़ी, उनकी आर्थिक समस्याएँ भी बढ़ती चली गईं, क्योंकि वे आर्थिक समस्याओं से बचते थे। वे शैक्षणिक और पेशेवर समाधानों से अपनी आर्थिक समस्याएँ सुलझाने की कोशिश कर रहे थे।

अमीर डैडी का समाधान

मेरे अमीर डैडी वित्तीय चुनौतियों से प्रेम करते थे, इसीलिए उन्होंने व्यवसाय शुरू किए और सक्रियता से निवेश किया। कई लोग ऐसा मानते थे कि उन्होंने यह सिर्फ़ ज़्यादा पैसे कमाने के लिए किया। दरअसल, उन्होंने ऐसा इसलिए किया था, क्योंकि वे वित्तीय चुनौतियों से प्रेम करते थे। वे सुलझाने के लिए वित्तीय समस्याएँ खोजते रहते थे, सिर्फ़ पैसे की ख़ातिर नहीं, बल्कि ज़्यादा स्मार्ट बनने और अपने वित्तीय आईक्यू को बढ़ाने के लिए भी। अपने आर्थिक दर्शन को समझाने के लिए अमीर डैडी अक्सर गोल्फ़ के खेल का उदाहरण देते थे। वे कहते थे, "धन मेरा स्कोर है। मेरा फ़ाइनैंशियल स्टेटमेंट मेरा स्कोरकार्ड है। धन और मेरा फ़ाइनैंशियल स्टेटमेंट मुझे बताता है कि मैं कितना स्मार्ट हूँ और खेल को कितनी अच्छी तरह खेल रहा हूँ।" सरल भाषा में कहें, तो अमीर डैडी ज़्यादा अमीर इसलिए बने, क्योंकि धन का खेल उनका खेल था... और वे अपने खेल में सर्वश्रेष्ठ बनना चाहते थे। जैसे-जैसे उनकी उम्र बढ़ी, वे अपने खेल में बेहतर होते गए। उनका वित्तीय आईक्यू बढ़ गया और पैसा बहकर उनके पास आने लगा।

खेल को खेलना

आगामी अध्यायों में मैं वे पाँच वित्तीय बुद्धियाँ बताऊँगा, जिन्हें उन लोगों को विकसित करना चाहिए, जो अपना वित्तीय आईक्यू बढ़ाना चाहते हैं और वित्तीय अखंडता हासिल करना चाहते हैं, हालाँकि पाँचों वित्तीय बुद्धियों को विकसित करना आसान नहीं होगा और इन्हें विकसित करने में पूरा जीवन भी लग सकता है, लेकिन अच्छी ख़बर यह है कि बहुत कम लोग पाँच वित्तीय बुद्धियों के बारे में जानते हैं; वित्तीय आईक्यू को विकसित करने और स्कोर को बेहतर बनाने की प्रेरणा की बात तो रहने ही दें। इन बुद्धियों के बारे में जानने से ही आप अपनी आर्थिक समस्याएँ सुलझाने के मामले में समाज के 95 प्रतिशत लोगों से बेहतर स्थिति में आ जाते हैं।

व्यक्तिगत रूप से मैं हर दिन पाँच वित्तीय बुद्धियों को बढ़ाने के प्रति समर्पित रहता हूँ। मेरे लिए मेरी वित्तीय शिक्षा कभी ख़त्म नहीं होती है। शुरुआत में अपने वित्तीय आईक्यू को बढ़ाने की मेरी प्रक्रिया मुश्किल और फूहड़ रही... मेरे गोल्फ़ के खेल की तरह। बहुत बार असफलता मिली, बहुत सारा पैसा गँवाया, बहुत सारी कुंठा झेली और बहुत सारी व्यक्तिगत शंकाएँ भी थीं।

शुरु में मेरे सहपाठियों ने मुझसे ज़्यादा पैसा बनाया, लेकिन आज मैं अपने ज़्यादातर सहपाठियों से ज़्यादा पैसे बनाता हूँ, हालाँकि मैं पैसे का आनंद लेता हूँ, लेकिन मैं मूलतः चुनौती की ख़ातिर काम करता हूँ। मुझे सीखने से प्रेम है। मैं इसलिए काम करता हूँ, क्योंकि मुझे पैसे के खेल से प्रेम है और मैं अपने खेल में सर्वश्रेष्ठ बनना चाहता हूँ। मैं काफ़ी पहले रिटायर हो सकता था। मेरे पास पर्याप्त से ज़्यादा पैसे हैं, लेकिन रिटायर होने के बाद मैं क्या करता? गोल्फ़ खेलता? गोल्फ़ मेरा खेल नहीं है। गोल्फ़ तो मैं मज़े के लिए खेलता हूँ।

व्यवसाय, निवेश करना और पैसे बनाना मेरा मनपसंद खेल है। मैं अपने खेल से प्रेम करता हूँ। मैं इस खेल के बारे में जोशीला हूँ। इसलिए अगर मैं रिटायर हो जाऊँ, तो मैं अपने जोश को गँवा दूँगा और जीवन जोश के बिना क्या है?

पैसे का खेल किसे खेलना चाहिए?

क्या मैं सोचता हूँ कि हर किसी को पैसे का यह खेल खेलना चाहिए? *मेरा जवाब है, आप इसे पसंद करें या न करें, हर व्यक्ति पहले से ही पैसे का खेल खेल रहा है।* अमीर हो या ग़रीब, हम सभी पैसे के खेल में शामिल हैं। अंतर यह है कि कुछ लोग ज़्यादा मेहनत से खेलते हैं, नियम जानते हैं और उनका इस्तेमाल करके दूसरों से ज़्यादा फ़ायदे में रहते हैं। कुछ लोग सीखने और जीतने के प्रति ज़्यादा समर्पित, ज़्यादा जोशीले और ज़्यादा कटिबद्ध होते हैं, लेकिन ज़्यादातर लोग पैसे का यह खेल - अगर वे जानते हों कि वे इसे खेल रहे हैं - जीतने के बजाय हार से बचने के लिए खेल रहे हैं।

चूँकि हम पैसे के खेल में सभी शामिल हैं, इसलिए इस तरह के प्रश्न ज़्यादा अच्छे हो सकते हैं :

- क्या आप पैसे के खेल के विद्यार्थी हैं?
- क्या आप इस खेल को जीतने के प्रति समर्पित हैं?
- क्या आप सीखने के बारे में जोशीले हैं?
- क्या आप वह सर्वश्रेष्ठ बनना चाहते हैं, जो आप बन सकते हैं?
- क्या आप उतने अमीर बनना चाहते हैं, जितने आप बन सकते हैं?

अगर आपका जवाब हाँ है, तो पढ़ते रहें। यह पुस्तक आप ही के लिए है। अगर आप नहीं हैं, तो पढ़ने के लिए ज़्यादा आसान पुस्तकें हैं और खेलने के लिए इससे ज़्यादा आसान खेल हैं। गोल्फ़ के खेल में पेशेवर गोल्फ़ खिलाड़ी बहुत से होते हैं, लेकिन अमीर पेशेवर गोल्फ़ खिलाड़ी बहुत कम होते हैं।

संक्षेप में

1971 और 1974 में धन के नियम बदल गए। इन परिवर्तनों ने पूरे संसार में भारी वित्तीय समस्याएँ उत्पन्न कीं, जिन्हें सुलझाने के लिए काफ़ी वित्तीय बुद्धि की ज़रूरत थी। दुर्भाग्य से हमारी सरकार और स्कूलों ने इन परिवर्तनों या समस्याओं को ठीक से नहीं सँभाला। नतीजा यह हुआ कि आज हमारे सामने बहुत बड़ी वित्तीय समस्याएँ खड़ी हैं। मेरे जीवनकाल में अमेरिका संसार का सबसे अमीर देश था, जबकि आज यह संसार का सबसे क़र्ज़दार देश बन चुका है।

कई लोग यह आशा करते हैं कि सरकार उनकी आर्थिक समस्याएँ सुलझा देगी, लेकिन जो सरकार अपनी ख़ुद की आर्थिक समस्याएँ नहीं सुलझा सकती, वह आपकी समस्याएँ कैसे सुलझा सकती है। मेरी राय में अपनी आर्थिक समस्या सुलझाना स्वयं व्यक्ति पर निर्भर

करता है। अच्छी ख़बर यह है कि अगर आप अपनी आर्थिक समस्याएँ सुलझा लेते हैं, तो आप ज़्यादा स्मार्ट और ज़्यादा अमीर बन जाते हैं।

आप इस अध्याय का यह सबक़ याद रखें कि अमीर हो या ग़रीब, हम सभी के पास पैसे की समस्याएँ होती हैं। अमीर बनने और आपकी वित्तीय बुद्धि को बढ़ाने का एकमात्र तरीक़ा आपकी पैसे की समस्याओं को सक्रियता से सुलझाना है।

ग़रीब और मध्य वर्ग के लोगों में यह नाटक करने की प्रवृत्ति होती है कि उनके समक्ष आर्थिक समस्याएँ नहीं हैं। इस नज़रिये के साथ समस्या यह है कि उनकी आर्थिक समस्याएँ क़ायम रहती हैं और उनकी वित्तीय बुद्धि बहुत धीमी गति से बढ़ती है या नहीं बढ़ती।

अमीर लोग वित्तीय समस्याओं से मुक़ाबला करते हैं। वे जानते हैं कि वित्तीय समस्याओं को सुलझाने से वे ज़्यादा स्मार्ट बनते हैं और उनका वित्तीय आईक्यू बढ़ता है। अमीर लोग जानते हैं कि पैसा नहीं, बल्कि वित्तीय बुद्धि ही अंततः आपको अमीर बनाती है।

ग़रीब और मध्य वर्ग के लोगों की आर्थिक समस्या यह होती है कि उनके पास पर्याप्त पैसे नहीं होते हैं। दूसरी ओर, अमीरों के पास बहुत ज़्यादा पैसे की समस्या रहती है। दोनों ही समस्याएँ वास्तविक और वैध हैं। सवाल यह है कि आप किस तरह की समस्या चाहते हैं? अगर आप बहुत ज़्यादा पैसों की समस्या को चाहते हैं, तो आगे पढ़ते रहें।

अध्याय 2

पाँच वित्तीय आईक्यू

पाँच बुनियादी वित्तीय आईक्यू ये हैं :

वित्तीय आईक्यू #1 : ज़्यादा पैसे बनाना।

वित्तीय आईक्यू #2 : अपने पैसे को सुरक्षित रखना।

वित्तीय आईक्यू #3 : अपने पैसे का बजट बनाना।

वित्तीय आईक्यू #4 : अपने पैसे की लीवरेजिंग करना।

वित्तीय आईक्यू #5 : अपनी वित्तीय जानकारी को बेहतर बनाना।

वित्तीय बुद्धि बनाम वित्तीय आईक्यू

हम में से ज़्यादातर लोग जानते हैं कि 130 मानसिक आईक्यू वाला व्यक्ति 95 आईक्यू वाले व्यक्ति से ज़्यादा स्मार्ट माना जाता है। यही वित्तीय आईक्यू में भी माना जा सकता है। आप शैक्षणिक बुद्धि के मामले में चाहे जितने जीनियस हों, लेकिन वित्तीय बुद्धि के मामले में मूर्ख हो सकते हैं।

अक्सर मुझसे पूछा जाता है, "वित्तीय बुद्धि और वित्तीय आईक्यू के बीच क्या फ़र्क़ होता है?" मेरा जवाब यह होता है, "वित्तीय बुद्धि हमारी मानसिक बुद्धि का वह हिस्सा है, जिसका इस्तेमाल हम अपनी वित्तीय समस्याओं को सुलझाने के लिए करते हैं। वित्तीय आईक्यू उस बुद्धि को मापता है। इस तरह हम अपनी वित्तीय बुद्धि को संख्या में आँकते हैं। मिसाल के तौर पर, अगर मैं 1 लाख डॉलर कमाता हूँ और 20 प्रतिशत टैक्स देता हूँ, तो मेरा वित्तीय आईक्यू उस व्यक्ति से ज़्यादा है, जो एक लाख डॉलर कमाता है और 50 प्रतिशत टैक्स देता है।"

इस उदाहरण में, जो व्यक्ति टैक्स के बाद 80,000 डॉलर कमाता है, उसका वित्तीय आईक्यू उस व्यक्ति से ज़्यादा है, जो टैक्स के बाद 50,000 डॉलर कमाता है। दोनों में वित्तीय बुद्धि है। जो ज़्यादा पैसे को अपने पास रखने में कामयाब होता है, उसका वित्तीय आईक्यू ज़्यादा होता है।

वित्तीय बुद्धि का मापन

वित्तीय आईक्यू #1 : ज़्यादा पैसे कमाना। हम में से ज़्यादातर लोगों में पैसे कमाने के लिए पर्याप्त वित्तीय बुद्धि होती है। आप जितने ज़्यादा पैसे कमाते हैं, आपका वित्तीय आईक्यू #1 उतना ही ज़्यादा होता है। दूसरे शब्दों में, जो व्यक्ति एक साल में 10 लाख डॉलर कमाता है, उसका वित्तीय आईक्यू उस व्यक्ति से बहुत ज़्यादा है, जो साल भर में 30,000 डॉलर ही कमा पाता है। और अगर दोनों में से प्रत्येक साल भर में 10 लाख डॉलर कमाता है, लेकिन एक दूसरे के मुक़ाबले कम टैक्स देता है, तो कम टैक्स देने वाले का वित्तीय आईक्यू ज़्यादा ऊँचा है, क्योंकि वह वित्तीय आईक्यू #2 : अपने पैसे की रक्षा करना का इस्तेमाल कर रहा है और वित्तीय अखंडता को हासिल करने के ज़्यादा क़रीब है।

हम सभी जानते हैं कि ऐसा हो सकता है, किसी व्यक्ति का शैक्षणिक आईक्यू ऊँचा हो और वह क्लासरूम में जीनियस हो, लेकिन इसके बावजूद वह असली संसार में पैसे न कमा पाए। मेरे ग़रीब डैडी बेहतरीन टीचर और मेहनती इंसान थे। मेरे हिसाब से उनका शैक्षणिक आईक्यू काफ़ी ज़्यादा था, लेकिन वित्तीय आईक्यू कम था। उन्होंने शैक्षणिक जगत में बहुत अच्छा काम किया, लेकिन व्यवसाय के संसार में वे नाकाम रहे।

वित्तीय आईक्यू #2 : अपने पैसे की रक्षा करना। सरल सच्चाई यह है कि संसार आपका पैसे लेने की फिराक़ में रहता है। एक बात ध्यान रखें, आपका पैसा लेने की फिराक़ में रहने वाले सभी लोग बदमाश या ग़ैर-क़ानूनी काम करने वाले नहीं होते। जो हमारे पैसे की ताक में रहते हैं, उनमें सबसे अव्वल है टैक्स। सरकार हमारे पैसे को क़ानूनी रूप से हमसे ले लेती है।

अगर किसी व्यक्ति का वित्तीय आईक्यू #2 कम है, तो वह ज़्यादा टैक्स देगा। वित्तीय आईक्यू #2 का उदाहरण वह व्यक्ति है, जो 20 प्रतिशत टैक्स देता है, जबकि दूसरा व्यक्ति 35 प्रतिशत टैक्स देता है। जो व्यक्ति कम टैक्स देता है, उसका वित्तीय आईक्यू तुलनात्मक रूप से ज़्यादा होता है।

वित्तीय आईक्यू #3 : अपने पैसे का बजट बनाना। अपने पैसे का बजट बनाने के लिए काफ़ी वित्तीय बुद्धिमत्ता की ज़रूरत होती है। कई लोग अमीरों के बजाय ग़रीबों की तरह बजट बनाते हैं। कई लोग पैसा तो अच्छा-ख़ासा कमाते हैं, लेकिन ज़्यादा पैसा अपने पास रोककर नहीं रख पाते, क्योंकि वे ख़राब तरीक़े से बजट बनाते हैं। मिसाल के तौर पर, जो व्यक्ति साल में 70,000 डॉलर कमाता और ख़र्च करता है, उसका वित्तीय आईक्यू #3 उस व्यक्ति से कमज़ोर है, जो 30,000 डॉलर कमाता है और 25,000 डॉलर में अच्छी तरह रहता है तथा 5,000 डॉलर का निवेश करता है। चाहे आपकी आमदनी जितनी भी हो, अच्छी तरह रहने के बावजूद निवेश करने के लिए उच्च स्तरीय वित्तीय बुद्धि ज़रूरत होती है। सरप्लस के लिए आपको सक्रियता से

बजट बनाना होता है। सरप्लस के लिए बजट बनाने के बारे में हम बाद में विस्तार से बात करेंगे।

वित्तीय आईक्यू #4 : अपने पैसे की लीवरेजिंग करना। जब कोई व्यक्ति सरप्लस का बजट बनाता है, तो अगली वित्तीय चुनौती इस सरप्लस की लीवरेजिंग करना है। ज़्यादातर लोग अपने वित्तीय सरप्लस को बैंक के बचत ख़ाते में डाल देते हैं। 1971 से पहले यह स्मार्ट विचार था - जब अमेरिकी डॉलर मुद्रा नहीं बना था। इसके अलावा 1974 के बाद से कर्मचारियों को अपने रिटायरमेंट के लिए ख़ुद पैसे बचाने पड़ रहे हैं। करोड़ों कर्मचारियों को पता ही नहीं होता कि किस चीज़ में निवेश करना है, इसलिए वे अपने वित्तीय सरप्लस को म्यूचुअल फ़ंड्स के अच्छी तरह डाइवर्सिफ़ाइड पोर्टफ़ोलियो में निवेश कर देते हैं और फिर यह उम्मीद करते हैं कि इससे उनके पैसे की लीवरेजिंग हो जाएगी।

हालाँकि बचत और डाइवर्सिफ़ाइड म्यूचुअल फ़ंड पोर्टफ़ोलियो लीवरेजिंग का एक रूप तो है, लेकिन लीवरेजिंग के इससे बेहतर तरीक़े भी होते हैं। अगर कोई व्यक्ति सच्चा है, तो उसे यह मानना होगा कि बचत ख़ाते या म्यूचुअल फ़ंड में निवेश करने के लिए ज़्यादा वित्तीय बुद्धि की ज़रूरत नहीं होती। आप एक बंदर को बचत ख़ाते और म्यूचुअल फ़ंड में निवेश करने के लिए प्रशिक्षित कर सकते हैं। इसीलिए इन निवेशों पर ऐतिहासिक दृष्टि से कम मुनाफ़ा होता है।

वित्तीय आईक्यू #4 निवेश पर लाभ यानी रिटर्न ऑन इनवेस्टमेंट से मापा जाता है। मिसाल के तौर पर, जो व्यक्ति अपने पैसे पर 50 प्रतिशत मुनाफ़ा कमाता है, उसका वित्तीय आईक्यू सिर्फ़ 5 प्रतिशत मुनाफ़ा कमाने वाले व्यक्ति से ज़्यादा है। और जो व्यक्ति 50 प्रतिशत करमुक्त कमाता है, उसका आईक्यू उस व्यक्ति से ज़्यादा है, जो 5 प्रतिशत कमाता है और उस 5 प्रतिशत मुनाफ़े पर 35 प्रतिशत टैक्स देता है।

एक और बिंदु। कई लोग सोचते हैं कि निवेश पर ज़्यादा ऊँचे मुनाफ़ा कमाने के लिए ज़्यादा जोखिम लेना पड़ता है। यह सच नहीं है। इस पुस्तक में बाद में मैं यह स्पष्ट करूँगा कि मैं कैसे असाधारण मुनाफ़ा हासिल करता हूँ और या तो टैक्स नहीं देता हूँ या बहुत कम टैक्स देता हूँ और इसमें बहुत कम जोखिम रहता है। मेरे हिसाब से तो मेरे निवेश के मुक़ाबले म्यूचुअल फ़ंड के अच्छी तरह डाइवर्सिफ़ाइड पोर्टफ़ोलियो या बैंक के बचत ख़ाते में ज़्यादा जोखिम है। यह सब वित्तीय बुद्धि का मामला है।

वित्तीय आईक्यू #5 : अपनी वित्तीय जानकारी को बेहतर बनाना। एक बुद्धिमत्तापूर्ण कहावत है, "दौड़ने से पहले आपको चलना सीखने की ज़रूरत होती है।" यह वित्तीय बुद्धि के मामले में भी सही है। अपने पैसे पर असाधारण ऊँचा मुनाफ़ा कमाने (वित्तीय आईक्यू #4 : अपने पैसे की लीवरेजिंग करना) से पहले उन्हें पैदल चलना सीखने की ज़रूरत होती है; यानी उन्हें वित्तीय बुद्धि की बुनियादी बातें सीखनी होती हैं।

बहुत सारे लोग वित्तीय आईक्यू #4 : अपने पैसे की लीवरेजिंग करना में नाकाम रहते हैं और इसका एक कारण यह है कि उन्हें सिखाया गया है कि वे अपना पैसा वित्तीय 'विशेषज्ञों' को सौंप दें, यानी बैंकर और म्यूचुअल फ़ंड मैनेजर। अपना पैसा वित्तीय विशेषज्ञों को सौंपने में समस्या यह है कि आप कुछ नहीं सीख पाते, आपकी वित्तीय बुद्धि नहीं बढ़ पाती और आप ख़ुद वित्तीय विशेषज्ञ नहीं बन पाते। अगर कोई दूसरा आपके पैसे का प्रबंधन करता है और आपकी वित्तीय समस्याओं को सुलझाता है, तो इससे आपकी वित्तीय बुद्धि नहीं बढ़ती है। दरअसल, इससे तो दूसरों की बुद्धि बढ़ती है - और वह भी आपके पैसों से!

अगर आपके पास वित्तीय जानकारी की मज़बूत बुनियाद है, तो वित्तीय बुद्धि को बढ़ाना आसान है, लेकिन अगर आपका वित्तीय आईक्यू कमज़ोर है, तो नई जानकारी दुविधापूर्ण हो सकती है और उसका बहुत कम महत्त्व नज़र आ सकता है। मेरा उदाहरण याद है कि गणित के जीनियस भी दो धन दो से शुरू करते हैं? अपनी वित्तीय शिक्षा के प्रति समर्पित होने का एक लाभ यह है कि समय के साथ आप ज़्यादा जटिल वित्तीय जानकारी को समझने में सक्षम बन जाते हैं, जिस तरह गणित की समस्याओं को बरसों तक हल करने के बाद गणितज्ञ जटिल सूत्र हल करने में सक्षम होते हैं। लेकिन एक बार फिर, दौड़ने से पहले आपको चलना सीखना होता है।

हम में से ज़्यादातर लोग किसी ऐसी क्लास, व्याख्यान या बातचीत में रहे हैं, जहाँ जानकारी हमारे सिर के ऊपर से निकल गई थी। या हम ऐसी कक्षा में रहे हैं, जहाँ जानकारी इतनी ज़्यादा जटिल थी कि उसे समझने की कोशिश में हमारा सिर दुखने लगा था। इसका मतलब है कि या तो शिक्षक बुरा है या फिर विद्यार्थी को थोड़ी ज़्यादा बुनियादी जानकारी की ज़रूरत है।

वित्तीय जानकारी के मामले में मैं काफ़ी अच्छा हूँ। बरसों के अध्ययन के बाद मैं किसी कमरे में बैठकर ज़्यादातर वित्तीय अवधारणाओं को समझ सकता हूँ, लेकिन प्रौद्योगिकी के मामले में मैं डब्बा हूँ। मैं डायनासौर हूँ। मैं सेल फ़ोन का बमुश्किल इस्तेमाल कर सकता हूँ और कंप्यूटर संबंधी मेरा ज्ञान बस इतना है कि मैं इसे मुश्किल से चालू कर सकता हूँ। प्रौद्योगिकी से संबंधित लगभग हर चीज़ मेरे सिर के ऊपर से निकल जाती है। प्रौद्योगिकी के मामले में मेरा आईक्यू सबसे निचले स्तर का है। मुद्दे की बात यह है कि हम सभी को कहीं न कहीं शुरू करना पड़ता है। अगर मैं वेबसाइट डिज़ाइन की क्लास में जाऊँ, तो गंभीर मुश्किल में फँस जाऊँगा। वेबसाइट डिज़ाइन करने से पहले आपको यह सीखने की ज़रूरत होती है कि कंप्यूटर कैसे चलाना है! कक्षा में सफल होने के लिए आवश्यक जानकारी का बुनियादी स्तर मेरे दिमाग़ के ऊपर का होगा।

इस पुस्तक में मेरा काम वित्तीय जानकारी को यथासंभव सरल बनाना है। मेरा काम आपको कुछ बेहद जटिल वित्तीय रणनीतियाँ आसान भाषा में समझाना है। इस पुस्तक में मेरा आपसे वादा है कि मैं सिर्फ़ उन्हीं चीज़ों के बारे में लिखूँगा, जो मैंने की हैं या जिन्हें मैं इस समय कर रहा हूँ। जैसा आप जानते हैं, कई शिक्षक और लेखक हैं, जो आपको बताते हैं कि आपको क्या करना चाहिए, लेकिन वे ख़ुद वह काम नहीं करते हैं, जिसकी वे सलाह दे रहे हैं। कई वित्तीय विशेषज्ञ और शिक्षक दरअसल यह जानते ही नहीं हैं कि वे

जिस बारे में बात करते या लिखते हैं, वह सचमुच कारगर है या नहीं। दूसरे शब्दों में, कई लोगों की करनी और कथनी में ज़मीन-आसमान का अंतर होता है।

मिसाल के तौर पर, कई वित्तीय विशेषज्ञ पैसे बचाने और म्यूचुअल फ़ंड्स के अच्छी तरह डाइवर्सिफ़ाइड पोर्टफ़ोलियो में निवेश करने की सलाह देते हैं। इस सलाह के साथ समस्या यह है कि ज़्यादातर सलाहकार यह नहीं जानते कि क्या यह लंबे समय में कारगर होगा। यह सुनने में अच्छा लगता है। इसे करना आसान है। इस सलाह पर अमल करने में ज़्यादा वित्तीय बुद्धि की ज़रूरत नहीं है। मेरा सवाल यह है, "क्या यह सलाह कारगर होगी?" क्या वित्तीय सलाहकार आपको गारंटी देता है कि यह रणनीति आपको वित्तीय सुरक्षा प्रदान करेगी? अगर डॉलर गिरकर शून्य पर पहुँच जाए और आपकी बचत को मिटा दे, तो क्या होगा? अगर शेयर बाज़ार उसी तरह लुढ़क जाए, जिस तरह 1929 में लुढ़का था, तो क्या होगा? क्या अच्छी तरह डाइवर्सिफ़ाइड म्यूचुअल फ़ंड पोर्टफ़ोलियो शेयर बाज़ार के लुढ़कने और दहशत के बावजूद बच पाएगा? अगर डॉलर की क्रय शक्ति गिरने के कारण मुद्रास्फीति आसमान छूने लगे और दूध का क्वार्ट 100 डॉलर का हो जाए, तो क्या होगा? क्या आप इसका ख़र्च उठा सकते हैं? अगर अमेरिकी सरकार अपने बुज़ुर्गों की सोशल सिक्युरिटी और मेडिकेयर लागतों का भुगतान न कर पाए, तो क्या होगा?

मैं सिहर जाता हूँ, जब भी मैं किसी वित्तीय विशेषज्ञ को यह सलाह देते सुनता हूँ, "पैसे बचाओ और म्यूचुअल फ़ंड्स के अच्छी तरह डाइवर्सिफ़ाइड पोर्टफ़ोलियो में निवेश करो।" मैं उस विशेषज्ञ से पूछना चाहता हूँ, "क्या आप गारंटी देंगे कि यह वित्तीय रणनीति काम करेगी? क्या आप गारंटी देंगे कि यह वित्तीय रणनीति मुझे और मेरे परिवार को जीवन भर वित्तीय दृष्टि से सुरक्षित रखेगी?" अगर वह वित्तीय सलाहकार ईमानदार है, तो उसे यह जवाब देना होगा, "नहीं। मैं इस बात की गारंटी नहीं दे सकता कि मैं आपको जो करने की सलाह देता हूँ, उससे आप वित्तीय दृष्टि से सुरक्षित रहेंगे।"

मैं भी इस बात की गारंटी नहीं दे सकता कि मेरी दी गई सलाह पर चलने से आप और आपका परिवार भविष्य में वित्तीय दृष्टि से सुरक्षित रहेंगे। आगे बहुत सारे परिवर्तन और आश्चर्य हमारा इंतज़ार कर रहे हैं। संसार बहुत तेज़ी से बदल रहा है। नियम बदल गए हैं और बदलते जा रहे हैं। प्रौद्योगिकी का फैलाव ग़रीब देशों को वित्तीय शक्तियों में बदल रहा है। यह लोगों को ज़्यादा अमीर और ज़्यादा ग़रीब बना रहा है। यह ज़्यादा वित्तीय समस्याएँ और अवसर उत्पन्न कर रहा है।

मैं लिखता हूँ, वित्तीय प्रॉडक्ट्स बनाता हूँ और पाँच वित्तीय बुद्धियों के महत्त्व पर ज़ोर देता हूँ, क्योंकि मुझे विश्वास है कि भविष्य में अमेरिका और संसार में इतनी आर्थिक उथल-पुथल होगी, जितनी हमने पहले कभी नहीं देखी। बहुत सारी वित्तीय समस्याएँ हैं, जिन्हें सुलझाया नहीं गया है। हमने उन्हें सुलझाने के लिए वित्तीय बुद्धि का इस्तेमाल नहीं किया है, बल्कि इसके बजाय हमने मुद्रा छापकर उन पर उछाल दी है। हम पुराने विचारों से आधुनिक समस्याओं को सुलझाने की कोशिश कर रहे हैं, लेकिन पुराने विचारों के इस्तेमाल से सिर्फ़ ज़्यादा बड़ी और नई समस्याएँ ही उत्पन्न होंगी। इसीलिए मैं पाँच वित्तीय बुद्धियों को महत्त्वपूर्ण मानता हूँ। अगर आप इन पाँच वित्तीय बुद्धियों को विकसित कर लेते हैं, तो आप

तेज़ी से बदलते संसार में ज़्यादा अच्छा प्रदर्शन कर पाएँगे। आप अपनी समस्याएँ सुलझाने और अपनी वित्तीय बुद्धि बढ़ाने में भी बेहतर सक्षम होंगे।

मैं जो सिखाता हूँ, उसका पालन करता हूँ

मैं आपको आश्वस्त करना चाहता हूँ कि मैं सिर्फ़ उसी बारे में लिखता हूँ, जो मैं करता हूँ या जो मैंने किया है। इसीलिए यह ज़्यादातर पुस्तक वित्तीय सिद्धांत के बजाय कहानी के रूप में लिखी गई है। इसका यह मतलब नहीं है कि मैं आपको वही करने की सलाह देता हूँ, जो मैं करता हूँ। इसका मतलब यह भी नहीं है कि मैं जो करता हूँ, वह आपके लिए भी काम करेगा। मैं तो आपको बस अपने अनुभव बताना चाहता हूँ। मैं तो आपको वित्तीय समस्याएँ सुलझाने की एक यात्रा के बारे में बताना चाहता हूँ, जो आज तक जारी है। मैं अपनी सीखी बातें आपको इसलिए बता रहा हूँ, ताकि यह आपके वित्तीय आईक्यू #5 : अपनी वित्तीय जानकारी को बेहतर बनाना को बढ़ाने में आपकी मदद करे।

मैं यह भी जानता हूँ कि मेरे पास सारे जवाब नहीं हैं। मैं नहीं जानता कि क्या मैं किसी विशाल वित्तीय आपदा से बच सकता हूँ। मैं तो बस यह जानता हूँ कि भविष्य में जो भी समस्याएँ या चुनौतियाँ आती हैं, मैं उन्हें ज़्यादा स्मार्ट बनने और अपने वित्तीय आईक्यू को बढ़ाने के अवसर के रूप में देखूँगा। मैं उनसे दहशत में नहीं आऊँगा, क्योंकि मुझे विश्वास है कि अपनी वित्तीय बुद्धि के कारण मैं उनसे तालमेल बैठा सकता हूँ और समृद्ध हो सकता हूँ। मैं आपके लिए भी यही कामना करता हूँ, इसीलिए हमने द रिच डैड कंपनी और इसके प्रॉडक्ट्स तथा प्रोग्राम्स बनाए हैं। यह सही वित्तीय *जवाब* होने के बारे में नहीं है; यह तो सही वित्तीय *योग्यताएँ* होने के बारे में है। जैसा मेरे अमीर डैडी कहते थे, "*जवाब* अतीत के बारे में होते हैं, और योग्यताएँ भविष्य के बारे में होती हैं।"

हमारे पास दूसरे आईक्यू होते हैं

हम सभी अलग होते हैं। हम सभी की रुचियाँ और नापसंदगी अलग-अलग होती हैं। हम सभी की अलग-अलग शक्तियाँ और कमज़ोरियाँ होती हैं। हम सभी में अलग-अलग प्रतिभाएँ और हुनर होते हैं।

मैं ऐसा इसलिए कहता हूँ, क्योंकि मैं यह नहीं सोचता कि वित्तीय बुद्धि सबसे महत्त्वपूर्ण बुद्धि है या एकमात्र बुद्धि है। वित्तीय बुद्धि तो बस वह बुद्धि है, जिसकी हम सभी को ज़रूरत होती है, क्योंकि हम पैसे के संसार में रहते हैं - या ज़्यादा सटीकता से कहूँ, तो मुद्रा के संसार में रहते हैं। जैसा मेरे अमीर डैडी ने कहा था, "अमीर हों या ग़रीब, स्मार्ट हों या न हों, हम सभी पैसे का इस्तेमाल करते हैं।"

बुद्धि कई प्रकार की होती है, जैसे चिकित्सकीय बुद्धि। जब भी मैं अपने डॉक्टर से मिलता हूँ, तो मैं हर बार कृतज्ञ होता हूँ कि उन्होंने अपनी बुद्धि और प्रतिभा को विकसित करने में जीवन समर्पित किया। मुझे यह ख़ुशी भी होती है कि मेरे पास पर्याप्त धन और बीमा है, जिस वजह से मैं किसी भी चिकित्सकीय चुनौती का ख़र्च उठा सकता हूँ। इस बारे

में अमीर डैडी ने कहा था, "पैसा जीवन में सबसे महत्त्वपूर्ण चीज़ नहीं है, लेकिन पैसा हर महत्त्वपूर्ण चीज़ को प्रभावित करता है।" सोचकर देखें, पैसा हमारे जीवनस्तर, स्वास्थ्य और शिक्षा को प्रभावित करता है। अध्ययनों से पता चलता है कि ग़रीब लोगों का स्वास्थ्य कमज़ोर होता है, शिक्षा कम होती है और आयु भी कम होती है।

पाँच वित्तीय बुद्धियों के विकास की ओर आगे बढ़ने से पहले मैं यह स्पष्ट कर देना चाहता हूँ कि *वित्तीय बुद्धि सबसे महत्त्वपूर्ण बुद्धि नहीं होती है। पैसा जीवन में सबसे महत्त्वपूर्ण चीज़ नहीं है,* लेकिन अगर आप ठहरकर सोचें, तो आपकी वित्तीय बुद्धि आपके तथा आपके जीवन के लिए महत्त्वपूर्ण बहुत सी चीज़ों को प्रभावित करती है।

दूसरे प्रकार की बुद्धियाँ

आज कई अलग-अलग बुद्धियाँ हैं, जिनकी ज़रूरत हमें समाज में अपना अस्तित्व बचाए रखने और फलने-फूलने के लिए होती है। तीन महत्त्वपूर्ण बुद्धियाँ हैं :

1. **शैक्षणिक बुद्धि।** शैक्षणिक बुद्धि पढ़ने, लिखने, गणित करने और आँकड़ों का निष्कर्ष निकालने की हमारी योग्यता है। यह बहुत महत्त्वपूर्ण बुद्धि है। हम इस बुद्धि का इस्तेमाल करके इस तरह की समस्याएँ सुलझाते हैं कि कहाँ और कब तूफ़ान आ सकता है और कितना नुक़सान हो सकता है।

2. **पेशेवर बुद्धि।** इस बुद्धि का इस्तेमाल करके हम योग्यता या हुनर हासिल करते हैं और पैसे कमाते हैं। मिसाल के तौर पर, मेडिकल डॉक्टर इस बहुत महत्त्वपूर्ण बुद्धि को विकसित करने में कई साल लगाता है। डॉक्टर की योग्यता की वजह से उसे अच्छी आमदनी होती है और कई लोगों की समस्याएँ सुलझती हैं।

   सरल शब्दों में, पेशेवर बुद्धि वह बुद्धि है, जिसका इस्तेमाल करके हम लोगों की समस्याएँ सुलझाते हैं और लोग उन समाधानों के लिए पैसे चुकाने के लिए तैयार रहते हैं। अगर मेरी कार ख़राब हो जाए, तो मैं कार ठीक करने वाले ऑटो मैकेनिक को ख़ुशी-ख़ुशी पैसे दूँगा। मैं अपनी हाउसकीपर को भी ख़ुशी-ख़ुशी पैसे देता हूँ। वह मेरी पत्नी और मेरे लिए एक बहुत बड़ी समस्या को सुलझाती है। वह हमारे जीवन में महत्त्वपूर्ण है।

   बहुत से लोग मेरे व्यवसायों के अलग-अलग पहलुओं का प्रबंधन करते हैं। इन व्यक्तियों में बेहतरीन लोक-व्यवहार की योग्यताएँ हैं, साथ ही उत्कृष्ट तकनीकी कौशल भी है। ये लोग और उनकी अलग-अलग बुद्धियाँ मेरे व्यवसायों के लिए अनिवार्य हैं। अमीर डैडी का एक महत्त्वपूर्ण सबक़ यह था कि अलग-अलग व्यवसायों के लिए अलग-अलग तकनीकी बुद्धियों की ज़रूरत होती है। मिसाल के तौर पर, द रिच डैड कंपनी में मुझे उत्कृष्ट व्यावसायिक और लोक-व्यवहार की योग्यताओं वाले लोगों की ज़रूरत होती है। अपने रियल एस्टेट व्यवसाय में मुझे तकनीकी योग्यताओं वाले लोगों की ज़रूरत होती है, जैसे लाइसेंसधारक प्लंबर्स और विद्युतकर्मी।

3. **स्वास्थ्य बुद्धि।** स्वास्थ्य और दौलत आपस में जुड़े हैं। हेल्थकेयर और फलस्वरूप स्वास्थ्य तेज़ी से हमारे संसार की सबसे बड़ी समस्या बनता जा रहा है। सोशल सिक्युरिटी सिर्फ़ 10 ट्रिलियन की समस्या है। मेडिकेयर 64 ट्रिलियन की समस्या है। जैसा आप जानते हैं, कई लोग दूसरे लोगों को बीमार करके अमीर बन रहे हैं। इसके कुछ उदाहरण हैं जंक फूड, सॉफ़्ट ड्रिंक, सिगरेट, शराब और दवा उद्योग। और इन स्वास्थ्य संबंधी समस्याओं की लागत आप और मुझ पर टैक्स के रूप में थोप दी जाती हैं।

   कुछ समय पहले मैं बॉयज़ ऐंड गर्ल्स क्लब के वित्तीय शिक्षा प्रोग्राम में उनकी मदद करने गया था। यह आँखें खोलने वाला अनुभव था। स्टाफ़ के डेंटिस्ट से बात करने पर मुझे पता चला कि इनर-सिटी के बच्चों के स्कूल छूटने का मुख्य कारण दाँत का दर्द होता है। दाँत दर्द का कारण शकर वाले पेय पदार्थ का सेवन और डेंटिस्ट्स का अभाव है। यह ख़राब स्वास्थ्य और मोटापे की ओर ले जाता है, जिससे डायबिटीज़ हो सकती है। व्यक्तिगत रूप से मैं इस बात को दुखद मानता हूँ कि अमेरिका युद्ध लड़ने में तो अरबों डॉलर ख़र्च कर देता है, लेकिन यह अमेरिका के सभी बच्चों को स्वास्थ्य शिक्षा और स्वास्थ्य सुविधा प्रदान नहीं करता।

   मेरा तर्क यह है कि हम जिस साहसी नए संसार में रहते हैं, उसमें अच्छा प्रदर्शन करने के लिए हमें अलग-अलग प्रकार की शिक्षा और बुद्धि की ज़रूरत होती है, हालाँकि मैं वित्तीय बुद्धि को सबसे महत्त्वपूर्ण बुद्धि नहीं मानता हूँ, लेकिन यह हर उस चीज़ को प्रभावित करती है, जो महत्त्वपूर्ण है।

हर व्यक्ति को वित्तीय बुद्धि की ज़रूरत नहीं होती

अगर आप इतने सौभाग्यशाली हैं कि आपको विरासत में दौलत मिली है, तो आपको ज़्यादा वित्तीय बुद्धि की ज़रूरत नहीं है - बशर्ते आप ऐसे लोगों को नियुक्त करें, जिनके पास यह है। अगर आपकी योजना पैसे के लिए शादी करना हो, तो इसके लिए भी आपको ज़्यादा वित्तीय बुद्धि की ज़रूरत नहीं है या अगर आप प्रतिभाशाली पैदा होते हैं और संसार कम उम्र में ही आप पर पैसे की बारिश कर देता है, तब भी आपको ज़्यादा वित्तीय बुद्धि की ज़रूरत नहीं है - बशर्ते आप एमसी हैमर न हों।

इसके अलावा, आपको ज़्यादा वित्तीय बुद्धि की ज़रूरत तब भी नहीं है, अगर आप सरकारी कर्मचारी हों और आपको आजीवन पेंशन मिलती हो या अगर आप जनरल मोटर्स जैसी औद्योगिक युग की पुरानी कंपनी के लिए काम करते हों, जिसके पास अब भी डिफ़ाइन्ड बेनिफिट पेंशन योजना है, जो जीवनभर आपको पेंशन और इलाज का ख़र्च देगी।

लेकिन अगर आप ज़्यादातर लोगों जैसे हैं, तो आज के संसार में जीवित रहने के लिए आपको थोड़ी वित्तीय बुद्धि की ज़रूरत होगी, भले ही आप सोशल सिक्युरिटी और मेडिकेयर पर जीवित रहने की योजना बना रहे हों। सच तो यह है कि अगर आप इतने कम पैसों में जीवित रहने की योजना बना रहे हैं, तो आपको बहुत ज़्यादा वित्तीय कौशल की ज़रूरत हो सकती है।

वित्तीय आईक्यू की सबसे ज़्यादा ज़रूरत किसे है?

जब हम नीचे दिए गए कैशफ़्लो क्वाड्रैंट के चित्र को देखते हैं, तो यह समझना ज़्यादा आसान हो जाता है कि सबसे ज़्यादा वित्तीय आईक्यू की ज़रूरत किसे होती है।

जिन लोगों ने रिच डैड सीरीज़ की मेरी दूसरी पुस्तक *कैशफ़्लो क्वाड्रैंट* न पढ़ी हो, उन्हें मैं संक्षेप में समझाना चाहूँगा। *कैशफ़्लो क्वाड्रैंट* पैसे के संसार के दृष्टिकोण से लोगों को चार अलग-अलग समूहों में बाँटता है।

ई का मतलब है कर्मचारी।

एस का मतलब है छोटे व्यवसाय, सेल्फ़-एम्प्लॉयड या विशेषज्ञ।

बी का मतलब है बड़ा व्यवसाय, जिसमें 500 या अधिक कर्मचारी हों।

आई का मतलब है निवेशक।

जिन लोगों का करियर ई क्वाड्रैंट में है, वे शायद यह सोचते हैं कि उन्हें ज़्यादा वित्तीय बुद्धि की ज़रूरत नहीं है। यही एस क्वाड्रैंट के लोगों के बारे में सच है।

मेरे ग़रीब डैडी ज़्यादातर समय ई क्वाड्रैंट में स्कूल शिक्षक रहे, इसलिए वे वित्तीय बुद्धि को ज़्यादा महत्त्व नहीं देते थे। जब तक कि उनकी नौकरी नहीं चली गई और वे व्यवसाय के संसार में दाख़िल नहीं हुए। एक साल से भी कम समय में उनकी बचत और रिटायरमेंट फ़ंड चला गया। अगर सोशल सिक्युरिटी और मेडिकेयर का सहारा न होता, तो वे गंभीर वित्तीय मुश्किल में होते।

नर्स होने की वजह से मेरी माँ मुझे डॉक्टर बनाना चाहती थीं। वे जानती थीं कि मैं अमीर बनना चाहता हूँ और वे जिन सबसे अमीर लोगों को जानती थीं वे डॉक्टर थे। वे चाहती थीं कि मैं एस क्वाड्रैंट में अपना झंडा फहरा दूँ। स्पष्ट रूप से वे ऐसे दिन थे, जब डॉक्टरों पर मुक़दमे कम होते थे और बीमा लागतें आसमान नहीं छू रही थीं। नर्स होने के नाते उन्हें वित्तीय बुद्धि की ज़्यादा ज़रूरत महसूस नहीं होती थी। मेरे लिए वे ऊँचे वेतन वाली नौकरी के ख़्वाब देख रही थीं। जैसा आप जानते हैं, ऊँचे वेतन वाले कई लोगों के पास पैसे नहीं बच पाते हैं।

अगर आप उद्यमी बनकर बी क्वाड्रैंट का व्यवसाय बनाना चाहते हैं या आई क्वाड्रैंट में पेशेवर निवेशक बनना चाहते हैं, तो वित्तीय बुद्धि ही सब कुछ है। बी और आई क्वाड्रैंट्स के लोगों के लिए वित्तीय बुद्धि अनिवार्य है, क्योंकि इसी बुद्धि की बदौलत आपको पैसे मिलते हैं। बी और आई क्वाड्रैंट्स में आपकी वित्तीय बुद्धि जितनी ज़्यादा होगी, आपकी आमदनी भी उतनी ही ज़्यादा होगी।

अमीर डैडी ने मुझसे कहा था, "आप सफल डॉक्टर होने के बावजूद ग़रीब रह सकते हैं। आप सफल स्कूल टीचर होने के बावजूद ग़रीब रह सकते हैं, लेकिन आप सफल उद्यमी या निवेशक होने के साथ ग़रीब नहीं रह सकते। बी और आई क्वाड्रैंट्स में सफलता पैसे से नापी जाती है। इसीलिए वित्तीय बुद्धि इतनी महत्त्वपूर्ण है।"

संक्षेप में

1971 के बाद डॉलर मुद्रा में बदल गया। 1974 में कंपनियों ने कर्मचारियों को आजीवन पेंशन देना बंद कर दिया। इन दो बड़े परिवर्तनों के फलस्वरूप वित्तीय बुद्धि पहले से ज़्यादा महत्त्वपूर्ण बन गई, हालाँकि वित्तीय बुद्धि हर एक के लिए महत्त्वपूर्ण है, लेकिन यह कुछ लोगों के लिए और भी ज़्यादा महत्त्वपूर्ण होती है, ख़ास तौर पर उन लोगों के लिए, जो बी और आई क्वाड्रैंट्स में जाने की योजना बना रहे हैं।

हमारी स्कूल प्रणाली विद्यार्थियों को पैसे के बारे में ज़्यादा कुछ इसलिए नहीं सिखाती है, क्योंकि ज़्यादातर स्कूल शिक्षक ई क्वाड्रैंट में रहते हैं और इसलिए हमारे स्कूल विद्यार्थियों को ई तथा एस क्वाड्रैंट्स के लिए तैयार करते हैं। अगर आप बी और आई क्वाड्रैंट्स में जाने की योजना बना रहे हैं, तो पाँच वित्तीय बुद्धियाँ अनिवार्य हैं और वे आपको स्कूल-कॉलेज में नहीं सिखाई जाएँगी।

संक्षेप में पाँच वित्तीय आईक्यू ये हैं :

1. वित्तीय आईक्यू #1 : ज़्यादा पैसे बनाना।
2. वित्तीय आईक्यू #2 : अपने पैसे को सुरक्षित रखना।
3. वित्तीय आईक्यू #3 : अपने पैसे का बजट बनाना।
4. वित्तीय आईक्यू #4 : अपने पैसे की लीवरेजिंग करना।
5. वित्तीय आईक्यू #5 : अपनी वित्तीय जानकारी को बेहतर बनाना।

वित्तीय बुद्धि वह बुद्धि है, जिसका इस्तेमाल करके हम अपनी विशिष्ट वित्तीय समस्याएँ सुलझाते हैं। वित्तीय आईक्यू हमारे परिणामों को मापता है और उन्हें संख्यात्मक करता है।

आइए अब हम वित्तीय आईक्यू #1 की ओर चलते हैं : ज़्यादा पैसे बनाना।

अध्याय 3

वित्तीय आईक्यू #1 : ज़्यादा पैसे बनाना

किंग्स पॉइंट, न्यू यॉर्क में यूएस मर्चेंट मरीन अकैडमी में चार साल बिताने के बाद मैंने 1969 में स्नातक की डिग्री पूरी की। इसके बाद मैंने स्टैंडर्ड ऑइल ऑफ़ कैलिफ़ोर्निया के ऑइल टैंकर्स पर रहने वाली पहली नौकरी की। मैं कैलिफ़ोर्निया, हवाई, अलास्का और ताहिती के बीच थर्ड मेट के रूप में जहाज़ पर आता-जाता था। यह एक बेहतरीन कंपनी में बेहतरीन नौकरी थी। मुझे सिर्फ़ सात महीने तक काम करना पड़ता था और इसके बाद पाँच महीने की छुट्टी मिलती थी। इसके अलावा, मुझे इसमें संसार की सैर करने का मौक़ा मिलता था और वेतन भी काफ़ी अच्छा था - 47,000 डॉलर सालाना, जो 2008 के 1,40,000 डॉलर जितना था।

1969 में कॉलेज से निकले युवक के लिए 47,000 डॉलर का वेतन काफ़ी अच्छा माना जाता था, लेकिन मेरे कुछ सहपाठियों की तुलना में मेरा वेतन कम था। मेरे कुछ सहपाठी थर्डमेट के रूप में 70,000 डॉलर से 1,50,000 डॉलर प्रति वर्ष वेतन पर करियर शुरू कर रहे थे। 2008 में यह शुरुआती वेतन 2,50,000 डॉलर से 5,00,000 डॉलर के बराबर था।। कॉलेज से निकले 22 साल के नौजवान के हिसाब से बुरा वेतन नहीं था।

मेरा वेतन मेरे सहपाठियों से कम इसलिए था, क्योंकि स्टैंडर्ड ऑइल में यूनियन नहीं थी। ज़्यादा ऊँचे वेतन पर काम करने वाले मेरे सहपाठी यूनियन वाली कंपनियों में काम कर रहे थे।

मैंने स्टैंडर्ड ऑइल में थर्ड मेट के रूप में सिर्फ़ चार महीने काम किया और इसके बाद अपने ऊँचे वेतन वाली नौकरी से इस्तीफ़ा देकर वियतनाम युद्ध में लड़ने के लिए मरीन कॉर्प में शामिल हो गया। मेरे अंदर अपने देश की सेवा करने का जज़्बा था, हालाँकि उस वक़्त मेरे कई दोस्त सेना में जाने से बचने के लिए एड़ी-चोटी का ज़ोर लगा रहे थे। कई तो जबरन आगे पढ़ रहे थे, एक तो भागकर कैनेडा में छिप गया। बाक़ी अजीब बीमारियों का बहाना बना रहे थे और 4-एफ़ श्रेणी में आने की उम्मीद कर रहे थे, जिसमें चिकित्सकीय आधार पर सेना में जाने से अक्षम घोषित किया जाता है।

मैं सेना में जाने से बच सकता था, क्योंकि मैं *ग़ैर-रक्षात्मक अत्यावश्यक उद्योग* की श्रेणी में आता था। तेल युद्ध के लिए अनिवार्य था और मैं एक तेल कंपनी में काम करता था, इसलिए सेना मुझ पर हाथ नहीं डाल सकती थी। मुझे युद्ध से बचने की ज़रूरत नहीं थी, जैसी मेरे दोस्तों को थी। दरअसल, मेरे कई दोस्त तो इस बात पर हैरान हुए कि मैंने स्वेच्छा से सेना में जाने का निर्णय लिया। मुझे इसकी ज़रूरत नहीं थी, मैं तो यह काम करना चाहता था।

मेरे लिए युद्ध में जाना और लड़ना निर्णय का सबसे मुश्किल हिस्सा नहीं थे। मैं 1966 में वियतनाम में जा चुका था, जहाँ मैंने विद्यार्थी के रूप में कैम रन बे में कार्गो ऑपरेशन्स का अध्ययन किया था। मेरे नादान दृष्टिकोण से युद्ध काफ़ी रोमांचक सा दिख रहा था। मुझे लड़ने, मारने और संभवतः मारे जाने की चिंता नहीं थी।

मेरे निर्णय का सबसे मुश्किल हिस्सा यह था कि इससे मेरा वेतन बहुत कम हो रहा था। मरीन कॉर्प के सेकंड लेफ़्टिनेंट्स को 2,400 डॉलर सालाना मिलते थे। इतना तो मैं स्टैंडर्ड ऑइल में दो सप्ताह में कमा लेता था। यही नहीं, अगर आप यह हिसाब लगाएँ कि मैं स्टैंडर्ड ऑइल में साल में सिर्फ़ सात महीने काम करता था और पाँच महीने की छुट्टी मनाता था, तो मैं दरअसल बहुत कुछ छोड़ रहा था। मैं सात महीनों के हिसाब से हर महीने लगभग 7,000 डॉलर कमा रहा था और फिर पाँच महीने की अवैतनिक छुट्टी ले रहा था, जिसमें नौकरी से निकाले जाने का कोई डर नहीं था। बुरा सौदा नहीं। आज भी कई लोग इस सौदे को स्वीकार कर लेंगे।

जब मैंने स्टैंडर्ड ऑइल को बताया कि मैं अपने देश की सेवा करने के लिए कंपनी छोड़कर जा रहा हूँ, तो इसने देशभक्त कंपनी के अनुरूप प्रतिक्रिया की। इसने कहा कि मैं वहाँ दोबारा नौकरी कर सकता हूँ - बशर्ते मैं जीवित लौट आऊँ। इसने उदारता से यह पेशकश की कि यह सेना में मेरे कार्यकाल को वरिष्ठता के लिए जोड़ लेगी।

आज तक मुझे याद है कि जब मैं मार्केट स्ट्रीट पर उनके सैन फ़्रांसिस्को ऑफ़िस से बाहर निकलकर आया था, तो मेरे पेट में खलबली मची थी। मैं ख़ुद से पूछता रहा, "तुम क्या कर रहे हो? क्या तुम पगला गए हो? तुम्हें जाने की ज़रूरत नहीं है। तुम्हें लड़ने की ज़रूरत नहीं है। तुम तो सेना से मुक्त हो। स्कूल में चार साल बिताने के बाद अब तुम बहुत सारे पैसे कमा रहे हो।" महीने में 4,000 डॉलर की कमाई को छोड़कर 200 डॉलर कमाने की बात सोचकर मैं मुड़कर अपनी नौकरी दोबारा माँगने वाला था।

स्टैंडर्ड ऑइल की इमारत पर आख़िरी निगाह डालने के बाद मैं कार से गिराडेली स्क्वेयर तक गया और अपने प्रिय ब्यूना विस्टा बार में अमीरों की तरह पैसे उड़ाए। अब मैं मरीन के रूप में 200 डॉलर प्रति माह कमाऊँगा, इस अहसास के साथ मैं जानता था कि यह अमीर महसूस करने और अमीरों की तरह ख़र्च करने का मेरा आख़िरी मौक़ा हो सकता है। मेरी जेब में बहुत सारे पैसे थे और मैं इनका आनंद लेना चाहता था।

मैंने बार में बैठे सब लोगों के लिए शराब के पेग ऑर्डर कर दिए। इससे पार्टी शुरू हो गई। जल्दी ही एक सुंदर युवती मेरे पास आ गई, जो मेरे पर्स से उड़ते पैसों के प्रति

आकर्षित थी। हम बार से बाहर निकल गए। हमने शराब पी और भोजन किया। हम हँसे और चिल्लाए। मेरे मन में यह चल रहा था कि क्या पता कल हो न हो, *इसलिए आज ही खा-पी लो और मज़े कर लो।*

शाम ख़त्म होने पर प्यारी युवती ने मुझसे हाथ मिलाया, मेरा गाल चूमा और एक कैब में बैठकर चली गई। मैं उससे इससे भी ज़्यादा चाहता था, लेकिन वह बस मेरे पैसे चाहती थी। अगली सुबह मैंने सैन फ़्रांसिस्को से पेन्साकोला तक की कार यात्रा शुरू की, जहाँ मेरी फ़्लाइट ट्रेनिंग शुरू होने वाली थी। अक्टूबर 1969 में मैं फ़्लाइट स्कूल में पहुँच गया। दो सप्ताह बाद मेरी जान निकल गई, जब मैंने देखा कि 200 डॉलर प्रति माह का वेतन टैक्स के बाद कैसा दिखता है।

पाँच साल बाद, जिसमें से एक साल मैंने वियतनाम में गुज़ारा था, मुझे मरीन कॉर्प ने सम्मानजनक विदाई दी। मेरी पहली और तात्कालिक चुनौती वित्तीय आईक्यू #1 थी : ज़्यादा पैसे बनाना। मैं 27 साल का था और मेरे पास दो बेहतरीन पेशे थे, जिनमें मैं अच्छी कमाई कर सकता था - एक था शिप्स ऑफ़िसर का और दूसरा पायलट का।

कुछ समय तक मैंने यह भी सोचा कि मैं स्टैंडर्ड ऑइल में अपनी नौकरी दोबारा माँग लूँ। मुझे स्टैंडर्ड ऑइल पसंद थी, और मुझे सैन फ़्रांसिस्को पसंद था। मुझे वेतन भी पसंद था। मेरा वेतन 60,000 डॉलर प्रति वर्ष होता, क्योंकि स्टैंडर्ड ऑइल मरीन कॉर्प में बिताए सालों को मेरी वरिष्ठता में जोड़ लेती।

मेरा दूसरा विकल्प एयरलाइंस का पायलट बनना था। मेरे ज़्यादातर मरीन पायलट साथियों को बेहतरीन नौकरियाँ मिल रही थीं, जिसमें 32,000 डॉलर का सालाना वेतन था, हालाँकि यह वेतन स्टैंडर्ड ऑइल जितना अच्छा तो नहीं था, लेकिन एयरलाइन का पायलट बनना मुझे आकर्षक लग रहा था। इसके अलावा, एयरलाइंस का वेतन उस 985 डॉलर प्रति माह के वेतन से तो बेहतर होता, जो मरीन कॉर्प पाँच साल की सेवा के बाद मुझे पायलट के रूप में दे रही थी।

स्टैंडर्ड ऑइल लौटकर जाने या किसी एयरलाइंस में विमान उड़ाने के बजाय मैंने डाउनटाउन हानलूलू में ज़िरॉक्स कॉर्पोरेशन में नौकरी कर ली। यहाँ मेरा शुरुआती वेतन 720 डॉलर प्रति माह था। मेरा वेतन एक बार फिर कम हो गया। मेरे दोस्त और परिवार वाले सोच रहे थे कि युद्ध की वजह से मैं पगला गया हूँ।

अब आप पूछ सकते हैं कि हानलूलू जैसे बहुत महँगे शहर में मैंने 720 डॉलर मासिक वेतन वाली नौकरी को क्यों चुना। जवाब इस पुस्तक की विषय-वस्तु में मिलता है : वित्तीय आईक्यू बढ़ाना। मैंने ज़िरॉक्स में वेतन की ख़ातिर नौकरी नहीं की थी, यह तो मैंने अपनी वित्तीय बुद्धि को बढ़ाने के लिए की थी - ख़ास तौर पर वित्तीय बुद्धि #1 बढ़ाने के लिए : ज़्यादा पैसे बनाना। मैंने निर्णय लिया कि मेरे लिए पैसे कमाने का सर्वश्रेष्ठ तरीक़ा एयरलाइन पायलट या शिप्स ऑफ़िसर नहीं, बल्कि *उद्यमी* बनना था। मैं जानता था कि उद्यमी बनने के लिए मुझे सेल्स योग्यताएँ सीखनी होंगी। सिर्फ़ एक ही समस्या थी : मैं बहुत ज़्यादा संकोची था और अस्वीकृति से बहुत डरता था।

संकोची स्वभाव और बिक्री योग्यताओं की कमी मेरी समस्याएँ थीं। ज़िरॉक्स पेशेवर बिक्री प्रशिक्षण देता था। उनके पास सेल्सपीपुल की कमी थी। मैं सेल्सपर्सन बनना चाहता था। इसलिए यह दोनों के लिहाज़ से बेहतरीन सौदा था। हम दोनों ने एक-दूसरे की समस्याएँ सुलझा दी। नियुक्त करने के बाद कंपनी ने मुझे जल्दी ही लीज़बर्ग, वर्जीनिया में अपने कॉर्पोरेट प्रशिक्षण मुख्यालय भेज दिया, जहाँ मेरा बिक्री प्रशिक्षण औपचारिक रूप से शुरू हुआ।

मैंने 1974 से 1978 तक चार साल ज़िरॉक्स में काम किया और ये बहुत मुश्किल साल थे। पहले दो वर्षों तक तो मेरी नौकरी छूटने की कई बार नौबत आई, क्योंकि मैं बेच नहीं सकता था। न सिर्फ़ मैं बेच नहीं सकता था और नौकरी छूटने का डर था, बल्कि मैं पैसे भी नहीं बना पा रहा था, लेकिन मेरा लक्ष्य हानलूलू में कंपनी का शीर्ष सेल्समैन बनना था और मैंने संकल्प के साथ अपनी चुनौतियों का सामना किया।

पहले दो वर्षों के बाद बिक्री प्रशिक्षण और ज़मीनी अनुभव का फल मिला, जब मैं आख़िरकार हानलूलू शाखा में नंबर वन बनने के लक्ष्य तक पहुँच गया। मैंने संकोची होने और अस्वीकृति से नफ़रत करने की समस्या सुलझा ली थी और बेचना सीख लिया था। इससे भी अच्छी बात, मैं शिप्स ऑफ़िसर या एयरलाइन पायलट के रूप में जितना कमाता, अब उससे बहुत ज़्यादा कमा रहा था। अगर मैं युद्ध के बाद सीधे स्थायी नौकरी कर लेता, तो मैं कभी अस्वीकृति के अपने डर और संकोच से नहीं उबर पाता और मुझे इन चुनौतियों का सामना करने और उन पर विजय पाने के पुरस्कार भी नहीं मिल पाते। ज़िरॉक्स के अपने अनुभव से मैंने एक मूल्यवान सबक़ सीखा : समस्या सुलझाना ही दौलत का मार्ग है।

एक बार जब मैं अपने लक्ष्य तक पहुँच गया और बिक्री में नंबर वन बन गया, तो मैंने अपनी अगली चुनौती का सामना करने के लिए इस्तीफ़ा दे दिया - व्यवसाय बनाना। जिसने भी अपना ख़ुद का व्यवसाय बनाया है, वह जानता है कि पहली समस्या वित्तीय आईक्यू #1 होती है : ज़्यादा पैसे बनाना। चूँकि मेरे पास शून्य पैसा था, इसलिए मुझे वित्तीय आईक्यू #1 को तेज़ी से सुलझाने की ज़रूरत थी।

अपनी नौकरी छोड़ने से पहले

अपनी पुस्तक *बिफ़ोर यू क्विट युअर जॉब* में मैं पहला बड़ा व्यवसाय बनाने की प्रक्रिया के बारे में लिख चुका हूँ, जिसमें मैंने नायलॉन और वेलक्रो के पहले सर्फ़र वॉलेट्स बेचे थे। उस पुस्तक में मैंने उन आठ घटकों के बारे में लिखा था, जिनसे व्यवसाय बनता है। दरअसल, सभी आठ व्यावसायिक घटकों का न होना ही वह कारण है, जिसकी वजह से इतने सारे व्यवसाय असफल होते हैं और घाटे में चलते हैं। मुझे विश्वास है कि यह हर उस व्यक्ति के लिए बहुत महत्त्वपूर्ण पुस्तक है, जो उद्यमी बनना चाहता है और अपना ख़ुद का व्यवसाय शुरू करना चाहता है। अपनी नौकरी छोड़ने से पहले उस पुस्तक को पढ़ना महत्त्वपूर्ण है।

उस पुस्तक में मैंने इस बारे में लिखा है कि मेरा व्यवसाय एक साल में इतना सफल हुआ कि इसने मुझे मिलियनेयर बना दिया और फिर अचानक यह असफल हो गया। मैंने निराशा और हानि की भावनाओं का वर्णन किया है। मैंने बताया है कि कारोबार ठप होने

के बाद मेरे मन में यह प्रबल इच्छा थी कि मैं दौड़कर कहीं छिप जाऊँ। मैं गहरे क़र्ज़ में था और जीवन की सबसे बड़ी वित्तीय समस्या का सामना कर रहा था।

लेकिन अमीर डैडी ने मुझसे कहा कि मैं ख़ुद को दिवालिया घोषित न करूँ। उन्होंने मुझे समस्याओं का सामना करने और व्यवसाय को दोबारा बनाने के लिए प्रोत्साहित किया। उन्होंने मुझे याद दिलाया कि इस गंभीर समस्या को सुलझाने से मेरी वित्तीय बुद्धि बढ़ जाएगी। यह वह सबसे अच्छी सलाह है, जो मुझे मिल सकती थी, हालाँकि यह पीड़ादायक होता है, लेकिन अपनी समस्या का सामना करने और व्यवसाय को दोबारा बनाने की प्रक्रिया वह सबसे अच्छी शिक्षा थी, जो मुझे मिल सकती थी। समस्या को सुलझाने और व्यवसाय को दोबारा बनाने में कई साल लग गए, लेकिन इस प्रक्रिया से मेरे वित्तीय आईक्यू #1 से लेकर वित्तीय आईक्यू #5 तक सभी आईक्यू बढ़ गए और मैं वित्तीय दृष्टि से ज़्यादा स्मार्ट उद्यमी बन गया।

अपने तबाह व्यवसाय को दोबारा बनाना मेरा बिज़नेस स्कूल था। मुझे सबसे पहले तो अपने व्यवसाय के आठ हिस्सों को सही करना था, बी-आई ट्राएंगल। दूसरी चीज़, जो मुझे करनी थी, वह प्रतिस्पर्द्धी दायरा खोजकर अपने व्यवसाय को दोबारा परिभाषित करना था। देखिए, मैं 1981 में अपने व्यवसाय को दोबारा बना रहा था और उस वक़्त बाज़ार में दूसरे वॉलेट निर्माताओं के प्रॉडक्ट्स की बाढ़ आ चुकी थी। कोरिया, ताइवान और इंडोनेशिया जैसे देशों के नायलॉन वॉलेट्स विश्व बाज़ार में सैलाब की तरह आ चुके थे। मैंने रिटेल में वॉलेट्स का भाव 10 डॉलर रखा था, लेकिन वाइकिकी और संसार की सड़कों पर वॉलेट 1 डॉलर में बिक रहे थे। नायलॉन वॉलेट कमॉडिटी बन गए थे और जैसा आप जानते हैं, कमॉडिटीज़ के बाज़ार में जीत उसी की होती है, जो सबसे कम भाव पर उत्पादन करता है। कमॉडिटी में प्रतिस्पर्द्धा करने के लिए मुझे एक बाज़ार में एक प्रतिस्पर्द्धी दायरे की ज़रूरत थी। मुझे एक ब्रांड बनना था। अवसर रॉक ऐंड रोल के रूप में सामने आया।

जैसा *बिफ़ोर यू क्विट युअर जॉब* में वर्णन किया गया है, मैं अचानक रॉक ऐंड रोल व्यवसाय में पहुँच गया और अपने वॉलेट्स पर रॉक बैंड के नामों का इस्तेमाल करने के अधिकार की लाइसेंसिंग करके अपने व्यवसाय को बचाया। जल्दी ही मैं वैन हेलेन, जुडस प्रीस्ट, ड्यूरन ड्यूरन, आइरन मेडन, बॉय जॉर्ज और अन्य के लिए वॉलेट का उत्पादन कर रहा था। चूँकि मेरा क़ानूनी लाइसेंस वाला प्रॉडक्ट था, इसलिए मैंने अपनी रिटेल प्राइस बढ़ाकर 10 डॉलर कर दी। मुझे बैंड्स को रॉयल्टी देनी पड़ती थी, लेकिन लाइसेंसशुदा रॉक ऐंड रोल प्रॉडक्ट बनने से अमेरिका और पूरे संसार के रिटेलर्स के द्वार खुल गए। मेरा व्यवसाय ज़ोरदार चला और पैसा तेज़ी से आने लगा।

जैसा मैं कह चुका हूँ, वित्तीय बुद्धि बढ़ाने का तरीक़ा अपने सामने की समस्या को सुलझाना है। 1981 तक मैंने व्यवसाय दोबारा बनाने की समस्या को सुलझा लिया था। फिर अगली समस्या प्रकट हुई : कम भाव वाले प्रतिस्पर्द्धियों और मेरे प्रॉडक्ट की नक़ल करने वाले नक़्क़ालों को हराना, जो पैसे बना रहे थे, जबकि मैं पैसे गँवा रहा था।

समस्या पाइरेट्स के रूप में आ रही थी। जिन लोगों ने मेरे पहले प्रॉडक्ट मौलिक नायलॉन वॉलेट की नक़ल की थी, वे अब मेरे लाइसेंसशुदा प्रॉडक्ट की भी नक़ल कर रहे

थे। वे वही लाइसेंसशुदा प्रॉडक्ट बनाने लगे, जिन्हें मैं बना रहा था और वे उन्हें कम भाव पर बेच सकते थे, क्योंकि उन्हें बैंड्स को रॉयल्टी नहीं देनी पड़ती थी।

पाइरेट्स के साथ कई महीनों तक संघर्ष करने के बाद मुझे अहसास हुआ कि इसमें सिर्फ़ मेरे वकील अमीर बन रहे थे, जो अदालत में लड़ने के लिए मुझसे पैसे ले रहे थे, जीतने के लिए नहीं। पाइरेट मेरे वकीलों से ज़्यादा स्मार्ट और फुर्तीले थे। मेरे वकील मुझे सिर्फ़ इतना बता सकते थे कि उन्हें लड़ने के लिए ज़्यादा पैसे चाहिए। मुझे यह अहसास होने में लंबा समय नहीं लगा कि मैं पाइरेट्स के एक अन्य समूह को भुगतान कर रहा हूँ, हालाँकि इन पाइरेट्स (मेरे वकीलों) को मेरे पक्ष में होना चाहिए था। मैं व्यवसाय और धन का एक और मूल्यवान सबक़ सीख रहा था, जिसके बारे में अगले अध्याय में बताया जाएगा : अपने धन की रक्षा करना।

एक कहावत है, "अगर आप उन्हें हरा नहीं सकते, तो उनके साथ जुड़ जाओ।" हारे युद्ध में पैसा गँवाने से थककर मैंने अपने वकीलों को हटा दिया और पाइरेट्स के साथ जुड़ने के लिए कोरिया, ताइवान और इंडोनेशिया गया। अदालत में उनसे युद्ध लड़ने के बजाय, जिसमें मेरी आमदनी से ज़्यादा पैसे लग रहे थे, मैंने अपने प्रतिस्पर्द्धियों को लाइसेंस दिए कि वे मेरे लिए वॉलेट का उत्पादन करें। इस एक क़दम से मेरी उत्पादन लागत कम हो गई, मेरी क़ानूनी फ़ीस कम हो गई और मेरे पीछे बेहतर फ़ैक्टरियाँ आ गईं। मैं अब वह करने के लिए स्वतंत्र हो गया, जो मैं सबसे अच्छी तरह करता था - बेचना। कारोबार एक बार फिर उछलने लगा। जल्दी ही हमारे प्रॉडक्ट्स डिपार्टमेंट स्टोर्स और रॉक कन्सर्ट्स में पहुँच गए थे। 1982 में एक नया टेलीविज़न नेटवर्क शुरू हुआ - एमटीवी। हमारा व्यवसाय आसमान छूने लगा और एक बार फिर पैसे की आवक होने लगी।

जनवरी 1984 में मैंने रॉक ऐंड रोल नायलॉन वॉलेट व्यवसाय की अपनी हिस्सेदारी अपने दो साझेदारों को बेच दी। किम और मैं हवाई छोड़कर कैलिफ़ोर्निया में रहने लगे और हमने वहाँ व्यवसाय शिक्षण कंपनी शुरू की। मुझे बता नहीं था कि प्रॉडक्ट बेचने और शिक्षा बेचने में इतना बड़ा फ़र्क़ होगा। 1985 हमारे जीवन का सबसे बुरा साल था। हमारी बचत ख़त्म हो गई और पैसों की कमी की समस्या एक बड़ी समस्या बन गई। मैं पहले कंगाल रह चुका था, लेकिन किम नहीं रही थी। उस मुसीबत की घड़ी में भी उसने मेरा साथ नहीं छोड़ा, यह उसके चरित्र का प्रमाण है - मेरी ख़ूबसूरती का नहीं, लेकिन हमने मिलकर काम किया और उद्यमिता व निवेश सिखाने वाला एक अंतरराष्ट्रीय व्यवसाय बनाया, जिसके ऑफ़िस अमेरिका, ऑस्ट्रेलिया, न्यू ज़ीलैंड, सिंगापुर और कैनेडा में थे। 1994 में किम और मैं इस व्यवसाय को बेचकर रिटायर हो गए, क्योंकि हमारे रियल एस्टेट निवेशों से इतनी पर्याप्त निष्क्रिय आय हो रही थी, जिससे हम वित्तीय दृष्टि से आजीवन स्वतंत्र हो चुके थे।

लेकिन... हम बोर हो गए। संक्षिप्त रिटायरमेंट के बाद किम और मैंने 1996 में *कैशफ़्लो* नामक बोर्ड गेम उतारा और 1997 में *रिच डैड पुअर डैड* पुस्तक स्व-प्रकाशित की। 2000 के मध्य में ओपरा विनफ़्रे ने मुझे अपने प्रोग्राम में एक घंटे के लिए आमंत्रित किया और बाक़ी इतिहास है। आज द रिच डैड कंपनी एक अंतरराष्ट्रीय व्यवसाय है। मेरी ज़्यादातर सफलता का श्रेय मेरे पुराने व्यवसायों की असफलताओं और सफलताओं से सीखे

सबक़ों को दिया जा सकता है। अगर मैं अपनी समस्याओं को सुलझाने से नहीं सीखता, तो इतनी दूर तक कभी नहीं आ पाता। अगर मैंने हार मान ली होती और परिस्थितियों के सामने घुटने टेक दिए होते, तो आप यह पुस्तक नहीं पढ़ रहे होते।

हर लक्ष्य की एक प्रक्रिया होती है

जैसा हम सभी जानते हैं, हर सार्थक लक्ष्य की एक प्रक्रिया होती है और उसमें मेहनत की ज़रूरत होती है। मिसाल के तौर पर, डॉक्टर बनने के लिए शिक्षण और प्रशिक्षण की एक कठोर प्रक्रिया होती है। कई लोग डॉक्टर बनने के सपने देखते हैं, लेकिन प्रक्रिया राह में आड़े आ जाती है। आख़िरी कुछ पन्नों में आपने अभी-अभी मेरी प्रक्रिया के बारे में पढ़ा और मैं आपको बता दूँ, इसमें बहुत मेहनत लगी।

लोगों में वित्तीय आईक्यू #1 : ज़्यादा पैसे बनाना का अभाव होता है, इसका एक कारण यह है कि *वे पैसा तो चाहते हैं, लेकिन प्रक्रिया नहीं चाहते।* कई लोगों को इस बात का अहसास ही नहीं होता कि पैसा नहीं, बल्कि प्रक्रिया उन्हें अमीर बनाती है। जो लोग लॉटरी जीतते हैं या जिन्हें पारिवारिक दौलत विरासत में मिलती है, वे जल्दी ही दिवालिया बन जाते हैं। इसका मूल कारण यह है कि उन्हें पैसा तो मिला, लेकिन वे प्रक्रिया से नहीं गुज़रे। कई अन्य लोग अमीर बनने में असफल रहते हैं, क्योंकि वे वित्तीय दृष्टि से ज़्यादा स्मार्ट बनने और अमीर बनने की सीखने की प्रक्रिया से ज़्यादा महत्त्व स्थायी वेतन को देते हैं। वे ग़रीब होने के डर की वजह से पीछे रह जाते हैं। यह डर उन्हें जोखिम लेने और अमीर बनने के लिए आवश्यक समस्याओं को सुलझाने से रोकता है।

हम सभी अलग होते हैं

हम सभी अलग हैं। हमारी शक्तियाँ और कमज़ोरियाँ भी अलग-अलग हैं। हम सभी की अलग-अलग प्रक्रियाएँ, अलग-अलग चुनौतियाँ और अलग-अलग समस्याएँ हैं। कुछ लोग नैसर्गिक सेल्सपीपुल होते हैं, मैं नहीं था। मेरी पहली समस्या बेचने के डर और अस्वीकृत होने की दहशत से उबरने में अक्षमता थी। कुछ लोग पैदाइशी उद्यमी होते हैं। मैं नहीं था। मुझे उद्यमी बनना सीखना पड़ा।

मेरे कहने का मतलब यह *नहीं* है कि आपको बेचना सीखने या उद्यमी बनना सीखने की ज़रूरत है। वह मेरी प्रक्रिया थी। हो सकता है कि यह आपकी प्रक्रिया न हो। आपके वित्तीय आईक्यू #1 : ज़्यादा पैसे बनाना का पहला क़दम यह तय करना है कि आपके लिए ज़्यादा पैसे बनाने का सर्वश्रेष्ठ तरीक़ा कौन सा है। अगर यह डॉक्टर बनना है, तो मेडिकल कॉलेज की तैयारी करें। अगर यह प्रोफ़ेशनल गोल्फ़ खिलाड़ी बनना है, तो उस खेल में जुट जाएँ। दूसरे शब्दों में, अपने लक्ष्य को चुनें और इसके बाद अपनी प्रक्रिया को चुनें। हमेशा याद रखें, प्रक्रिया लक्ष्य से ज़्यादा महत्त्वपूर्ण होती है।

भावनात्मक बुद्धि

इस बिंदु पर यह बताना महत्त्वपूर्ण है कि वित्तीय बुद्धि भावनात्मक बुद्धि भी है। संसार के सबसे अमीर निवेशक वॉरेन बफ़ेट कहते हैं, “अगर आप अपनी भावनाओं को नियंत्रित नहीं कर सकते, तो आप अपने पैसे को भी नियंत्रित नहीं कर सकते।” यही आपकी प्रक्रिया के बारे में भी सच है। मेरी प्रक्रिया का बहुत मुश्किल हिस्सा निराशा के बावजूद मैदान न छोड़ना था। कुंठा के दौर में अपना संतुलन न खोना था। यह तब जुटे रहना था, जब मैं दौड़कर भाग जाना चाहता था।

प्रक्रिया में कई लोगों के असफल होने का एक और कारण यह है कि वे त्वरित संतुष्टि के बिना नहीं रह सकते। मुझे जीवन के शुरू में कम वेतन मिला और इसका ज़िक्र मैं इस कारण करता हूँ, क्योंकि मैं विलंबित संतुष्टि के महत्त्व पर ज़ोर डालना चाहता हूँ। कई लोग आज के चंद सिक्कों की ख़ातिर ज़्यादा समृद्ध कल का त्याग कर देते हैं। मैंने बीस-तीस साल की उम्र में ज़्यादा पैसे नहीं बनाए, जबकि आज मैं करोड़ों डॉलर कमाता हूँ।

अपनी भावनाओं के उतार-चढ़ाव को नियंत्रित करना और अल्पकालीन संतुष्टि में विलंब करना मेरी वित्तीय बुद्धि को विकसित करने के लिए अनिवार्य थे। दूसरे शब्दों में, भावनात्मक बुद्धि वित्तीय बुद्धि के लिए अनिवार्य होती है। दरअसल, मैं तो कहूँगा कि पैसे के मामले में भावनात्मक बुद्धि ही सबसे महत्त्वपूर्ण बुद्धि होती है। यह शैक्षणिक या पेशेवर बुद्धि से ज़्यादा महत्त्वपूर्ण होती है। मिसाल के तौर पर, कई लोग डर की वजह से अपने सपने का पीछा नहीं कर पाते हैं। अगर वे शुरू कर देते हैं, तो असफल होने पर वे मैदान छोड़ देते हैं और फिर वे दूसरों को दोष देते हैं, जबकि उन्हें अपनी असफलताओं की ज़िम्मेदारी लेनी चाहिए।

मैदान छोड़ने वाले शायद ही कभी जीतते हैं

कई साल पहले एक युवक मेरे यहाँ काम करता था। वह बहुत योग्य और आकर्षक था, एमबीए था और काफ़ी पैसे कमाता था। अपने ख़ाली समय में उसने अपनी पत्नी के साथ कई व्यावसायिक उपक्रम शुरू किए, लेकिन नाकाम रहे। उन्होंने रियल एस्टेट को आज़माया और नाकाम रहे। उन्होंने पत्नी के नाम पर एक छोटा फ्रैंचाइज़ी ख़रीदा, जो असफल हो गया। फिर उन्होंने एक नर्सिंग होम ख़रीदा और कुछ मरीज़ों के अप्रत्याशित रूप से मरने पर उनका सब कुछ चला गया। आज दोनों ऊँचे वेतन वाली नौकरियाँ दोबारा करने लगे हैं, लेकिन अक्षमता का बेचैन करने वाला अहसास उन्हें सताता रहता है।

मैं इस युवा दंपती का ज़िक्र इस कारण कर रहा हूँ, क्योंकि वे सीखने में असफल रहे। वे सीखने की प्रक्रिया से हार गए। राह मुश्किल होने पर उन्होंने चलना छोड़ दिया, हालाँकि यह प्रशंसनीय है कि उन्होंने नए उपक्रमों को आज़माकर देखा, लेकिन उन्होंने उस वक़्त हार मान ली, जब उनकी समस्याएँ इतनी बड़ी दिखने लगीं कि उन्हें सुलझाया नहीं जा सकता था। वे असफलता के बावजूद कोशिश करने और अपनी ग़लतियों से सीखने में असफल रहे। वे यह अहसास करने में असफल रहे कि पैसा नहीं, बल्कि प्रक्रिया उन्हें अमीर बनाएगी।

मैंने अमीर डैडी से यह बहुत मुश्किल सबक़ सीखा कि मैं प्रक्रिया से तब तक चिपका रहूँ, जब तक कि मैं जीत न जाऊँ। जब मुझे न बेच पाने के कारण ज़िरॉक्स में मुश्किल आई, तो मैं वह नौकरी छोड़ना चाहता था। चूँकि मैं बेच नहीं सकता था, इसलिए मैं पैसे नहीं बना रहा था। वास्तव में मैं जितना कमा रहा था, उससे ज़्यादा ख़र्च तो हानलूलू में रहने का था। अमीर डैडी ने कहा था, "जीतने के बाद तुम छोड़ सकते हो, लेकिन हारते वक़्त कभी मत छोड़ना।" 1978 तक यानी ज़िरॉक्स में नंबर वन सेल्समैन बनने तक मैंने इसे नहीं छोड़ा। न बेच पाने की अपनी समस्या से उबरने के बाद ही मैं पैसा न बनाने की अपनी समस्या से उबर पाया।

ज़िरॉक्स में काम करते समय मैंने अपने ख़ाली समय में नायलॉन वॉलेट का व्यवसाय शुरू किया। 1978 में मैं अपने वॉलेट व्यवसाय में पूर्णकालिक रूप से जुट गया। कारोबार उछलने के बाद असफल हो गया। एक बार फिर, मैं मैदान छोड़ना चाहता था। एक बार फिर अमीर डैडी ने मुझे याद दिलाया कि *प्रक्रिया, लक्ष्य* से ज़्यादा महत्त्वपूर्ण होती है। जब मैं गहरे क़र्ज़ में था, मेरे पास ज़्यादा पैसे नहीं थे, तब कई बार उन्होंने मुझे यह याद दिलाया कि जब मैं इस समस्या को सुलझा लूँगा, तो मुझे दोबारा कभी पैसे की ज़रूरत नहीं पड़ेगी। तब मैं व्यवसाय खड़ा करने का तरीक़ा जान जाऊँगा और वित्तीय दृष्टि से ज़्यादा बुद्धिमान बन जाऊँगा, लेकिन इससे पहले मुझे अपने सामने की समस्या को सुलझाना था।

बहुत ज़्यादा पैसा

इस पुस्तक की शुरुआत में मैंने लिखा था कि पैसे की दो तरह की समस्याएँ होती हैं। एक समस्या है पर्याप्त पैसा न होना और दूसरी समस्या है बहुत ज़्यादा पैसा होना। 1974 में जब मैं मरीन कॉर्प छोड़ रहा था, तो मुझे निर्णय लेना था कि मैं किस तरह की समस्या चाहता हूँ। अगर मैं पर्याप्त पैसा न होने की समस्या चाहता था, तो मैं स्टैंडर्ड ऑइल या एयरलाइंस वाली नौकरी में से किसी को भी चुन सकता था। अगर मैं बहुत ज़्यादा पैसे की समस्या चाहता था, तो मुझे ज़िरॉक्स में नौकरी करने की ज़रूरत थी, चाहे वहाँ सबसे कम वेतन था। जैसा आप जानते हैं, मैंने बहुत ज़्यादा पैसे की समस्या को चुना।

मैं सिर्फ़ पैसा नहीं, बल्कि शिक्षा भी चाहता था। मैंने ज़िरॉक्स को इसलिए चुना, क्योंकि मैं जानता था कि मैं शिप्स ऑफ़िसर या पायलट बन सकता हूँ, लेकिन मैं यह नहीं जानता था कि क्या मैं उद्यमी बन सकता हूँ। मैं जानता था कि मैं असफल हो सकता हूँ। मैं यह भी जानता था कि असफल होने का जोखिम लेने पर ही मैं सबसे ज़्यादा सीखूँगा। अगर मैं असफलता के डर - ग़रीब होने के डर - को जीतने देता, तो कभी ज़मीन से ऊपर नहीं उठ पाता।

लोग वित्तीय आईक्यू #1 को नहीं बढ़ा पाते हैं, इसका एक कारण यह है कि वे जानी-पहचानी चीज़ों से ही चिपके रहते हैं। नई चुनौती लेने और सीखने के बजाय वे खेल को सुरक्षित तरीक़े से खेलते हैं। देखिए, इसका यह मतलब नहीं है कि आपको मूर्खतापूर्ण और ख़तरनाक चीज़ें करनी चाहिए। हम कई चीज़ें कर सकते हैं, लेकिन हम उन्हें न करने का चुनाव करते हैं। मिसाल के तौर पर, मैं माउंट एवरेस्ट पर चढ़ने का चुनाव कर सकता था या मैं नासा की अंतरिक्ष यात्री योजना के लिए हस्ताक्षर कर सकता था या मैं

राजनीति में दाख़िल होकर चुनाव लड़ सकता था। मेरा मुद्दा यह है कि मैंने अपनी अगली चुनौती को यूँ ही नहीं चुना, बल्कि सावधानी से चुना। मैंने ख़ुद से पूछा, "मेरा जीवन कैसा होगा, अगर मैं इस चुनौती को लूँ और सफल हो जाऊँ?" मैं चाहता हूँ कि आप भी ख़ुद से यही सवाल पूछें।

हेलन केलर पर *द मिरेकल वर्कर* फ़िल्म बनी है और उन्होंने एक बार कहा था, "जीवन या तो जोखिम भरा रोमांचक अभियान है... या कुछ नहीं है।" मैं सहमत हूँ। मेरी राय में आपकी वित्तीय बुद्धि #1 को बढ़ाने का एक तरीक़ा यह है कि आप जीवन को *सीखने* का अभियान मानें। बहुत सारे लोग जीवन जीने के बजाय सुरक्षित खेलते हैं, सही चीज़ें करते हैं और नौकरी की सुरक्षा को चुनते हैं। यह ज़रूरी नहीं है कि आपका जीवन जोखिम भरा या ख़तरनाक हो। जीवन सीखने के बारे में है और सीखना रोमांचक अभियान होता है।

इसीलिए मैं समुद्री जहाज़ों या हवाई जहाज़ों की ओर नहीं लौटा, हालाँकि मुझे दोनों पेशे प्रिय थे। मेरे हिसाब से यह नए रोमांचक अभियान का वक़्त था। बुद्धि पुराने जवाबों को याद करने और ग़लतियाँ करने से बचने के बारे में नहीं है - वह व्यवहार, जिसे हमारी शिक्षा प्रणाली बुद्धिमत्तापूर्ण मानती है। सच्ची बुद्धि तो समस्याएँ सुलझाना सीखना है, ताकि आप ज़्यादा बड़ी समस्याएँ सुलझाने के योग्य बन जाएँ। सच्ची बुद्धि असफलता से डरने के बजाय *सीखने की ख़ुशी* के बारे में होती है।

ज़्यादा पैसे बनाना

फ़ाइनैंशियल स्टेटमेंट और कैशफ़्लो क्वाड्रैंट के रेखाचित्रों को एक साथ रखकर आप वित्तीय आईक्यू #1 : ज़्यादा पैसे बनाना के विकल्पों की ज़्यादा स्पष्ट तसवीर देख सकते हैं।

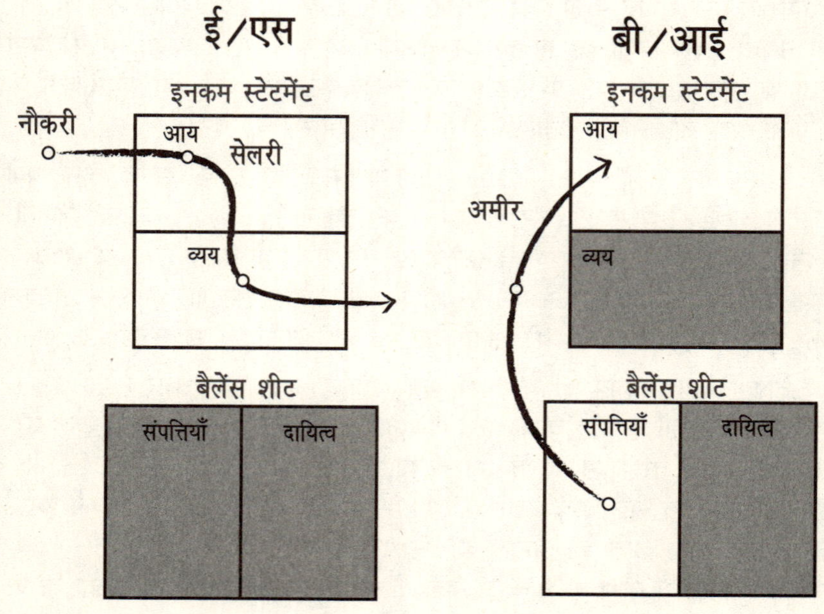

इस रेखाचित्र से स्पष्ट होता है कि ई और एस पैसे की ख़ातिर काम करते हैं। वे स्थायी वेतन, कमीशन या प्रति घंटे की ख़ातिर काम करते हैं। बी और आई संपत्तियों के लिए काम करते हैं, जो या तो कैशफ़्लो उत्पन्न करती हैं या फिर पूँजी में वृद्धि करती हैं।

मैं अपने सहपाठियों से ज़्यादा पैसे कमाता हूँ, जिन्होंने समुद्री जहाज़ों पर जाने या विमानों को उड़ाने का विकल्प चुना था। इसका एक कारण यह है कि वे वेतन के लिए काम करते थे। दूसरी तरफ़ मैं उद्यमी के रूप में संपत्तियाँ बनाना चाहता था और निवेशक के रूप में संपत्तियाँ हासिल करना चाहता था। दूसरे शब्दों में, ई और एस फ़ाइनैंशियल स्टेटमेंट के आमदनी वाले कॉलम पर ध्यान केंद्रित करते हैं और बी व आई संपत्ति वाले कॉलम पर।

ई और एस को यह समझाना बहुत मुश्किल होता है कि बी या आई पैसे की ख़ातिर काम नहीं करते हैं। बी या आई तकनीकी दृष्टि से मुफ़्त में काम करते हैं, जिस विचार को समझना कइयों के लिए मुश्किल होता है। ई और एस वेतन की ख़ातिर काम करते हैं और उन्हें काम करने से पहले भुगतान चाहिए होता है। मुफ़्त में काम करना, शायद बरसों तक, उनकी भावनात्मक या पेशेवर संरचना में नहीं होता। ई और एस परोपकारी संस्थाओं में स्वयंसेवा कर सकते हैं या महत्त्वपूर्ण उद्देश्यों की ख़ातिर लोककल्याणकारी काम कर सकते हैं, लेकिन व्यक्तिगत आमदनी के संदर्भ में वे पैसे की ख़ातिर काम करते हैं। सामान्यतः वे संपत्तियाँ बनाने या हासिल करने की ख़ातिर काम नहीं करते हैं।

अकाउंटिंग की शब्दावली में ई या एस लोग *उपार्जित* आय के लिए काम करते हैं और बी या आई *निष्क्रिय* या *पोर्टफ़ोलियो* आय के लिए काम करते हैं। वित्तीय आईक्यू #2 : अपने धन की रक्षा करना पर केंद्रित अगले अध्याय में आपको पता लगेगा कि इस बात से काफ़ी वित्तीय फ़र्क़ पड़ता है कि व्यक्ति किस तरह की आमदनी की ख़ातिर काम करता है। उपार्जित आय को वित्तीय शिकारियों से सुरक्षित रखना सबसे मुश्किल होता है। इसीलिए *उपार्जित आय* की ख़ातिर काम करने में ज़्यादा वित्तीय समझदारी नहीं है।

कई सेल्फ़-एम्प्लॉयड लोग व्यवसाय के मालिक नहीं होते। वे नौकरी के मालिक होते हैं। अगर सेल्फ़-एम्प्लॉयड लोग काम करना बंद कर दें, तो उनकी आमदनी भी रुक जाती है या घट जाती है। ग़ौर करें, नौकरी संपत्ति नहीं है, क्योंकि संपत्तियाँ आपकी जेब में पैसे डालती हैं, चाहे आप काम करें या न करें। अगर आप ई, एस, बी और आई क्वाड्रैंट्स की भ्निताओं के बारे में ज़्यादा जानना चाहते हैं, तो मैं आपको रिच डैड सीरीज़ की अपनी दूसरी पुस्तक *कैशफ़्लो क्वाड्रैंट* पढ़ने के लिए प्रोत्साहित करता हूँ।

अमीर क्यों ज़्यादा अमीर बनते हैं

नीचे दिए गए रेखाचित्र को देखने से यह आसानी से समझ आ जाता है कि अमीर क्यों ज़्यादा अमीर बनते हैं।

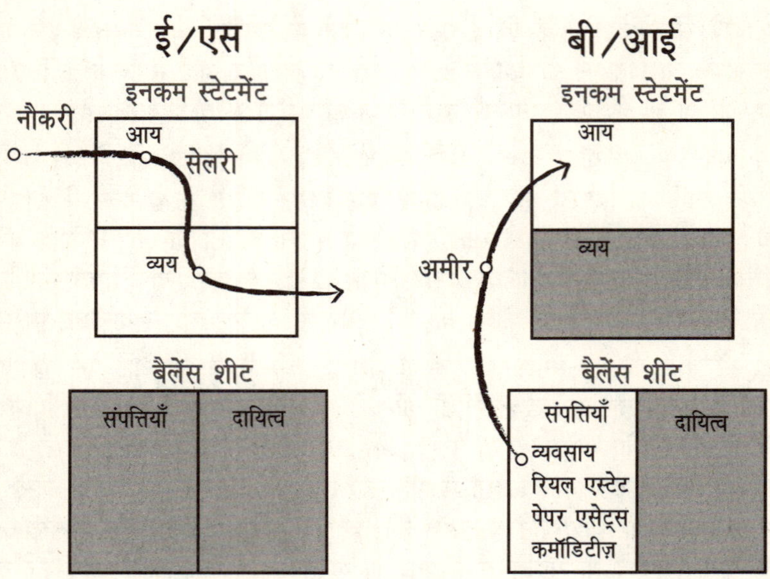

ग़रीब और मध्यवर्गीय लोगों के संघर्ष करने का एक कारण यह होता है कि वे पैसे और स्थायी वेतन के लिए काम करते हैं। पैसे के लिए काम करने के साथ समस्या यह है कि आपको ज़्यादा पैसे कमाने के लिए ज़्यादा मेहनत करनी होती है, ज़्यादा देर तक काम करना होता है या अपनी फ़ीस बढ़ानी होती है। शारीरिक दृष्टि से ज़्यादा कड़ी और ज़्यादा लंबे समय तक मेहनत करने के साथ समस्या यह है कि हम सभी के पास समय और ऊर्जा की सीमित मात्रा होती है।

अमीरों के ज़्यादा अमीर बनने का एक कारण यह है कि वे हर साल ज़्यादा संपत्तियाँ बनाने या हासिल करने के लिए काम करते हैं। ज़्यादा संपत्तियाँ जोड़ने के लिए ज़्यादा कड़ी मेहनत करने या ज़्यादा लंबे समय तक काम करने की ज़रूरत नहीं होती। वास्तव में, किसी व्यक्ति का वित्तीय आईक्यू जितना ज़्यादा होता है, वह ज़्यादा और बेहतर गुणवत्ता वाली संपत्तियाँ हासिल करने के लिए उतना ही कम काम करता है। देखिए, संपत्तियाँ अमीरों की ख़ातिर काम करती हैं और निष्क्रिय आमदनी उत्पन्न करती हैं।

हर साल किम और मैं लक्ष्य तय करते हैं कि हम कितनी नई संपत्तियाँ चाहते हैं। हम ज़्यादा पैसे बनाने के लक्ष्य तय नहीं करते हैं। जब किम ने सबसे पहले 1989 में रियल एस्टेट में निवेश शुरू किया, तो उसका लक्ष्य दस साल में बीस रहवासी जायदादों का था। उस वक़्त यह काफ़ी बड़ा काम दिख रहा था। उसने पोर्टलैंड, ओरेगन में दो बेडरूम और एक बाथरूम वाले मकान से शुरुआत की। दस साल तो दूर की बात है, सिर्फ़ अठारह महीनों में ही वह बीस जायदादों के लक्ष्य के पार निकल गई। अपने लक्ष्य तक पहुँचने के बाद उसने वे यूनिट्स बेच दिए, दस लाख डॉलर से ज़्यादा मुनाफ़ा कमाया और टैक्स न देते हुए फ़ीनिक्स, एरिज़ोना में ज़्यादा बड़े और बेहतर यूनिट्स ख़रीद लिए।

2007 में किम का व्यक्तिगत लक्ष्य अपने पोर्टफ़ोलियो में 500 रेंटल यूनिट्स बढ़ाना था। बहुत जल्द उसके पास 1,000 यूनिट्स हो चुकी थीं, जो उसे हर महीने निष्क्रिय आय दे रहे थीं। ध्यान रहे, निष्क्रिय आय पर सबसे कम टैक्स लगता है। किम ज़्यादातर पुरुषों से ज़्यादा पैसे कमाती है और उसने यह सब आई क्वाड्रैंट में उद्यमी बनकर हासिल किया है।

मेरा फ़ोकस व्यावसायिक संपत्तियों और कमॉडिटीज़ से अपना कैशफ़्लो बढ़ाना है। मैं ऑइल और सोने-चाँदी की कंपनियों में भारी निवेश करता हूँ। शैक्षणिक उद्यमी के रूप में जब भी मैं कोई पुस्तक लिखता हूँ, तो मुझे संसार के अलग-अलग देशों के लगभग पचास प्रकाशकों से बरसों तक रॉयल्टी मिलती है। मैं व्यवसाय में डिस्ट्रिब्यूशन का फ्रैंचाइज़ी सिस्टम भी जोड़ रहा हूँ। मैंने अपने रॉक ऐंड रोल व्यवसाय से सीखा था कि लाइसेंस लेने के बजाय लाइसेंस देना बेहतर है, हालाँकि मैं रियल एस्टेट से प्रेम करता हूँ, लेकिन मैं बी क्वाड्रैंट में उद्यमिता का ज़्यादा आनंद लेता हूँ।

मैं ये बातें डींगें हाँकने के लिए नहीं लिख रहा हूँ। दरअसल, मैं अपनी दौलत को उजागर करने में हिचकता हूँ और इस बारे में भी कि हमने इसे कैसे बनाया। देखिए, कई लोग बहुत पैसे कमाने वाले लोगों से चिढ़ते हैं। जैसा आप वित्तीय शिकारियों वाले अगले अध्याय में पाएँगे, लोगों को यह बताना ख़तरनाक है कि आप अमीर हैं।

हम क्या करते और कितना कमाते हैं, यह उजागर करने का जोखिम मैं इस बड़े कारण से ले रहा हूँ, क्योंकि किम और मैं आपकी वित्तीय शिक्षा तथा आपके वित्तीय आईक्यू को बढ़ाने के प्रति समर्पित हैं। वित्तीय शिक्षा के साथ एक भारी समस्या यह है कि वित्तीय शिक्षा बेचने या देने वाले ज़्यादातर लोग ई और एस क्वाड्रैंट्स के होते हैं। वे या तो कर्मचारी होते हैं या फिर सेल्फ़-एम्प्लॉयड लोग। ज़्यादातर सचमुच अमीर नहीं होते। कई तो पत्रकार होते हैं, जो पैसे के बारे में लिखते हैं, हालाँकि उनके ख़ुद के पास बहुत कम पैसे होते हैं, या फिर वे स्टॉक और रियल एस्टेट बेचने वाले ब्रोकर जैसे सेल्सपीपुल होते हैं। इनमें से कई वित्तीय विशेषज्ञों के पास वह होता है, जो दूसरे ई और एस क्वाड्रैंट्स के लोगों के पास होता है। उनके पास ऐसी रिटायरमेंट योजनाएँ होती हैं, जो शेयरों, बॉन्ड्स और म्यूचुअल फ़ंड्स से भरी होती हैं। कई तो वित्तीय रूप से बचे रहने के लिए शेयर बाज़ार के भरोसे बैठे रहते हैं और अगर उनके रिटायरमेंट के दौरान बाज़ार में भारी गिरावट आ जाए, तो वे फुटपाथ पर आ जाएँगे। कई काफ़ी मुश्किल में होंगे, अगर अमेरिकी डॉलर की क्रय शक्ति कम होती रहे और मुद्रास्फीति बढ़ जाए। संक्षेप में, वित्तीय सलाह देने वाले कई वित्तीय विशेषज्ञों को पता ही नहीं है कि क्या उनकी रिटायरमेंट योजनाएँ कारगर होंगी। अगर उन्हें पक्का पता होता, तो कई तो रिटायर हो गए होते।

किम और मैं जानते हैं कि हमारी रिटायरमेंट योजना कारगर है। हम इसलिए जानते हैं, क्योंकि हमारी संपत्तियाँ हमें हर महीने निष्क्रिय आमदनी देती हैं। हम भविष्य की ख़ातिर बचत, बॉन्ड या म्यूचुअल फ़ंड में पैसे नहीं लगा रहे हैं। अगर हम फुटपाथ पर आ भी जाते हैं, जो हमेशा संभव है, तो हमारी असली संपत्ति हमारा वित्तीय आईक्यू होगा। हम यह सब दोबारा बना सकते हैं, क्योंकि हम आमदनी से ज़्यादा सीखने पर केंद्रित हैं। हमने अपना पैसा किसी ई या एस के हवाले करने के बजाय इसका प्रबंधन ख़ुद किया। जैसा अमीर डैडी

ने कहा था, "आप निवेश करते हैं या सेल्फ़-एम्प्लॉयड हैं, तो इसका यह मतलब नहीं है कि आप निवेशक या व्यवसाय मालिक हैं।"

संक्षेप में

ज़्यादा पैसे बनाने का रहस्य आगे के रेखाचित्र में मिलता है :

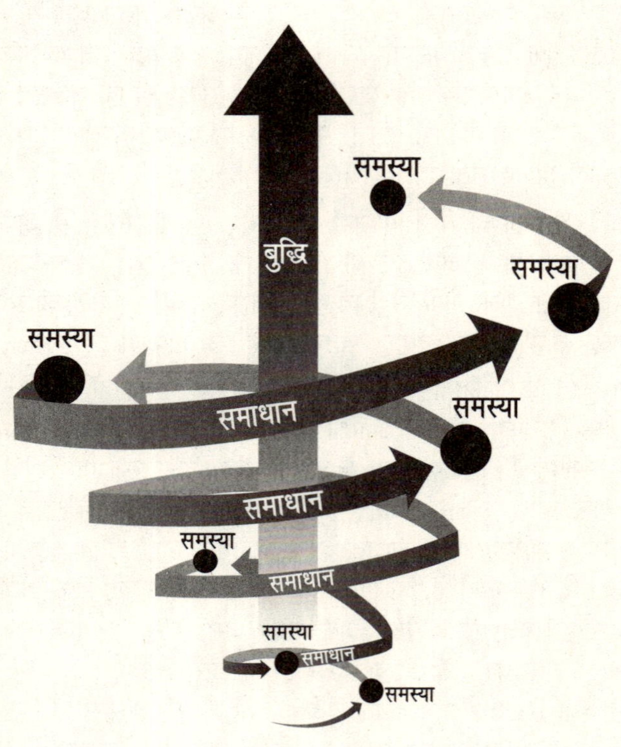

दौलतमंद बनने के लिए आपको इस सच्चाई को स्वीकार करना होगा कि समस्याएँ कभी ख़त्म नहीं होंगी। जब भी आप किसी समस्या का समाधान खोजेंगे, तो हर बार एक नई समस्या आकर खड़ी हो जाएगी। कुंजी इस बात का अहसास करना है कि इन समस्याओं को सुलझाने की प्रक्रिया से आप अमीर बनते हैं। इसके बाद जब आप दूसरों की भी समस्याएँ सुलझाने लगते हैं, तो फिर आसमान ही सीमा है।

लोग आपको उनकी समस्याएँ सुलझाने की ख़ातिर पैसे देंगे। मिसाल के तौर पर, मैं स्वस्थ रहने के लिए अपने डॉक्टर को पैसे देता हूँ। मैं अपने मकान को साफ़-सुथरा रखने के लिए अपनी हाउसकीपर को पैसे देता हूँ। मैं अपने स्थानीय सुपरमार्केट में ख़रीदारी करता हूँ, क्योंकि कुछ नहीं खाने पर मैं ज़िंदा नहीं रहूँगा। मैं बेहतरीन भोजन और बेहतरीन अनुभव प्रदान करने के लिए स्थानीय रेस्तराँ चलाने वाले व्यक्ति को पैसे देता हूँ। मैं सरकार

को अच्छी तरह चलाने के लिए शासकीय सेवकों को टैक्स देता हूँ। मैं अपने आध्यात्मिक मार्गदर्शन और शिक्षा को समर्थन देने के लिए चर्च में दान देता हूँ।

किम बहुत सारे पैसे बनाती है, क्योंकि वह काफ़ी बड़ी समस्या सुलझाती है - किफ़ायती दामों पर गुणवत्तापूर्ण मकानों की समस्या। वह इस समस्या को सुलझाने के लिए जितना ज़्यादा काम करती है, उसे उतनी ही ज़्यादा कमाई होती है। मैं वित्तीय शिक्षा की आवश्यकता की समस्या को सुलझाने के लिए कड़ी मेहनत करता हूँ।

सरल भाषा में कहें, तो ज़्यादा पैसे बनाने के असंख्य तरीक़े हैं, क्योंकि सुलझाने के लिए असंख्य समस्याएँ हैं। सवाल यह है, आप किन समस्याओं को सुलझाना चाहते हैं? आप जितनी ज़्यादा समस्याओं को सुलझाएँगे, उतने ही ज़्यादा अमीर बनेंगे।

कई लोग कुछ न करके पैसे बनाना चाहते हैं और वे किसी भी तरह की समस्याओं को नहीं सुलझाना चाहते। या वे इतना ज़्यादा भुगतान चाहते हैं, जितना उस समस्या को सुलझाने के लिहाज़ से ज़्यादा होता है। मैंने यूनियन शिपिंग कंपनी में नौकरी इसलिए नहीं की, क्योंकि मैं मज़दूर नहीं, पूँजीपति हूँ। वास्तव में आज अमेरिकी जहाज़ों के कम होने का एक कारण यह है कि अमेरिकी मर्चेंट शिप चलाने की लागत बहुत ज़्यादा है। और इस कारण अमेरिकी बंदरगाहों में ज़्यादातर मालवाहक व यात्री जहाज़ों पर अमेरिकी नागरिक तैनात नहीं होते। अमेरिकी जहाज़ को चलाने की ऊँची लागत के कारण मेरे स्कूल किंग्स पॉइंट से आज स्नातक होने वाले विद्यार्थियों को वहाँ नौकरी नहीं मिल पाती। यह कम करने और ज़्यादा भुगतान पाने की इच्छा की समस्या है।

मेरे ग़रीब डैडी यूनियन के पक्षधर थे। वास्तव में, वे हवाई की टीचर्स यूनियन के मुखिया थे। मैं उनके दृष्टिकोण को समझता हूँ कि समूह के रूप में शिक्षकों के पास ज़्यादा शक्ति होती है। यूनियन के बिना शिक्षकों को कम पैसे और कम लाभ दिए जाएँगे। टीचर्स यूनियन के बिना शिक्षा वर्तमान से भी बदतर हो जाएगी।

मेरे अमीर डैडी पूँजीपति थे। पूँजीपति बेहतर भाव पर बेहतर प्रॉडक्ट देने में विश्वास करते हैं। अगर आप ज़्यादा लोगों को बेहतर भाव पर बेहतर प्रॉडक्ट नहीं दे सकते, तो बाज़ार आपको दंड देगा। दूसरे शब्दों में, पूँजीपति को समस्याएँ खड़ी करने के नहीं, बल्कि उन्हें सुलझाने के लिए पैसे मिलते हैं - बशर्ते आप उलझनें खड़ी न कर रहे हों।

कई लोग पूँजीपतियों को लालची *सूअर मानते हैं*। और कई ऐसे होते भी हैं, लेकिन ऐसे भी पूँजीपति होते हैं, जो बहुत सारी नेकी करते हैं और संसार को स्वास्थ्य सुविधा, भोजन, यातायात, ऊर्जा व संचार प्रदान करते हैं। एक पूँजीपति के तौर पर, जो संसार को बेहतर जगह बनाने के लिए अपना सर्वश्रेष्ठ प्रयास करता है, मुझे तो उन लोगों के साथ समस्या है, जो कुछ न करने के बदले में भुगतान चाहते हैं या कम काम करके ज़्यादा भुगतान चाहते हैं। मेरी राय में वह व्यक्ति लोभी सूअर है, जो कम काम करना चाहता है या कुछ नहीं करना चाहता है और बदले में ज़्यादा भुगतान चाहता है।

जो लोग कम काम करके ज़्यादा भुगतान चाहते हैं, उन्हें जीवन ज़्यादा मुश्किल लगेगा, जब संसार बदलेगा। उदाहरण के लिए, जो लेबर यूनियनें कम काम के बदले में ज़्यादा ऊँचे

वेतन और लाभ माँगती हैं, उन्हीं के कारण नौकरियाँ विदेशों में गई हैं। आज अमेरिका में यूनियन के ऑटो कर्मचारी को 75 डॉलर प्रति घंटे के क़रीब भुगतान मिलता है, जिसमें लाभ शामिल हैं। चीन में उसी ऑटो कर्मचारी को एक घंटे में लगभग 75 सेंट का भुगतान मिलता है। जब मैं यह लिख रहा हूँ, तो क्राइसलर ने चीन की चेरी मोटर्स के साथ एक सौदा किया है, जो वहाँ कारों का उत्पादन करेगी। क़ीमत : एक कार के संदर्भ में 2,500 डॉलर से कम। यह लगभग वही क़ीमत है, जो स्वास्थ्य बीमा की लागत अमेरिका की हर कार में जोड़ी जाती हैं।

सच्चा पूँजीपति वह होता है, जो किसी समस्या को पहचानता है और उसे सुलझाने के लिए प्रॉडक्ट या सेवा बनाता है। अगर आपके प्रॉडक्ट या सेवा का मूल्य ज़्यादा माना जाता है, तो आप ज़्यादा भाव ले सकते हैं, लेकिन इसे ज़्यादा मूल्यवान होना चाहिए। उदाहरण के लिए, मैं अपनी पुस्तकों और गेम्स के लिए ज़्यादा पैसे लेता हूँ, क्योंकि कुछ लोगों को उनमें ज़्यादा शैक्षणिक मूल्य नज़र आता है। कई दूसरे लोगों को मेरी पुस्तकें और गेम्स इतने मूल्यवान नहीं लगते। कई लोग वित्तीय शिक्षा के मेरे ब्रांड को महत्त्व नहीं देते हैं, क्योंकि इससे उनकी वित्तीय समस्याएँ नहीं सुलझती हैं। कई लोगों को यह विश्वास नहीं है कि 1971 और 1974 में पैसे के नियम बदल गए थे। वे यह विश्वास करना चाहते हैं कि वे कड़ी मेहनत कर सकते हैं, पैसे बचा सकते हैं, म्यूचुअल फ़ंड में निवेश कर सकते हैं और कम काम के बदले में ज़्यादा वेतन की उम्मीद कर सकते हैं। उनकी और उनके परिवारों के वित्तीय भविष्य की ख़ातिर मुझे उम्मीद है कि ऐसे विश्वास और कार्य उनकी वित्तीय समस्याओं को सुलझा देंगे।

आपकी ख़ातिर, मुझे आशा है कि आप यह विश्वास नहीं करते होंगे। मेरे मन में यह आभास है कि आप विश्वास नहीं करते होंगे, क्योंकि आप यह पुस्तक पढ़ रहे हैं और ऐसा करके अपनी वित्तीय बुद्धि को सक्रियता से बढ़ा रहे हैं। सोचें कि आपको किन समस्याओं को सुलझाने की ज़रूरत है, फिर उन समस्याओं से सीधे जूझें और पैसा अपने आप आएगा। और एक बार जब आपके पास पैसा आने लगे, तो इसकी रक्षा करने के लिए आपको अपनी पूरी वित्तीय बुद्धि का इस्तेमाल करने की ज़रूरत पड़ेगी। अगला अध्याय इसी बारे में है, वित्तीय आईक्यू #2 : अपने धन की रक्षा करना।

अध्याय 4

वित्तीय आईक्यू #2 : अपने धन की रक्षा करना

वित्तीय शिकारियों से अपने धन की रक्षा करना महत्त्वपूर्ण है। जैसा हम में से ज़्यादातर लोग जानते हैं, संसार ऐसे लोगों और संगठनों से भरा है, जो आपके पैसे निकलवाने की फिराक़ में रहते हैं। इनमें से कई लोग और संगठन बहुत स्मार्ट और शक्तिशाली होते हैं। अगर वे आपसे ज़्यादा स्मार्ट हैं या उनके पास आपसे ज़्यादा शक्ति है, तो वे आपका धन ले लेंगे। इसीलिए वित्तीय आईक्यू #2 महत्त्वपूर्ण होता है।

वित्तीय आईक्यू #2 को कैसे मापें?

वित्तीय आईक्यू #1 आम तौर पर *कुल डॉलरों* में नापा जाता है। वित्तीय आईक्यू #2 *प्रतिशत* में नापा जाता है। मेरी बात का मतलब यह है। नीचे तीन अलग-अलग प्रतिशतों के तीन उदाहरण हैं :

1. अमेरिका में एक व्यक्ति वेतन से 1,00,000 कमाता है और फ़ेडरल, स्टेट तथा एफ़आईसीए जैसे कुल 50 प्रतिशत टैक्स देता है। इस व्यक्ति की टैक्स के बाद शुद्ध आय 50,000 डॉलर है।
2. दूसरा व्यक्ति अपने निवेशों से 1,00,000 डॉलर कमाता है और 15 प्रतिशत टैक्स देता है। इस व्यक्ति की टैक्स के बाद शुद्ध आय 85,000 डॉलर है।
3. तीसरा व्यक्ति 1,00,000 डॉलर कमाता है और 0 प्रतिशत टैक्स देता है। इस व्यक्ति की टैक्स के बाद शुद्ध आय 1,00,000 डॉलर है।

ऊपर दिए उदाहरणों में जो व्यक्ति सबसे कम प्रतिशत टैक्स देता है, उसका वित्तीय आईक्यू #2 : आपके धन की रक्षा करना सबसे ज़्यादा है, क्योंकि उसने वित्तीय शिकारियों को कम धन हड़पने दिया।

बाद वाले अध्यायों में मैं बताऊँगा कि कैसे बहुत सारा पैसा कमाने के बाद भी क़ानूनी रूप से शून्य टैक्स दें, लेकिन हाल-फ़िलहाल मन में यह सरल विचार रखें : वित्तीय आईक्यू #2 आमदनी के उस प्रतिशत को मापता है, जो व्यक्ति के पास अंततः बचता है और वित्तीय शिकारियों के हाथ नहीं लगने देता।

खरगोश, पक्षी और कीड़े

वित्तीय शिकारियों से धन की रक्षा करने का महत्त्व अमीर डैडी ने अपने बेटे और मुझे बहुत कम उम्र से ही सिखाना शुरू कर दिया था - हमारे पास पैसा आने से *पहले*। चूँकि हम बहुत छोटे थे, इसलिए अमीर डैडी ने हमें किसानों के आसान उदाहरण से अपनी बात समझाई। उन्होंने कहा, "किसान को अपनी फ़सल खरगोशों, पक्षियों और कीड़ों से सुरक्षित रखनी पड़ती है। खरगोश, पक्षी और कीड़े किसान के लिए चोर हैं।"

खरगोश चोर थे, यह लड़कपन में मेरे लिए शक्तिशाली सबक़ बन गया। खरगोश प्यारे लगते थे। वे हानिरहित दिखते थे। यही पक्षियों के बारे में सच था। वास्तव में मेरे घर पर एक पालतू तोता था और किसी पक्षी को चोर समझना काफ़ी कठोर बात लगती थी, लेकिन कीड़ों की बात मैं समझ गया। मैं जानता था कि उन पर चोर का ठप्पा कैसे लगाया जा सकता है। मेरे घर पर बगीचा था, जिसकी कई सब्ज़ियाँ कीड़े खा जाते थे।

हमारे पीछे खड़े

अमीर डैडी हमें डराना नहीं चाहते थे। वे तो बस अपने बेटे और मुझे असल संसार के बारे में जागरूक बनाना चाहते थे। खरगोश और पक्षियों जैसे प्यारे जीवों का इस्तेमाल उन्होंने इस कारण किया, क्योंकि हमारी व्यक्तिगत दौलत के कुछ सबसे बड़े चोर दरअसल डाकू, अपराधी या ग़ैर-क़ानूनी लोग नहीं होते। उन्होंने खरगोश और पक्षियों का इस्तेमाल इसलिए किया, क्योंकि वे चाहते थे कि हम यह याद रखें कि सबसे बड़े कुछ वित्तीय शिकारी वे लोग और संगठन होते हैं, जिनसे हम प्रेम करते हैं, विश्वास करते हैं या सम्मान करते हैं - ऐसे लोग या संगठन, जिनके बारे में हम सोचते हैं कि वे हमारी तरफ़ हैं और हमारे समर्थन में खड़े हैं। अमीर डैडी ने कहा था, *"हमारे पीछे इतने सारे लोग खड़े रहते हैं,* इसका कारण यह है कि वहाँ से हमारी जेब में हाथ डालना ज़्यादा आसान होता है। बहुत सारे लोगों के सामने वित्तीय समस्याएँ इसलिए भी हैं, क्योंकि उनकी जेब में बहुत सारे हाथ हैं।"

जिस तरह किसान के लिए खरगोश, पक्षी और कीड़े शिकारी होते हैं, उसी तरह अमीर डैडी के असल संसार के वित्तीय शिकारियों की सूची में ये शामिल थे : अफ़सर, बैंकर, ब्रोकर, व्यवसाय, दुल्हन/प्रेमिकाएँ, साला और वकील।

सरकारी अफ़सर

जैसा हम सभी जानते हैं, टैक्स हमारे सबसे बड़े ख़र्च हैं। टैक्स विभाग आपसे पैसा लेकर सरकारी अफ़सर को दे देता है, जो इसे ख़र्च करता है।

दुर्भाग्य से, ज़्यादातर नेताओं और अफ़सरों के साथ समस्या यह है कि वे धन ख़र्च करने में बहुत अच्छे होते हैं। ज़्यादातर शासकीय सेवकों को यह पता नहीं होता कि पैसा कैसे बनाएँ, शायद इसीलिए वे अफ़सर बनते हैं। अगर वे पैसे बना सकते, तो शायद वे अफ़सर के बजाय व्यवसायी होते। चूँकि वे यह नहीं जानते कि पैसा कैसे बनाएँ, लेकिन इसे ख़र्च करने में माहिर होते हैं, इसलिए अफ़सर टैक्स के ज़रिये हमारा पैसा खींचने के सृजनात्मक तरीक़े सोचने में काफ़ी समय लगाते हैं।

मिसाल के तौर पर, अमेरिकी अफ़सरशाहों ने एएमटी नामक चतुराई भरी टैक्स योजना बनाई, जिसे *आल्टरनेटिव मिनिमम टैक्स* कहा जाता है। एएमटी 1970 में शुरू हुआ। यह ज़्यादा आमदनी वाले कर्मचारियों पर अतिरिक्त टैक्स था, जो एक साल में 60,000 डॉलर या इससे अधिक कमाते थे। यह एक ही व्यक्ति की उसी आय पर पर दोबारा टैक्स लगाने का चतुराई भरा तरीक़ा था। समस्या यह है कि 1970 में 60,000 डॉलर काफ़ी बड़ी रक़म थी, लेकिन आज 60,000 डॉलर को ऊँची आमदनी नहीं कहा जा सकता। कई अमीर लोग यह टैक्स नहीं देते हैं... सिर्फ़ ऊँची आय वाले कर्मचारी देते हैं।

जैसा आप जानते हैं, हम अपनी आमदनी, निवेशों, मकानों, कारों, गैसोलीन, यात्रा, कपड़ों, भोजन, शराब, सिगरेट, व्यवसायों, शिक्षा, परमिट, लाइसेंस, मृत्यु आदि पर टैक्स देते हैं। हम टैक्स पर टैक्स देते हैं। हम उन टैक्सों पर भी टैक्स देते हैं, जिनके बारे में हम जानते भी नहीं हैं। हमें यह कहकर प्रेरित किया जाता है कि टैक्स देना समाज के लिए अच्छा है और कुछ टैक्स अच्छे होते भी हैं, लेकिन समाज की समस्याएँ इस बात से ज़्यादा बड़ी हो जाती हैं, क्योंकि सरकारी अफ़सर यह नहीं जानते कि समस्याओं को कैसे सुलझाना है (और इस वजह से वे यह भी नहीं जानते कि पैसा कैसे बनाना है); वे तो सिर्फ़ इतना जानते हैं कि समस्याओं पर पैसे कैसे फेंकना है। जब ज़्यादा पैसे से समस्या नहीं सुलझ पाती है, तो वे चतुराई से नए टैक्स बना देते हैं। चूँकि समस्याएँ ज़्यादा बड़ी बनती जाती हैं, इसलिए हम टैक्स में आमदनी का जो प्रतिशत देते हैं, वह भी बढ़ता जाता है। जिस तरह चक्रवृद्धि ब्याज हमें ज़्यादा अमीर बनाता है, उसी तरह चक्रवृद्धि टैक्स हमें ज़्यादा ग़रीब बनाता है। यह भी एक कारण है कि वित्तीय आईक्यू #2 इतना महत्त्वपूर्ण है। अगर आपके कमाए पूरे पैसे को वित्तीय शिकारी आपसे छीनकर ले जाएँ, तो आप अमीर नहीं बन सकते।

टैक्स महत्त्वपूर्ण होते हैं

आगे बढ़ने से पहले मैं यह कहना चाहूँगा कि मैं सरकार या टैक्स देने के ख़िलाफ़ नहीं हूँ। अमीर डैडी कहते थे, "टैक्स सभ्य समाज में रहने का ख़र्च हैं।" उन्होंने अपने बेटे और मुझे बताया कि टैक्स स्कूलों और शिक्षकों, अग्निशामक दल और पुलिस, अदालती तंत्र, सेना, सड़कों, हवाई अड्डों, भोजन की सुरक्षा और सरकार के सामान्य संचालन का ख़र्च उठाते हैं। टैक्स के साथ अमीर डैडी की कुंठा यह थी कि सरकारी अफ़सर अपने सामने की समस्याओं को शायद ही कभी सुलझाते थे, जिसका मतलब था कि टैक्स हमेशा बढ़ते रहते थे। किसी समस्या को सुलझाने के बजाय सरकारी अफ़सर अक्सर समस्या के अध्ययन के लिए समिति का गठन कर देता था, जिसका मतलब है कि कुछ भी नहीं किया जाएगा।

हमारे टैक्स बढ़ते जाएँगे, इस अहसास के बाद अमीर डैडी का दर्शन यह था, "सरकारी अफ़सर का काम क़ानूनी रूप से आपकी जेब में ज़्यादा गहराई तक हाथ डालना है और आपका काम उन्हें यथासंभव कम से कम लेने देना है – क़ानूनी रूप से।"

दुर्भाग्य से, जो लोग सबसे कम कमाते हैं, प्रायः वही टैक्स में सबसे ज़्यादा प्रतिशत देते हैं। एक कार्यक्रम में वॉरेन बफ़ेट ने अमेरिकी टैक्स प्रणाली के बारे में यह कहा था : "यहाँ मौजूद हम 400 लोग टैक्स में अपनी आमदनी का उससे कम प्रतिशत देते हैं, जो हमारी रिसेप्शनिस्ट या हमारी सफ़ाईकर्मी देती है। अगर आप मानवता के सबसे सौभाग्यशाली 1 प्रतिशत में हैं, तो बाक़ी 99 प्रतिशत के बारे में सोचना मानव जाति के प्रति आपका फ़र्ज़ है।"

कौन सा राजनीतिक दल बेहतर है?

आपकी जानकारी के लिए यह बताना चाहूँगा कि मैं रिपब्लिकन या डेमोक्रेट नहीं हूँ, कन्ज़र्वेटिव या लिबरल नहीं हूँ, समाजवादी या पूँजीवादी नहीं हूँ। जब मुझसे इस बारे में पूछा जाता है, तो मैं बस यह जवाब देता हूँ कि *मैं ये सभी* हूँ। मिसाल के तौर पर, पूँजीपति के रूप में मैं ज़्यादा से ज़्यादा पैसे कमाना चाहता हूँ और कम से कम टैक्स देना चाहता हूँ। समाजवादी के रूप में मैं परोपकारी संस्थाओं और सार्थक उद्देश्यों को टैक्स में छूट देने वाले दान देता हूँ और चाहता हूँ कि मेरे दिए टैक्स से समाज बेहतर बने और उन लोगों की परवाह हो सके, जो सचमुच ख़ुद की परवाह नहीं कर सकते।

कई लोग मानते हैं कि पैसों के मामले में रिपब्लिकन्स, डेमोक्रेट्स से बेहतर होते हैं। तथ्य इस मान्यता का समर्थन नहीं करते हैं। रिपब्लिकन्स कहते हैं, "डेमोक्रेट टैक्स लगाते हैं और ख़र्च करते हैं।" दूसरी तरफ़ रिपब्लिकन्स उधार लेकर ख़र्च करते हैं। पार्टी कोई भी हो, शुद्ध परिणाम दीर्घकालीन राष्ट्रीय क़र्ज़ का बढ़ना है, जिससे भावी पीढ़ियों तक ज़्यादा ऊँचे टैक्स देने की नौबत आएगी। यह कम वित्तीय आईक्यू का संकेत है।

डेमोक्रेटिक राष्ट्रपति रूज़वेल्ट और जॉनसन को सोशल सिक्युरिटी तथा मेडिकेयर लाने का श्रेय दिया जाता है, जो संसार के इतिहास में दो सबसे महँगी और संभावित रूप से तबाही मचाने वाली योजनाएँ हैं।

रिपब्लिकन राष्ट्रपति ड्वाइट डी. आइज़नहॉवर के नेतृत्व में अमेरिका संसार का सबसे बड़ा क़र्ज़ देने वाला देश था। हम अमीर देश हुआ करते थे। जब रिपब्लिकन रिचर्ड निक्सन राष्ट्रपति बने, तो धन के नियम बदल गए और अमेरिका की दौलत बदलने लगी। राष्ट्रपति के रूप में निक्सन ने 1971 में स्वर्ण पैमाना ख़त्म कर दिया, जिससे डॉलर धन के बजाय मुद्रा बन गया।

देश की वित्तीय समस्याओं को सुलझाने के लिए निक्सन ने सरकार को ज़्यादा से ज़्यादा धन छापने की अनुमति दी। यह उस व्यक्ति की तरह है, जिसके पास बैंक में पैसा नहीं है, फिर भी वह चेक काटे जा रहा है। सरकार आज जो करती है, अगर वह हम करें, तो हम जेल में होंगे। अमीरों और बाक़ी लोगों के बीच की खाई इसलिए भी बढ़ती जा रही है, क्योंकि ज़्यादातर लोग अब भी धन के पुराने नियमों के हिसाब से काम कर रहे हैं – पुराना

पूँजीवाद। 1971 के बाद धन के नए नियमों ने कमान सँभाल ली। अमीर लोग ज़्यादा अमीर बन गए और ग़रीब तथा मध्यवर्गीय लोग ज़िंदा रहने के लिए ज़्यादा कड़ी मेहनत करने लगे।

1980 में रिपब्लिकन राष्ट्रपति रीगन ने हमें *आपूर्ति के अर्थशास्त्र* की पुड़िया पकड़ा दी यानी 'वूडू अर्थशास्त्र'। महान वक्ता रीगन अर्थशास्त्री नहीं अभिनेता थे और उन्होंने जिस नए आर्थिक सिद्धांत को बढ़ावा दिया, वह यह भ्रम था कि हम पैसे उधार लेकर सरकार के बिल चुका सकते हैं और टैक्स कम कर सकते हैं। यह तो वैसा ही है, जैसे कम वेतन में काम करो और बिल चुकाने के लिए क्रेडिट कार्ड का इस्तेमाल करो।

जब राष्ट्रपति रीगन की काउंसिल ऑफ़ इकनॉमिक एडवाइज़र्स के सदस्य थॉमस गेल मूर ने इस बात पर ग़ौर किया कि 1980 के दशक के मध्य में अमेरिका क्रेडिटर/डेटर चौखट को लाँघ रहा था, तो उन्होंने लोगों से चिंता न करने को कहा : "हम नोट छापने वाली मशीन का बटन दबाकर किसी को भी भुगतान कर सकते हैं।" मुझे आप पागल कह सकते हैं, लेकिन मेरे हिसाब से इसे जालसाज़ी कहा जाता है।

धन में 1971 के परिवर्तन और रीगन के आपूर्ति संबंधी अर्थशास्त्र की वजह से अमेरिका का राष्ट्रीय क़र्ज़ बहुत तेज़ी से बढ़ा। रीगन का कार्यकाल ख़त्म होते समय संघीय सरकार पर 2.6 ट्रिलियन क़र्ज़ था।

राष्ट्रपति रीगन के वाइस प्रेसिडेंट जॉर्ज बुश प्रथम को अहसास हुआ कि देश के क़र्ज़ में विस्फोट इसलिए हो रहा है, क्योंकि रीगन की टैक्स छूटों के कारण सरकार को कम आमदनी हो रही है। उन्होंने इस वादे पर राष्ट्रपति पद का चुनाव लड़ा, "मेरे होंठों को पढ़ लें, कोई नए टैक्स नहीं लगेंगे।" चुने जाने के बाद उन्होंने टैक्स बढ़ा दिए और उन्हें दोबारा नहीं चुना गया।

फिर डेमोक्रेट राष्ट्रपति क्लिंटन ने कार्यभार सँभाला। बेवफ़ाई की थोड़ी समस्या के बाद उन्होंने पद छोड़ते समय यह दावा किया कि उन्होंने राष्ट्रीय क़र्ज़ को नहीं बढ़ाया और बजट को संतुलित रखा। ज़ाहिर है, जिस तरह उन्होंने अपने सेक्स जीवन के बारे में झूठ बोला था, उसी तरह उन्होंने बजट को संतुलन में रखने के बारे में भी झूठ बोला। उन्होंने सोशल सिक्युरिटी और मेडिकेयर के लिए टैक्स में मिलने वाले डॉलरों को आमदनी की संज्ञा देकर बजट को 'संतुलित' किया। पैसे को सोशल सिक्युरिटी ट्रस्ट फ़ंड में भेजने के बजाय उन्होंने इसे ख़र्च कर दिया। यह तो वैसा ही है, जैसे वे अपनी बेटी के कॉलेज फ़ंड से पैसे निकालकर मोनिका के लिए एक नई ड्रेस ख़रीद दें।

लेकिन क्लिंटन ने अपने कार्यकाल के दौरान एक सच ज़रूर बोला। उन्होंने यह स्वीकार किया कि सोशल सिक्युरिटी ट्रस्ट फ़ंड जैसी कोई चीज़ नहीं है। उनके राष्ट्रपति काल में मेडिकेयर घाटे में चलने लगा, जिसका मतलब यह था कि जितना पैसा अंदर आ रहा था, उससे ज़्यादा बाहर जा रहा था।

राष्ट्रपति बुश द्वितीय की बारी आती है। 9/11 के बाद संसार को एकता के सूत्र में बाँधते हुए उन्होंने अपनी लोकप्रियता का इस्तेमाल करके इराक पर हमला कर दिया, वह भी अपुष्ट दावों के बिना पर। आज वे इतिहास के सबसे अलोकप्रिय राष्ट्रपतियों में से एक हैं। न सिर्फ़ यह युद्ध तबाही साबित हुआ, बल्कि अर्थव्यवस्था की तबाही को रोकने के लिए

फ़ेडरल रिजर्व बैंक ने ब्याज दरें कम कर दीं और संसार में मुद्रा का सैलाब ला दिया। पाँच साल के कार्यकाल में राष्ट्रपति बुश ने इतना ज़्यादा उधार लिया, जितना इतिहास के बाक़ी सभी अमेरिकी राष्ट्रपतियों ने मिलकर भी नहीं लिया। सबप्राइम संकट उनकी आर्थिक नीतियों का ही फल था।

इन सारी बातों का मतलब यह है कि यह मायने नहीं रखता कि किस पार्टी को चुना जाता है। अगर डेमोक्रेटिक पार्टी को चुना जाता है, तो यह शायद टैक्स लगाएगी और ख़र्च करेगी। अगर रिपब्लिकन पार्टी को चुना जाता है, तो यह शायद *क़र्ज़ लेगी और ख़र्च करेगी।* शुद्ध परिणाम वही रहता है : ज़्यादा क़र्ज़, ज़्यादा बड़ी वित्तीय समस्याएँ और ज़्यादा ऊँचे टैक्स, यानी आपका ज़्यादा से ज़्यादा पैसा टैक्स में वसूला जाएगा।

आप पूँजीपति हैं या समाजवादी?

मैंने कई साल पहले एक चुटकुला सुना था, जिसमें समाजवादी और पूँजीपति के अंतर को समझाया गया था। एक दिन एक समाजवादी ने एक किसान का दरवाज़ा खटखटाया और कहा कि वह स्थानीय समाजवादी दल में शामिल हो जाए। किसान को पता नहीं था कि समाजवादी क्या होता है, इसलिए उसने समाजवादी व्यवहार का एक उदाहरण पूछा। समाजवादी ने कहा, "अगर तुम्हारे पास एक गाय है, तो गाँव का हर व्यक्ति तुम्हारी गाय का थोड़ा दूध ले सकता है। इसे दौलत का बँटवारा कहा जाता है।"

"यह अच्छा लगता है," किसान ने कहा।

"और अगर तुम्हारे पास भेड़ है," समाजवादी ने कहा, "तो हर व्यक्ति को ऊन का हिस्सा मिलता है।"

"बहुत बढ़िया," किसान ने कहा। "यह समाजवाद तो अच्छा लगता है।"

"यह बेहतरीन है," समाजवादी ने कहा और उसे विश्वास हो गया कि उसने एक व्यक्ति को समाजवादी विचारधारा में ढाल लिया था। "और अगर तुम्हारे पास मुर्गी है, तो हर व्यक्ति को अंडों में हिस्सा मिलता है।"

"क्या?" किसान ने नाराज़गी में चीख़ते हुए कहा। "यह तो बहुत बुरा है। यहाँ से दफ़ा हो जाओ और अपने समाजवादी विचार अपने साथ ले जाओ।"

"लेकिन, लेकिन, लेकिन," समाजवादी ने हकलाते हुए कहा, "मैं समझ नहीं पाया। तुम तो दूध और ऊनी के बँटवारे के विचार से ख़ुश थे। अंडों के बँटवारे पर आपत्ति क्यों?"

"क्योंकि मेरे पास गाय या भेड़ नहीं है," किसान ने गुर्राते हुए कहा। "लेकिन मेरे पास मुर्गी है।"

इसीलिए वित्तीय आईक्यू #2 इतना महत्त्वपूर्ण होता है। हर व्यक्ति दौलत के बँटवारे से सहमत हो जाता है, जब तक कि यह *उनकी* नहीं, आपकी *दौलत* हो।

अपनी आय को सावधानी से चुनें

पिछले अध्यायों में आपने पढ़ा कि आमदनी तीन तरह की होती है : *उपार्जित, पोर्टफ़ोलियो और निष्क्रिय।* इस फ़र्क़ को जानना महत्त्वपूर्ण है, ख़ास तौर पर जब आपके पैसे को सरकारी अफ़सरों से सुरक्षित रखने की बात आती है। *उपार्जित आमदनी* की ख़ातिर काम करने से टैक्सों से ज़्यादा सुरक्षा नहीं मिलती है।

अमेरिका में कम आमदनी वाला वेतनभोगी कर्मचारी भी टैक्स में ज़्यादा प्रतिशत देता है। कर्मचारी सोशल सिक्युरिटी के लिए लगभग 15 प्रतिशत टैक्स देते हैं। इसके अलावा वे संघीय, राज्य और स्थानीय टैक्स भी देते हैं। कुछ लोग कहेंगे कि सोशल सिक्युरिटी टैक्स 15 प्रतिशत नहीं है। वे सोचते हैं कि यह 7.4 प्रतिशत है और आपका नियोक्ता बाक़ी का 7.4 प्रतिशत देता है। शायद यह सच है, लेकिन सम्मिलित 15 प्रतिशत को देखने का मेरा तरीक़ा यह है कि यह मेरा पैसा है। अगर मेरा नियोक्ता इसे सरकार को नहीं देता, तो मुझे देता।

यही उन कर्मचारियों के बारे में सच है, जो सोचते हैं कि उनका नियोक्ता उनके 401(के) रिटायरमेंट योजना में अपना हिस्सा देता है। नियोक्ता निवेश बैंकर को जो पैसा देता है, वह भी दरअसल आप ही का पैसा है।

व्यक्तिगत रूप से मैं नहीं चाहता कि सरकार मेरी भावी वित्तीय सुरक्षा का प्रबंधन करे। सरकार बहुत ख़राब काम करती है। मैं तो चाहूँगा कि अपने पैसे की परवाह मैं ख़ुद करूँ। सरकार में ज़्यादा वित्तीय बुद्धि नहीं होती है। यह वसूल किए गए सारे पैसे को ख़र्च कर देती है। सत्ताएँ यह जानती हैं कि ज़्यादातर लोग वित्तीय दृष्टि से शिक्षित नहीं हैं। इसीलिए स्वयं को और अपने मित्रों को आपके पैसे से अमीर क्यों न बनाया जाए?

बैंकर

बैंकों को इसलिए बनाया गया था, ताकि वे आपका पैसा डाकुओं से सुरक्षित रखे, लेकिन क्या हो, अगर आपको यह पता चले कि आपका बैंकर भी एक डाकू है? बैंकर को आपकी जेब में हाथ डालने की ज़रूरत नहीं होती। आप अपनी जेब में हाथ डालकर पैसे ख़ुद निकालते हैं और अपने बैंकर को देते हैं, लेकिन क्या हो, अगर आपको यह पता चले कि जिन लोगों पर भरोसा करके आप उन्हें अपना पैसा दे रहे हैं, वे आपके अनुमान से ज़्यादा पैसे झपट रहे हैं - और इसे क़ानूनी रूप से कर रहे हैं?

जब न्यू यॉर्क के गवर्नर इलियट स्पिटज़र अटॉर्नी जर्नल थे, तो उन्होंने कई निवेश बैंकिंग फ़र्म्स और बड़ी म्यूचुअल फ़ंड कंपनियों की जाँच की थी, जिसमें उन्होंने उन्हें कई ग़ैर-क़ानूनी परंपराओं का दोषी पाया। जिन लोगों पर भरोसा करके जनता अपना पैसा सौंप रही थी, वही इसमें से थोड़ी ज़्यादा मलाई खा रहे थे। दोषी कंपनियों पर जुर्माना किया गया, हालाँकि जुर्माना उनकी अनैतिक आमदनी की तुलना में काफ़ी कम था, हालाँकि जुर्माने का कम आकार विचलित करने वाला था, लेकिन इससे भी ज़्यादा विचलित करने वाली बात यह है कि ये बैंकर अब भी व्यवसाय कर रहे हैं।

समस्या यह है कि इलियट स्पिटज़र की जाँच सिर्फ़ न्यू यॉर्क सिटी की निवेश बैंकिंग फ़र्म्स तक सीमित थी। मासूम ग्राहकों से बैंकरों के पैसा लेने की समस्या विश्वव्यापी है। जब ज़्यादातर कंपनियों ने कर्मचारियों की आजीवन पेंशन बंद कर दी है, तो ज़्यादातर कर्मचारियों को मजबूरन अपने रिटायरमेंट के लिए पैसे ख़ुद बचाने पड़ रहे हैं। कर्मचारियों के पास इतना पैसा नहीं होता कि वे पेशेवर विशेषज्ञों की सेवाएँ ले सकें, जिस तरह कि कंपनियों के पास होता है। इस वजह से वित्तीय दृष्टि से नादान पैसे का समूह गर्म हवा के गुब्बारे की तरह बढ़ता है, जिससे वित्तीय सेवाएँ बेचने वाले बैंकर और लोग ज़्यादा अमीर बनते जाते हैं। आज कर्मचारियों के रिटायरमेंट फ़ंड की वजह से वैश्विक आर्थिक उछाल को ईंधन मिल रहा है। रिटायरमेंट फ़ंड धन का महासागर बन चुके हैं, जो विश्व इतिहास में अपूर्व है, जिनकी रक्षा आप नहीं, बैंकर करते हैं।

जाँच शुरू होती है

2007 में अमेरिका की संसद ने वर्तमान 401(के) पेंशन योजनाओं और म्यूचुअल फ़ंड्स की जाँच शुरू की, जिन्हें वे बैंकर चला रहे थे, जिन पर भरोसा करके हम उन्हें अपना पैसा देते हैं। नीचे 14 मार्च 2007 को *वॉल स्ट्रीट जर्नल* में प्रकाशित एक लेख का अंश है (एलीनोर लेज़, "आपके 401(के) की आपको क्या लागत आ रही है?"):

> 401(के) योजनाओं में यह स्पष्ट करना ज़रूरी नहीं है कि प्रतिभागियों से कितनी फ़ीस ली जा रही है। और यह बहुत सारी हो सकती है, जिनमें स्वतंत्र ऑडिट की फ़ीस, अकाउंट को ट्रैक करने और संधारित करने की फ़ीस, परामर्श सेवाएँ, साथ ही हेल्प लाइन और ज़ाहिर है, किसी योजना में फ़ंड्स का प्रबंधन करने का बुनियादी ख़र्च...
>
> 401(के) व्ययों पर बढ़ते तनाव से संघीय क़ानून बनाने वाले पिछले सप्ताह प्रेरित हुए... यह जाँच करने के लिए कि क्या फ़ीस का गोल-मोल ख़ुलासा करने से कर्मचारियों के लिए यह जानना मुश्किल होता है कि उन्हें अच्छा सौदा मिल रहा है या नहीं।

इन फ़ीस के साथ समस्या यह है कि आपका नियोक्ता उन्हें नहीं समझ सकता। वास्तव में, आपका नियोक्ता तो उनमें से कुछ के बारे में जानता भी नहीं है, क्योंकि वे छिपी हुई रहती हैं। तो आपसे फ़ीस जानने या समझने की अपेक्षा कैसे की जा सकती है? लेख में आगे कहा गया था :

> अब कुछ नियोक्ता फ़ीस को समझने के लिए बाहरी परामर्शदाताओं को नियुक्त कर रहे हैं...
>
> ऊँची फ़ीस चिंता का विषय है। तथाकथित आमदनी-बँटवारे के अनुबंध से जुड़े संभावित हितों के संघर्ष भी चिंता का कारण हैं। इनमें अक्सर कोई म्यूचुअल फ़ंड कंपनी किसी 401(के) योजना प्रदाता को फ़ीस देती है, ताकि यह

> प्रदाता को अकाउंट के रख-रखाव जैसी सेवाओं की भरपाई कर सके। ये लागतें योजनाओं में पेश फ़ंड्स के ख़र्च में अक्सर पहले से जुड़ी होती हैं, जिससे योजना में भाग लेने वालों की लागत बढ़ जाती है।

ऊपर दिए अंश को पढ़ने से यह स्पष्ट हो जाता है कि रिटायरमेंट फ़ंड प्रदाताओं के लिए, यानी बैंकरों के लिए, आपके पैसे से अमीर बनना कितना आसान होता है। जैसा मैंने पहले ज़िक्र किया था, बैंकों को आपके धन की रक्षा करने के लिए बनाया गया था। अब वे इसे आपसे हथियाने की ख़ातिर काम करते हैं। स्थिति की त्रासदी यह है कि हम यह काम उनके लिए बहुत आसान बना देते हैं। अब हमें बैंक के अंदर जाने की ज़रूरत भी नहीं है (दरअसल, वे इसकी ख़ातिर आपसे अतिरिक्त फ़ीस वसूल कर सकते हैं!)। इसके बजाय, पैसा सीधे वेतन से कट जाता है, आपके हाथों में पहुँचने से पहले। बैंकरों को हमारी जेब से इसे लेने की ज़रूरत नहीं होती, क्योंकि यह कभी हमारी जेब में पहुँचता ही नहीं है।

सिक्कों को क्लिप करना

रोमन साम्राज्य में कई सम्राटों ने अपने सिक्कों के साथ खेल खेले। कुछ ने सिक्कों को छील दिया, यानी किनारों से सोना-चाँदी कतर दी। इसीलिए आज सिक्कों में कोनों पर खाँचों के निशान होते हैं। ये खाँचे सिक्कों को छीलने वालों से सुरक्षित रखने के लिए बनाए गए थे। सिक्कों को न छील पाने की स्थिति में सम्राटों ने ख़ज़ांची को सोने-चाँदी में सस्ती धातुओं की मिलावट करने का आदेश दिया।

1960 के दशक में अमेरिकी सरकार ने अपने सिक्कों के साथ यही किया था। अचानक चाँदी के सिक्के ग़ायब हो गए और उनकी जगह नक़ली सिक्के चलने लगे, फिर 1971 में अमेरिकी डॉलर मुद्रा बन गया, क्योंकि इसे पूरी तरह से स्वर्ण पैमाने से हटा लिया गया।

कई मायनों में बैंक सबसे बड़े वित्तीय शिकारी होते हैं। हर दिन वे ज़्यादा मुद्रा छापकर बचत करने वालों को लूटते हैं। मिसाल के तौर पर, नियम बैंकरों को अनुमति देते हैं कि वे आपकी बचत के बदले में थोड़ा ब्याज दें। फिर आपके बचाए एक डॉलर के बदले में बैंक को कम से कम बीस डॉलर कर्ज़ देने की छूट रहती है, जिस पर यह ज़्यादा ऊँची दर पर ब्याज वसूल करता है। मिसाल के तौर पर, आपके जमा किए हुए एक डॉलर पर बैंक आपको 5 प्रतिशत वार्षिक ब्याज देता है। जैसे ही आप एक डॉलर जमा करते हैं, तुरंत ही बैंक को बीस डॉलर कर्ज़ देने की छूट मिल जाती है और यह क्रेडिट कार्ड का इस्तेमाल करने के लिए आपसे 20 प्रतिशत ब्याज वसूल करता है। बैंक आपकी एक डॉलर की बचत पर आपको 5 प्रतिशत ब्याज देता है, जबकि आपको बीस डॉलर क़र्ज़ देकर उस पर 20 प्रतिशत ब्याज कमाता है। बैंकर इसी तरह अमीर बनते हैं। अगर आप और मैं यह करें, तो जेल में होंगे। इसे सूदख़ोरी कहा जाता है।

इससे मुद्रास्फीति भी उत्पन्न होती है। चूँकि हमारे बैंक पैसे के साथ खेल खेलते हैं, इसलिए अमीरों और ग़रीबों के बीच की खाई ज़्यादा बड़ी होती जाती है। आज बचत करने वाले पराजित होते हैं और बैंकर विजेता बन जाते हैं।

धन के नए नियमों में हमें यह जानने की ज़रूरत होती है कि *मुद्रा* कैसे उधार लेकर हम संपत्तियाँ हासिल कर सकते हैं, क्योंकि अब हम *पैसे* बचा नहीं सकते। दूसरे शब्दों में, चतुराई से क़र्ज़ लेने वाले लोग ही नए पूँजीवाद में विजयी होते हैं, बैंक के बचत ख़ाते में पैसे जमा करने वाले नहीं।

ब्रोकर

ब्रोकर का मतलब होता है सेल्सपर्सन। धन के संसार में हर चीज़ के ब्रोकर होते हैं, जैसे शेयर, बॉन्ड, रियल एस्टेट, मॉर्गेज, बीमा, व्यवसाय आदि। आज समस्या यह है कि ज़्यादातर लोग अमीरों से नहीं, बल्कि सेल्सपीपुल से वित्तीय परामर्श ले रहे हैं। अगर आप किसी अमीर ब्रोकर से मिलते हैं, तो आपको यह पूछना चाहिए कि वह अपनी बेचने की योग्यता की वजह से अमीर बना या वित्तीय योग्यता की वजह से।

वॉरेन बफ़ेट ने एक बार कहा था, "वॉल स्ट्रीट वह जगह है, जहाँ लोग अपनी रोल्स-रॉइस में बैठ कर उन लोगों से सलाह लेने आते हैं, जो सबवे में यात्रा करते हैं।"

अमीर डैडी ने कहा था, "उन्हें ब्रोकर इसलिए कहा जाता है, क्योंकि वे आपसे ज़्यादा कड़के होते हैं।"

अच्छे ब्रोकर - बुरे ब्रोकर

ज़्यादा पैसे न होने के साथ एक समस्या यह है कि प्रायः अच्छे और योग्य ब्रोकरों के पास आपके लिए समय नहीं होता। वे आपसे ज़्यादा नेट वर्थ के ग्राहकों के साथ काम में जुटे रहते हैं।

जब किम और मेरे पास बहुत कम पैसे थे, तो एक ऐसा ब्रोकर खोजना हमारे लिए बहुत बड़ी चुनौती थी, जो हमें शिक्षित करने के लिए तैयार हो। चूँकि हमारे पास ज़्यादा पैसे नहीं थे, इसलिए ज़्यादातर ब्रोकर्स के पास हमारे लिए ज़्यादा समय नहीं था। हम कई ब्रोकर्स से मिले, जो हमें कुछ बेचना तो चाहते थे, लेकिन सिखाना नहीं चाहते थे। हम तलाश करते रहे। हम एक युवा स्टॉकब्रोकर की तलाश कर रहे थे, जो नए ग्राहक बना रहा हो, जो स्मार्ट हो, अपने पेशे का विद्यार्थी हो और निवेशक भी हो। लगभग संयोग से एक मित्र के मित्र के ज़रिये हम टॉम से मिले। शुरुआत में हमने टॉम को 25,000 डॉलर दिए। पंद्रह साल बाद हमारा स्टॉक पोर्टफ़ोलियो मिलियनों डॉलर का हो चुका है और बढ़ता जा रहा है।

1986 में हमारी शादी के बाद किम और मैंने रियल एस्टेट में निवेश शुरू किया। हमने बहुत कम पैसों से इसे शुरू किया। हमें बहुत से बुरे रियल एस्टेट ब्रोकर्स मिले, जो रियल एस्टेट तो बेचते थे, लेकिन इसमें निवेश नहीं करते थे। अगर वे निवेश करते थे, तो म्यूचुअल फ़ंड में करते थे। आख़िरकार, हम जॉन से मिले। 5,000 डॉलर से शुरू करके उन्होंने हमारे रियल एस्टेट पोर्टफ़ोलियो को बढ़ाकर लगभग 2,50,000 डॉलर का कर दिया, हालाँकि यह बहुत ज़्यादा वृद्धि नहीं लगती है, लेकिन उन्होंने यह काम सिर्फ़ तीन साल में कर दिया था, वह भी पोर्टलैंड, ओरेगन के बहुत बुरे रियल एस्टेट बाज़ार में। आज हमारे पास करोड़ों डॉलर की रियल एस्टेट होल्डिंग्स हैं, जो बढ़ती जा रही हैं।

सीखे गए सबक़

जैसा आप जानते हैं, अच्छे ब्रोकर भी होते हैं और बुरे ब्रोकर भी होते हैं। सरल भाषा में कहें, तो अच्छे ब्रोकर आपको ज़्यादा अमीर बनाते हैं और बुरे ब्रोकर बहाने बनाते हैं। नीचे उन चीज़ों की संक्षिप्त सूची है, जिन्होंने अच्छे ब्रोकर खोजने और क़ायम रखने में हमारी मदद की।

1. किम और मैं दोनों ही शेयरों और रियल एस्टेट में निवेश संबंधी कक्षाओं में गए। ज़्यादा ज्ञान होने से हमें शिक्षित ब्रोकर और सेल्सपर्सन में फ़र्क़ समझने में मदद मिली।
2. हम ऐसे ब्रोकर्स की तलाश कर रहे थे, जो अपने पेशे के विद्यार्थी हों। टॉम और जॉन दोनों ही अपने क्षेत्रों में न्यूनतम पेशेवर आवश्यकताओं से ज़्यादा समय लगा रहे थे। टॉम अक्सर मुझे उन व्यवसायों को देखने के लिए आमंत्रित करते हैं, जिन पर वे शोध कर रहे हैं। जॉन रियल एस्टेट ब्रोकर हैं, जो रियल एस्टेट में ही निवेश करते हैं। आज वे रियल एस्टेट निवेश के विषय पर सम्मानित शिक्षक हैं।
3. हम यह जानना चाहते हैं कि वे जो बेचते हैं, क्या वे उसमें निवेश भी करते हैं। आख़िर, आपको उनके कहे अनुसार निवेश क्यों करना चाहिए, अगर ब्रोकर को ख़ुद उन्हीं शेयरों में निवेश करने का आत्मविश्वास न हो?
4. हम सौदा नहीं, संबंध चाहते थे। कई ब्रोकर सिर्फ़ बेचना चाहते हैं। टॉम और जॉन दोनों ने ही तब हमारे साथ डिनर करने का वक़्त निकाला, जब हमारे पास बहुत कम पैसे थे। दोनों आज हमारे दोस्त हैं।

सफलता की कुंजी

सफलता की कुंजी है शिक्षा। किम, जॉन, टॉम और मैं निवेश के विद्यार्थी हैं। हमारी रुचि समान विषयों में है। हम सभी उस विषय के बारे में ज़्यादा से ज़्यादा सीखना चाहते हैं। हम अपने विषय में निवेश करते हैं। टॉम रियल एस्टेट के बारे में ज़्यादा नहीं जानते हैं, इसलिए हम उनके साथ रियल एस्टेट के बारे में बात नहीं करते हैं। शेयर बाज़ार में जॉन की कोई रुचि नहीं है, इसलिए हम उनके साथ शेयरों के बारे में बात नहीं करते हैं।

हमारी दौलत बढ़ने का एक कारण यह था कि हमारा ज्ञान बढ़ा। अक्सर मैं जॉन को फ़ोन लगाकर उनसे इस तरह के सवाल पूछता था, “क्या आप मुझे कैप रेट्स और इंटरनल रेट्स ऑफ़ रिटर्न में अंतर समझा सकते हैं?” उन्होंने मुझे कुछ बेचने के बजाय शिक्षित करने का समय निकाला। टॉम को फ़ोन करके मैं इस तरह के सवाल पूछ सकता था, “क्या आप मुझे लॉन्ग बॉन्ड और शॉर्ट बॉन्ड का अंतर समझा सकते हैं?” टॉम ख़ुशी-ख़ुशी समझा देते थे।

द रिच डैड कंपनी शेयरों और रियल एस्टेट पर मल्टीडे सेमिनार इसलिए करती है, क्योंकि वित्तीय शिक्षा महत्त्वपूर्ण है। हमारे कोर्स पढ़ाने वाले शिक्षक निवेशक हैं, जो उस क्षेत्र

में सक्रियता से निवेश करते हैं, जिसके बारे में वे सिखाते हैं। द रिच डैड कंपनी वित्तीय शिक्षा को महत्त्व देती है, क्योंकि यह किम और मेरे लिए हमारे ब्रोकर्स टॉम और जॉन के साथ मज़बूत संबंध रखने की गोंद थी। दीर्घकालीन वित्तीय शिक्षा के प्रति व्यक्तिगत समर्पण की बदौलत ही हम चारों मिलकर बहुत अमीर बन पाए।

आज मेरे पास शेयर ब्रोकर्स और रियल एस्टेट ब्रोकर्स के फ़ोन लगातार आते हैं। वे सभी शानदार सौदा देने का दावा करते हैं, जो मुझे अमीर बना देगा। ज़्यादातर मामलों में उनकी रुचि बस कमीशन में होती है, ताकि वे *उनकी* टेबल पर भोजन रख सकें... *मेरी* टेबल पर नहीं। अच्छे ब्रोकर दोनों टेबलों पर भोजन रखना चाहते हैं।

एक बार फिर, वित्तीय आईक्यू #2 को प्रतिशत में मापा जाता है। ब्रोकर्स अक्सर अपनी आमदनी प्रतिशत में कमाते हैं। मिसाल के तौर पर, अगर मैं 1 मिलियन डॉलर की जायदाद ख़रीदता हूँ, तो ब्रोकर बिक्री का 6 प्रतिशत यानी 60,000 डॉलर कमा सकता है। अगर उस निवेश से मुझे हर साल 10 प्रतिशत मुनाफ़ा होता है, तो ब्रोकर का मुनाफ़ा जायज़ है, क्योंकि मैं उसे सिर्फ़ एक बार कमीशन देता हूँ।

इसके विपरीत, अगर मैं ख़रीदता-बेचता हूँ (जायदाद ख़रीदकर तुरंत बेचना या शेयरों की डे-ट्रेडिंग करना), तो मैं अंदर जाने और बाहर जाने पर कमीशन देता हूँ। इसे 'राउंड ट्रिप' या 'स्लिपेज' कहा जाता है। यह करने पर रियल एस्टेट में मुनाफ़े का 12 प्रतिशत हिस्सा कम हो सकता है, साथ ही ज़्यादा टैक्स भी लग सकता है, इसलिए यह वित्तीय दृष्टि से समझदारी भरा काम नहीं है।

ट्रेडर्स बनाम निवेशक

जो लोग फटाफट 'अंदर-बाहर' होते हैं, वे निवेशक नहीं, ट्रेडर्स होते हैं। ट्रेडर न सिर्फ़ ख़रीदने-बेचने पर ब्रोकरों को ज़्यादा कमीशन देते हैं, बल्कि *अल्पकालीन कैपिटल गेन्स* पर ज़्यादा टैक्स भी देते हैं। इसका मतलब है कि टैक्स विभाग के अफ़सर कैपिटल गेन के लिए ख़रीदने-बेचने वाले लोगों को निवेशक नहीं समझते हैं। वे उन्हें पेशेवर ट्रेडर मानते हैं और वे उनकी आमदनी में स्व-रोज़गार टैक्स भी बढ़ा सकते हैं। इस तरह के सौदों में ब्रोकर्स और अफ़सरों की जीत होती है और ट्रेडर्स हारते हैं। वित्तीय दृष्टि से समझदार निवेशक जानते हैं कि समझदारी से अच्छे ब्रोकर्स के साथ निवेश करके सौदे की फ़ीस और टैक्स को न्यूनतम कैसे किया जाता है।

तीव्र अदला-बदली

बरसों पहले एक दोस्त की माँ के दोस्ताना शेयर ब्रोकर ने उनके अकाउंट में तीव्र अदला-बदली यानी चर्निंग की। इसका मतलब है कि ब्रोकर ग्राहक की तरफ़ से बहुत तेज़ी से शेयर ख़रीदता-बेचता है। इस मंथन का परिणाम यह होता है कि ब्रोकर को कमीशनों के ज़रिये काफ़ी कमाई होती है और ग्राहक का पोर्टफ़ोलियो कम होता जाता है।

इसलिए किसी ब्रोकर को पैसे सौंपने से पहले उसका चयन सावधानी से करें। ब्रोकर से इतना तो पूछ ही लें कि क्या आप उनके कुछ ग्राहकों से फ़ोन पर बात कर सकते हैं। याद रखें, टॉम और जॉन जैसे अच्छे ब्रोकर आपको अमीर बना सकते हैं, जबकि बुरे ब्रोकर आपको ग़रीब बना सकते हैं।

व्यवसाय

सभी व्यवसायों को कुछ न कुछ बेचना पड़ता है। अगर उनका सामान नहीं बिक पाता है, तो वे कारोबार से बाहर हो जाते हैं। मैं अक्सर पूछता हूँ, "इस व्यवसाय का प्रॉडक्ट या सेवा मुझे ज़्यादा अमीर बना रही है या ग़रीब?" कई मामलों में प्रॉडक्ट या सेवा आपको नहीं, बल्कि कंपनी को ज़्यादा अमीर बनाती है।

कई व्यवसाय आपको ज़्यादा ग़रीब बनाने की पूरी कोशिश करते हैं। मिसाल के तौर पर, कई बड़े डिपार्टमेंट स्टोर्स ख़ुद के क्रेडिट कार्ड चलाते हैं - सबसे बुरे क्रेडिट कार्ड, जो किसी व्यक्ति के पास हो सकते हैं। वे आपको उनका क्रेडिट कार्ड इसलिए देना चाहते हैं, क्योंकि उनकी कंपनी को बैंक से कमीशन मिलता है। क्रेडिट कार्ड जारी करने वाला स्टोर बैंक का ब्रोकर होता है। ग़ौर करें कि *ब्रोकर* और *बैंकर* दोबारा प्रकट हो गए हैं।

ग़रीब बनाने वाले प्रॉडक्ट्स ख़रीदने के लिए क्रेडिट कार्ड का इस्तेमाल करना

इतने सारे लोगों के वित्तीय दृष्टि से संघर्ष करने का एक कारण यह है कि वे ऐसे प्रॉडक्ट्स ख़रीदते हैं, जो उन्हें ज़्यादा ग़रीब बनाते हैं और फिर वे ऊँचे ब्याज वाले क्रेडिट कार्ड से बरसों तक उस प्रॉडक्ट की क़ीमत चुकाकर और ज़्यादा ग़रीब बनते हैं। मिसाल के तौर पर, अगर मैं क्रेडिट कार्ड से जूते ख़रीदता हूँ और क्रेडिट कार्ड के बिल को चुकाने में कई वर्ष लगाता हूँ, तो मैं बरसों तक ऐसे प्रॉडक्ट की क़ीमत चुका रहा हूँ, जो मुझे ज़्यादा अमीर नहीं, बल्कि ज़्यादा ग़रीब बनाता है। ग़रीब लोग ग़रीब बनाने वाले प्रॉडक्ट्स ख़रीदते हैं और फिर बरसों तक भुगतान करते रहते हैं, साथ ही ऊँचा ब्याज चुकाते रहते हैं।

अगर आप अमीर बनना चाहते हैं, तो उन व्यवसायों के ग्राहक बनें, जो आपको ज़्यादा अमीर बनाने के प्रति समर्पित हों। मिसाल के तौर पर, मैं कई निवेश न्यूज़लेटर्स और वित्तीय पत्रिकाओं का दीर्घकालीन ग्राहक हूँ। मैं शैक्षणिक प्रॉडक्ट्स और सेमिनार बेचने वाले व्यवसायों का भी ग्राहक हूँ। दूसरे शब्दों में, मैं अपने कुछ प्रतिस्पर्द्धियों का अच्छा ग्राहक हूँ। मैं ऐसे प्रॉडक्ट्स या सेवाओं पर पैसे ख़र्च करना पसंद करता हूँ, जो मुझे ज़्यादा अमीर बनाते हैं।

दुल्हन और प्रेमिका

हम सभी जानते हैं कि कुछ लोग पैसे की ख़ातिर शादी करते हैं। पुरुष और स्त्री दोनों ही प्रेम के बजाय पैसे के लिए शादी करते हैं। इसे पसंद करें या न करें, पैसा हर विवाह

में महत्त्वपूर्ण भूमिका निभाता है। *द ग्रेट गैट्सबी* फ़िल्म में एक पंक्ति है, "अमीर लड़कियाँ ग़रीब लड़कों से शादी नहीं करती हैं।" यह पंक्ति फ़िल्म के लिहाज़ से अच्छी हो सकती है, लेकिन सच्चाई यह है कि ऐसे ग़रीब लड़कियाँ और लड़के होते हैं, जो अमीर लोगों के पैसे की ख़ातिर उनसे शादी करते हैं।

प्रेम शिकारी

अमीर डैडी पैसे की ख़ातिर शादी करने वाले लोगों को *प्रेम शिकारी* कहते थे। आपके पास जितना ज़्यादा पैसा होता है, वे आपसे उतना ही ज़्यादा प्रेम करते हैं। बहुप्रचारित तलाक़ में पॉल मैक्कार्टनी को अपनी 1 अरब डॉलर की जायदाद में से 50 प्रतिशत देना पड़ा था। यह बहुत ज़्यादा पैसा है। इससे यह पता चलता है कि मैक्कार्टनी ने संगीत में बहुत सारा पैसा कमाया है, लेकिन वित्तीय आईक्यू #2 की कमी के कारण उन्हें बहुत नुक़सान हुआ था, जो विवाह-पूर्व नियोजन से नहीं होता। मेरे मित्र डोनाल्ड ट्रम्प कहते हैं, "शादी करने से पहले विवाह-पूर्व अनुबंध कर लें।" विवाह-पूर्व अनुबंध उच्च वित्तीय आईक्यू #2 का संकेत है। कुछ वर्षों के विवाह की ख़ातिर जीवन भर की आधी कमाई गँवाना कम वित्तीय आईक्यू #2 का संकेत है।

अमीर डैडी कहते थे, "जब आप प्रेम और पैसे में घालमेल कर देते हैं, तो अक्सर वित्तीय बुद्धि नहीं, बल्कि वित्तीय पागलपन का बोलबाला रहता है।" जब किम और मैंने शादी की, तो हम में से किसी के पास भी पैसे नहीं थे, इसलिए मैं जानता हूँ कि हमने पैसे की ख़ातिर शादी नहीं की थी, हालाँकि हमारे पास पैसा नहीं था, लेकिन इसके बावजूद हमने विवाह से बाहर निकलने की योजना बनाई थी, ताकि परिस्थितियाँ बिगड़ने पर ज़्यादा दिक़्क़त न हो। इसीलिए किम के अलग कॉर्पोरेशन हैं और मेरे अलग हैं। उनके और मेरे निवेश अलग-अलग हैं। अगर हमें अलग होना पड़ा, तो हमें अपनी संपत्तियों का बँटवारा नहीं करना होगा, क्योंकि वे पहले से ही बँटी हैं। मुझे यह कहते हुए ख़ुशी हो रही है कि 1986 से आज तक हमारा विवाह अच्छी तरह चल रहा है। दरअसल, हमारा वैवाहिक जीवन हर साल ज़्यादा बेहतर और ज़्यादा समृद्ध हो रहा है।

अंदर जाने से पहले बाहर निकलने की योजना बनाएँ

यह सोचना *पागलपन* है कि शादी या ऐसी ही किसी चीज़ के बाद हम हमेशा सुखी रहेंगे। यह सिर्फ़ परीकथाओं में होता है। परिस्थितियाँ बदलती रहती हैं, इसलिए किसी भी महत्त्वपूर्ण चीज़ में अंदर जाने से पहले बाहर निकलने की रणनीतियाँ महत्त्वपूर्ण होती हैं। मैं जानता हूँ कि अपने सपने के पुरुष या महिला से शादी करने से पहले विच्छेद अनुबंध के बारे में बात करना मुश्किल होता है, लेकिन ऐसा करने में वित्तीय समझदारी होती है, ख़ास तौर पर आज के युग में, जिसमें अमेरिका में तलाक़ की दर 50 प्रतिशत है। किसी नए साझेदार के साथ नया व्यवसाय शुरू करते वक़्त ख़रीदी-बिक्री अनुबंध या व्यवसाय ख़त्म करने के अनुबंध के बारे में सोचना मुश्किल हो सकता है, लेकिन किसी चीज़ में अंदर जाने से पहले बाहर निकलने की रणनीति बनाने में वित्तीय समझदारी होती है।

अगली बाहर निकलने की रणनीति ऐसी है, जिसके बारे में कई लोग सोचना पसंद नहीं करते, लेकिन अंतिम बार जाने से पहले इसके बारे में सोचना वित्तीय दृष्टि से समझदारी भरा होता है।

साले

मृत्यु अंतिम विदाई है। इस विदाई में अमेरिका में शिकारी आते हैं - या मुझे कहना चाहिए गिद्ध आते हैं। अगर आप अमीर हैं, तो वित्तीय आईक्यू न होना आपके प्रियजनों को महँगा पड़ सकता है। अगर आप अमीर हैं, तो परिवार वाले, मित्र और सरकारी अधिकारी आपके अंतिम संस्कार में आएँगे। आपके साले के बच्चे के पोते भी अचानक परिवार वाले बन जाएँगे और आपके अंतिम संस्कार में रोएँगे, हालाँकि आप उनसे कभी मिले भी नहीं थे। अगर आपका वित्तीय आईक्यू ऊँचा है, तो आप यह तय करेंगे कि इन शोकाकुल रिश्तेदारों को आपका कितने प्रतिशत पैसा मिले - मृत्यु के बाद भी। मृत्यु के उपरांत शिकारियों से अपनी दौलत बचाने के लिए उच्च वित्तीय आईक्यू वाले लोग वसीयतों, ट्रस्ट और अन्य क़ानूनी उपायों का इस्तेमाल करते हैं। लियोना हेम्सली को ही देख लें। उन्होंने अपने पोतों को दरकिनार करके अपने कुत्ते के नाम 12 मिलियन डॉलर छोड़े, हालाँकि मैं आपको भी ऐसा करने की सलाह नहीं देता हूँ, लेकिन यह इस बात का सकारात्मक प्रमाण है कि उच्च वित्तीय आईक्यू होने पर आप यह तय कर सकते हैं कि आपका पैसा कहाँ जाता है - आपके चले जाने के बाद भी।

संसार से जाने से पहले किसी एस्टेट प्लानिंग विशेषज्ञ की मदद से अपनी विदाई की योजना बना लें। अगर आप अमीर हैं या अमीर बनने की योजना बना रहे हैं, तो अपनी अंतिम विदाई की योजना बनाना वित्तीय समझदारी का काम है। इसे अपने मरने से पहले कर लें - बस कुत्ते को शामिल न करें।

वकील

आपको वह व्यक्ति याद होगा, जिसने यह आरोप लगाकर मैकडॉनल्ड्स पर मुक़दमा कर दिया था कि इसकी कॉफ़ी बहुत ज़्यादा गर्म थी। यह उस वित्तीय शिकारी का उदाहरण है, जो अदालत के ज़रिये आपका पैसा हथियाना चाहता है। करोड़ों लोग अमीर बनने के लिए मुक़दमे का इस्तेमाल करने का बहाना खोज रहे हैं। इसीलिए यहाँ वकीलों का ज़िक्र किया जा रहा है। ऐसे वकील हैं, जिनका जीवन में एकमात्र उद्देश्य आपको अदालत में घसीटना और आपका पैसा झटकना है।

बहुत से शिकारी ताक में घूम रहे हैं, यह जानते हुए वित्तीय बुद्धि वाले इंसान को ये तीन चीज़ें करनी चाहिए :

1. अपने नाम पर कोई मूल्यवान चीज़ न रखें। मेरे ग़रीब डैडी गर्व से कहते थे, “मेरा मकान मेरे नाम पर है।” वित्तीय दृष्टि से स्मार्ट लोगों के मकान उनके नाम पर नहीं होते।

2. तुरंत व्यक्तिगत दायित्व बीमा ख़रीदें। याद रखें, आप बीमा ज़रूरत के समय नहीं ख़रीद सकते। आपको तो इसे ज़रूरत पड़ने से *पहले* ख़रीदना होता है।
3. क़ानूनी संस्थाओं में मूल्यवान संपत्तियाँ रखें। अमेरिका में अच्छी क़ानूनी संस्थाएँ हैं सी-कॉर्पोरेशन, एस-कॉर्पोरेशन, सीमित दायित्व कॉर्पोरेशन (एलएलसी) और सीमित दायित्व साझेदारियाँ (एलएलपी)। बुरी क़ानूनी संस्थाएँ भी होती हैं, जैसे सोल प्रोपराइटरशिप और जनरल पार्टनरशिप। विडंबना देखें, ज़्यादातर छोटे व्यवसाय मालिक बुरी संस्थाओं में होते हैं।

नियम बदल गए हैं

आज मैं लोगों को कहते सुनता हूँ, "कड़ी मेहनत करो, पैसे बचाओ, क़र्ज़ से बाहर निकलो, म्यूचुअल फ़ंड्स के अच्छी तरह डाइवर्सिफ़ाइड पोर्टफ़ोलियो में निवेश करो।" यह पुरानी सलाह है और यह वित्तीय दृष्टि से अज्ञानियों की बुरी सलाह है। यह तो पुराने नियमों से पैसे का खेल खेलने जैसा है।

आज अमेरिका में जो कर्मचारी ज़्यादा पैसे कमाने के लिए कड़ी मेहनत करते हैं, उन्हें ज़्यादा टैक्स देना पड़ता है। वे बचत करके भी पराजित होते हैं, क्योंकि अब डॉलर धन नहीं रह गया है, बल्कि एक मुद्रा बन गया है, जिसका मूल्य लगातार घट रहा है। वे ज़्यादा अमीर बनने के लीवरेज़ के रूप में क़र्ज़ का इस्तेमाल करना नहीं सीखते हैं। इसके बजाय वे क़र्ज़ से बाहर निकलने के लिए कड़ी मेहनत करते हैं। करोड़ों अमेरिकी कर्मचारी पैसा 401(के) रिटायरमेंट योजना में बचत करते हैं, जिसमें म्यूचुअल फ़ंड्स भरे हैं। स्कूल में वित्तीय शिक्षा के अभाव की वजह से चतुर जेबकतरे कर्मचारियों की जेब काट लेते हैं।

इतिहास पर एक नज़र डालें

इतिहास को पलटकर देखने पर अमेरिका और संसार में धन के नियमों को बदलते देखना आसान है। आपको बताया जा चुका है कि पैसे बचाना वित्तीय दृष्टि से नादानी क्यों है। यह परिवर्तन 1971 में हुआ।

1943 में अमेरिकी सरकार द्वितीय विश्व युद्ध लड़ने के लिए बुरी तरह पैसे चाहती थी। तब इसने एक क़ानून पारित किया, जिसने सरकार को अनुमति दी कि यह कर्मचारी को वेतन मिलने से पहले उसके वेतन में से पैसे ले सकती है। दूसरे शब्दों में, कर्मचारी को वेतन मिलने से पहले ही सरकार को इसका हिस्सा मिल जाता है। आज अगर आप अमेरिका में नौकरी करते हैं, तो आपके पास टैक्स के ख़िलाफ़ कोई सुरक्षा नहीं है। आपको किसी सीपीए की ज़रूरत नहीं है, क्योंकि सीपीए आपके पैसे को सुरक्षित करने के लिए ज़्यादा कुछ कर ही नहीं सकता, लेकिन अगर आप किसी व्यवसाय के स्वामी या निवेशक हैं, तो सरकार के जाल में कई छिद्र हैं, जिनमें से आप तैरकर निकल सकते हैं। मैं बाद वाले अध्याय में इनमें से कुछ छिद्रों के बारे में बताऊँगा।

जैसा आप जानते हैं, 1974 में कर्मचारियों को निवेशक बनने और अपने रिटायरमेंट के लिए पैसे बचाने की ज़रूरत महसूस हुई। इससे 401(के) उत्पन्न हुआ। 401(के) के साथ समस्या यह है कि सरकार ने कर्मचारियों के लिए इस छिद्र को बंद कर दिया। मैं आपको समझता हूँ।

जब कोई व्यक्ति पैसे की ख़ातिर काम करता है, तो उसकी आमदनी को *उपार्जित आमदनी* मानकर सबसे ऊँची दर से टैक्स लगाया जाता है। जब कोई कर्मचारी 401(के) योजना से पैसे निकालता है, तो वह किस तरह की आमदनी होगी? आपने अंदाज़ा लगा लिया, वह *उपार्जित आमदनी* होगी। ज़रा सोचें, बचत पर मिलने वाले ब्याज को किस तरह की आमदनी मानकर टैक्स लगाया जाता है? एक बार फिर : उपार्जित आमदनी।

इसका मतलब है कि जो व्यक्ति कड़ी मेहनत करता है, पैसे बचाता है, क़र्ज़ से बाहर निकलता है और 401(के) योजना में रिटायरमेंट के लिए पैसे बचाता है, वह सबसे ऊँची टैक्स दर वाली आमदनी की ख़ातिर काम कर रहा है - उपार्जित आमदनी। इसमें वित्तीय समझदारी नहीं है। इन नियमों पर चलने वालों की जेब उनके पीछे खड़े शिकारी जेबकतरे काट लेते हैं और ये लोग कम वित्तीय बुद्धिमानी का परिचय देते हैं, क्योंकि वे अपनी आमदनी का एक बड़ा हिस्सा गँवा रहे हैं।

वित्तीय दृष्टि से बुद्धिमान व्यक्ति ज़्यादा वेतन नहीं चाहता है। वित्तीय दृष्टि से शिक्षित व्यक्ति रॉयल्टी या डिविडेंड चाहता है, क्योंकि अमेरिका में इस तरह की आमदनी पर कम टैक्स लगता है। इसी वजह से ज्ञानी निवेशक *पोर्टफ़ोलियो आमदनी* या निष्क्रिय आमदनी की ख़ातिर निवेश करता है।

यह ग़ौर करना महत्त्वपूर्ण है कि अलग-अलग लोगों के लिए टैक्स नियम अलग होते हैं, इसलिए कोई भी वित्तीय निर्णय लेने से पहले सुयोग्य टैक्स वकीलों और टैक्स अकाउंटेंट्स से टैक्स संबंधी सलाह अवश्य लें।

1913 में फ़ेडरल रिजर्व बैंक ऑफ़ द यूनाइटेड स्टेट्स का गठन हुआ। यह तारीख़ अमेरिका के इतिहास की संभवतः सबसे महत्त्वपूर्ण तारीख़ है, जब वैश्विक धन के नियम सचमुच बदलना शुरू हुए। यह वह तारीख़ है, जिस दिन वेतनभोगी कर्मचारियों की व्यक्तिगत दौलत पर हमला शुरू हुआ।

पहली बात, फ़ेडरल रिजर्व बैंक ऑफ़ द यूनाइटेड स्टेट्स सरकारी संस्था नहीं है। यह एक मिथक है। न ही यह अमेरिकी संस्था है। यह तो एक बैंक है, जिसके स्वामी संसार के कुछ सबसे अमीर लोग हैं।

फ़ेडरल रिजर्व बैंक के गठन के बाद संसार के सबसे अमीर लोगों ने संसार के सबसे अमीर देश की मौद्रिक प्रणाली का नियंत्रण अपने हाथ में ले लिया... और फिर धन के नियम बदल दिए।

आज मैं सुनता हूँ कि अमेरिका के लोग सरकार से अमेरिकी नौकरियों और अमेरिकी हितों की रक्षा करने की माँग कर रहे हैं। कभी-कभार मैं लोगों को कहते सुनता हूँ, 'अमेरिकी ख़रीदो,' या 'अमेरिकी व्यवसायों को सहारा दो'। देखिए, इसके लिए बहुत देर हो चुकी है।

ये हताश लोगों की कमज़ोर चीख़ें हैं। 1913 में संसार के सबसे अमीर लोगों ने संसार की सबसे अमीर अर्थव्यवस्था यानी अमेरिकी अर्थव्यवस्था का नियंत्रण अपने हाथ में लेकर विश्व की धन आपूर्ति को नियंत्रित कर लिया। उन्होंने किसी को भी बताए बिना नियम बदल दिए।

आज अमेरिकी अर्थव्यवस्था तकनीकी दृष्टि से दिवालिया हो चुकी है। इसके ख़ज़ाने में इसके ख़ुद के आईओयू भरे हैं, जिन्हें बॉन्ड या टी-बिल कहा जाता है। ये वे बिल हैं, जो भावी पीढ़ियों को चुकाने होंगे। दौलत की यह चोरी चलती रहती है, जब अरबों लोग अमीरों की कंपनियों में नौकरी करने जाते हैं, अमीरों के बैंकों में पैसे बचाते हैं और अमीरों के निवेश बैंकरों के ज़रिये अमीरों की संपत्तियों में निवेश करते हैं (जैसे शेयर, बॉन्ड और म्यूचुअल फ़ंड)। प्रणाली को जान-बूझकर इस तरह बनाया गया है, ताकि आपके ज़्यादातर पैसों को क़ानूनी रूप से लिया जाए और नियंत्रित किया जाए।

बरसों पहले 1980 के दशक की शुरुआत में मैंने एक बेहतरीन पुस्तक पढ़ी थी, जिसका शीर्षक था *ग्रंच ऑफ़ जाएंट्स*। 'ग्रंच' शब्द ग्रॉस *यूनिवर्सल कैश हीस्ट* का संक्षिप्त रूप है। यह पुस्तक डॉ. आर. बकमिंस्टर फुलर ने लिखी थी, जिन्हें हमारे युग का महान जीनियस माना जाता है। मुझे व्यक्तिगत रूप से डॉ. फुलर के साथ तीन बार अध्ययन करने का सौभाग्य मिला था - 1983 में उनकी मृत्यु के कुछ समय पहले। उनका मेरे जीवन पर ज़बरदस्त प्रभाव पड़ा और कई अन्य लोगों पर भी, जिन्होंने उनकी पुस्तकें पढ़ीं या उनके साथ अध्ययन किया था। हार्वर्ड यूनिवर्सिटी उन्हें अपने सबसे महत्त्वपूर्ण विद्यार्थियों में से एक मानती है और द अमेरिकन इंस्टीट्यूट ऑफ़ आर्किटेक्ट्स उन्हें हमारे युग के महानतम डिज़ाइनर्स में से एक मानता है।

अगर आप डॉ. फुलर की पुस्तक *ग्रंच ऑफ़ जाएंट्स* को पढ़ सकें, तो मुझे यक़ीन है कि आपके सामने यह ज़्यादा स्पष्ट हो जाएगा कि पैसे का खेल किस तरह लोगों से चुराया गया था और हमारी शिक्षा प्रणाली द्वारा इसे खोजे जाने से कैसे बचाया गया। मुझे विश्वास है कि यह पुस्तक आपको विचलित कर देगी, ख़ास तौर पर जब आप यह देखते हैं कि तेल, युद्ध, बैंकों, अर्थव्यवस्था और शिक्षा के संदर्भ में आज क्या हो रहा है।

इस पुस्तक में डॉ. फुलर कहते हैं कि सरकार आपकी जेब में टैक्स का हाथ डालती है और वह पैसा अपने मित्रों को सौंप देती है, जो बहुराष्ट्रीय कॉर्पोरेशनों को नियंत्रित करते हैं। दूसरे शब्दों में, हमारे चुने हुए नेता, सांसद और सीनेटर जनता का प्रतिनिधित्व नहीं करते हैं, वे तो बड़े व्यवसायियों का प्रतिनिधित्व करते हैं। आश्चर्य की बात!

2003 में राष्ट्रपति जॉर्ज डब्ल्यू. बुश और संसद में रिपब्लिकन्स ने दरअसल प्रिस्क्रिप्शन ड्रग बेनिफ़िट बिल को जबरन आनन-फानन में पारित कर दिया। यह विधेयक पिछले बीस सालों में संसद से गुज़रे सबसे महँगे विधेयकों में से एक था। इससे अमेरिकी टैक्स देने वाले को 500 अरब डॉलर से ज़्यादा की लागत आई। विधेयक पारित होने के कुछ समय बाद ही दवा कंपनियों ने कई सांसदों और स्टाफ़ को नियुक्ति दी - जिनमें से कुछ को तो मिलियनों डॉलर का वेतन दिया गया। यह ग्रंच का व्यावहारिक उदाहरण है।

आप इस विषय पर जो दूसरी पुस्तकें पढ़ सकते हैं, वे ये हैं :

द डॉलर क्राइसिस, रिचर्ड डंकन

द बैटल फॉर द सोल ऑफ़ कैपिटेलिज़्म, जॉन बोगल

एम्पायर ऑफ़ डेट, बिल बॉनर और एडिसन विगिन

इन चारों पुस्तकों को देखने का महत्त्व यह है कि हर लेखक एक अलग क्षेत्र का है और एक अलग दृष्टिकोण रखता है। इन्हें तंत्र की आलोचना करने वाले किसी अकेले असंतुष्ट समूह ने नहीं लिखा है। मिसाल के तौर पर, डॉ. फुलर भविष्यवादी थे। रिचर्ड डंकन अंतरराष्ट्रीय बैंकर हैं। जॉन बोगल द वैनगार्ड समूह के संस्थापक हैं। बिल बॉनर और एडिसन विगन अंतरराष्ट्रीय निवेश सलाहकार हैं। चार अलग-अलग क्षेत्रों के लोगों की चार अलग-अलग पुस्तकें बुनियादी तौर पर एक ही चीज़ कह रही हैं : लोग पैसे के साथ खेल रहे हैं और इसे कानूनी रूप से चुरा रहे हैं।

नियमों का नया समूह

व्यक्तिगत रूप से मैं तंत्र को बदलने की कोशिश नहीं कर रहा हूँ। मेरा व्यक्तिगत दर्शन यह है कि ख़ुद को बदलना सिस्टम को बदलने से ज़्यादा आसान होता है। दूसरे शब्दों में, मैं ऐसा व्यक्ति नहीं हूँ, जो पवनचक्कियों को चलाने वाली हवाओं से लड़ना चाहता हो। इसीलिए मेरा कोई राजनीतिक रुझान नहीं है। मैं नहीं मानता कि राजनीति या नेता उन लोगों के ख़िलाफ़ ज़्यादा कुछ कर सकते हैं, जो पैसे के संसार को चलाते हैं। ज़्यादातर नेता चुने जाने की ख़ातिर उन्हीं लोगों की कठपुतलियाँ बन जाते हैं, जो संसार के पैसे को नियंत्रित करते हैं। ज़्यादातर वित्तीय सलाहकार इन विश्व बैंकरों के कर्मचारी होते हैं।

मैं तो बस नियम जानना चाहता हूँ और नियमों के हिसाब से खेलना चाहता हूँ। इसका मतलब यह नहीं है कि नियम न्यायपूर्ण या सबके लिए समान हैं। वे नहीं हैं। पैसे के नियम जो हैं, सो हैं और वे नियमित रूप से बदलते रहते हैं। इसके अलावा, अन्यायपूर्ण होने के बावजूद पैसे के इस नए संसार ने बहुत सी अच्छाई भी की है। इसने संसार में ज़बरदस्त दौलत और नए प्रॉडक्ट उत्पन्न किए हैं और हर जगह जीवनस्तर को बढ़ाया है। इसने अरबों लोगों के जीवन की गुणवत्ता को बेहतर बनाया है। पैसे से बहुत सी भलाई हुई है।

दुर्भाग्य से, इन परिवर्तनों की कई देशों, हमारे पर्यावरण और कई लोगों को भारी क़ीमत चुकानी पड़ी है। कई तो वित्तीय दृष्टि से नादान लोगों से फ़ायदा उठाकर बहुत अमीर बन गए हैं। कई दूसरों की दौलत लेकर अमीर बन गए हैं। इसीलिए वित्तीय आईक्यू रु2 : अपने धन की रक्षा करना एक बहुत महत्त्वपूर्ण वित्तीय बुद्धि है। अज्ञानता आनंद है और वित्तीय शिकारी इसी बात पर भरोसा कर रहे हैं - कि आपकी अज्ञानता उन्हें बहुत अमीर बनाती रहेगी।

अध्याय 5

वित्तीय आईक्यू #3 : अपने धन का बजट बनाना

ग़रीब डैडी अक्सर सलाह देते थे, "अपने साधनों से कम में जियो।"

अमीर डैडी कहते थे, "अगर तुम अमीर बनना चाहते हो, तो तुम्हें अपने साधनों को *फैलाने* की ज़रूरत है।"

इस अध्याय में आपको यह पता चलेगा कि वित्तीय दृष्टि से अपने साधनों से कम में जीना अमीर बनने का बुद्धिमत्तापूर्ण तरीक़ा नहीं है। आप बजट बनाने के बारे में सीखेंगे। आपको पता चलेगा कि दो तरह के बजट होते हैं। एक होता है *बजट डेफ़िसिट* यानी घाटे का बजट और दूसरा होता है *बजट सरप्लस* यानी बजट आधिक्य। वित्तीय आईक्यू #3 इतना महत्त्वपूर्ण इसलिए है, क्योंकि सरप्लस बजट बनाना सीखना ही अमीर बनने और अमीर बने रहने की कुंजी है।

बजट एक योजना है

बजट शब्द की एक परिभाषा है : *संसाधनों और व्ययों के समन्वय की योजना।*

अमीर डैडी कहते थे कि बजट एक योजना है। उन्होंने आगे कहा, "ज़्यादातर लोगों का बजट अमीर बनने के बजाय ग़रीब या मध्यवर्गीय बनने की योजना होता है। ज़्यादातर लोग बजट सरप्लस के बजाय बजट डेफ़िसिट में जीवन बिताते हैं। बहुत से लोग बजट सरप्लस उत्पन्न करने की ख़ातिर काम नहीं करते हैं, बल्कि अपने साधनों से कम में जीने के लिए काम करते हैं, जिसका अक्सर मतलब होता है बजट डेफ़िसिट।"

पहले प्रकार का बजट : बजट डेफ़िसिट

बैरन्स फ़ाइनैंस ऐंड इनवेस्टमेंट हैंडबुक में बजट डेफ़िसिट की यह परिभाषा दी गई है : "सरकार, कॉर्पोरेशन या व्यक्ति के लिए आमदनी से अधिक व्यय।" शब्दों पर ग़ौर करें,

"आमदनी से अधिक व्यय।" आमदनी से ज़्यादा ख़र्च करना बजट डेफ़िसिट का कारण है। इतने सारे लोग बजट डेफ़िसिट में रहते हैं, इसका कारण यह है कि पैसे ख़र्च करना पैसे कमाने से ज़्यादा आसान होता है। पंगु करने वाले बजट डेफ़िसिट से सामना होने पर ज़्यादातर लोग अपने ख़र्च कम करने का चयन करते हैं। ख़र्च कम करने के बजाय अमीर डैडी आमदनी बढ़ाने की सलाह देते थे। वे सोचते थे कि आमदनी बढ़ाकर अपने साधनों का विस्तार करना ज़्यादा स्मार्ट तरीक़ा था।

सरकार का बजट डेफ़िसिट

सरकार के बजट डेफ़िसिट के बारे में *बैरन्स* ने कहा है, "अमेरिका की संघीय सरकार द्वारा संचित बजट डेफ़िसिट को ट्रेज़री बॉन्ड जारी करके फ़ाइनैंस करना होगा।" इस पुस्तक के पिछले अध्यायों में मैंने बताया था कि अमेरिका की सरकार क़र्ज़ बेचकर (यानी ट्रेज़री बॉन्ड जारी करके) अपनी समस्याओं को फ़ाइनैंस कर रही थी, जिनका भुगतान भावी करदाताओं को करना होगा। सोशल सिक्युरिटी ट्रस्ट फ़ंड का दरअसल अस्तित्व ही नहीं है और यह ट्रेज़री बॉन्ड से भरा है। दूसरे शब्दों में, चूँकि अमेरिका की सरकार घाटे के बजट में चलती है, इसलिए कर्मचारियों और कंपनियों द्वारा सोशल सिक्युरिटी फ़ंड में लगाए पैसों का इस्तेमाल दूसरे बिलों को चुकाने में किया जाता है, न कि सोशल सिक्युरिटी ट्रस्ट फ़ंड को बढ़ाने में। नीचे दिया गया रेखाचित्र देखें।

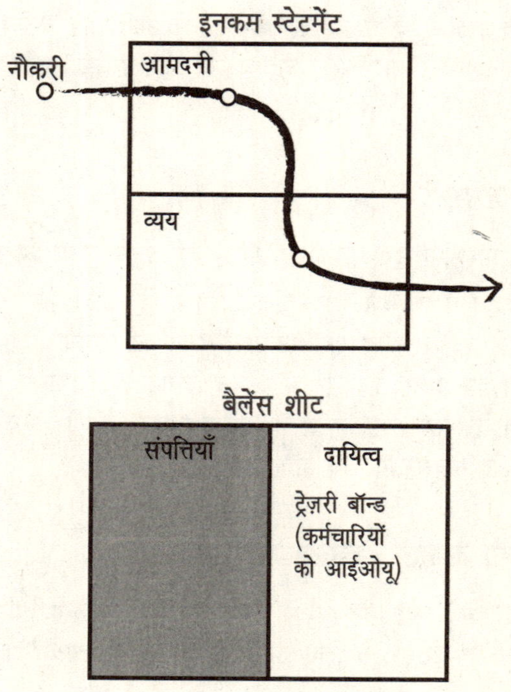

कंपनी का बजट डेफ़िसिट

बैरन्स में लिखा है, "बिक्री बढ़ाकर और ख़र्च कम करके कंपनी के बजट डेफ़िसिट को कम करना होगा, वरना कंपनी लंबे समय तक बच नहीं पाएगी।" एक बार फिर, दो विकल्पों पर ग़ौर करें। एक विकल्प है बिक्री बढ़ाना और दूसरा है ख़र्च घटाना।

किसी कंपनी के घाटे या डेफ़िसिट का फ़ाइनैंशियल स्टेटमेंट इस रेखाचित्र जैसा दिखता है।

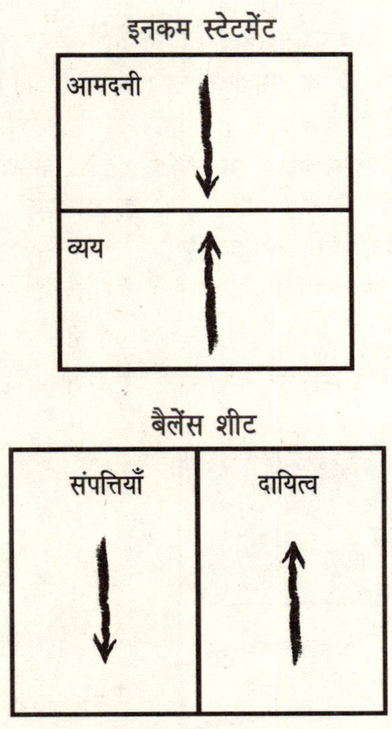

अमीर डैडी ने मुझे ज़िरॉक्स में नौकरी करने की सलाह इसलिए भी दी थी, ताकि मैं बिक्री बढ़ाना सीख लूँ, जिससे आमदनी बढ़ती है। कई कंपनियों और व्यक्तियों के लिए आमदनी बढ़ाना मुश्किल होता है। जो कंपनियाँ सामान नहीं बेच सकतीं, उनके लिए ख़र्च कम करना, क़र्ज़ (दायित्व) बढ़ाना या संपत्तियों को बेचना ज़्यादा आसान होता है। ख़र्च कम करने, क़र्ज़ बढ़ाने और संपत्तियाँ बेचने के साथ समस्या यह है कि इससे स्थिति आम तौर पर बदतर हो जाती है। इसीलिए अमीर डैडी ने बेचना सीखने की सलाह दी थी। अगर कोई व्यक्ति बेच सकता है, तो वह अपनी आमदनी बढ़ा सकता है। अमीर डैडी के हिसाब से ख़र्च घटाने के बजाय आमदनी बढ़ाना बजट डेफ़िसिट की समस्या को सुलझाने का ज़्यादा अच्छा तरीक़ा था। ज़ाहिर है, अगर आलीशान पार्टियों जैसी फिज़ूलख़र्ची हुई है या ग़ैर-उपयोगी क़र्ज़ लिया गया है, जैसे कंपनी का जेट ख़रीदने के लिए, तो ज़्यादा बेचने की कोशिश करने से पहले इन ग़ैर-ज़िम्मेदाराना वित्तीय समस्याओं को दूर करना अच्छा रहेगा।

व्यक्ति का बजट डेफ़िसिट

बैरन्स में कहा गया है, "जो *व्यक्ति* लगातार अपनी आमदनी से ज़्यादा ख़र्च करता है, वह भारी क़र्ज़ में आ जाएगा और अगर वह क़र्ज़ का ब्याज न चुका पाए, तो वह अंततः ख़ुद को दिवालिया घोषित करने के लिए विवश हो जाएगा।"

जैसा हम जानते हैं, कई लोग इसलिए क़र्ज़ में डूबे हैं, क्योंकि वे अपनी आमदनी से ज़्यादा ख़र्च करते हैं, लेकिन, जैसा पिछले अध्याय में बताया गया था, लोगों के पास ख़र्च करने के लिए कम इसलिए है, क्योंकि वित्तीय शिकारी या जेबकतरे कर्मचारियों को वेतन मिलने से पहले ही उनका पैसा झपट रहे हैं। वेतन मिलने से पहले कर्मचारियों से पैसा लेने के पीछे यह तर्क दिया जाता है कि ज़्यादातर कर्मचारियों में अपने पैसे का प्रबंधन करने की वित्तीय बुद्धि नहीं होती है या कम होती है। अगर हमारे स्कूलों में वित्तीय शिक्षा दी जाती, तो शायद इस बात पर विश्वास किया जा सकता था कि कर्मचारी अपने पैसों का प्रबंधन ख़ुद कर सकते हैं, लेकिन चूँकि ऐसा मामला नहीं है, इसलिए सरकारी अफ़सर और बैंकर कर्मचारियों की ख़ातिर उनके पैसों का प्रबंधन करते हैं। अफ़सर और बैंकर जब आपके पैसों का प्रबंधन करते हैं, तो समस्या यह होती है कि वे सोचने लगते हैं कि *आपका* पैसा *उनका* पैसा है।

किसी व्यक्ति के वित्तीय स्टेटमेंट को देखने पर रेखाचित्र इस तरह दिखता है।

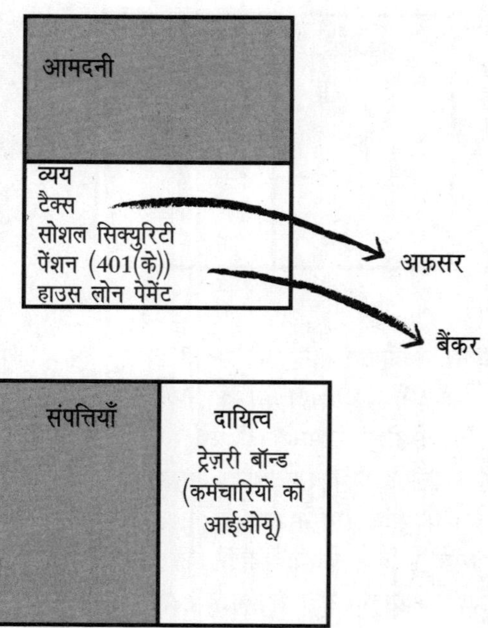

इन चार महत्त्वपूर्ण व्ययों पर ई क्वाड्रैंट के कर्मचारियों का कोई नियंत्रण नहीं होता - टैक्स, सोशल सिक्युरिटी, पेंशन और हाउस लोन पेमेंट। इस रेखाचित्र की मदद से आप देख सकते हैं कि सरकारी अफ़सर टैक्स और सोशल सिक्युरिटी के ज़रिये पैसा लेते हैं, जबकि बैंकर्स

पेंशन (401(के)) और हाउस लोन पेमेंट के ज़रिये आपका पैसा लेते हैं। कई लोगों के बजट डेफ़िसिट का मूल कारण यही है।

दूसरी ओर, वित्तीय दृष्टि से बुद्धिमान व्यक्ति का इन व्ययों पर नियंत्रण होता है।

दूसरे प्रकार का बजट : बजट सरप्लस

बैरन्स में लिखा है, "सरकार, कॉर्पोरेशन या व्यक्ति के लिए बजट सरप्लस एक निश्चित अवधि में ख़र्च से ज़्यादा आमदनी है।"

' ख़र्च से ज़्यादा *आमदनी* ' शब्दों पर ग़ौर करें। इसका मतलब अपने साधनों से कम में जीना नहीं है। परिभाषा यह नहीं कहती कि सरप्लस ख़र्च कम करने की वजह से उत्पन्न होता है, हालाँकि ऐसा हो तो सकता है। इसका वास्तविक अर्थ है अतिरिक्त या अधिक आमदनी पर ध्यान केंद्रित करना - वित्तीय आईक्यू #1 : ज़्यादा पैसे बनाना। अमीर डैडी 'आमदनी का आधिक्य' शब्दों से प्रेम करते थे। यह अध्याय ख़र्च कम करने और आपके साधनों से कम में जीने के बारे में नहीं है। इसके बजाय यह तो आमदनी के आधिक्य के बारे में है।

सरकार का बजट सरप्लस

बैरन्स के अनुसार, "सरप्लस वाली सरकार नई सरकारी योजनाएँ शुरू करने या टैक्स कम करने का विकल्प चुन सकती है।"

इस कथन के साथ कुछ समस्याएँ हैं। पहली समस्या यह है कि जब सरकार के पास सरप्लस होता है, तो यह पैसे ख़र्च कर देती है। सरकारी अनुबंध इस तरह काम करते हैं : अगर कोई सरकारी एजेंसी कार्यकुशल है और पैसे बचाती है, तो उस एजेंसी को पुरस्कार के बजाय दंड दिया जाता है और अगले साल का उसका बजट घटा दिया जाता है। इससे बचने के लिए ज़्यादातर सरकारी एजेंसियाँ अपने बजट का सारा पैसा ख़र्च कर देती हैं, भले ही इसकी ज़रूरत न हो। इसका मतलब है कि ख़र्च बढ़ते रहते हैं और बजट सरप्लस की संभावनाएँ बहुत कम होती हैं। दूसरे शब्दों में, सरकारी अफ़सरशाही बजट डेफ़िसिट पर चलने के लिए बनाई गई है और चाहे कोई भी दल सत्ता में रहे, टैक्स का बढ़ना तय है।

> **डेमोक्रेट किस तरह बजट का प्रबंधन करते हैं?** पिछले अध्याय की बात आपको याद होगी कि डेमोक्रेट *टैक्स लगाने और ख़र्च करने* से प्रेम करते हैं। डेमोक्रेट सोशल सिक्युरिटी और मेडिकेयर जैसी बहुत सारी सरकारी सामाजिक योजनाओं पर ख़र्च करने से प्रेम करते हैं। समस्या यह है सामाजिक योजनाएँ बड़ी होती जाती हैं, क्योंकि वे उस समस्या को कभी नहीं सुलझा पाती हैं, जिसे सुलझाने के लिए उन्हें शुरू किया गया था। इसलिए उनका बजट बढ़ा दिया जाता है और यह दुष्चक्र जारी रहता है। सरकार में दोयमता को पुरस्कृत किया जाता है और कार्यकुशलता को दंडित किया जाता है।

आगे डेमोक्रेट बजट का रेखाचित्र दिया गया है :

इनकम स्टेटमेंट

आमदनी टैक्स बढ़ाना
व्यय ख़र्च बढ़ाना

बैलेंस शीट

संपत्तियाँ	दायित्व
संपत्तियाँ घटाना	सामाजिक योजनाओं के ज़रिये दायित्व बढ़ाना

रिपब्लिकन्स किस तरह बजट का प्रबंधन करते हैं?

रिपब्लिकन्स में *उधार लेने और ख़र्च करने* की प्रवृत्ति होती है। वे क़र्ज़ लेकर और मुद्रा छापकर धन की आपूर्ति बढ़ा देते हैं और अर्थव्यवस्था का विस्तार करना चाहते हैं। एक मायने में यह क़ानूनी नक़ली पैसों से अर्थव्यवस्था में बाढ़ लाने जैसा है। एक बार फिर, ऐसा दिखता है कि अतिरिक्त पैसे के आने से आमदनी बढ़ गई है, लेकिन सच तो यह है कि टी-बिल और बॉन्ड के रूप में क़र्ज़ बढ़ गया है, जिससे अंततः सरप्लस की संभावना कम हो जाती है। मध्यवर्ग के बहुत से लोग भी ऐसा ही करते हैं, जब वे अपने घर का इस्तेमाल एटीएम के रूप में करते हैं। जब-जब डॉलर का मूल्य गिरने की वजह से उनके घर का मूल्य बढ़ता है, वे क्रेडिट कार्ड बिल चुकाने के लिए अपने मकान पर उधार ले लेते हैं।

सरल भाषा में कहना चाहूँगा, आमदनी कम हो और क़र्ज़ व ख़र्च ज़्यादा हों, तो सरप्लस होना असंभव है। जैसा राष्ट्रपति क्लिंटन ने बहुत वाकपटुता से कहा था, "मूर्ख, यह अर्थव्यवस्था है।"

नीचे रिपब्लिकन बजट का रेखाचित्र दिया जा रहा है :

इनकम स्टेटमेंट

आमदनी टैक्स कम करके बजट में कटौती करना क़र्ज़ लेकर आमदनी बढ़ाना
व्यय मित्रों के व्यवसायों (पोर्क) पर टैक्स के डॉलर ख़र्च करना

बैलेंस शीट

संपत्तियाँ	दायित्व
	क़र्ज़ के टी-बिल और बॉन्ड

कंपनी का बजट सरप्लस

बैरन्स में कहा गया है, "सरप्लस वाला कॉर्पोरेशन निवेश या अधिग्रहण के ज़रिये व्यवसाय का विस्तार कर सकता है या अपने ही शेयर बाईबैक करने का विकल्प चुन सकता है।"

व्यवसाय के विस्तार के दो तरीक़ों पर ग़ौर करें : निवेश या अधिग्रहण। कोई कॉर्पोरेशन विस्तार करने के लिए या तो ख़र्च करता है या फिर किसी दूसरी कंपनी को ख़रीद लेता है। अगर कोई व्यवसाय निवेश या अधिग्रहण के ज़रिये विस्तार नहीं कर सकता, तो यह अपने ही शेयरों का बाईबैक कर सकता है। शेयरों के बाईबैक का कई बार यह मतलब होता है कि कंपनी व्यवसाय का विस्तार करने में सक्षम नहीं है, इसलिए यह अपने शेयर निवेशकों से ख़रीदने का विकल्प चुनती है। इस गतिविधि से शेयर का भाव बढ़ जाता है, जिससे बहुत से शेयरहोल्डर्स ख़ुश होते हैं, लेकिन वे यह नहीं देख पाते हैं कि कंपनी विकास नहीं कर रही है।

जब मैं किसी कंपनी के बाईबैक के बारे में सुनता हूँ, तो मुझे अहसास होता है कि इसके कई मतलब हो सकते हैं। शेयरों के बाईबैक का मतलब यह हो सकता है कि कंपनी ने विस्तार करना छोड़ दिया है और इसके उच्चाधिकारी यह नहीं जानते कि व्यवसाय का विस्तार कैसे किया जाए। यह निवेशकों के लिए अच्छा संकेत नहीं है। जब शेयर का भाव बढ़ता है, तो ज़्यादा शेयर ख़रीदने के बजाय यह बेचने का समय हो सकता है।

शेयरों के बाईबैक का यह मतलब भी हो सकता है कि उच्चाधिकारियों के दृष्टिकोण से कंपनी की संपत्तियों के मूल्य की तुलना में इसके शेयर का भाव बहुत कम है। अगर यह मामला है, तो शेयर के भाव बढ़ने पर निवेशकों को ज़्यादा शेयर ख़रीदने चाहिए।

दूसरे शब्दों में, किसी व्यवसाय का बजट सरप्लस आपको कंपनी और इसके उच्चाधिकारियों के बारे में अलग-अलग चीज़ें बता सकता है।

व्यक्ति का बजट सरप्लस

बैरन्स में कहा गया है, "बजट सरप्लस वाला व्यक्ति क़र्ज़ उतारने या *ख़र्च* या *निवेश* बढ़ाने का विकल्प चुन सकता है।"

ग़ौर करें, *बैरन्स* व्यक्तियों को तीन विकल्प प्रदान करता है। ये हैं : क़र्ज़ घटाना, ज़्यादा पैसे ख़र्च करना या निवेश करना। जैसा हम में से ज़्यादातर लोग जानते हैं, इतने सारे लोगों के सामने वित्तीय मुश्किलें इसीलिए हैं, क्योंकि वे ख़र्च और क़र्ज़ को बढ़ाते हैं और निवेश को घटाते हैं।

दो विकल्प

जब वित्तीय आईक्यू #3 : अपने पैसे का बजट बनाना की बात आती है, तो सिर्फ़ दो ही विकल्प होते हैं - डेफ़िसिट या सरप्लस। कई लोग बजट डेफ़िसिट यानी घाटे के बजट का विकल्प चुनते हैं। अगर आप अमीर बनना चाहते हैं, तो बजट सरप्लस का चुनाव करें और ख़र्च कम करने के बजाय आमदनी बढ़ाकर ऐसा करें।

बजट डेफ़िसिट

मेरा अटलांटा का एक मित्र बहुत पैसे कमाता है। उसे बहुत पैसे कमाने पड़ते हैं। अगर वह बहुत पैसे कमाना छोड़ दे, तो उसकी पैसों की समस्याएँ उसे ज़िंदा निगल जाएँगी। उसने बजट डेफ़िसिट बनाने का विकल्प चुना है।

जब भी डैन ज़्यादा पैसे कमाता है, तो वह या तो ज़्यादा बड़ा मकान ख़रीद लेता है, नई कार ख़रीद लेता है या फिर बच्चों के साथ महँगी छुट्टियाँ मनाने चला जाता है। उसकी एक और बुरी आदत है। हर दस साल बाद वह किसी युवती से शादी करके एक नई संतान पैदा करता है। डैन की उम्र बढ़ रही है, लेकिन उसकी पत्नियाँ हमेशा एक ही उम्र की होती हैं - पच्चीस साल की। डैन बहुत सारे पैसे कमाने और डेफ़िसिट यानी घाटे के माध्यम से अपनी आर्थिक समस्याओं को बदतर बनाने में माहिर है।

बजट सरप्लस

दूसरा वित्तीय विकल्प बजट सरप्लस की योजना बनाना है। वित्तीय आईक्यू #1 पैसे बनाना और वित्तीय आईक्यू #2 अपने धन की रक्षा करना के बाद यह सीखना ज़रूरी है कि सरप्लस यानी आधिक्य वाला बजट कैसे बनाएँ। यह वित्तीय अखंडता हासिल करने के लिए अनिवार्य है।

नीचे कुछ सबक़ हैं, जो मैंने अपने अमीर डैडी और दूसरे दौलतमंद लोगों से आधिक्य वाला बजट बनाने के बारे में सीखे हैं।

बजट टिप #1 **: बजट सरप्लस को व्यय मानें।** यह सबसे अच्छे वित्तीय सबक़ों में से एक है, जो मेरे अमीर डैडी ने अपने बेटे और मुझे सिखाया। वित्तीय स्टेटमेंट की ओर इशारा करते हुए उन्होंने कहा, "आपको सरप्लस को व्यय बनाना पड़ता है।" बजट सरप्लस उत्पन्न करने के लिए उनका फ़ाइनैंशियल स्टेटमेंट इस तरह दिखता था :

इनकम स्टेटमेंट

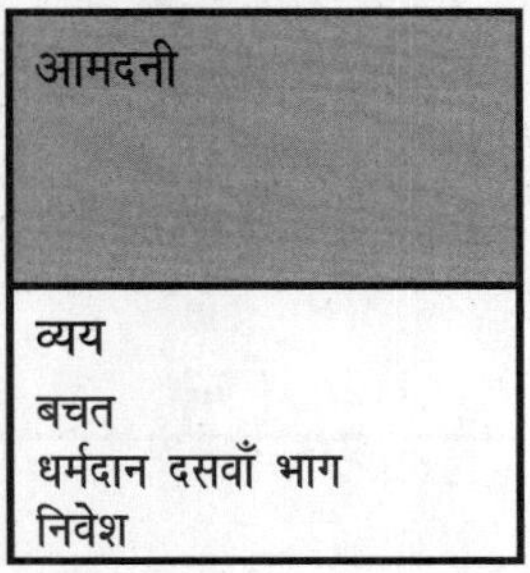

आमदनी
व्यय बचत धर्मदान दसवाँ भाग निवेश

बैलेंस शीट

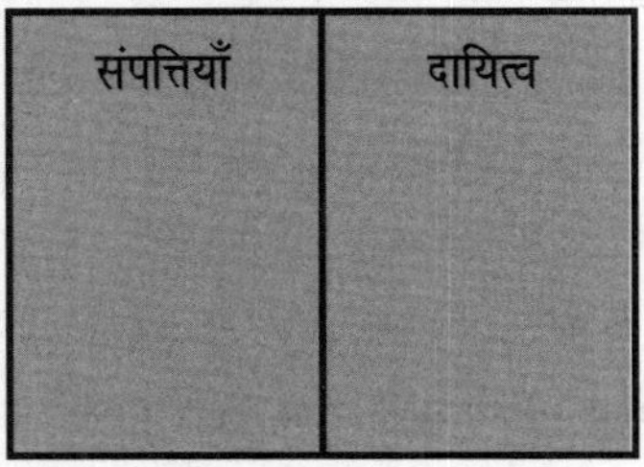

संपत्तियाँ	दायित्व

आगे स्पष्ट करते हुए उन्होंने कहा, "इतनी सारी सरकारें, व्यवसाय और व्यक्ति बजट सरप्लस उत्पन्न करने में सिर्फ़ इसलिए नाकाम रहते हैं, क्योंकि वे सोचते हैं कि बजट सरप्लस इस तरह दिखता है।"

इनकम स्टेटमेंट

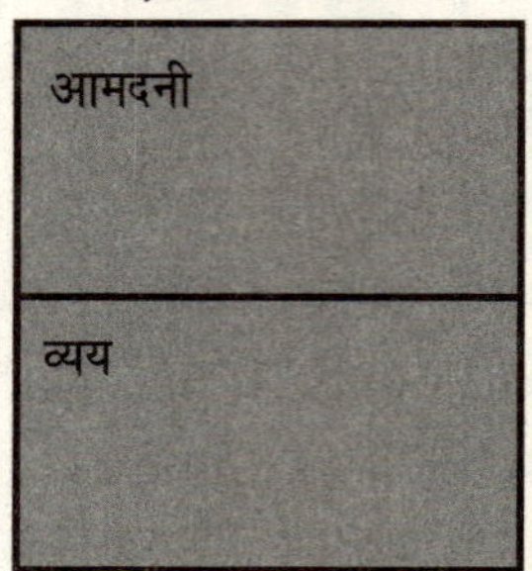

बैलेंस शीट

संपत्तियाँ	दायित्व
बचत धर्मदान दसवाँ भाग निवेश	

रिच डैड पुअर डैड में मैंने ख़ुद को सबसे पहले भुगतान करने का महत्त्व बताया था। बजट #1 *ख़ुद को सबसे पहले भुगतान करने* का उदाहरण है। बजट #2 ख़ुद को सबसे अंत में भुगतान करने का उदाहरण है।

ज़्यादातर लोग जानते हैं कि उन्हें बचत करना चाहिए, धर्मदान देना चाहिए और निवेश करना चाहिए। समस्या यह होती है कि ख़र्च करने के बाद ज़्यादातर लोगों के पास यह सब करने के लिए पैसा ही नहीं बचता है। इसका कारण यह है कि वे बचत करने, धर्मदान देने और निवेश करने को आख़िरी प्राथमिकता मानते हैं।

मैं जो कह रहा हूँ, उसे मैं स्पष्ट करता हूँ। एक बार फिर कहना चाहूँगा कि फ़ाइनैंशियल स्टेटमेंट को देखकर आप किसी भी व्यक्ति की प्राथमिकताएँ बता सकते हैं।

इनकम स्टेटमेंट

आमदनी पहली प्राथमिकता
व्यय तीसरी प्राथमिकता

बैलेंस शीट

संपत्तियाँ	दायित्व
चौथी प्राथमिकता	दूसरी प्राथमिकता

दूसरे शब्दों में, ज़्यादातर मध्य वर्ग की वित्तीय प्राथमिकताएँ हैं :

प्राथमिकता #1 : ज़्यादा वेतन वाली नौकरी पाना।

प्राथमिकता #2 : मॉर्गेज और कार की क़िस्त का भुगतान करना।

प्राथमिकता #3 : समय पर बिलों का भुगतान करना

प्राथमिकता #4 : बचत करना, धर्मदान देना और निवेश करना।

दूसरे शब्दों में, ख़ुद को भुगतान देना उनकी आख़िरी प्राथमिकता है।

सरप्लस प्राथमिकता होनी चाहिए

अगर आप बजट सरप्लस चाहते हैं, तो सरप्लस को प्राथमिकता दें। सरप्लस को प्राथमिकता देने का सबसे अच्छा तरीक़ा अपने ख़र्च की आदतों की प्राथमिकता को दोबारा तय करना है। बचत करने, धर्मदान देने और निवेश करने को कम से कम दूसरे क्रम पर रखें और उन्हें अपने फ़ाइनैंशियल स्टेटमेंट में व्यय के रूप में सूचीबद्ध करें।

कहना आसान है, करना कठिन

मैं जानता हूँ कि आपमें से ज़्यादातर लोग मेरी बातों के तर्क से सहमत होंगे कि हमें बचत करने, धर्मदान देने और निवेश करने को ज़्यादा ऊँची प्राथमिकता देना चाहिए। मैं यह भी

जानता हूँ कि यह कहना आसान है, करना कठिन। इसलिए मैं आपको बताता हूँ कि किम और मैंने इस समस्या को कैसे निपटाया।

हमारी शादी के बाद जल्दी ही हमारे सामने वही वित्तीय समस्याएँ आईं, जो बहुत से नवविवाहितों को आती हैं। हमारे ख़र्च आमदनी से ज़्यादा थे। इस समस्या को सुलझाने के लिए हमने बेट्टी नामक बुककीपर को नियुक्त किया। बेट्टी को निर्देश दिया गया कि वह आमदनी होते ही उसका 30 प्रतिशत सीधे व्यय के रूप में निकाल ले और उस पैसे को संपत्ति वाले कॉलम में रख दे।

सरल संख्याओं का उदाहरण दें, तो अगर हमें 1,000 डॉलर की आमदनी होती थी और हमारे ख़र्च 1,500 डॉलर थे, तो बेट्टी को 1,000 डॉलर का 30 प्रतिशत लेकर उस पैसे को संपत्ति वाले कॉलम में पहुँचाना था। बचे हुए 700 डॉलर से उसे व्यय के 1,500 डॉलरों का भुगतान करना था।

बेट्टी की हालत ख़राब हो गई। वह सोचने लगी कि हमारा दिमाग़ चल गया है। उसने कहा, "आप यह नहीं कर सकते। आपको बिल चुकाने होंगे।" वह हमारी नौकरी छोड़ने के बारे में गंभीरता से विचार करने लगी। देखिए, बेट्टी एक बेहतरीन बुककीपर थी, लेकिन वह ग़रीबों की तरह बजट बनाती थी। वह हर व्यक्ति को पहले भुगतान देती थी और ख़ुद को सबसे अंत में भुगतान देती थी। चूँकि अंत में बहुत कम बचता था या नहीं बचता था, इसलिए वह ख़ुद को लगभग कुछ नहीं देती थी। बेट्टी अपने क़र्ज़दारों, सरकार और बैंकरों को ख़ुद से ज़्यादा महत्त्वपूर्ण मानती थी।

बेट्टी ने हमसे काफ़ी बहस की। उसका सारा प्रशिक्षण उसे बता रहा था कि बाक़ी सबको पहले भुगतान देना चाहिए। बिलों या टैक्स का भुगतान न करने के विचार से ही उसके घुटने कमज़ोर हो गए।

मैंने आख़िरकार उसे समझाया कि वह हम पर एक अहसान कर रही थी। वह हमारी मदद कर रही थी। मैंने उसे बताया कि वह एक बहुत बड़ी समस्या को सुलझाने में हमारी मदद कर रही थी, पर्याप्त पैसा न होने की समस्या और जैसा आप जानते हैं, समस्याएँ सुलझाने के बाद हम ज़्यादा स्मार्ट बनते हैं। जब वह समझ गई कि वह दरअसल ख़र्च के ज़रिये आमदनी उत्पन्न कर रही थी, तो वह बजट सरप्लस बनाने की हमारी योजना पर ख़ुशी-ख़ुशी चलने लगी। आमदनी के हर डॉलर में से बेट्टी 30 सेंट निकाल लेती थी और उसे बचत, धर्मदान तथा निवेश में लगा देती थी। वह जानती थी कि बचत, धर्मदान और निवेश सरप्लस बनाने के लिए आवश्यक ख़र्च थे - हमारा सबसे पहला और सबसे महत्त्वपूर्ण ख़र्च।

हर डॉलर में से जो 70 सेंट बचते थे, उनसे उसे टैक्स चुकाना था, हमारे मॉर्गेज और कार भुगतान जैसे दायित्व चुकाने थे और फिर बिजली, पानी, भोजन, कपड़े आदि के बिल चुकाने थे।

यह कहने की ज़रूरत नहीं है कि बहुत लंबे अरसे तक हर महीने पैसों की तंगी रही, हालाँकि हमने ख़ुद को सबसे पहले भुगतान किया, लेकिन हम दूसरों को चुकाने के लिए

पर्याप्त धन नहीं जुटा पाए। कुछ महीने तो ऐसे भी थे, जब किम और मेरे पास 4,000 डॉलर कम पड़ गए। हम अपनी संपत्तियों से 4,000 डॉलर चुका सकते थे, लेकिन वह हमारा पैसा था। संपत्ति वाला कॉलम हमारा था।

तनाव में आने के बजाय बेट्‌टी को निर्देशित किया गया कि वह हमें बताए कि हर महीने कितने डॉलर कम पड़ रहे हैं। फिर किम और मैं गहरी साँस लेकर कहते थे, "यह वित्तीय आईक्यू #1 : ज़्यादा पैसे बनाने की ओर लौटने का समय है।" फिर किम और मैं तेज़ी से वह करने लगते थे, जो भी हम ज़्यादा पैसे कमाने के लिए कर सकते थे। किम की मार्केटिंग की पृष्ठभूमि थी, इसलिए वह अक्सर कंपनियों को फ़ोन करती थी और उनकी मार्केटिंग योजनाओं पर परामर्श देने का प्रस्ताव रखती थी। उसने मॉडलिंग के काम किए और कपड़ों का एक ब्रांड बेचा। मैंने निवेश या बिक्री और मार्केटिंग क्लासेस लेने की पेशकश की। कुछ महीनों तक मैंने एक स्थानीय रियल एस्टेट कंपनी में सेल्स टीमों को प्रशिक्षित किया। मैंने घर बदलने में एक परिवार की मदद करके पैसे कमाए और एक दूसरे परिवार की थोड़ी ज़मीन साफ़ करके भी आमदनी की।

दूसरे शब्दों में, हमने अपने गर्व को निगला और हर वह चीज़ की, जिससे हमें अतिरिक्त धन मिल सकता था। किसी तरह हम यह करने में कामयाब रहे और किसी तरह बेट्‌टी हमारे साथ बनी रही। उसने समस्या, समाधान और प्रक्रिया के संबंध में हमारी मदद की, हालाँकि वह हमारे बारे में हमसे ज़्यादा चिंतित थी।

बेट्‌टी ने हमारी मदद तो कर दी, लेकिन वह दुर्भाग्य से ख़ुद की मदद करने के लिए तैयार नहीं थी। आख़िरी बार जब हमने सुना था, तो वह रिटायर होने के बाद अपनी अविवाहित बेटी के साथ रह रही थी। वे ख़र्च आपस में बाँट लेते हैं और भुगतान के लिए सोशल सिक्युरिटी से बेट्‌टी को मिलने वाली राशि का इस्तेमाल करते हैं। उनके पास बजट सरप्लस नहीं है।

हमारे धन का निवेश करना

1989 में किम ने किराये की पहली जायदाद ख़रीदी। उसने 5,000 डॉलर लगाकर हर महीने 25 डॉलर का सकारात्मक कैशफ़्लो उत्पन्न कर लिया। आज किम कई मिलियन डॉलर के पोर्टफ़ोलियो को नियंत्रित करती है और उसके पास एक हज़ार से ज़्यादा रेंटल यूनिट्‌स हैं, जिनकी संख्या बढ़ती जा रही है। अगर हमने निवेश को ख़र्च नहीं बनाया होता और ख़ुद को पहले भुगतान नहीं किया होता, तो हम अब भी बाक़ी लोगों को पहले भुगतान कर रहे होते।

बचत

हमने तब तक पैसों की बचत की, जब तक कि हमारे पास एक साल का ख़र्च जमा नहीं हो गया। नक़द पैसों को स्थानीय बैंक में रखने के बजाय हम इसे सोने और चाँदी के ईटीएफ़ (एक्सचेंज-ट्रेडेड फ़ंड्‌स) में रखते हैं। इसका मतलब है कि अगर हमें नक़दी की ज़रूरत हो, तो हमारी लिक्विड संपत्तियाँ हमारे स्टॉकब्रोकर द्वारा सोने और चाँदी के प्रमाणपत्रों में

रखी रहती हैं, न कि स्थानीय बैंक में नक़दी के रूप में। जैसा आप जानते हैं, मैं अमेरिकी डॉलर को पसंद नहीं करता, क्योंकि इसका मूल्य लगातार घट रहा है। बचत को सोने-चाँदी में रखने से इसे ख़र्च करने का प्रलोभन भी नहीं आता है। मुझे सोने-चाँदी को डॉलरों में भुनाने से नफ़रत है। यह तो बढ़ते मूल्य वाली संपत्ति को बेचकर एक ऐसी कमॉडिटी लेना है, जिसका मूल्य घट रहा है।

ईश्वर हमारा साझेदार है

जहाँ तक धर्मदान का प्रश्न है, हम परोपकारी संगठनों को काफ़ी दान देते हैं। दान देना महत्त्वपूर्ण है। जैसा मेरा बहुत धार्मिक मित्र कहता है, "ईश्वर को लेने की ज़रूरत नहीं है, लेकिन इंसानों को देने की ज़रूरत है।" इसके अलावा, हम इसलिए भी दान देते हैं, क्योंकि धर्मदान हमारे साझेदार - ईश्वर को भुगतान करने का हमारा तरीक़ा है। ईश्वर वह सर्वश्रेष्ठ बिज़नेस पार्टनर है, जो मुझे कभी मिला है। वह सिर्फ़ 10 प्रतिशत माँगता है और बाक़ी 90 प्रतिशत आपको अपने पास रखने देता है। आप जानते हैं कि अगर आप अपने साझेदारों को भुगतान करना बंद कर दें, तो क्या होता है? वे आपके साथ काम करना छोड़ देते हैं। इसीलिए हम धर्मदान करते हैं।

तंगी

सरप्लस का बजट बनाते वक़्त किम और मुझे पहली चीज़ यह पता चली कि हम पर्याप्त पैसे नहीं कमा रहे थे। हर महीने की तंगी का एक लाभ यह था कि हमने पर्याप्त पैसे न होने की समस्या का सामना जीवन में बाद में करने के बजाय शुरू में ही कर लिया। मुझे लगता है कि कई लोग हर महीने तंगी में रहते हैं और रिटायरमेंट में भी रहेंगे। हो सकता है कि पर्याप्त पैसे न होने की समस्या को सुलझाने के लिए तब तक बहुत देर हो जाए।

जैसा मैंने इस पुस्तक के शुरू में बताया था, अगर आप किसी समस्या को नहीं सुलझाते हैं, तो आपको वह समस्या आपको ज़िंदगी भर रहेगी। समस्याएँ ख़ुद नहीं सुलझती हैं। इसीलिए हमने शुरुआत से ही ख़ुद को सबसे पहले भुगतान देने का निर्णय लिया, हालाँकि हमारे पास पैसों की तंगी थी। पैसे की कमी पड़ने से हम पर्याप्त पैसे न होने की समस्या को सुलझाने के लिए विवश हुए।

कौन सबसे ज़ोर से चिल्लाता है?

जब हमने ख़ुद को सबसे पहले भुगतान किया, तो जो लोग सबसे ज़ोर से चिल्लाए, वे थे बैंक और वे लोग, जिनका पैसा हमें देना था। उन्हें भुगतान करने की धौंस में आने के बजाय हमने उनके चिल्लाने पर वित्तीय आईक्यू #1 : ज़्यादा पैसे बनाना पर ध्यान केंद्रित किया।

कई लोग ख़ुद को सबसे पहले इसलिए भुगतान नहीं देते हैं, क्योंकि कोई उन पर चिल्लाता नहीं है। कोई भी ख़ुद से पैसे वसूलने के लिए बिल वसूलने वाला नियुक्त नहीं

करता। आप ख़ुद को नीलामी की धमकी नहीं देते। दूसरे शब्दों में, अगर हम ख़ुद को भुगतान नहीं करते हैं, तो हम ख़ुद पर कोई दबाव नहीं डालते हैं, लेकिन हम अपने क़र्ज़दारों के दबाव के सामने झुककर उन्हें भुगतान कर देते हैं। हमारे व्यय कॉलम के क़र्ज़दारों के दबाव की वजह से किम और मैं ज़्यादा पैसे कमाने और आमदनी बढ़ाने के लिए प्रेरित हुए।

बजट टिप #2 : व्यय कॉलम क्रिस्टल बॉल है। अगर आप कभी किसी व्यक्ति का भविष्य देखना चाहें, तो बस उस व्यक्ति के विवेकाधीन मासिक व्यय को देख लें। मिसाल के तौर पर :

व्यक्ति ए	**व्यक्ति बी**
चर्च को दान	छह पैक बियर
बचत	नए जूते
निवेश पर पुस्तक	नया टीवी
निवेश पर सेमिनार	फुटबॉल टिकट
जिम का बकाया	छह पैक बियर
परोपकारी संस्था को दान	पोटेटो चिप्स का बैग
पर्सनल कोच	छह पैक बियर

अमीर डैडी ने कहा था, "कोई व्यक्ति अपना समय और पैसा कैसे ख़र्च करता है, उसे देखकर आप उसका भविष्य बता सकते हैं।" उन्होंने यह भी कहा था, "समय और धन बहुत महत्त्वपूर्ण संपत्तियाँ हैं। उन्हें समझदारी से ख़र्च करना।"

बजट सरप्लस किसी व्यक्ति के लिए कितना महत्त्वपूर्ण है, यह आप उस व्यक्ति के व्यय कॉलम को देखकर बता सकते हैं। मिसाल के तौर पर :

इनकम स्टेटमेंट

आमदनी
वेतन का चेक (उपार्जित आय)
व्यय
इनकम टैक्स
सोशल सिक्युरिटी टैक्सेस
401(के) पेंशन योगदान
होम मॉर्गेज
कार का भुगतान
क्रेडिट कार्ड बिल
भोजन
कपड़े
गैसोलीन
बिजली

बैलेंस शीट

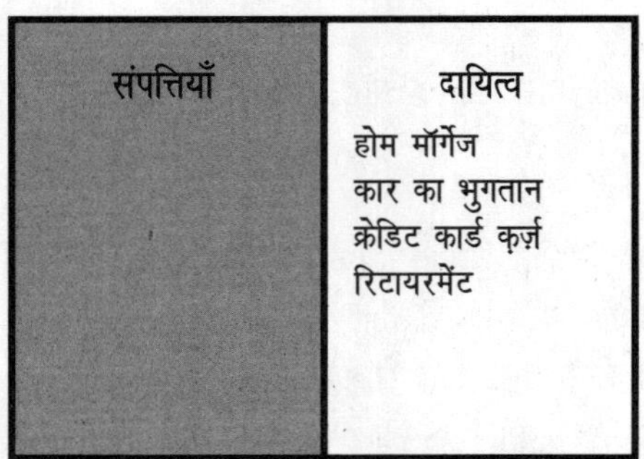

ज़रा देखें, दूसरे संगठनों या लोगों को सबसे पहले कितना पैसा दिया जा रहा है। ग़ौर करें कि मैंने रिटायरमेंट को दायित्व माना है। तकनीकी शब्दावली में *यह एक दायित्व है, जिसमें कोई निधि नहीं है*, जब तक कि यह संपत्ति नहीं बन जाता। अगर आप अपने रिटायरमेंट के लिए अपने 401(के) पर निर्भर हैं, तो आप पर बहुत ज़्यादा टैक्स लगेगा, क्योंकि इस पर उपार्जित आमदनी जितना ही टैक्स लगता है।

इस व्यय कॉलम की तुलना सबसे *पहले ख़ुद को भुगतान करें* वाले व्यय कॉलम से करें।

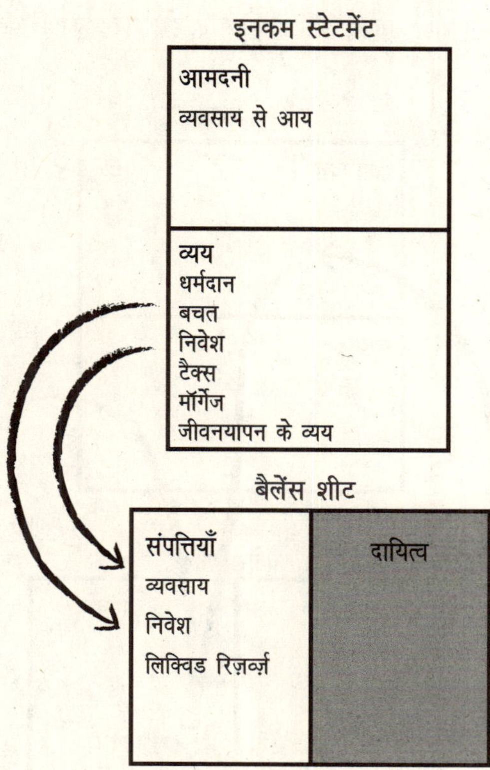

यह बात याद रखें : आपका संपत्ति वाला कॉलम *आपका* कॉलम है। अगर आप ख़ुद को सबसे पहले भुगतान नहीं करते हैं, तो दूसरा कोई नहीं करेगा। आपके रोज़मर्रा के व्ययों के ज़रिये आप और ईश्वर आपके वित्तीय भविष्य को तय करते हैं, बशर्ते आप ईश्वर में विश्वास करते हों तथा धर्मदान देते हों।

बजट टिप #3 : मेरी संपत्तियाँ मेरे दायित्वों का भुगतान करती हैं। मेरे ग़रीब डैडी सस्ता ख़रीदने में विश्वास करते थे। वे सोचते थे कि किफ़ायती होना स्मार्ट बजटिंग है। हम एक औसत इलाक़े में एक औसत घर में रहते थे। मेरे अमीर डैडी को विलासिता से प्रेम था। वे एक आलीशान घर में रहते थे, जो समृद्ध इलाक़े में था और वे समृद्ध जीवनशैली जीते थे। उन्हें सस्ते बनना पसंद नहीं था, हालाँकि वे पैसों के बारे में सावधान रहते थे।

अगर मेरे ग़रीब डैडी विलासिता की कोई चीज़ चाहते थे, तो वे इसे ख़रीदने की इच्छा का प्रतिरोध करते थे। वे कहते थे, “हम इसका ख़र्च नहीं उठा सकते।” अगर मेरे अमीर डैडी विलासिता की कोई चीज़ चाहते थे, तो वे बस यह पूछते थे, “मैं इसका ख़र्च कैसे उठा सकता हूँ?” और प्रायः इसका तरीक़ा यह होता था कि वे संपत्ति वाले कॉलम में एक संपत्ति उत्पन्न करते थे, जो उनके दायित्व

का भुगतान करती थी। उनका वित्तीय स्टेटमेंट इस तरह का दिखता था :

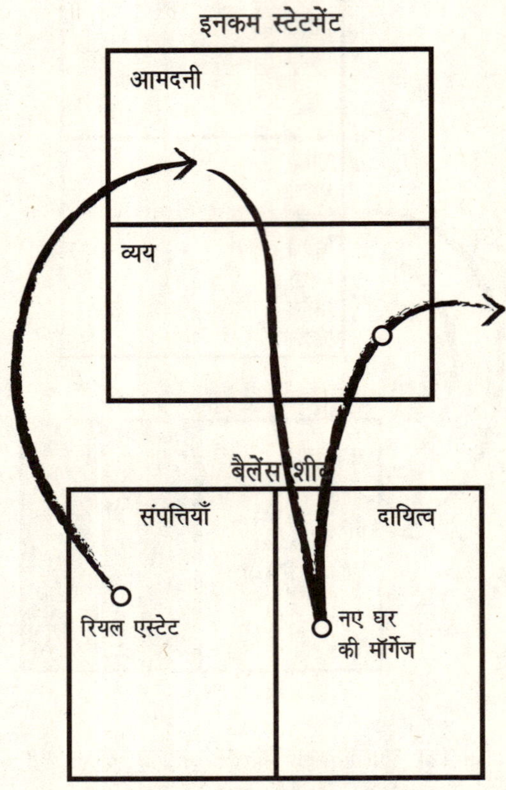

दूसरे शब्दों में, ख़ुद को सबसे पहले भुगतान देकर उन्होंने संपत्तियाँ हासिल कीं। संपत्तियों से मिलने वाले कैशफ़्लो से उन्होंने विलासिता वाले दायित्व ख़रीदे। अगर वे विलासिता की बड़ी चीज़ें चाहते थे, तो पहले उन्होंने बड़ी संपत्तियाँ बनाईं। कई लोग इसका उलट करते हैं। वे पहले बड़ी विलासिताएँ ख़रीद लेते हैं और बाद में उनके पास संपत्तियाँ ख़रीदने के लिए पैसे ही नहीं बच पाते हैं। एक बार फिर यह प्राथमिकताओं का मामला है।

बेंटले ख़ाता

दो साल पहले मैं एक नई कार ख़रीदना चाहता था - बेंटली कनवर्टिबल। भाव : 2 लाख डॉलर। मेरे पास संपत्ति वाले कॉलम में इतने पैसे थे। मैं वह कार नक़द ख़रीद सकता था। नक़द में 2 लाख डॉलर की बेंटले ख़रीदने के साथ समस्या यह है कि जिस पल मैं इसे डीलरशिप से चलाकर बाहर आऊँगा, इसका मूल्य सिर्फ़ 1,25,000 डॉलर ही रह जाएगा। यह मेरे नक़द पैसे का स्मार्ट उपयोग नहीं है।

अपनी नक़दी को ख़र्च करने के बजाय मैंने अपने स्टॉकब्रोकर टॉम को फ़ोन करके उन्हें अधिकृत किया कि वे मेरे सोने-चाँदी के शेयरों को 2 लाख डॉलर नक़दी में बदल लें। उनका काम यह था कि वे इस 2 लाख डॉलर को लेकर 4.5 लाख डॉलर में बदल दें। इस प्रोजेक्ट का नाम द *बेंटली अकाउंट* रखा गया। इसमें टॉम को लगभग आठ महीने का समय लगा, लेकिन आख़िरकार उन्होंने फ़ोन करके कहा, "आप अपनी बेंटले ख़रीद सकते हैं।" फिर मैंने चेक काटा और उस नक़दी से बेंटले ख़रीदी, जिसे मैंने अपनी संपत्तियों से उत्पन्न किया था। यह सौदा इस तरह दिखता था :

शुरुआती बैलेंस शीट स्थिति :

बैलेंस शीट

संपत्तियाँ	दायित्व
2,00,000 डॉलर नक़द	

अंत में बैलेंस शीट स्थिति :

बैलेंस शीट

संपत्तियाँ	दायित्व
2,00,000 डॉलर नक़द	बेंटले

मुझे 2,00,000 डॉलर को 4,50,000 डॉलर तक बढ़ाने की ज़रूरत इसलिए थी, क्योंकि अतिरिक्त 50,000 डॉलर में कैपिटल गेन्स टैक्स और टॉम का कमीशन भी देना था। अंत में मेरे पास मेरी बेंटले थी और पूरा मूल धन यानी 2,00,000 डॉलर अब भी सही-सलामत था।

अगर मैं यह नहीं करता और अपने मूल धन से ही बेंटले ख़रीद लेता, तो अंत में बैलेंस शीट की स्थिति इस तरह दिखती :

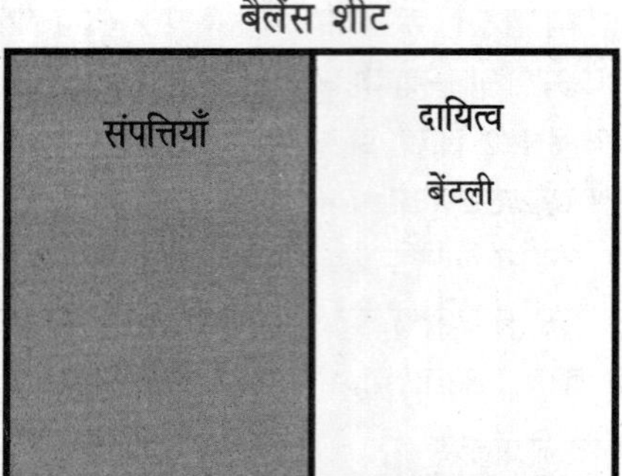

मैं नक़द संपत्तियों में 2,00,000 डॉलर गँवा देता (यानी सोने-चाँदी के सर्टिफ़िकेट) और मैं डीलर के शोरूम से कार चलाकर बाहर निकलते ही मैं तुरंत डिप्रीसिएशन में 75,000 डॉलर और गँवा देता।

वित्तीय आईक्यू #2 : अपने धन की रक्षा करना वाले अध्याय में मैंने लिखा था कि अच्छे ब्रोकर आपको अमीर बना सकते हैं और बुरे ब्रोकर बहाने बनाते हैं। बेंटले अकाउंट एक अच्छे ब्रोकर का उदाहरण है, जिसने मुझे अमीर बनाया, ख़ुश किया और जीवन की विलासिताओं को ख़रीदने में सक्षम बनाया। इसलिए अगर आपके पास कोई अच्छा ब्रोकर न हो, तो तलाश करते रहें।

संपत्तियाँ = विलासिता के दायित्व

लेखक बनने का एक लाभ यह है कि जब भी मैं विलासिता की कोई नई चीज़ यानी दायित्व को ख़रीदना चाहता हूँ, तो उससे पहले मैं एक पुस्तक लिखता हूँ, जिसकी रॉयल्टी से उस दायित्व का भुगतान हो सके। भावी सौदा इस तरह दिखता है :

बैलेंस शीट

संपत्तियाँ	दायित्व
यह पुस्तक	भावी दायित्व

यहाँ आपको याद दिलाना अच्छा रहेगा कि संपत्ति और दायित्व क्या होते हैं। अपनी पुस्तक *रिच डैड पुअर डैड* में मैंने उनकी यह सरल परिभाषा दी थी : संपत्ति वह चीज़ है, जो

आपकी जेब *में* पैसे डालती है। दायित्व वह चीज़ है, जो आपकी जेब से पैसे *बाहर* निकालती है। दायित्वों का आनंद लेने में कुछ ग़लत नहीं है - बशर्ते आप ख़ुद को सबसे पहले भुगतान देते रहें और अपनी संपत्तियों से उत्पन्न होने वाली आमदनी से उन्हें ख़रीदते रहें। दिए गए उदाहरण में मैंने अपने दायित्व को ख़रीदने के लिए अपनी संपत्तियों का इस्तेमाल किया। फलस्वरूप अंत में मेरे पास मेरी संपत्ति भी रही और मेरी बेंटले कार भी आ गई।

दूसरी संपत्तियों के दायित्व ख़रीदने के उदाहरण नीचे वाले रेखाचित्र में दिखाए गए हैं।

बैलेंस शीट

संपत्तियाँ	दायित्व
अपार्टमेंट हाउस	स्थायी निवास

बैलेंस शीट

संपत्तियाँ	दायित्व
तेल उत्पादन	बीच हाउस

ये वास्तविक उदाहरण हैं, जिनसे किम और मैं विलासिताओं की अपनी इच्छा पूरी करते हैं और इस तरह से करते हैं कि हम ग़रीब नहीं, बल्कि ज़्यादा अमीर बनें। जैसा पहले कहा जा चुका है, मैं अपने साधनों से कम में जीने में विश्वास नहीं करता। इसके बजाय मैं पहले साधनों का विस्तार करने और फिर जीवन का आनंद लेने में विश्वास करता हूँ। कम वित्तीय आईक्यू वाला व्यक्ति सिर्फ़ यह जानता है कि वह कम पैसों में कैसे गुज़ारा कर सकता है। दूसरे शब्दों में, ख़र्च कम करके। अगर आप जीवन की विलासिताओं का आनंद नहीं लेते हैं, तो फिर जीने में मज़ा कहाँ आता है?

बजट टिप #4 : अमीर बनने के लिए ख़र्च करें। मुश्किल परिस्थितियों में ज़्यादातर लोग ख़र्च करने के बजाय कटौती करते हैं। इस वजह से बहुत सारे लोग दौलत हासिल करने और उसे क़ायम रखने में असफल हो जाते हैं।

मिसाल के तौर पर, जब किसी कंपनी की बिक्री कम होने लगती है, तो अकाउंटेंट सबसे पहले ख़र्च में कटौती करते हैं। और जिस पहली चीज़ में वे कटौती करते हैं,

वह है विज्ञापन और प्रचार पर होने वाला ख़र्च। कम विज्ञापन और प्रचार की वजह से बिक्री और कम हो जाती है, जिससे समस्या बदतर हो जाती है।

उच्च वित्तीय बुद्धि का एक संकेत यह जानना है कि कब ख़र्च करें और कब कटौती करें। जब किम और मुझे अहसास हुआ कि हम मुश्किल में थे, तो हमने बुककीपर बेट्टी को कटौती करने और बिलों का भुगतान सबसे पहले करने की अनुमति नहीं दी। इसके बजाय हम बिक्री, मार्केटिंग और प्रचार में जुट गए। हमने समय, धन और ऊर्जा अपनी आमदनी बढ़ाने में लगा दी। हमने ख़र्च में कटौती नहीं की।

कार्यस्थल में कई मालिक या मैनेजर होते हैं, जो कमज़ोर लोगों का शिकार करते हैं - यानी उनका, जिन्हें नौकरी और पैसों की ज़रूरत होती है। इस तरह के लोग कर्मचारियों की कमज़ोरी का इस्तेमाल उन्हें ज़्यादा कमज़ोर करने के लिए करते हैं। मिसाल के तौर पर, कई बड़ी कंपनियाँ आपके वेतन में कटौती करती हैं और/या आपका काम बढ़ा देती हैं, ताकि आप ज़्यादा मेहनत करें। अगर आप नौकरी छोड़ भी दें, तो उन्हें फ़र्क़ नहीं पड़ता, क्योंकि वे जानती हैं कि कोई दूसरा आपकी जगह लेने के लिए ख़ुशी-ख़ुशी तैयार हो जाएगा। यह खेल इसी तरह खेला जाता है।

ज़िरॉक्स में भी कुछ ऐसी ही परिस्थितियाँ थीं। जब मैंने अच्छा प्रदर्शन किया, तो मेरा वेतन बढ़ाने के बजाय उन्होंने मेरे इलाक़े को कम कर दिया, मेरा कोटा बढ़ा दिया और मेरे वेतन में कटौती कर दी। इस तरह वे मुझे ज़्यादा उत्पादक बनाना चाहते थे। शुरू में तो मैं बहुत नाराज़ हुआ। मैं वह नौकरी छोड़ना चाहता था... और मैं इसके बहुत क़रीब था।

अगर अमीर डैडी नहीं होते, तो मैंने वह नौकरी छोड़ दी होती। अमीर डैडी ने मुझे समझाया कि ज़िरॉक्स मुझे कारोबारी जगत का प्रशिक्षण दे रहा था। यह मुझे कम के साथ ज़्यादा करने का प्रशिक्षण दे रहा था। वे लोग मुझे ज़्यादा शक्तिशाली बना रहे थे। जब मैं इस कारोबारी नीति का लाभ समझ गया, तो मैं सचमुच बेहतर बिज़नेसपर्सन बन गया। मैंने दबाव लेना और इससे लाभ लेना सीख लिया।

जब किम और मैंने बुककीपर बेट्टी से कहा कि यह हमारे टैक्स और बिल चुकाने से पहले हमें भुगतान करे, तब हम इसी नीति पर चल रहे थे। यह ज़्यादा मज़बूत बनने और कारोबार के संसार के लिए ज़्यादा लाभकारी बनने का हमारा तरीक़ा था। जब क़र्ज़दार आकर हमें धमकाते थे, तब रो कर या मन मसोसकर उन्हें भुगतान करने के बजाय हमने उनकी धमकियों को ज़्यादा पैसा कमाने की प्रेरणा बना लिया।

जब लोग आलोचना करते हैं और मुझे नीचे गिराने के लिए झूठ बोलते हैं, तो मैं ज़्यादा सकारात्मक बनने और जीतने का संकल्प लेने के लिए उनकी नकारात्मकता का इस्तेमाल करता हूँ।

जब समस्याएँ आती हैं, तो मैं समस्याओं का इस्तेमाल ख़ुद को ज़्यादा स्मार्ट बनाने और समस्या से ज़्यादा बड़ा बनने के लिए करता हूँ।

एक समय में एक दिन

बजट बनाना सीखना और इसमें महारत हासिल करना काफ़ी महत्त्वपूर्ण प्रक्रिया है। इस प्रक्रिया को एक समय में एक दिन के हिसाब से लें। किम और मैं पैसे के बारे में नहीं लड़ें। इसके बजाय हमने प्रक्रिया का इस्तेमाल पैसे और हमारे बारे में ज़्यादा सीखने तथा बातचीत करने के लिए किया। सकारात्मक चीज़ें रातों-रात नहीं हुईं, लेकिन वे अंततः हुईं। अगर आप सचमुच बजट सरप्लस उत्पन्न करने पर काम करेंगे, तो आपका जीवन ज़्यादा समृद्ध बन जाएगा। बजटिंग इसी बारे में है - ख़ुद को बेहतर, ज़्यादा शक्तिशाली और ज़्यादा अमीर बनाने के लिए उसका इस्तेमाल करना, जो आपके पास है, भले ही आपके पास पैसे न हों।

ग़रीब होने से आप अमीर कैसे बन सकते हैं

एक बार फिर, बजट की परिभाषा है : *संसाधनों और व्ययों के समन्वय की योजना।* आप ग़ौर कर सकते हैं इसमें यह नहीं कहा गया है कि पैसे के समन्वय की योजना। यह तो संसाधनों के समन्वय के बारे में है। अमीर डैडी का एक बहुत महत्त्वपूर्ण सबक़ यह था कि *वित्तीय समस्या भी एक संसाधन है* - बशर्ते आप समस्या को सुलझा दें। अगर आप पर्याप्त पैसा न होने, बुरे बॉस या क़र्ज़ के पहाड़ जैसी वित्तीय समस्याओं को लेना सीख लेते हैं और उनका इस्तेमाल सीखने के संसाधनों और अवसरों के रूप में करते हैं, तो आप धीरे-धीरे, लेकिन निश्चित रूप से बजट सरप्लस बना लेंगे।

वित्तीय बुद्धि के बारे में अमीर डैडी ने मुझे जो सबक़ सिखाया, वह दरअसल उपायकुशल बनने के बारे में है। उन्होंने अपने बेटे और मुझे उपायकुशल बनना और समस्याओं को अवसरों में बदलना सिखाया। उन्होंने कहा, "जब मैं बच्चा था, तो मैं ग़रीब था। मैं आज अमीर हूँ, क्योंकि मैंने ग़रीब होने को अवसर के रूप में देखा। मैंने इसे एक बहुत महत्त्वपूर्ण संसाधन की तरह देखा, जो ईश्वर ने मुझे अमीर बनने की प्रेरणा देने के लिए दिया था।"

अच्छा क़र्ज़ और बुरा क़र्ज़

दो तरह के क़र्ज़ होते हैं : अच्छा क़र्ज़ और बुरा क़र्ज़। सरल भाषा में कहें, तो अच्छा क़र्ज़ वह क़र्ज़ है, जो आपको ज़्यादा अमीर बनाता है, जिसका भुगतान कोई दूसरा आपकी तरफ़ से करता है। बुरा क़र्ज़ वह कर्ज़ है, जो आपको ग़रीब बनाता है और जिसका भुगतान आप ख़ुद करते हैं।

पैसे की वजह से कुछ लोग अजीबोग़रीब चीज़ें कर देते हैं। मिसाल के तौर पर, कई लोग आर्थिक पागलपन वाला काम कर देते हैं, जैसे बड़ा मकान ख़रीदना, स्विमिंग पूल बनवाना, बिलों का भुगतान करने के लिए क्रेडिट कार्ड का इस्तेमाल करना और फिर क्रेडिट कार्ड के बिलों को चुकाने के लिए हाउस लोन को नए सिरे से लेना। यह एक बुरी स्थिति को बदतर बनाने का उदाहरण है - बजट डेफ़िसिट बनाना।

हमारी सरकार यही करती है। ज़्यादातर सरकारी लोग सोचते हैं कि समस्याओं को सुलझाने के लिए पैसे की ज़रूरत होती है, इसलिए समस्याएँ ज़्यादा बड़ी होती जाती हैं और उनमें ज़्यादा पैसों की ज़रूरत पड़ने लगती है, जो बजट डेफ़िसिट की ओर ले जाता है।

अत्यधिक बुरा क़र्ज़ वर्तमान संसार की काफ़ी गंभीर समस्या है। बुरा क़र्ज़ दायित्व वाला क़र्ज़ है। बुरा क़र्ज़ देशों, व्यवसायों और व्यक्तियों को नीचे गिराता है। अमीर बनने का एक तरीक़ा बुरे क़र्ज़ को अवसर के रूप में देखना है, ऐसा संसाधन, जो आपको ज़्यादा ग़रीब नहीं, बल्कि ज़्यादा अमीर बनाएगा।

अगर बुरा क़र्ज़ आपको पीछे रोक रहा है, तो आप अपने सबसे बुरे शत्रु हैं। जब लोग समस्याओं को सुलझाने के लिए बुरा क़र्ज़ लेते हैं, तो समस्याएँ निश्चित रूप से बदतर और ज़्यादा बड़ी बन जाती हैं। मेरा सुझाव यह है कि बुरे क़र्ज़ की समस्या को सीखने और ज़्यादा स्मार्ट बनने का अवसर मानें।

एक व्यवसाय में मेरे लगभग एक मिलियन डॉलर डूब गए। व्यक्तिगत और कंपनी की संपत्तियों को बेचने के बाद भी मुझ पर 4,00,000 डॉलर की देनदारी बची थी। इस बुरे क़र्ज़ की समस्या को सुलझाने के लिए किम और मैंने इसे पूरा उतारने की योजना सोची। कटौती करने के बजाय हमने बुककीपर बेट्टी को निर्देश दिया कि वह हमें पटरी पर बनाए रखे। हमने ज़्यादा ग़रीब के बजाय ज़्यादा अमीर बनने के लिए समस्या का इस्तेमाल किया। दूसरे शब्दों में, उस क़र्ज़ को चुकाते समय हम ज़्यादा अमीर बने। हम धर्मदान देते रहे, बचत करते रहे और निवेश करते रहे और इस दौरान अपने बुरे क़र्ज़ को आक्रामक तरीक़े से चुकाते रहे।

(अगर आप इस बारे में ज़्यादा जानना चाहते हों कि *किम और मैं बुरे क़र्ज़ से बाहर कैसे निकले,* तो हमने एक सीडी तैयार की है *हाउ वी गॉट आउट ऑफ़ बैड डेट,* साथ ही बुरे क़र्ज़ में फँसे लोगों को मार्गदर्शन देने के लिए एक छोटी सी वर्कबुक भी है। आप इसे नाममात्र के दाम पर हमारी वेबसाइट Richdad.com पर ऑर्डर कर सकते हैं। इसमें शिपिंग अलग से लगेगा।)

बुरे क़र्ज़ के हमारे पहाड़ को पलटकर देखते समय मुझे ख़ुशी है कि समस्या सुलझाने की कोशिश में किम और मैं बजट बनाने में ज़्यादा स्मार्ट बन गए, हालाँकि मैं कभी दोबारा उतने क़र्ज़ में नहीं रहना चाहता, लेकिन मुझे ख़ुशी है कि हमने समस्या से सीखा और उसे सुलझा लिया।

जब किम और मेरे पास पैसे की तंगी थी, तो हमने उस समस्या का इस्तेमाल ज़्यादा पैसे कमाने के संसाधन के रूप में किया। हमने अपने साधनों से कम में गुज़ारा नहीं किया या बुरे क़र्ज़ को चुकाने के लिए ज़्यादा उधार नहीं लिया। इसके बजाय हमने अपनी समस्याओं का इस्तेमाल उपायुकशल बनने के संसाधनों के रूप में किया। हमने समस्याओं को सीखने तथा ज़्यादा अमीर बनने के अवसरों के रूप में देखा।

इसे ध्यान रखें

वित्तीय आईक्यू #2 की तरह ही वित्तीय आईक्यू #3 आपके पैसे का बजट बनाना को भी प्रतिशत में नापा जाता है - आमदनी का वह प्रतिशत, जो आपकी संपत्ति वाले कॉलम में पहुँचता है।

अगर आपकी 30 प्रतिशत आमदनी को संपत्ति वाले कॉलम में पहुँचाना ज़्यादा मुश्किल है, तो 3 प्रतिशत से शुरू करें। मिसाल के तौर पर, अगर आप 1,000 डॉलर कमाते हैं, तो अपने संपत्ति वाले कॉलम में 300 डॉलर या 30 प्रतिशत आवंटित करने के बजाय इसमें 3 प्रतिशत या 30 डॉलर आवंटित करें। अगर इस 3 प्रतिशत से भी ज़िंदगी ज़्यादा मुश्किल होती है, तो अच्छी बात है। मुश्किल ज़िंदगी अच्छी है, अगर इससे आप ज़्यादा उपायकुशल बनते हैं।

आप अपनी संपत्ति वाले कॉलम में जितनी ज़्यादा प्रतिशत आमदनी पहुँचा सकते हों, आपका वित्तीय आईक्यू #3 उतना ही ज़्यादा ऊँचा होता है। आज किम और मैं हमारी लगभग 80 प्रतिशत आमदनी सीधे संपत्ति वाले कॉलम में पहुँचा देते हैं और बचे हुए 20 प्रतिशत में जीने की सर्वश्रेष्ठ कोशिश करते हैं। इसके अलावा हम कभी नहीं कहते हैं, "हम इसका ख़र्च नहीं उठा सकते।" *हम अपने साधनों से कम में जीने से इंकार करते हैं।* परिस्थितियों को चुनौतीपूर्ण रखने से हम ज़्यादा उपायकुशल बनते हैं। इस कारण हम ज़्यादा समृद्ध जीवन जीते हैं और बजट सरप्लस उत्पन्न करते हैं।

अध्याय 6

वित्तीय आईक्यू #4 : अपने पैसे की लीवरेजिंग करना

9 अगस्त 2007 को शेयर बाज़ार लगभग 400 पॉइंट गिरा। अफरा-तफरी को रोकने के लिए फ़ेडरल रिजर्व और संसार के अन्य केंद्रीय बैंक अर्थव्यवस्था में अरबों डॉलर का इंजेक्शन लगाने लगे।

बाज़ार अगले दिन भी डावाँडोल था। जब मैं सुबह तैयार हो रहा था, तो टीवी प्रोग्राम पर एक न्यूज़कास्टर तीन वित्तीय नियोजकों का इंटरव्यू ले रहा था और उनके विचार पूछ रहा था। उन सभी की एक ही सलाह थी, "दहशत में मत आओ। सही दिशा में चलते रहो।"

जब उनसे आगे सलाह माँगी गई, तो तीनों ने कहा, "पैसे बचाओ, क़र्ज़ से बाहर निकलो और म्यूचुअल फ़ंड्स के अच्छी तरह डाइवर्सिफ़ाइड पोर्टफ़ोलियो में लंबे समय के लिए निवेश करो।" दाढ़ी बनाने के बाद मैं सोचने लगा कि क्या ये सभी वित्तीय विशेषज्ञ तोतों के एक ही स्कूल में गए थे।

आख़िरकार एक सलाहकार ने कुछ अलग कहा। उसने रियल एस्टेट बाज़ार की बुराई की कि इसी की वजह से शेयर बाज़ार में गड़बड़ी हुई है। उसने लोभी निवेशकों, अनैतिक रियल एस्टेट एजेंट्स और लालची मॉर्गेज ऋणदाताओं को दोष दिया कि उन्हीं की वजह से सबप्राइम मॉर्गेज का झमेला उत्पन्न हुआ है, जिससे शेयर बाज़ार लुढ़का।

इस सलाहकार ने आगे कहा, "मैंने अपने ग्राहकों को बता दिया था कि रियल एस्टेट ख़तरनाक है। आज भी मेरी वही सलाह है। रियल एस्टेट ख़तरनाक निवेश है और निवेशकों को लंबे समय के लिए ब्लूचिप शेयरों और म्यूचुअल फ़ंड्स में निवेश करना चाहिए।"

जब टेलीविज़न पर वित्तीय नियोजक रियल एस्टेट पर हमला ख़त्म कर रही थी, तो मेरी पत्नी किम कमरे में चलकर आई और बोली, "याद है, हम आज 300 यूनिट वाले अपार्टमेंट हाउस पर अंतिम निर्णय ले रहे हैं।"

अपना सिर हिलाते हुए मैंने कहा, "मैं वहाँ रहूँगा।"

कपड़े पहनकर मैंने सोचा, "बड़ी अजीब बात है, वित्तीय सलाहकार कह रही है कि रियल एस्टेट में निवेश करना ख़तरनाक है। रियल एस्टेट बाज़ार लुढ़क रहे हैं, लेकिन किम

और मैं ऐसे समय टुल्सा, ओक्लाहामा में 17 मिलियन डॉलर का अपार्टमेंट हाउस ख़रीद रहे हैं... और हम इसके बारे में रोमांचित हैं। क्या हम एक ही ग्रह पर रह रहे हैं?"

नया पूँजीवाद

जब 9 और 10 अगस्त 2007 को निवेशकों के अरबों डॉलर डूब गए, तो यूएस फ़ेडरल रिजर्व बैंक ने बैंकिंग प्रणाली में अरबों डॉलर के इंजेक्शन लगाए और रियल एस्टेट, शेयर तथा बॉन्ड बाज़ार में दहशत को रोकने की पूरी कोशिश की। पूँजी का यह इंजेक्शन इस बात का उदाहरण है कि नया पूँजीवाद किस तरह काम करता है। यह क़र्ज़ और केंद्रीय बैंकों के हथकंडों पर आधारित आर्थिक प्रणाली है, जो संसार की धन आपूर्ति के साथ खेल खेलती है। यह लगभग वैसा ही है, जैसे आप और मैं अपने क्रेडिट कार्ड बिलों का भुगतान करने के लिए क्रेडिट कार्ड का इस्तेमाल करें।

बाद में उस सप्ताह मुझे दो टेलीविज़न और तीन रेडियो कार्यक्रमों में अतिथि बनाया गया और बाज़ार के लुढ़कने पर टिप्पणी करने को कहा गया। होस्ट इस बारे में मेरे विचार जानना चाहते थे। वे यह भी जानना चाहते थे कि मैं फ़ेडरल रिजर्व के लुढ़कते बाज़ार में नक़दी के इंजेक्शन के बारे में क्या सोचता हूँ और क्या फ़ेडरल रिजर्व बैंक को ब्याज दर कम करके बाज़ार को बचाना चाहिए। अपने सभी इंटरव्यूज़ में मैंने कहा, "मुझे पसंद नहीं है कि केंद्रीय बैंक बाज़ारों के साथ छेड़छाड़ करें। मुझे महसूस नहीं होता कि सरकार को अमीर हेज फ़ंड्स और वित्तीय संस्थाओं की मदद करनी चाहिए और उनकी लोभी ग़लतियों से उनकी रक्षा करनी चाहिए।" मैंने यह भी कहा, "मुझे आम आदमी से सहानुभूति है। जो करोड़ों मेहनती लोग पैसे के खेल नहीं खेलते, वे आज अपने मकानों का भाव रियल एस्टेट बाज़ार में गिरता देख रहे हैं, बॉन्ड मार्केट में उनकी बचत की राशि कम हो रही है और शेयर बाज़ार में उनके रिटायरमेंट पोर्टफ़ोलियो की राशि घट रही है।"

जब मुझसे पूछा गया कि क्या मैं अब भी निवेश कर रहा हूँ, तो मैंने कहा, "हाँ।" जब मुझसे पूछा गया कि क्या मैं सोचता हूँ कि लुढ़कते बाज़ारों में निवेश करना ख़तरनाक है, तो मैंने जवाब दिया, "जोखिम हमेशा रहता है।" फिर मैंने यह कहकर अपने विचारों को पूरा किया, "बाज़ार के उतार-चढ़ाव इस बात को प्रभावित नहीं करते कि मैं *क्यों* निवेश करता हूँ या मैं *किसमें* निवेश करता हूँ।"

दो दृष्टिकोण

हालाँकि यह प्रश्न नहीं पूछा गया था, लेकिन मैं सोचता हूँ कि एक बेहतर प्रश्न यह हो सकता था कि रियल एस्टेट में निवेश के बारे में नकारात्मक वित्तीय नियोजक और मेरे दृष्टिकोण में क्या फ़र्क़ था? या, जब इतने सारे लोग दहशत में आ रहे थे, उस वक़्त मैं ज़्यादा जायदाद ख़रीदने के बारे में रोमांचित क्यों था?

इन प्रश्नों के जवाब दो वित्तीय अवधारणाओं के ज़रिये इस अध्याय में बताए गए हैं : *नियंत्रण और लीवरेज।*

जैसा इस पुस्तक में बार-बार बताया गया है, 1971 और 1974 के बाद धन के नियम बदल गए हैं। अब नए नियम और नया पूँजीवाद आ चुका है। 1974 में करोड़ों कर्मचारियों की आजीवन पेंशन ख़त्म हो गई, जिसे *डिफ़ाइन्ड बेनिफिट पेंशन* कहा जाता है। अब उन्हें डिफाइन्ड *कंट्रिब्यूशन पेंशन योजनाओं* में अपने रिटायरमेंट के लिए ख़ुद बचत और निवेश करना पड़ता है। समस्या यह है कि ज़्यादातर लोगों को रिटायरमेंट की ख़ातिर निवेश करने के लिए बहुत कम वित्तीय प्रशिक्षण या शिक्षा मिली है। एक और समस्या है। पूँजीवाद के नए नियमों के अनुसार यह आवश्यक है कि कर्मचारी उन संपत्तियों में निवेश करें, जिन पर उनका *कोई नियंत्रण या लीवरेज* नहीं है। बाज़ार लुढ़कते समय जब वित्तीय तूफ़ान दौलत और वित्तीय सुरक्षा को तबाह करता है, तो ज़्यादातर लोग असहाय तरीक़े से देखने के सिवाय कुछ नहीं कर सकते।

नया पूँजीवाद करोड़ों कर्मचारियों के पैसों का निवेश ऐसी जगह करता है, जिन पर उनका बहुत कम *नियंत्रण या लीवरेज* होता है। चूँकि मेरा अपने निवेशों पर नियंत्रण होता है, मिसाल के तौर पर 300 यूनिट वाला अपार्टमेंट हाउस, इसलिए बाज़ार लुढ़कने पर मैं इतना ज़्यादा प्रभावित नहीं होता। नियंत्रण होने की वजह से मुझमें बहुत ज़्यादा *लीवरेज* करने का आत्मविश्वास रहता है। नियंत्रण और लीवरेज के कारण मैं कम समय में और बहुत कम जोखिम में ज़्यादा दौलत हासिल कर सकता हूँ और अपने निवेशों पर बाज़ारों के उतार-चढ़ाव के प्रभाव को न्यूनतम कर सकता हूँ।

बाज़ार लंबे समय से गिर रहा है

जैसा मैंने पहले लिखा था, *यूएसए टुडे* के एक सर्वे का निष्कर्ष था कि अमेरिका में सबसे बड़ा डर आतंकवाद नहीं, बल्कि रिटायरमेंट के दौरान पैसा ख़त्म होने का डर है। मुझे लगता है कि 9 और 10 अगस्त 2007 के बाद यह डर और बढ़ गया होगा।

जो लोग इसे लेकर चिंतित हैं, उनके पास चिंता करने का अच्छा कारण है। जब आप नीचे दिए गए दो चार्ट देखते हैं, तो आप देख सकते हैं कि 1971 और 1974 में नियम बदलने का शेयर बाज़ार के मूल्य पर क्या प्रभाव पड़ा। जैसा आप देख सकते हैं, बाज़ार दरअसल लंबे समय से लुढ़क रहा है।

मकानों की तरह ही डाउ का भाव भी बढ़ रहा है, लेकिन सच तो यह है कि मुद्रा की क्रय शक्ति कम हो रही है। मुद्रा की क्रय शक्ति के इस क्षय की वजह से ज़्यादातर कर्मचारियों का वित्तीय भविष्य कम सुरक्षित बन जाता है। ये चार्ट बताते हैं कि भविष्य में उन्हें ज़्यादा पैसे की ज़रूरत होगी और यह ज़्यादा महँगा हो जाएगा।

लीवरेज के बिना ज़्यादातर कर्मचारी अपने भविष्य के लिए पर्याप्त पैसे नहीं जुटा सकते, क्योंकि वे जितना ज़्यादा पैसा बचाते हैं, इसका मूल्य उतना ही कम होता जाता है। हिटलर के सत्ता में आने से ठीक पहले जर्मन अर्थव्यवस्था संबंधी एक मज़ेदार प्रसंग इस अवधारणा का अच्छा उदाहरण है। कहानी यह है कि एक महिला ठेला भर पैसे लेकर एक ब्रेड ख़रीदने के लिए बेकरी जाती है। ब्रेड के भाव पर सौदेबाज़ी करने के बाद जब वह बेकरी से बाहर पैसे लेने आती है, तो उसे पता चलता है कि कोई उसका ठेला चुराकर ले गया है और पैसे छोड़ गया है। यही बचत करने वाले अमेरिकियों के साथ हो रहा है।

रिटायर्ड व्यक्ति को मुद्रास्फीति वाली अर्थव्यवस्था में रिटायरमेंट का ख़र्च उठाने के लिए कितनी बचत की ज़रूरत होगी? अगर रिटायरमेंट के बाद आपको जान बचाने वाला ऑपरेशन कराना हो, जिसका भुगतान सरकारी मेडिकल योजनाएँ करने को तैयार न हों, तो क्या होगा? अगर आपके पास रिटायर होने लायक़ पैसे न हों, तो आप क्या करेंगे?

इसीलिए वित्तीय आईक्यू #3 : अपने धन की लीवरेजिंग करना इतना महत्त्वपूर्ण है। लीवरेज दूसरों के पैसे का इस्तेमाल करके उनसे आपकी ख़ातिर ज़्यादा कड़ी मेहनत कराता है और अगर आपमें उच्च वित्तीय आईक्यू #3 है, तो आप कम टैक्स दे सकते हैं।

लीवरेज क्या है?

बहुत सरल शब्दावली में लीवरेज की परिभाषा *कम के साथ ज़्यादा करना है।* मिसाल के तौर पर, जो व्यक्ति बैंक में पैसा रखता है, उसके पास कोई लीवरेज नहीं है। यह तो उसी का पैसा होता है। बचत में डॉलर का लीवरेज घटक 1:1 होता है। सारा पैसा बचत करने वाले का ही होता है।

300 यूनिट के अपार्टमेंट हाउस में मेरे निवेश के मामले में स्थिति अलग होती है। 17 मिलियन डॉलर के रियल एस्टेट निवेश में मेरा बैंकर 80 प्रतिशत लगाता है, जबकि मैं सिर्फ़ 20 प्रतिशत का डाउन पेमेंट करता हूँ। बैंकर के पैसे का इस्तेमाल करने की वजह से मेरा लीवरेज 1:4 का होता है। मैं सौदे में जितने डॉलर लगाता हूँ, बैंक मुझे उससे चार गुना डॉलर उधार देता है।

तो फिर टीवी पर वित्तीय नियोजक ने यह क्यों कहा कि रियल एस्टेट ख़तरनाक निवेश है? एक बार फिर, जवाब है *नियंत्रण*। अगर किसी निवेशक में निवेश को नियंत्रित करने की वित्तीय बुद्धि नहीं है, तो लीवरेज का इस्तेमाल बहुत ख़तरनाक होता है। चूँकि ज़्यादातर वित्तीय नियोजक लोगों से ऐसे निवेश कराते हैं, जहाँ उनके पास कोई नियंत्रण नहीं होता, इसलिए उन्हें लीवरेज का इस्तेमाल नहीं करना चाहिए। जिस चीज को आप नियंत्रित नहीं

कर सकते, उसमें निवेश के लिए लीवरेज का इस्तेमाल करना बगैर स्टियरिंग व्हील की कार ख़रीदने और फिर एक्सीलरेटर दबाने जैसा होगा।

रियल एस्टेट में गिरावट से जिन लोगों को चोट पहुँची है, उनमें से ज़्यादातर ऐसे लोग हैं, जो रियल एस्टेट बाज़ार और उनके मकान के मूल्य के लगातार बढ़ने पर भरोसा कर रहे थे। कई लोगों ने अपने मकान के बढ़े भाव पर पैसे उधार लिए थे, लेकिन अब उनके घर का मूल्य उतना भी नहीं बचा, जितना उन पर क़र्ज़ है। उनका निवेश पर कोई नियंत्रण नहीं है और वे बाज़ार के रहम पर हैं।

जो मकान मालिक अपने मॉर्गेज का भुगतान कर सकते हैं, वे भी अपने मकान का भाव घटने पर बुरा महसूस करते हैं। वे अपने घर की इक्विटी को ग़ायब होते देखते हैं। मकान के भाव गिरने पर कई घर मालिकों को लगता है कि उन्होंने पैसा गँवा दिया है। इसे कई बार *दौलत का प्रभाव* कहा जाता है। मुद्रास्फीति की वजह से दरअसल संपत्ति के मूल्य में वृद्धि नहीं होती, बल्कि डॉलर की क्रय शक्ति में कमी होती है, लेकिन इसके बावजूद कई लोग अपने मकान के बढ़ते भाव देखकर ज़्यादा दौलतमंद महसूस करते हैं। जब वे ज़्यादा दौलतमंद महसूस करते हैं, तो वे ज़्यादा पैसे (लीवरेज) उधार लेते हैं और विलासिताओं जैसे दायित्वों पर ज़्यादा पैसे ख़र्च करते हैं। यह नए पूँजीवाद का सीधा परिणाम है, जो डॉलर के क्षय और क़र्ज़ में वृद्धि पर आधारित आर्थिक प्रसार है।

मेरा मूल्य मेरी नेट वर्थ पर आधारित नहीं है

दौलत के प्रभाव की जड़ नेट वर्थ के भ्रम में है। नेट वर्थ का मतलब है आपकी संपत्तियाँ माइनस आपका क़र्ज़। मकान का भाव बढ़ने पर ज़्यादातर लोगों को ऐसा महसूस होता है, जैसे उनकी नेट वर्थ बढ़ गई है। जिन लोगों ने मेरी दूसरी पुस्तकें पढ़ी हैं, उन्हें पता होगा कि मैं नेट वर्थ को तीन कारणों से *बेमानी* मानता हूँ :

1. नेट वर्थ अक्सर *तथ्यों* पर नहीं, *रायों* पर आधारित अनुमान है। मकान का भाव सिर्फ़ एक अनुमान है। आपको मकान के सच्चे भाव का पता तब तक नहीं चल सकता, जब तक कि आप इसे बेच न दें, यानी कई लोग अपने मकान का अनुमानित भाव ज़्यादा लगा लेते हैं। जब वे अपना घर बेचते हैं, तभी उन्हें सच्चाई का पता चल पाता है : असली भाव और असली मूल्य। दुर्भाग्य से, कई लोग अपने मकान के अनुमानित मूल्य पर पहले ही उधार ले लेते हैं, जिस कारण यह हो सकता है कि उनका मकान जितने में बिके, उन पर उससे ज़्यादा क़र्ज़ हो।

2. नेट वर्थ अक्सर उन संपत्तियों पर आधारित होती है, जिनका मूल्य घटता है। क़र्ज़ के लिए आवेदन करते समय मुझे संपत्ति वाले कॉलम में अपनी ज़्यादातर संपत्तियों को लिखने दिया जाता है। बिज़नेस सूट, शर्ट, टाई और जूतों को भी संपत्तियाँ मान लिया जाता है और कारों को भी। आप और मैं जानते हैं कि इस्तेमाल की हुई शर्ट का मूल्य बहुत कम होता है। इस्तेमाल की हुई कार का मूल्य नई कार के मुक़ाबले काफ़ी कम होता है।

3. नेट वर्थ अक्सर इसलिए बढ़ती है, क्योंकि डॉलर नीचे गिरता है। मकान का मूल्य डॉलर का मूल्य घटने की वजह से भी बढ़ता है। दूसरे शब्दों में, मकान का मूल्य नहीं बढ़ रहा है। उस मकान को ख़रीदने के लिए तो बस ज़्यादा डॉलर की ज़रूरत पड़ती है, क्योंकि सरकार और केंद्रीय बैंक ज़्यादा मुद्रा का इंजेक्शन लगा रहे हैं, ताकि अर्थव्यवस्था को जिंदा रख सकें और समृद्धि के अच्छे-महसूस-होने-वाले भ्रम को क़ायम रख सकें।

नेता का सबसे बड़ा डर

मैंने 'समृद्धि के अच्छे महसूस होने वाले भ्रम' का ज़िक्र इसलिए किया, क्योंकि नेताओं और अफ़सरों का सबसे बड़ा डर यह होता है कि कहीं लोग बुरा *महसूस* न करने लगें। इतिहास में जब भी लोगों ने बुरा महसूस किया है, राजाओं, रानियों और शासकों का तख़्ता पलटा गया और उन्हें मौत के घाट उतारा गया। आप याद कर सकते हैं कि फ्रांसीसियों ने अपनी रानी मैरी आंत्वानेत का सिर क़लम कर दिया था और रूसी लोगों ने आख़िरी ज़ार, उसकी पत्नी और उसके बच्चों को मौत के घाट उतार दिया था।

पुराना पूँजीवाद कठोर आर्थिक बुनियाद पर आधारित था। नया *पूँजीवाद अच्छा महसूस करने* के अर्थशास्त्र पर आधारित है। जब तक किसी व्यक्ति की नेट वर्थ बढ़ती जाती है, तब तक उत्पादन नहीं, बल्कि क़र्ज़ पर आधारित समृद्धि का भ्रम क़ायम रहता है। जब आपके पास चीज़ें हों, तब स्वतंत्रता की ज़रूरत किसे है? जब तक वैश्विक अर्थव्यवस्था अमेरिकी सरकार और अमेरिकी उपभोक्ता को उधार लेकर ख़र्च करने की अनुमति देती है, परीकथा वाली यह अर्थव्यवस्था चलती रहेगी। अगर सपना बुरे सपने में बदल जाता है और अच्छा महसूस करने वाला बुलबुला फूट जाता है, तो एक बार फिर आफ़त आ जाएगी। शारीरिक दृष्टि से लोग भले ही तबाह न हों, लेकिन राजनीतिक, पेशेवर और वित्तीय दृष्टि से हो जाएँगे।

मूल्य मुद्रास्फीति पर आधारित नहीं है

मेरे 17 मिलियन डॉलर के अपार्टमेंट हाउस का मूल्य मुद्रास्फीति या इमारत के भाव पर आधारित नहीं है, हालाँकि भाव महत्त्वपूर्ण होता है, लेकिन मैं किसी जादुई, अदृश्य बाज़ार की परिस्थिति की वजह से इमारत के भाव बढ़ने पर दाँव नहीं लगा रहा हूँ। मैं इस बात पर भरोसा नहीं कर रहा हूँ कि इससे मेरी नेट वर्थ बढ़ेगी, जिससे मैं अच्छा महसूस करूँगा। मैं बाज़ार के लुढ़कने की वजह से बुरा महसूस नहीं कर रहा हूँ। इसीलिए बाज़ार के उतार-चढ़ाव की मुझे ज़्यादा परवाह नहीं होती।

मेरे अपार्टमेंट हाउस का सच्चा मूल्य तो उस किराये पर आधारित है, जो मेरे किरायेदार चुकाते हैं। दूसरे शब्दों में, *जायदाद का सच्चा मूल्य वह मूल्य है, जो मेरे किरायेदार उसका मानते हैं।* अगर किरायेदार सोचता है कि उस अपार्टमेंट के लिए 500 डॉलर प्रति माह देना सही है, तो यही जायदाद का मूल्य है। अगर मैं अपने किरायेदारों के लिए अपनी

जायदाद के अनुभूत मूल्य को बढ़ा दूँ, तो मैं अपनी जायदाद का मूल्य बढ़ा देता हूँ, जिसमें रियल एस्टेट बाज़ार का कोई योगदान नहीं होता। अगर मैं अनुभूत मूल्य को बढ़ाए बिना किराया बढ़ा दूँ, तो किरायेदार सड़क पर किसी दूसरे मकान में रहने चला जाएगा।

रेंटल रियल एस्टेट का मूल्य, इस मामले में मेरे अपार्टमेंट हाउसेस का मूल्य, नौकरियों, वेतन, जनसांख्यिकी, स्थानीय उद्योग और किफ़ायती मकानों की माँग व पूर्ति पर निर्भर होता है। जब भी मकानों के भाव गिरते हैं, तो प्रायः किराये की यूनिट्स की माँग बढ़ जाती है, जिसका मतलब है कि माँग और किराये दोनों ही बढ़ जाते हैं। अगर किराया बढ़ता है, तो मेरी किराये वाली रियल एस्टेट का मूल्य भी बढ़ जाता है, हालाँकि *रहवासी रियल एस्टेट* का मूल्य घट रहा हो।

300 यूनिट के अपार्टमेंट हाउस के मामले में मुझे तीन कारणों से बाज़ार के लुढ़कने की परवाह नहीं है। एक कारण तो यह है कि टुल्सा, ओक्लाहामा तेल का बूमटाउन है। यहाँ ऊँचे वेतन वाली काफ़ी नौकरियाँ हैं। तेल उद्योग में कर्मचारियों की ज़रूरत होती है और दूसरी जगह से आने वाले कर्मचारियों को किराये के मकानों की ज़रूरत होती है। दूसरा कारण यह है कि अपार्टमेंट हाउस के पास वाला स्थानीय कॉलेज अपने विद्यार्थियों की संख्या दोगुनी कर रहा है, लेकिन होस्टल की इकाइयों की संख्या नहीं बढ़ा रहा है, जिसका मतलब है कि किराये के अपार्टमेंटों की माँग बढ़ेगी। जैसा आपमें से कई लोग जानते हैं, एक और बेबी बूम है, जिसे ईको बूमर्स कहा जाता है, जो इस समय कॉलेज में दाख़िल होने वाली पीढ़ी है, जिसकी संख्या 7.3 करोड़ है। उनमें से ज़्यादातर किराये के मकान में रहेंगे। तीसरा कारण यह है कि वर्तमान में लोन पर ब्याज दर बहुत कम है। कम ब्याज दरों, कम ख़र्च और बढ़ती आमदनी की वजह से जायदाद का मूल्य बढ़ेगा; यह बाज़ार के उतार-चढ़ाव से नहीं बढ़ेगा।

इसका मतलब है कि 300 यूनिट का अपार्टमेंट हाउस मुझे *नियंत्रण* और *लीवरेज* दोनों प्रदान करता है। इस अपार्टमेंट हाउस पर निवेशक के रूप में मेरा काम अपने लीवरेज को 1:4 से संभवतः 1:10 तक बढ़ाना है - यानी मैं बाज़ार की वजह से नहीं, बल्कि अपने संचालन से जायदाद के मूल्य को दोगुना करना चाहता हूँ। और जब नियंत्रण मेरे हाथ में है, तो मैं यह कर सकता हूँ।

लीवरेज ख़तरनाक नहीं होता

कई वित्तीय सलाहकार कहते हैं कि ज़्यादा मुनाफ़े का मतलब ज़्यादा जोखिम होता है। दूसरे शब्दों में, वे कहते हैं कि लीवरेज ख़तरनाक होता है। यह सरासर झूठ है। लीवरेज ख़तरनाक तभी होता है, जब लोग ऐसी संपत्तियों में निवेश करें, जिन पर उनका कोई नियंत्रण नहीं होता। अगर किसी व्यक्ति के पास नियंत्रण है, तो बहुत कम जोखिम के साथ लीवरेज किया जा सकता है। ज़्यादातर वित्तीय सलाहकार ज़्यादा मुनाफ़े को ज़्यादा जोखिम से इसलिए जोड़ते हैं, क्योंकि वे सिर्फ़ वही निवेश बेचते हैं, जिनमें बहुत कम नियंत्रण होता है।

जैसा ऊपर बताया जा चुका है, टुल्सा में मेरा 17 मिलियन डॉलर का अपार्टमेंट हाउस लीवरेजिंग के लिहाज़ से अच्छा निवेश है, क्योंकि मेरा कार्यसंचालन पर नियंत्रण है और

कार्यसंचालन (यानी किराये से मिलने वाली आमदनी) ही निवेश के मूल्य को तय करता है। मकान अच्छा निवेश नहीं है और इसमें लीवरेजिंग करना ख़तरनाक है, क्योंकि आप इसके भाव को नियंत्रित नहीं कर सकते। किसी मकान का मूल्य बाज़ार और मुद्रा की क्रय शक्ति पर निर्भर होता है, जो आपके नियंत्रण के बाहर की चीज़ें हैं।

नियंत्रण क्या है?

बचत, शेयरों, बॉन्डों, म्यूचुअल फ़ंड्स और इंडेक्स फ़ंड्स जैसे पेपर एसेट्स का मुख्य दोष नियंत्रण का *अभाव* है। चूँकि आपके पास कोई नियंत्रण नहीं होता, इसलिए लीवरेजिंग करना मुश्किल और ख़तरनाक होता है। चूँकि ये पेपर एसेट्स बहुत कम नियंत्रण प्रदान करते हैं, इसलिए इनमें निवेश करने के लिए बैंक उधार नहीं देते हैं। अब देखते हैं कि यह नियंत्रण क्या है?

फ़ाइनैंशियल स्टेटमेंट का रेखाचित्र चार मुख्य नियंत्रणों को बताता है, जो पेशेवर निवेशक और बैंकर को चाहिए होते हैं।

इनकम स्टेटमेंट

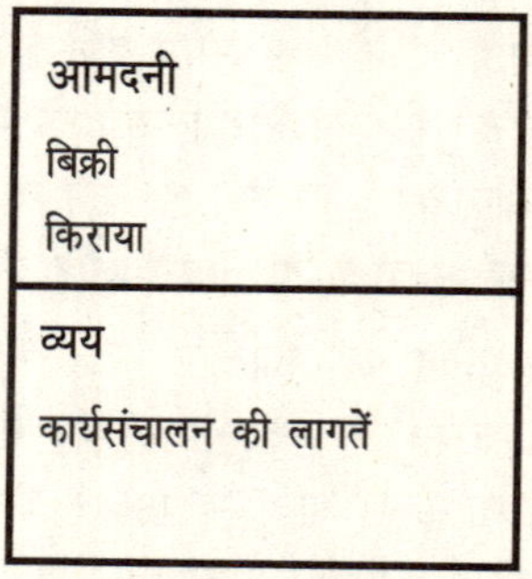

आमदनी बिक्री किराया
व्यय कार्यसंचालन की लागतें

बैलेंस शीट

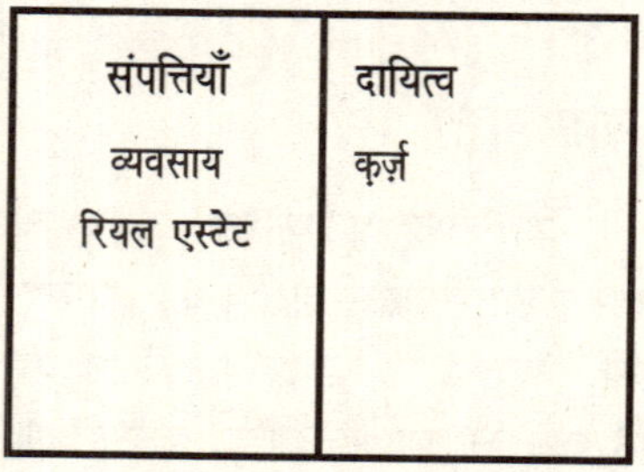

संपत्तियाँ	**दायित्व**
व्यवसाय	क़र्ज़
रियल एस्टेट	

उद्यमी के रूप में मेरा अपने व्यवसाय के फ़ाइनैंशियल स्टेटमेंट के चारों कॉलमों पर नियंत्रण होता है। रियल एस्टेट निवेशक के रूप में भी मेरा अपने निवेश के फ़ाइनैंशियल स्टेटमेंट के चारों कॉलमों पर नियंत्रण होता है।

वित्तीय बुद्धि नियंत्रण की कुंजी है

वित्तीय बुद्धि नियंत्रण की कुंजी है। वित्तीय बुद्धि से नियंत्रण बढ़ता है और वित्तीय आईक्यू वित्तीय बुद्धि के वित्तीय मुनाफ़े को मापता है। उदाहरण के लिए 300 यूनिट के टुल्सा के अपार्टमेंट हाउस पर नज़र डालते हैं :

1. ***आमदनी वाला कॉलम।*** जायदाद ख़रीदने के बाद पहला क़दम किराया बढ़ाना है। अपार्टमेंट हाउस पहले से ही मुनाफ़ा दे रहे हैं, क्योंकि मौजूदा किराये से कैशफ़्लो आ रहा है। दूसरे शब्दों में, पहले ही दिन से मैं पैसे बना रहा हूँ, फिर भी मेरा उद्देश्य या व्यावसायिक योजना अगले तीन सालों तक 100 डॉलर प्रति इकाई प्रति माह किराया बढ़ाना है, जिसके लिए मैं यह कर सकता हूँ :

    - अगर मौजूदा किराया बाज़ार से कम है, तो उसे बढ़ाना।
    - सभी यूनिटों में वॉशर और ड्रायर लगाकर अतिरिक्त किराया लेना।
    - लैंडस्केपिंग और पुताई जैसे सुधार करना।

    इन सभी में मेरे नहीं, बैंक के पैसे लगते हैं। हमने बैंक को जो बिज़नेस प्लान दिया था, उसमें ये सभी चीज़ें शामिल थीं, इसलिए वे लोन की राशि में सम्मिलित थीं। तीन साल तक 100 डॉलर को 300 इकाइयों से गुना करने पर पूरे प्रोजेक्ट की मासिक आय हर महीने 30,000 डॉलर बढ़ जाती है यानी एक साल में 3,60,000 डॉलर। आमदनी की यह वृद्धि नियंत्रण और लीवरेज का उदाहरण है।

    अगर योजना कारगर रहती है, तो तीन साल बाद मेरा वित्तीय आईक्यू #4 (लीवरेज) असीमित होगा, क्योंकि बगैर किसी पूँजी निवेश के आमदनी में वृद्धि होगी। इसके लिए तो सिर्फ़ इस बात की अच्छी जानकारी होनी चाहिए कि संपत्ति का प्रबंधन (नियंत्रण) करके ज़्यादा मुनाफ़ा कैसे कमाया जाए। वित्तीय आईक्यू में वृद्धि इसलिए असीमित है, क्योंकि आमदनी निवेशक के नियंत्रण और बैंक के पैसे का इस्तेमाल करने से बढ़ेगी।

2. ***व्यय कॉलम।*** ख़र्च कम करने पर भी कई तरीक़ों से नियंत्रण किया जा सकता है। जैसे प्रशासकीय लागतें कम करके श्रम की लागत को कम किया जा सकता है। चूँकि हमारे पास कई जायदाद हैं, इसलिए कई लागतें मुख्य कंपनी के हवाले की जा सकती हैं, जिन्हें प्रायः 'बैक-ऑफ़िस व्यय' कहा जाता है। इनमें अकाउंटेंट, बुककीपर्स, वकीलों और प्रशासकीय स्टाफ़ की लागत शामिल होती है। जो अन्य व्यय कम किए जा सकते हैं, वे हैं बड़े पैमाने पर सस्ता बीमा, जायदाद पर टैक्स, पानी का उपभोग, रख-रखाव, बेहतर लागत प्रबंधन और लैंडस्केपिंग। इसके अलावा अपार्टमेंट हाउस में किरायेदारों के आने-जाने के बीच की अवधि को कम रखा जा सकता है, ताकि अपार्टमेंट को दोबारा किराये पर उठाने में होने वाली देर की वजह से आमदनी कम न हो। मिसाल

के तौर पर, जैसे ही किरायेदार हमें बताता है कि वह अपार्टमेंट छोड़ने वाला है, उसी दिन अपार्टपेंट की उपलब्धता का विज्ञापन दे दिया जाता है। जैसे ही अपार्टमेंट ख़ाली होता है, उसी दिन सफ़ाईकर्मी आ जाते हैं और संभावित नए किरायेदार उसी रात को अपार्टमेंट देखने आ सकते हैं। कई मामलों में तो मौजूदा किरायेदार के ख़ाली करने से पहले ही अपार्टमेंट दोबारा किराये पर उठ जाता है।

ज़ाहिर है, कई अक्षम निवेशक ख़र्च कम करने के बजाय उन्हें बढ़ा लेते हैं, जिससे जायदाद उनके लिए बुरा निवेश बन जाती है। अक्सर वे पैसे बचाने की कोशिश में किरायेदारों की गुणवत्ता और जायदाद के आकर्षण को बढ़ाने में असफल रहते हैं। फलस्वरूप ज़्यादातर मामलों में जायदाद का मूल्य कम हो जाता है। हम ख़राब तरीक़े से चलाई जा रही जायदादों को ख़रीदना चाहते हैं, क्योंकि अच्छा प्रबंधन करके हम उन्हें अच्छा निवेश बना सकते हैं। दूसरे शब्दों में, हम बुरे निवेशकों से अच्छे पैसे कमाते हैं।

जायदाद प्रबंधन एक मुख्य नियंत्रण है

जैसा आप जानते हैं, जायदाद प्रबंधन रियल एस्टेट में मुनाफ़े की अहम कुंजी है। जायदाद प्रबंधन एक मुख्य नियंत्रण है। ज़्यादातर निवेशकों की तरह ही मुझे भी जायदाद का प्रबंधन करने से चिढ़ है। इसीलिए मैंने केन मैक्एलरॉय को साझेदार बनाया है, जिन्होंने *एबीसीज़ ऑफ़ रियल एस्टेट इनवेस्टिंग* लिखी है। उनकी कंपनी जायदाद प्रबंधन के क्षेत्र में सर्वश्रेष्ठ है।

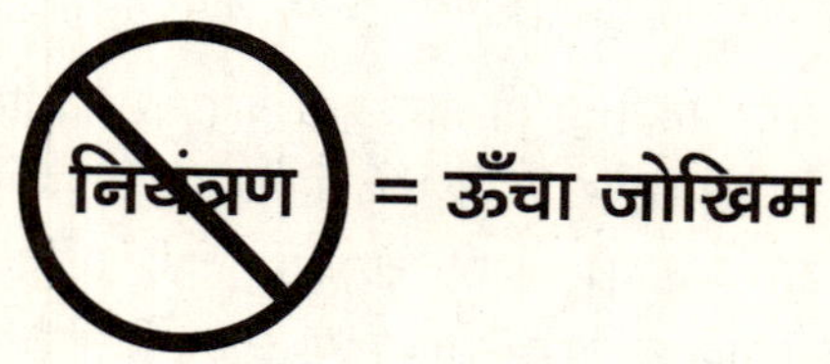

अगर आप जायदाद प्रबंधन पर ज़्यादा जानकारी चाहते हैं या इस बारे में ज़्यादा जानना चाहते हैं कि जायदाद प्रबंधन के ज़रिये रियल एस्टेट का मूल्य कैसे बढ़ाया जाए, तो द रिच डैड कंपनी मेरे मित्र और निवेश साझेदार केन की कई पुस्तकें और ऑडियो प्रॉडक्ट्स प्रदान करती है, जिनकी कंपनी दक्षिण-पश्चिम अमेरिका में अग्रणी जायदाद प्रबंधन कंपनी है।

मैं ज़्यादातर शेयरों और म्यूचुअल फ़ंड से इसलिए भी दूर रहता हूँ, क्योंकि इनमें मेरा व्ययों पर कोई नियंत्रण नहीं होता - ख़ास तौर पर प्रबंधन के वेतन, बोनस और फ़ीस पर। मुझे लोभी सीईओ के वेतन में भारी वृद्धि की ख़बरें पढ़कर उलझन होती है, हालाँकि कंपनी के शेयर का भाव घट रहा होता है। मिसाल के तौर पर होम डिपो के सीईओ रॉबर्ट नार्डेली को 38 मिलियन डॉलर का सालाना वेतन मिल रहा था और हर साल 3 मिलियन डॉलर का गारंटीड बोनस भी। दुर्भाग्य से परिस्थितियाँ अच्छी नहीं रहीं और आख़िरकार नार्डेली

को इस्तीफ़ा देना पड़ा, लेकिन संचालक मंडल ने ऐसा करने के लिए उन्हें 210 मिलियन डॉलर दे दिए।

मेरे हिसाब से यह बहुत महँगा चूना है। इसीलिए मैं पेपर एसेट्स को पसंद नहीं करता। ज़्यादातर पेपर एसेट्स के संचालक एमबीए होते हैं। ये लोग निवेशकों की वित्तीय सुरक्षा के बजाय अपने व्यक्तिगत लाभ के बारे में ज़्यादा सोचते हैं। होम डिपो के सीईओ को मिलने वाला ऊँचा भुगतान अपवाद नहीं है। यह तो सामान्य परिपाटी है।

3. ***दायित्व कॉलम।*** मेरे 300 यूनिट के अपार्टमेंट हाउस की विद्यमान मॉर्गेज ब्याज दर सिर्फ़ 4.95 प्रतिशत थी। कम ब्याज दर से पूरी जायदाद का मूल्य बढ़ जाता है। 6.5 प्रतिशत पर दूसरी मॉर्गेज लेकर हमने 5.5 प्रतिशत की मिश्रित ब्याज दर बना ली (दोनों लोन की राशि के अंतर को ध्यान में रखते हुए)। यह कम ब्याज दर महत्त्वपूर्ण नियंत्रण और लीवरेज है। मिलियनों डॉलर के मामले में एक प्रतिशत का फ़र्क़ भी शुद्ध आय पर काफ़ी प्रभाव डालता है।

   मिसाल के तौर पर, एक करोड़ डॉलर की मॉर्गेज पर 1 प्रतिशत बचत का मतलब है साल भर में 1,00,000 डॉलर की अतिरिक्त आमदनी। जैसा आगे दिया रेखाचित्र दर्शाता है, क़र्ज़ घटाना और ब्याज दर कम करना भी लीवरेज के उदाहरण हैं।

इनकम स्टेटमेंट

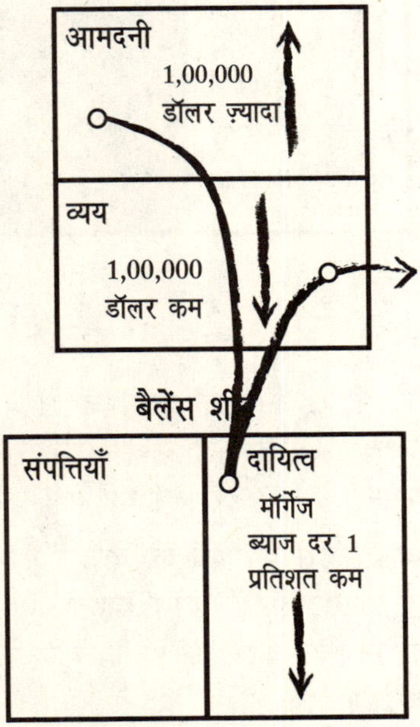

आमदनी
1,00,000
डॉलर ज़्यादा

व्यय
1,00,000
डॉलर कम

बैलेंस शीट

संपत्तियाँ

दायित्व
मॉर्गेज
ब्याज दर 1
प्रतिशत कम

4. ***संपत्ति कॉलम।*** किराया बढ़ाने, ख़र्च कम करने, क़र्ज़ कम करने या क़र्ज़ पर ब्याज कम करने से संपत्ति के रूप में जायदाद का मूल्य बढ़ जाता है।

जैसा आप आगे दिए गए फ़ाइनैंशियल स्टेटमेंट में देख सकते हैं, नियंत्रण रखना और संख्याओं को मनचाही दिशा में ले जाना लीवरेज का एक रूप है। यह वित्तीय बुद्धि का परिणाम है।

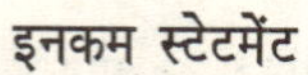

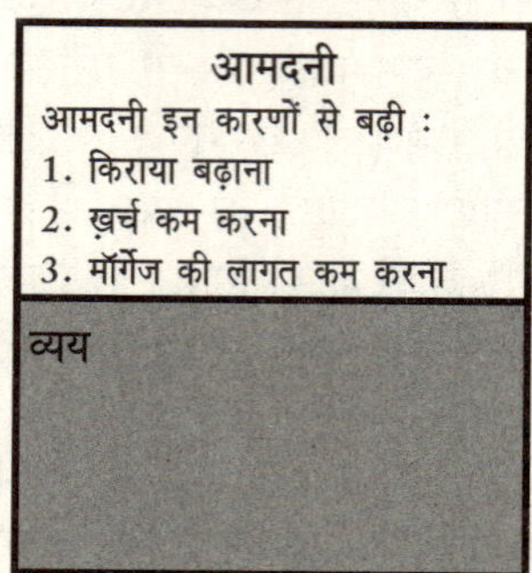

बैलेंस शीट

संपत्तियाँ	दायित्व
संपत्ति का मूल्य इन कारणों से बढ़ा : 1. किराया बढ़ाना 2. ख़र्च कम करना 3. मॉर्गेज की लागत कम करना	

ऊपर-नीचे झूलना

आज बाज़ार के उतार-चढ़ावों में कई निवेशक पुराने जमाने के कार्निवल जाने वालों जैसे दिखते हैं, जो पानी से भरे टब में तैरते सेवों के लिए ऊपर-नीचे होते थे। यह मज़ेदार दिखता था, लेकिन मैं पैसे कमाने के लिए हर दिन यह नहीं करना चाहूँगा।

अपने शेयर या म्यूचुअल फ़ंड्स के भाव को बाज़ार में ऊपर-नीचे झूलते देखने के बजाय मैं अपने फ़ाइनैंशियल स्टेटमेंट पर नियंत्रण चाहता हूँ। आमदनी, ख़र्च, क़र्ज़ और अंततः मेरे निवेश के मूल्य को नियंत्रित करने की वित्तीय बुद्धि की वजह से मैं अपने वित्तीय भाग्य को नियंत्रित कर सकता हूँ।

बचत, शेयर, बॉन्ड, म्यूचुअल फ़ंड्स या इंडेक्स फ़ंड्स के मामले में निवेशक के पास फ़ाइनैंशियल स्टेटमेंट के चार कॉलमों से किसी में भी नियंत्रण या लीवरेज की कोई शक्ति नहीं होती।

आगे बढ़ने से पहले ठहरें

मुझे लगता है कि लीवरेज और नियंत्रण के ज़्यादा ऊँचे तरीक़े बताने से पहले अब तक बताए गए बिंदुओं को दोहराकर समीक्षा करना अच्छा रहेगा, ताकि ज़्यादा जटिलता में जाने से पहले सरल चीज़ें स्पष्ट हो जाएँ। ये सात बिंदु हैं :

बिंदु #1 : लीवरेज कई प्रकार के होते हैं। जिस वित्तीय लीवरेज से ज़्यादातर लोग परिचित हैं, वह है क़र्ज़ का लीवरेज यानी ओपीएम, दूसरे लोगों का पैसा। वित्तीय लीवरेज दूसरे प्रकार के भी होते हैं, जैसे वित्तीय नियंत्रणों में लगाई गई वित्तीय बुद्धि का लीवरेज। वास्तव में पाँचों वित्तीय बुद्धियाँ लीवरेज कर सकती हैं, जो हैं आमदनी बढ़ाना, शिकारियों से अपने पैसे को सुरक्षित रखना, बजटिंग, लीवरेज और जानकारी। लीवरेज हर वह चीज़ है, जो आपके काम को ज़्यादा आसान बनाती है। क्रेन से किसी भारी वस्तु को उठाना ज़्यादा आसान होता है और ज़्यादा ऊँचे वित्तीय आईक्यू वाले व्यक्ति के लिए जटिल निवेश निर्णय लेना ज़्यादा आसान होता है।

बिंदु #2 : ज़्यादातर निवेशक पेपर एसेट्स में निवेश करते हैं, जिन पर उनका बहुत कम नियंत्रण होता है। बचत, शेयर, बॉन्ड और म्यूचुअल व इंडेक्स फ़ंड्स पेपर एसेट्स के उदाहरण हैं। चूँकि इन संपत्तियों पर ज़्यादा नियंत्रण नहीं हो सकता, इसलिए इन निवेशकों के पास बहुत कम लीवरेज होता है। इससे उन्हें निवेश पर कम मुनाफ़ा होता है और यह कम वित्तीय आईक्यू का संकेत होता है। कम वित्तीय आईक्यू का उदाहरण है बचत पर 5 प्रतिशत मुनाफ़ा, उस पर टैक्स देना और फिर मुद्रास्फीति की वजह से इसका लगभग पूरा मूल्य मिट जाना।

बिंदु #3 : ज़्यादा मुनाफ़े का मतलब ज़्यादा जोखिम नहीं होता। जब वित्तीय सलाहकार कहते हैं कि मुनाफ़े में वृद्धि का मतलब जोखिम में वृद्धि होता है, तो वे सही हैं, क्योंकि वे पेपर एसेट्स की बात कर रहे हैं, लेकिन सारी संपत्तियों के मामले में ऐसा नहीं होता।

व्यवसाय या रियल एस्टेट जैसी संपत्तियों में ज़्यादा वित्तीय बुद्धि की आवश्यकता होती है, उनमें ज़्यादा वित्तीय नियंत्रण होता है और वे बहुत कम जोखिम में बहुत ज़्यादा लीवरेज की अनुमति देती हैं। इसीलिए मैं यह सलाह देता हूँ कि लोग छोटी शुरुआत करें और *अपनी वित्तीय बुद्धि को बढ़ाते समय छोटे पैमाने पर ही काम करें।* वित्तीय बुद्धि बढ़ने के साथ-साथ निवेश पर उनका मुनाफ़ा भी बढ़ जाएगा। अगर वित्तीय बुद्धि कम है, तो लीवरेज से वित्तीय आईक्यू को तगड़ा झटका लगेगा, जिसे निवेश पर मुनाफ़े से मापा जाता है।

बिंदु #4 : ज़्यादातर वित्तीय सलाहकार निवेशक नहीं होते; वे तो सेल्सपीपुल होते हैं। ज़्यादातर वित्तीय सलाहकार, यहाँ तक कि कई रियल एस्टेट ब्रोकर्स भी, सिर्फ़ पेपर एसेट्स में ही निवेश करते हैं। ज़्यादातर के पास पेशेवर और वित्तीय दृष्टि से बहुत कम लीवरेज होता है। कई मामलों में तो उनका पेशेवर और वित्तीय लीवरेज

अनुपात 1:1 होता है। 1:1 पेशेवर अनुपात का मतलब है कि उन्हें सिर्फ़ उनके काम के लिए ही भुगतान मिलता है - एक दिन के काम के लिए एक दिन का वेतन।

व्यवसाय मालिक के रूप में मेरे लिए हज़ारों लोग काम करते हैं। निवेशक के रूप में, जैसे टुल्सा अपार्टमेंट हाउस के उदाहरण में, मेरे 300 किरायेदार हैं, जो मेरे निवेश का भुगतान करने में मेरी मदद करते हैं, बैंक मेरे हर डॉलर पर चार डॉलर उधार देता है और टैक्स विभाग मेरी आमदनी पर टैक्स में छूट देता है। ये सब लीवरेज के विभिन्न प्रकारों के उदाहरण हैं।

बिंदु #5 : वित्तीय शिक्षा से वित्तीय बुद्धि बढ़ती है। ज़्यादातर लोग बचत, शेयर, बॉन्ड और म्यूचुअल फ़ंड्स और इंडेक्स फ़ंड्स जैसे पेपर एसेट्स में निवेश करते हैं, क्योंकि वे नियंत्रण नहीं चाहते या उन्हें नियंत्रण की ज़रूरत नहीं होती। वे बस इतना चाहते हैं कि वे अपना पैसा किसी निवेश परामर्शदाता को सौंप दें और फिर यह उम्मीद करें कि वह अच्छा काम करेगा। जब पैसा दिखेगा ही नहीं, तो उसके बारे में सोचना भी नहीं पड़ेगा। अगर लोग ज़्यादा नियंत्रण चाहते हैं, तो उन्हें सबसे पहले तो अपनी वित्तीय शिक्षा को नियंत्रित करने की ज़रूरत है, जो उनकी वित्तीय बुद्धि को बढ़ाती है। यह उनके वित्तीय नियंत्रण और लीवरेज रेशो को भी बढ़ाती है।

बिंदु #6 : लीवरेज दोनों तरह से काम कर सकता है। लीवरेज आपको अमीर बना सकता है और लीवरेज आपको ग़रीब बना सकता है। इसीलिए लीवरेज में वित्तीय बुद्धि और वित्तीय नियंत्रणों की ज़रूरत होती है।

शेयरों के मामले में ट्रेडर ऑप्शन्स के लीवरेज का इस्तेमाल कर सकते हैं। अगर कोई ट्रेडर सोचता है कि बाज़ार ऊपर जा रहा है, तो वह कॉल ऑप्शन का इस्तेमाल कर सकता है, जो एक निश्चित अवधि में निश्चित भाव पर शेयर ख़रीदने का अधिकार है। मिसाल के तौर पर, अगर आज शेयर का भाव 10 डॉलर है और ट्रेडर को लगता है कि भाव बढ़ेगा, तो ट्रेडर 1 डॉलर में कॉल ऑप्शन ख़रीद सकता है। अगर ट्रेडर का अनुमान सही निकलता है और शेयर का भाव बढ़कर 20 डॉलर हो जाता है, तो ट्रेडर 1 डॉलर लगाकर 10 डॉलर कमा लेता है। अगर ट्रेडर सोचता है कि बाज़ार नीचे जा रहा है, तो ट्रेडर पुट ऑप्शन का इस्तेमाल कर सकता है या शेयर को शॉर्ट कर सकता है।

दूसरे शब्दों में, शेयर का भाव बढ़ने या घटने पर ट्रेडर कमाई कर सकता है। समस्या बस यह है कि ट्रेडर का संपत्ति पर कोई नियंत्रण नहीं होता, उसका नियंत्रण तो सौदे की शर्तों तक ही सीमित होता है। जैसी उम्मीद की जा सकती है, म्यूचुअल फ़ंड्स बेचने और डाइवर्सिफ़िकेशन की सलाह देने वाले ज़्यादातर वित्तीय सलाहकार कहते हैं कि शेयरों की ट्रेडिंग ख़तरनाक होती है - और यह उन लोगों के लिए वाक़ई होती है, जिनमें प्रशिक्षण और अनुभव की कमी होती है।

शेयर बाज़ार हो या रियल एस्टेट, ख़रीदना-बेचना निवेशक की वित्तीय शिक्षा का अहम हिस्सा है। रियल एस्टेट निवेशक भी ऑप्शन्स का इस्तेमाल करते हैं। रियल एस्टेट में कॉल ऑप्शन को डाउन पेमेंट कहा जाता है। अगर आप फटाफट ख़रीदने-बेचने वाले हैं, तो गिरता रियल एस्टेट बाज़ार आपको मिटा सकता है।

चूँकि रियल एस्टेट में मेरे ज़्यादातर निवेश किराये के भाव और जायदाद के संचालन की लागतों के आधार पर होते हैं, इसलिए रियल एस्टेट बाज़ार के उतार-चढ़ाव से मुझे ज़्यादा फ़र्क़ नहीं पड़ता। हालाँकि मैं कभी-कभार जायदाद बेचता हूँ, ख़ास तौर पर अगर कोई इसके लिए मुझे बहुत ज़्यादा दाम दे रहा हो, लेकिन ज़्यादातर मामलों में मैं जायदाद ख़रीदकर लंबे समय तक किराया और दूसरी आमदनी वसूल करना चाहता हूँ, फिर मैं दूसरी जायदाद ख़रीदना और रोककर रखना चाहता हूँ।

जो लोग ऊपर और नीचे जाते बाज़ारों में निवेश करना सीखना चाहते हैं, वे हमारे बोर्ड गेम *कैशफ़्लो 202* से यह सीख सकते हैं, जिसमें आपको नक़ली पैसे से ट्रेड करना सिखाया जाता है। *कैशफ़्लो 202* दरअसल *कैशफ़्लो 101* का विस्तार है। आपको यह प्रबल सलाह दी जाती है कि *कैशफ़्लो 202* पर जाने से पहले *कैशफ़्लो 101* से शुरू करें।

पूरे संसार में कैशफ़्लो क्लब्स चल रहे हैं, जहाँ लोग बोर्ड गेम ख़रीदने से पहले इसे खेल सकते हैं। वित्तीय शिक्षा हर उस व्यक्ति के लिए अनिवार्य है, जो ज़्यादा लीवरेज का इस्तेमाल करना चाहता है।

बिंदु #7 : जब वित्तीय सलाहकार डाइवर्सिफ़िकेशन की सलाह देते हैं, तो वे दरअसल डाइवर्सिफ़ाई नहीं कर रहे हैं। वे जिस डाइवर्सिफ़िकेशन की सलाह देते हैं, वह डाइवर्सिफ़िकेशन नहीं होता, इसके दो कारण होते हैं। पहला कारण यह है कि वित्तीय सलाहकार संपत्ति की केवल एक ही श्रेणी में निवेश करते हैं : पेपर एसेट्स। जैसा 9 और 10 अगस्त 2007 के बाज़ार क्रैश से उजागर हुआ, डाइवर्सिफ़िकेशन से पेपर एसेट के मूल्य की रक्षा नहीं हुई। दूसरा कारण यह है कि म्यूचुअल फ़ंड अपने आप में डाइवर्सिफ़ाइड निवेश है। यह अच्छे और बुरे शेयरों का मिश्रित समूह है। जब कोई व्यक्ति कई म्यूचुअल फ़ंड ख़रीदता है, तो यह कई मल्टीविटामिन एक साथ लेने जैसा होता है। जब कोई व्यक्ति बहुत सारे मल्टीविटामिन लेता है, तो जिस एकमात्र चीज़ का मूल्य बढ़ता है, वह है उस व्यक्ति का मूत्र।

पेशेवर निवेशक डाइवर्सिफ़िकेशन नहीं करते हैं। जैसा वॉरेन बफ़ेट ने कहा है, "डाइवर्सिफ़िकेशन अज्ञानता के ख़िलाफ़ सुरक्षा है। अगर कोई व्यक्ति जानता है कि वह क्या कर रहा है, तो उसे डाइवर्सिफ़िकेशन की ज़रूरत नहीं है।"

मेरे अमीर डैडी कहते थे, "आप किसकी अज्ञानता से ख़ुद की रक्षा कर रहे हैं, अपनी अज्ञानता से, अपने सलाहकार की अज्ञानता से या आप दोनों की सम्मिलित अज्ञानता से?"

डाइवर्सिफ़ाई करने के बजाय पेशेवर निवेशक दो चीज़ें करते हैं। एक है सिर्फ़ बेहतरीन निवेशों पर ध्यान केंद्रित करना। इससे उनका पैसा बचता है और मुनाफ़ा बढ़ता है। दूसरा है हेजिंग यानी सुरक्षा करना। सुरक्षा बीमा का पर्यायवाची है। मिसाल के तौर पर, बैंक ने मेरे 300 यूनिट वाले अपार्टमेंट हाउस का हर तरह का बीमा कराया है। अगर जायदाद जल जाती है, तो बीमा मेरे मॉर्गेज को चुकाता है और इमारत को दोबारा बनाता है। सबसे अच्छी बात, बीमे की लागत किराये की आमदनी में से चुकाई जाती है।

म्यूचुअल फ़ंड्स को पसंद न करने के मेरे दो मुख्य कारण ये हैं कि उन्हें ख़रीदने के लिए बैंक पैसे उधार नहीं देते हैं और बीमा कंपनियाँ बाज़ार लुढ़कने से होने वाले नुक़सान का मुआवजा देने वाली पॉलिसी नहीं बेचती हैं – और सारे बाज़ार देर-सवेर लुढ़कते हैं।

ज़्यादा ऊँचे मुनाफ़े और कम जोखिम में ज़्यादा लीवरेज

डाइवर्सिफ़िकेशन नहीं, बल्कि चुनिंदा फ़ोकस ज़्यादा अच्छे लीवरेज, ज़्यादा ऊँचे मुनाफे और कम जोखिम की कुंजी है। फ़ोकस यानी केंद्रित रहने के लिए ज़्यादा वित्तीय बुद्धि की ज़रूरत होती है। वित्तीय बुद्धि यह जानने से शुरू होती है कि आप किसके लिए निवेश कर रहे हैं। पैसे के संसार में सिर्फ़ दो चीजें हैं, जिनकी ख़ातिर निवेशक निवेश करते हैं : कैपिटल गेन्स और कैशफ़्लो।

1. ***कैपिटल गेन्स।*** बहुत से लोग निवेश को जोखिम भरा मानते हैं, इसका एक कारण यह है कि वे कैपिटल गेन्स की ख़ातिर निवेश करते हैं। ज़्यादातर मामलों में कैपिटल गेन्स की ख़ातिर निवेश जुआ या स्पेक्युलेशन कहलाता है। जब कोई व्यक्ति कहता है, "मैं यह शेयर, म्यूचुअल फ़ंड या रियल एस्टेट ख़रीद रहा हूँ," तो वह कैपिटल गेन्स की ख़ातिर निवेश कर रहा है, यानी वह संपत्ति का भाव बढ़ने की उम्मीद में निवेश कर रहा है। मिसाल के तौर पर, अगर मैं 17 मिलियन डॉलर के अपार्टमेंट हाउस को 25 मिलियन डॉलर में बेचने के लिए ख़रीदता, तो मैं कैपिटल गेन्स की ख़ातिर निवेश कर रहा होता। जैसा आपमें से कई लोग जानते हैं, कैपिटल गेन्स की ख़ातिर निवेश करने से कुछ देशों में टैक्स ज़्यादा लगता है।
2. ***कैशफ़्लो।*** कैशफ़्लो की ख़ातिर निवेश करने में काफ़ी कम जोखिम होता है। कैशफ़्लो के लिए निवेश करने का मतलब आमदनी के लिए निवेश करना है। अगर मैं बैंक में अपनी बचत 5 प्रतिशत ब्याज के लिए रखता हूँ, तो मैं कैशफ़्लो के लिए निवेश कर रहा हूँ, हालाँकि ब्याज कम जोखिम भरा है, लेकिन बचत के साथ समस्या यह है कि मुनाफ़ा कम होता है, टैक्स ज़्यादा लग सकता है और मुद्रा का मूल्य घट

जाता है। 300 यूनिट वाले अपार्टमेंट हाउस को ख़रीदते समय मैंने कैशफ़्लो की ख़ातिर निवेश किया था। फ़र्क़ यह है कि इस निवेश में मैं अपने बैंकर के पैसे का इस्तेमाल कर रहा था और मुझे ज़्यादा मुनाफ़ा हो रहा था और मैं कम टैक्स दे रहा था। यह लीवरेज का बेहतर इस्तेमाल था।

आप किसकी ख़ातिर निवेश कर रहे हैं?

कई वित्तीय सलाहकार सलाह देते हैं कि जवानी में इंसान को ग्रोथ फ़ंड्स में निवेश करना चाहिए। इस तरह निवेश करना कैपिटल गेन्स की ख़ातिर निवेश करना है। वे ज़्यादा उम्र वाले निवेशकों से कहते हैं कि वे अपने ग्रोथ फ़ंड्स बेचकर इनकम फ़ंड या एन्यूटी ख़रीद लें। दूसरे शब्दों में, जब आप ज़्यादा उम्र के हो जाएँ, तो कैशफ़्लो की ख़ातिर निवेश करें। वे मानते हैं कि कैशफ़्लो कम जोखिम भरा और ज़्यादा निश्चित होता है।

तीन तरह के निवेशक

जब कैपिटल गेन्स या कैशफ़्लो की बात आती है, तो निवेशक आम तौर पर तीन प्रकार के होते हैं। ये हैं :

1. ***जो सिर्फ़ कैपिटल गेन्स की ख़ातिर निवेश करते हैं।*** शेयरों के संसार में इन लोगों को *ट्रेडर्स* और रियल एस्टेट बाज़ार में *फ्लिपर्स* कहा जाता है। उनके निवेश का उद्देश्य आम तौर पर सस्ते में ख़रीदना और महँगे में बेचना होता है। कैशफ़्लो क्वाड्रेंट में ट्रेडर्स और *फ्लिपर्स* आम तौर पर आई क्वाड्रैंट में नहीं, बल्कि एस क्वाड्रेंट में होते हैं। उन्हें निवेशक नहीं, बल्कि पेशेवर ट्रेडर्स माना जाता है। इसके अलावा अमेरिका में ट्रेडर्स और *फ्लिपर्स* पर एस क्वाड्रेंट का ज़्यादा ऊँचा टैक्स लगता है और उन्हें टैक्स में वैसी छूट नहीं मिलतीं, जो आई क्वाड्रेंट के निवेशकों को मिलती हैं।

2. ***जो सिर्फ़ कैशफ़्लो की ख़ातिर निवेश करते हैं।*** कई निवेशक स्थिर आमदनी के कारण बचत या बॉन्ड को पसंद करते हैं। कुछ निवेशक कर रहित मुनाफ़ा देने वाले म्युनिसिपल बॉन्ड को पसंद करते हैं। मिसाल के तौर पर, अगर कोई निवेशक 7 प्रतिशत ब्याज वाले कर रहित म्युनिसिपल बॉन्ड ख़रीदता है, तो निवेश पर उसका मुनाफ़ा (आरओआई) 9 प्रतिशत टैक्सेबल मुनाफ़े जितना होता है।

   रियल एस्टेट में कई निवेशक ट्रिपल नेट लीज़ेस (एनएनएन) से प्रेम करते हैं। इसमें निवेशकों को टैक्स, मरम्मत और बीमे के ख़र्च के बिना आमदनी मिलती है। ये ख़र्च किरायेदार करता है। कई मायनों में ट्रिपल नेट लीज़ म्युनिसिपल बॉन्ड जैसी होती है, क्योंकि बहुत सारी आमदनी कर मुक्त या टैक्स-डेफ़र्ड हो सकती है।

हालाँकि मैं ट्रिपल नेट जायदादों से प्रेम करता हूँ, जैसा आप सोच सकते हैं, लेकिन इसमें एक पेंच होता है। अच्छी जायदाद खोजना मुश्किल होता है, जिसमें अच्छा किरायेदार ऊँचा रिटर्न देने के लिए तैयार हो। आज जब मैं यह लिख रहा हूँ, तब इनमें सिर्फ़ 5-6 प्रतिशत रिटर्न मिल रहा है। ज़्यादा रोमांचक नहीं है। अच्छी ख़बर यह है कि अगर मैं ज़्यादा गहरी खुदाई करूँ, जिसमें मैं बाद में जाऊँगा, तो मैं ज़्यादा ऊँचे रिटर्न वाली जायदाद खोज सकता हूँ और ज़्यादा लीवरेज का इस्तेमाल कर सकता हूँ। अपने जोखिम को कम करने के लिए मैं बैंक के पैसे का इस्तेमाल कर सकता हूँ। इसीलिए मैं टैक्स-रहित म्युनिसिपल बॉन्ड के बजाय ट्रिपल नेट रियल एस्टेट को पसंद करता हूँ। अब हम तीसरे प्रकार के निवेशक की ओर चलते हैं।

3. ***वह निवेशक, जो कैपिटल गेन्स और कैशफ़्लो दोनों की ख़ातिर निवेश करता है।*** बरसों पहले पुराने ज़माने के शेयर निवेशक कैपिटल गेन्स और कैशफ़्लो दोनों की ख़ातिर निवेश करते थे। पुराने ज़माने के लोग अब भी शेयर के भाव बढ़ने और डिविडेंड की बात करते हैं, लेकिन वह पुरानी अर्थव्यवस्था और पुराना पूँजीवाद था।

नए पूँजीवाद में ज़्यादातर निवेशक फटाफट कमाने की ताक में रहते हैं। आज बड़ी निवेश कंपनियाँ कॉलेज से निकलने वाले सबसे स्मार्ट युवाओं को नियुक्त कर रही हैं। वे सुपरकंप्यूटरों और कंप्यूटर मॉडलों के ज़रिये बाज़ार की ज़रा सी गतिविधि का लाभ लेने की ताक में रहते हैं। मिसाल के तौर पर, अगर कंप्यूटर टेक शेयरों में 1 प्रतिशत का फ़र्क़ पकड़ लेता है, तो निवेश कंपनी करोड़ों डॉलर का दाँव लगा देगी और कुछ ही घंटों में एक प्रतिशत मुनाफ़ा कमाने की उम्मीद करेगी। यह बहुत ज़्यादा लीवरेज है और बहुत ख़तरनाक भी है।

इन कंप्यूटर मॉडल्स की वजह से बाज़ारों में बहुत सारी उथल-पुथल होती है और अक्सर इनकी वजह से बाज़ार गिर भी जाता है। जब शेयर बाज़ार में इस तरह की घोषणा होती है कि प्रोग्राम ट्रेडिंग को रोक दिया गया है, तो यह इन कंप्यूटर प्रोग्राम्स को रोकने की बात कर रही है। अगर कंप्यूटर कहते हैं *बेचो,* तो बाज़ार लुढ़क जाता है। अगर कंप्यूटर कहते हैं, *ख़रीदो,* तो बाज़ार में उछाल आ जाता है। दूसरे शब्दों में, भाव बिना किसी नई जानकारी या व्यावसायिक कारण के ऊपर-नीचे हो सकते हैं। शेयर के भाव का कंपनी के मूल्य से कोई संबंध नहीं होता है, क्योंकि कृत्रिम आपूर्ति या माँग कंप्यूटर उत्पन्न करते हैं। अगर आपको डॉटकॉम युग याद हो, तो कंपनियाँ दरअसल अच्छे विचार के सिवाय कुछ नहीं थीं, जिनका मूल्य अरबों डॉलर आँका गया। जो कंपनियाँ सचमुच मूल्यवान थीं, शेयर बाज़ार के गिरने पर उनके शेयर भी कौड़ियों के मोल बिक रहे थे।

पूँजीवाद के इस नए युग में पुराने ज़माने के निवेशक के रूप में मुझे इतना स्मार्ट होना चाहिए कि मैं कैपिटल गेन्स, कैशफ़्लो, क़र्ज़ के लीवरेज और टैक्स लाभों के लिए निवेश करूँ, साथ ही उस उथल-पुथल से ऊपर भी उठ सकूँ, जो आज की कंप्यूटर पीढ़ी और सुपरकंप्यूटर बाज़ार में उत्पन्न करते हैं।

मिसाल के तौर पर, मैंने हाल ही में एक कंपनी के शेयर इसलिए ख़रीदे, क्योंकि यह पुरानी बोरिंग औद्योगिक युग की कंपनी ऐतिहासिक दृष्टि से 11 प्रतिशत का निरंतर डिविडेंड देती है। जब हाल में शेयर बाज़ार के लुढ़कने की वजह से शेयर का भाव गिरा, तो मैंने शेयर ख़रीद लिया, क्योंकि कैशफ़्लो का भाव ज़्यादा सस्ता हो गया था। मैं कभी-कभार पेपर एसेट्स ख़रीदता हूँ, लेकिन मैं कैशफ़्लो के लिए ख़रीदने की प्रवृत्ति रखता हूँ। चूँकि मैं छोटा निवेशक हूँ और मेरा कंपनी पर कोई नियंत्रण नहीं है, इसलिए मैं लीवरेज का इस्तेमाल नहीं करता। मैं सिर्फ़ उस नक़दी से निवेश करता हूँ, जिसे मैं ग़लत होने की स्थिति में गँवाना बर्दाश्त कर सकता हूँ। अगर इस ख़ास शेयर का भाव बढ़ जाता है, तो मैं बेच सकता हूँ, क्योंकि मुझे कैशफ़्लो और कैपिटल गेन्स दोनों की ख़ातिर निवेश करना पसंद है। अगर मुझे कैशफ़्लो और कैपिटल गेन्स दोनों मिल जाते हैं, तो मेरा आरओआई यानी *रिटर्न ऑन कैपिटल* बढ़ जाता है।

एक अच्छा रियल एस्टेट निवेशक बनने के तीन घटक होते हैं। ये हैं :

1. ***अच्छे साझेदार।*** जैसा कि डोनाल्ड ट्रम्प कहते हैं, "आप बुरे साझेदारों के साथ अच्छा सौदा नहीं कर सकते।" इसका यह मतलब नहीं है कि बुरे साझेदार बुरे लोग होते हैं। हो सकता है कि वे बस आपके लिए बुरे या ग़लत साझेदार हों। इस 300 यूनिट के अपार्टमेंट हाउस प्रोजेक्ट के कारगर होने के लिए अच्छे साझेदार अनिवार्य हैं। मेरे साझेदार मेरी पत्नी किम, केन और रॉस हैं। हमने मिलकर कई सौदे किए हैं और बहुत सारा पैसा बनाया है। हमारे सामने कई समस्याएँ भी आई हैं और उन समस्याओं को सुलझाकर हम ज़्यादा स्मार्ट तथा बेहतर साझेदार बने हैं।
2. ***अच्छी फ़ाइनैंसिंग।*** रियल एस्टेट मूलतः फ़ाइनैंसिंग का काम है। कई लोग कहते हैं, "स्थान, स्थान, स्थान।" मैं कहता हूँ, "फ़ाइनैंसिंग, फ़ाइनैंसिंग, फ़ाइनैंसिंग।" अगर आप अच्छी फ़ाइनैंसिंग हासिल कर लें, तो सौदा कारगर होता है। अगर आपके पास बुरी फ़ाइनैंसिंग है, तो सौदा कारगर नहीं होगा। मेरी बात को स्पष्ट करने के लिए आइए मान लेते हैं कि बेचने वाला कहता है, "मैं 17 मिलियन डॉलर के अपार्टमेंट कॉम्प्लेक्स के बदले में 35 मिलियन डॉलर चाहता हूँ।" अगर बेचने वाला ये 35 मिलियन डॉलर 30 साल बाद देने को कहता है, तो मैं सौदा कर लूँगा और बेचने वाले को उसका भाव दे दूँगा। 30 साल बाद मैं 17 मिलियन डॉलर की जायदाद के लिए 35 मिलियन डॉलर चुकाना गवारा कर सकता हूँ। वित्त के संसार में एक कहावत है, "मैं आपको मुँहमाँगा *भाव* दे दूँगा, बशर्ते आप मेरी शर्तें मान लें।"

   मैं जानता हूँ कि आपमें से कुछ को 35 मिलियन डॉलर का उदाहरण बहुत मूर्खतापूर्ण लग रहा होगा। यह दरअसल नहीं है। वित्त के संसार में मूर्खतापूर्ण भाव देना काफ़ी आम होता है। यह अक्सर इस बात का मामला होता है कि ख़रीदने और बेचने वाला कौन है और उनमें अपने लक्ष्य हासिल करने के लिए वित्त की शक्ति का इस्तेमाल करने की कितनी योग्यता है।

मिसाल के तौर पर, कुछ साल पहले मेरे ऑफ़िस के क़रीब की एक जायदाद बिक रही थी। जब मैंने ब्रोकर से भाव पूछा, तो उसने कहा 2 मिलियन डॉलर। मैंने हँसकर कहा कि वह मज़ाक़ कर रहा है और लौट आया। मेरे हिसाब से सर्वश्रेष्ठ स्थिति में उस जायदाद का मूल्य 7,50,000 डॉलर था। आज एक बड़ी होटल चेन उस जगह पर बेहतरीन होटल बना रही है। मैं नहीं जानता कि आज उस जगह की क़ीमत कितनी है, लेकिन यह निश्चित रूप से 2 मिलियन डॉलर से ज़्यादा होगी। जैसा मेरे मित्र केन मैक्एलरॉय कहते हैं, "बेहतर योजना वाला व्यक्ति जीतता है।" और जैसा डोनाल्ड ट्रम्प कहते हैं, "बड़ा सोचो।" जब भी मैं उस जायदाद के पास से गुज़रता हूँ, तो हर बार ख़ुद से कहता हूँ, "ज़्यादा बड़ा सोचो।"

3. ***अच्छा प्रबंधन।*** 17 मिलियन डॉलर वाली 300 यूनिट की जायदाद में मेरे विश्वास का एक कारण यह है कि मेरे पास अच्छे साझेदार हैं। केन प्रॉपर्टी मैनेजमेंट कंपनी के मालिक हैं और उनके साझेदार रॉस रियल एस्टेट डेवलपमेंट कंपनी के मालिक है। आगे के पैराग्राफ़ों में मैं स्पष्ट करूँगा कि किराया बढ़ाने, ख़र्च कम करने और संपत्ति का मूल्य बढ़ाने के लिए जायदाद का प्रबंधन और विकास कितना महत्त्वपूर्ण होता है।

   अगर मेरे पास बुरे साझेदार होते, बुरी फ़ाइनैंसिंग होती और बुरा प्रबंधन होता, तो 300 यूनिट के अपार्टमेंट का सौदा वित्तीय तबाही से कम नहीं होता। अगर अकेले मुझे निवेश करना होता, तो मैं निवेश नहीं करता। यह बहुत बड़ा और जटिल प्रोजेक्ट है।

   अच्छे साझेदार, अच्छी फ़ाइनैंसिंग और अच्छा प्रबंधन - इन तीन घटकों पर *नियंत्रण* होने की वजह से मैं क़र्ज़ का इस्तेमाल *लीवरेज* के रूप में करने का ज़्यादा इच्छुक हूँ। नियंत्रण के बिना मैं क़र्ज़ की फ़ाइनैंसिंग का इस्तेमाल *नहीं* करूँगा। अगर जोखिम ज़्यादा ऊँचा होता है, जैसे किसी शेयर या कमॉडिटी में दाँव लगाना, तो मैं सिर्फ़ उसी पैसे का इस्तेमाल करना पसंद करता हूँ, जिसे गँवाना मैं बर्दाश्त कर सकूँ।

कम जोखिम में ज़्यादा मुनाफ़ा

मैं आगे स्पष्ट कर रहा हूँ कि मुझे इस निवेश में विश्वास क्यों है (जो 300 यूनिट अपार्टमेंट प्रोजेक्ट पर नियंत्रण होने और मेरे साझेदारों की बदौलत था), मैं बहुत सारे लीवरेज का इस्तेमाल क्यों करना चाहता हूँ, मैं यह विश्वास क्यों करता हूँ कि जोखिम कम है, मैं कैसे ज़्यादा पैसे बनाता हूँ और मैं कम टैक्स कैसे देता हूँ। तीन ज़्यादा उन्नत निवेश रणनीतियाँ हैं, जिनमें वित्तीय बुद्धि के ज़्यादा ऊँचे स्तर की ज़रूरत होती है। ये तीन उन्नत लीवरेज रणनीतियाँ हैं ओपीएम, आरओआई और आईआरआर।

1. ***ओपीएम : दूसरे लोगों का पैसा।*** ओपीएम का इस्तेमाल करने के कई तरीक़े हैं। 300 यूनिट वाली अपार्टमेंट इमारत में मैं 80 प्रतिशत लीवरेज का इस्तेमाल कर रहा

हूँ। बैंक के पैसे का इस्तेमाल करने में अच्छी बात यह है कि यह टैक्स मुक्त पैसा होता है। बैंक के पैसे के अन्य लाभ ये हैं :

	मैं	*बैंक*
1. मूल्य बढ़ना	100 प्रतिशत	0 प्रतिशत
2. आमदनी	100 प्रतिशत	0 प्रतिशत
3. टैक्स लाभ	100 प्रतिशत	0 प्रतिशत
4. एमॉर्टाइज़ेशन	100 प्रतिशत	0 प्रतिशत

जैसा आप इन संख्याओं से देख सकते हैं, बैंक 80 प्रतिशत पैसा लगाती है, लेकिन मुझे 100 प्रतिशत लाभ मिलता है। कितना बेहतरीन साझेदार है!

2. ***आरओआई : निवेश पर रिटर्न।*** निवेश पर रिटर्न यानी आरओआई कई निवेशकों के लिए दुविधापूर्ण अवधारणा होती है। मिसाल के तौर पर, जब आप वित्तीय प्रकाशन पढ़ते हैं, तो कई म्यूचुअल फ़ंड यह दावा करते हैं कि उनका रिटर्न 10 प्रतिशत है। मेरा सवाल यह है कि क्या यह 10 प्रतिशत रिटर्न निवेशक के पास तक पहुँचा? और उन्होंने उस 10 प्रतिशत को कैसे मापा? कुछ फ़ंड 10 प्रतिशत की गणना उन शेयरों के भाव से करते हैं, जो फ़ंड के पास होते हैं और उनका भाव बढ़ता है। मिसाल के तौर पर, अगर एक साल पहले फ़ंड में प्रति शेयर भाव 10 डॉलर था और आज यह 11 डॉलर है, तो वे 10 प्रतिशत रिटर्न का दावा कर सकते हैं। इस मामले में रिटर्न की गणना कैपिटल गेन्स में होती है।

कैपिटल गेन्स और कैशफ़्लो दोनों की ख़ातिर निवेश करने वाले निवेशक के रूप में मैं सिर्फ़ एक ही रिटर्न को मानता हूँ - कैशफ़्लो। उदाहरण के लिए, अगर मैं 10 डॉलर का निवेश करता हूँ और हर साल टैक्स के बाद कैशफ़्लो में 1 डॉलर मेरी जेब में पहुँचता है, तो मेरा रिटर्न 10 प्रतिशत है। मैं संपत्ति का मूल्य बढ़ने को इसलिए नहीं गिनता हूँ, क्योंकि यह सिर्फ़ आकलन है, जो संपत्ति बेचने तक वास्तविक नहीं बनता है।

फ़र्क़ यह है कि आरओआई का एक पैमाना शेयर के भाव में है और दूसरा पैमाना मेरी जेब में आने वाला पैसा है। मैं दरअसल दोनों को चाहता हूँ, संपत्ति के मूल्य में 10 प्रतिशत वृद्धि और मेरी जेब में 10 प्रतिशत नक़दी, लेकिन कैशफ़्लो ही एकमात्र रिटर्न है, जिसे संपत्ति को रोककर रखते वक़्त मूर्त रूप में नापा जा सकता है।

अपने पैसे से 401 (के) योगदानों की बराबरी करना

एक और बात से दुविधा होती है। वित्तीय योजनाकार दावा करते हैं कि कंपनियाँ आपके रिटायरमेंट फ़ंड के योगदान के बराबर पैसा लगाती हैं। निश्चित प्रतिशत तक बराबर होने पर सलाहकार 100 प्रतिशत आरओआई का दावा कर सकते हैं, लेकिन मैं इसे इस तरह नहीं देखता। कंपनी के मैचिंग शेयर को देखने का मेरा तरीक़ा यह है कि कंपनी मेरे पैसे की

बराबरी करने के लिए मेरे ही पैसों का इस्तेमाल कर रही है। दूसरे शब्दों में, जो योगदान कंपनी मेरे रिटायरमेंट फ़ंड में दे रही है, वह *मेरा ही पैसा* है, जो कंपनी मुझे देती, अगर उसे मेरे रिटायरमेंट फ़ंड में पैसा नहीं डालना होता। यह वह पैसा है, जो कंपनी मुझे वैसे भी देती। यह मेरे सकल भुगतान का हिस्सा है और कंपनी के लिए ख़र्च है।

जब मैं लीवरेज्ड रिटर्न्स की बात करता हूँ, तो मैं अपने नहीं... किसी दूसरे के पैसे की बात कर रहा हूँ।

ज़्यादा लीवरेज, ज़्यादा रिटर्न्स

लीवरेज के महत्त्वपूर्ण होने का एक कारण यह है कि लीवरेज जितना ज़्यादा होता है, रिटर्न भी उतना ही ज़्यादा होता है। मिसाल के तौर पर, अगर मैं अपने पैसों से 1,00,000 डॉलर का रेंटल यूनिट ख़रीदता हूँ और मुझे 10,000 डॉलर प्रति वर्ष की शुद्ध आय होती है, तो मेरे पैसों पर मेरा रिटर्न 10 प्रतिशत है। अगर मैं 50,000 डॉलर उधार लेकर 10,000 डॉलर रिटर्न प्राप्त करता हूँ, तो मेरे पैसों पर मुझे 20 प्रतिशत रिटर्न मिलता है। अगर मैं पूरे 1,00,000 डॉलर को फ़ाइनैंस कराता हूँ और मुझे 10,000 डॉलर का रिटर्न मिलता है, तो मेरा रिटर्न असीमित होता है। असीमित रिटर्न का मतलब है शून्य निवेश के बावजूद पैसा मिलना। कोई चीज़ मेरी जेब से बाहर नहीं निकलती है और 10,000 डॉलर प्रवाहित होकर मेरी जेब में आ जाते हैं। किरायेदार मेरे ख़र्च को उठाते हैं और आमदनी मुझे मिलती है।

कुछ नहीं के बदले पैसा

अगले उदाहरण में मैं 300 यूनिट के अपार्टमेंट हाउस का इस्तेमाल करते हुए स्पष्ट करूँगा कि मैं लीवरेज के ज़रिये असीमित रिटर्न कैसे हासिल करता हूँ। यह किराया बढ़ाकर और सभी 300 यूनिटों में वॉशर और ड्रायर लगवाकर किया जाएगा। संख्याएँ अति सरल तरीक़े से इस प्रकार दिखती हैं :

इनकम स्टेटमेंट

आमदनी किराये में 50 डॉलर की वृद्धि वॉशर और ड्रायर की बदौलत किराये में 50 डॉलर की वृद्धि
व्यय वॉशर्स और ड्रायर्स के लिए 10 डॉलर प्रति माह भुगतान

बैलेंस शीट

संपत्तियाँ	दायित्व
	वॉशिर्स और ड्रायर्स के भुगतान तथा यूनिट के जीर्णोद्धार के लिए 1,000 डॉलर का क़र्ज़

किराये में शुद्ध 100 डॉलर की वृद्धि कई कारणों से होती है, जैसे किराये को प्रतिस्पर्द्धा के अनुरूप रखना, बाहरी परिवेश में सुधार करना और हर यूनिट में वॉशर और ड्रायर लगवाना।

आमदनी में यह 100 डॉलर प्रति माह की वृद्धि 100 प्रतिशत फ़ाइनैंस होती है। नवीनीकरण के लिए हमें बैंक से अतिरिक्त पैसा मिलता है। पूरा नियंत्रण हमारा होता है। क़र्ज़ में इतनी वृद्धि नहीं होती है, जितनी हमारी आमदनी में होती है। यह अतिरिक्त 100 डॉलर तकनीकी दृष्टि से *असीमित रिटर्न* है, क्योंकि सारा पैसा बैंक देता है और सारा मुनाफ़ा मुझे होता है।

100 डॉलर प्रति माह की इस वृद्धि को 300 यूनिट से गुना कर दें। एक महीने में 30,000 डॉलर की सकल आय यानी 3,60,000 डॉलर प्रति वर्ष की सकल आय। यह हमें पहले से मिलने वाले कैशफ़्लो के अलावा होने वाली अतिरिक्त आय है। यह 3,60,000 डॉलर की राशि असीमित रिटर्न है, जिसे काग़ज़ पर दिखने वाले किसी काल्पनिक कैपिटल गेन से नहीं, बल्कि हाथ में आने वाले वास्तविक कैशफ़्लो से नापा जाता है।

संक्षेप में, बैंक इन सुधारों के लिए 100 प्रतिशत पैसा देता है और आमदनी हमारी बढ़ती है। किरायेदार ख़र्च और मॉर्गेज का भुगतान करते हैं।

3. ***आईआरआर : इंटरनल रेट ऑफ़ रिटर्न।*** आरओआई का एक ज़्यादा जटिल, गूढ़ और अक्सर दुविधापूर्ण पैमाना है आंतरिक रेट ऑफ़ रिटर्न। अगर निवेशक सचमुच जानते हैं कि वे क्या कर रहे हैं, तो वे आईआरआर को समझकर अपने आरओआई को बढ़ा सकते हैं। नीचे दिया रेखाचित्र यथासंभव सरलता से निवेशक के सच्चे मुनाफ़े को मापने का सबसे उन्नत उपाय बताता है।

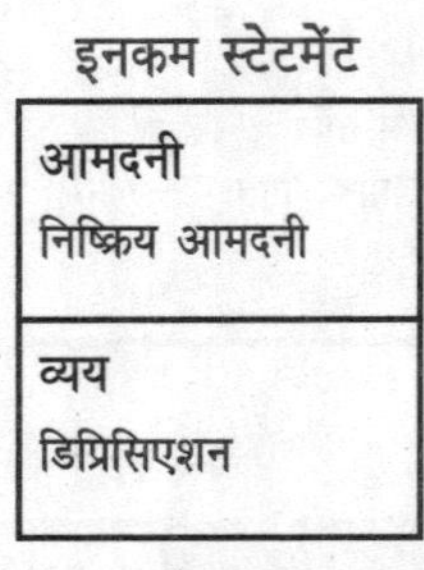

बैलेंस शीट

संपत्तियाँ	दायित्व
मूल्य बढ़ना	एमॉर्टाइज़ेशन

अति सरल भाषा में इंटरनल रेट ऑफ़ रिटर्न (आईआरआर) अन्य रिटर्न्स और अन्य लीवरेज को मापता है, जो अच्छी तरह नियंत्रित निवेश से मिल सकता है।

1. ***आमदनी वाला कॉलम : निष्क्रिय आमदनी।*** ज़्यादातर लोग यह जानते हैं कि कुल किराया आमदनी वाले कॉलम का हिस्सा है, लेकिन आईआरआर आय के दूसरे रूपों को भी मापता है। उपार्जित आमदनी के मुक़ाबले निष्क्रिय आमदनी पर कम दर से टैक्स लगता है। अमेरिका में निष्क्रिय आमदनी पर सोशल सिक्युरिटी या सेल्फ़-एम्प्लॉयमेंट टैक्स नहीं लगता है। दूसरे शब्दों में, ये टैक्स व्यय कॉलम में व्यय के रूप में नहीं दिखते हैं, जिससे तकनीकी दृष्टि से आमदनी बढ़ जाती है।

2. ***व्यय वाला कॉलम : डिप्रिसिएशन।*** अमेरिका में टैक्स विभाग कुछ निवेशकों को एक अतिरिक्त आमदनी देता है, जो दरअसल व्यय जैसी दिखती है। इस आमदनी को *डिप्रिसिएशन* कहा जाता है। डिप्रिसिएशन के लिए एक और शब्दावली है "फ़ैंटम इनकम।" इसे फ़ैंटम इनकम इसलिए कहा जाता है, क्योंकि यह वह आमदनी है, जो कहीं और दिखती है। मिसाल के तौर पर, मान लेते हैं कि मुझे 1,000 डॉलर टैक्स देना है। आईआरएस मुझे अपने निवेश में 200 डॉलर के डिप्रिसिएशन की अनुमति दे सकती है, जिसके बाद मुझे टैक्स में सिर्फ़ 800 डॉलर ही देना होगा।

यह अतिरिक्त 200 डॉलर फ़ैंटम इनकम है यानी वह पैसा जो मुझे नहीं चुकाना पड़ा। यह 200 डॉलर सरकार के पास जाने के बजाय मेरी जेब में ही रहते हैं।

डिप्रिसिएशन की अनुमति फ़्रिज, पंखे, गलीचे, फ़र्नीचर और दूसरी चीज़ों के लिए दी जाती है, जिनका मूल्य समय के साथ कम होता है। अगर आप किसी व्यवसाय या रियल एस्टेट के स्वामी हैं, तो आपका टैक्स अकाउंटेंट आपको यह समझा सकता है। पेपर एसेट निवेशकों के लिए डिप्रिसिएशन जैसी कोई चीज़ नहीं होती।

3. ***दायित्व कॉलम : एमॉर्टाइज़ेशन।*** निवेशक की एक और प्रकार की आमदनी को एमॉर्टाइज़ेशन कहा जाता है। यह निर्धारित आधार पर क़र्ज़ चुकाने के लिए एक फैंसी शब्द है। जब आपके पास अच्छा क़र्ज़ होता है, जो किरायेदार या कोई दूसरा व्यक्ति आपकी ख़ातिर चुकाता है, तो एमॉर्टाइज़ेशन आपके लिए आमदनी बन जाता है। दूसरे शब्दों में, जब कोई किरायेदार मेरा क़र्ज़ चुकाता है, तो यह भुगतान तकनीकी दृष्टि से मेरे लिए आमदनी है, जिसका भुगतान मेरे क़र्ज़ को कम करने के लिए किया जाता है, जबकि मेरी नक़दी मेरी जेब में रहती है और अगले बेहतरीन निवेश अवसर का इंतज़ार करती है। इसके अलावा, हालाँकि मेरा किरायेदार मेरा क़र्ज़ चुका रहा है, लेकिन निवेश से जुड़े सारे टैक्स लाभ मुझे मिलते हैं।

4. ***संपत्ति कॉलम : मूल्य बढ़ना।*** मूल्य बढ़ने का मतलब है संपत्ति का भाव बढ़ना। यह भी आपके लिए आमदनी है। यह उस इलाक़े में तुलनात्मक बिक्री के आधार पर भाव बढ़ने का अनुमान नहीं है, जो किसी मूल्यांकनकर्ता के विचार पर आधारित हो। मैं तो मूल्य वृद्धि को अपनी आमदनी वाले कॉलम में आमदनी के सचमुच बढ़ने से नापता हूँ। मिसाल के तौर पर, मेरे 300 यूनिट के अपार्टमेंट हाउस से आमदनी में 3,60,000 डॉलर की वृद्धि नापी जा सकती है।

यह आईआरआर को परिभाषित करने का सटीक तरीक़ा नहीं है, लेकिन इससे आप समझ सकते हैं कि रियल एस्टेट में निवेशक अपने रिटर्न ऑन इनवेस्टमेंट को उससे ज़्यादा बढ़ा सकता है, जो पेपर एसेट्स के साथ संभव नहीं होता। कम से कम आपको यह पता चल जाता है कि आईआरआर क्या है। मुझे लगता है कि 95 प्रतिशत निवेशकों ने तो कभी इंटरनल रेट ऑफ़ रिटर्न के बारे में सुना भी नहीं होगा। इसका मतलब है कि अब आप उन 95 प्रतिशत निवेशकों से ज़्यादा स्मार्ट और जानकार हो चुके हैं।

बाहर निकलने की रणनीति

300 यूनिट के अपार्टमेंट हाउस से बाहर निकलने की रणनीति की सुंदरता यह है कि इसमें एक बार फिर ज़्यादा अमीर बनने के लिए लीवरेज का इस्तेमाल किया जाता है। जायदाद बेचने और मुनाफ़े पर भारी कैपिटल गेन्स टैक्स देने के बजाय हम रिफ़ाइनैंसिंग करके पैसे निकालते हैं। हम ऐसा इसलिए कर सकते हैं, क्योंकि हमने अपने सुधारों और प्रबंधन के

ज़रिये जायदाद का मूल्य बढ़ाया है। बैंक मूल्य में हुई इस वृद्धि को पहचानता है और हम इसके आधार पर क़र्ज़ ले सकते हैं। जायदाद के मूल्य की लीवरेजिंग करके हम जायदाद से पैसा करमुक्त बाहर निकाल लेते हैं और बेहतर कार्यसंचालन से होने वाली ज़्यादा आमदनी के ज़रिये बढ़ी हुई क़िस्त चुकाते हैं। बेचने के बजाय उधार लेकर हम अपना डाउन पेमेंट करमुक्त बाहर निकाल लेते हैं, लेकिन संपत्ति हमारे पास ही रहती है। इस बिंदु पर जायदाद से होने वाली आमदनी असीमित रिटर्न बन जाती है, क्योंकि उस जायदाद में अब हमारा एक भी पैसा निवेशित नहीं है, लेकिन फिर भी हमें आमदनी मिलती रहती है। यह चरम लीवरेज है।

आइए मान लेते हैं कि पाँच साल बाद हम जायदाद को रिफ़ाइनैंस कराते हैं और 4 मिलियन डॉलर टैक्स-मुक्त निकाल लेते हैं। संख्याएँ आगे के रेखाचित्र में हैं।

4 मिलियन डॉलर की रिफ़ाइनैंसिंग निवेशकों के पास जाती है और सारी शुरुआती इक्विटी का भुगतान कर देती है। इससे भी बेहतर बात यह है कि 300 यूनिट्स पर हमारा नियंत्रण बना रहता है और 2,80,000 डॉलर का बढ़ा हुआ मॉर्गेज भुगतान आमदनी में होने वाली 3,60,000 डॉलर की वृद्धि से चुकाया जाता है।

किराये की आमदनी में 3,60,000 डॉलर की वृद्धि हुई, जिसमें से 2,80,000 डॉलर का बढ़ा हुआ ब्याज व्यय निकालने पर 80,000 डॉलर की निष्क्रिय आमदनी बचती है। यह 80,000 डॉलर असीमित रिटर्न है, क्योंकि निवेशकों ने उनके शुरुआती निवेश को निकाल लिया है, फिर भी उन्हें कैशफ़्लो मिलता रहता है। यह मुफ़्त पैसा है। निवेशकों को 4 मिलियन डॉलर वापस मिल जाते हैं और वे दूसरा अपार्टमेंट हाउस ख़रीदने चले जाते हैं।

इनकम स्टेटमेंट

आमदनी
आमदनी में 3,60,000 डॉलर बढ़ना 4 मिलियन डॉलर करमुक्त
व्यय
2,80,000 डॉलर 7 प्रतिशत ब्याज पर अतिरिक्त ब्याज भुगतानों में

बैलेंस शीट

संपत्तियाँ	दायित्व
अपार्टमेंट हाउस	अतिरिक्त क़र्ज़ में 4 मिलियन डॉलर

यह *नियंत्रण* और *लीवरेज* के इस्तेमाल का उदाहरण है। यह नए पूँजीवाद के नियमों के अनुसार अमीर बनने का उदाहरण है, जो ज़्यादा अमीर बनने के लिए क़र्ज़ का इस्तेमाल करता है। क़र्ज़ से बाहर निकलने की ख़ातिर कड़ी मेहनत करने के बजाय, जैसा पुराने पूँजीवाद के नियमों पर चलने वाले लोग करते हैं, हम अच्छा क़र्ज़ लेने और ज़्यादा लीवरेज का इस्तेमाल करने के तरीक़े खोजने के लिए कड़ी मेहनत करते हैं।

शून्य से शुरू करना

आपमें से कुछ लोगों को 17 मिलियन डॉलर की 300 यूनिट की अपार्टमेंट बिल्डिंग बड़ा निवेश लगती होगी। आपमें से कुछ लोगों को यह छोटा निवेश लगती होगी। दस साल पहले 300 यूनिट का अपार्टमेंट ख़रीदना किम और मुझे बड़ा लग रहा था। मुझे विश्वास है कि आज से दस साल बाद हमें यह छोटा निवेश लगेगा। किम, केन और मैं ज़्यादा बड़े प्रोजेक्ट हाथ में लेने की योजना बना रहे हैं। डोनाल्ड ट्रम्प और मैं मेरे घर के क़रीब एक विशाल प्रोजेक्ट को देख रहे हैं, जो दस साल में कामयाब होगा।

मैं प्रोजेक्ट्स के आकार और डॉलर की राशियों का ज़िक्र इसलिए कर रहा हूँ, ताकि तीन बिंदु स्पष्ट हो सकें :

1. ***यदि आप गरीब जन्मे हैं और आपको वित्तीय जानकारी नहीं है, तो इसका मतलब यह नहीं हैं कि आप अमीर नहीं हो सकते।*** बहुत कम लोग इतने अमीर पैदा होते हैं कि वे 17 मिलियन डॉलर का अपार्टमेंट कॉम्प्लेक्स ख़रीद लें। और कोई भी इतना स्मार्ट नहीं होता कि वह अकेले ही 300 यूनिट के अपार्टमेंट कॉम्प्लेक्स को ख़रीदे, फ़ाइनैंस कराए और उसका प्रबंधन करे। दूसरे शब्दों में, शुरू करने से बचने के लिए पैसे या वित्तीय शिक्षा न होने का बहाना नहीं चलेगा। अरबों लोग कम पैसे या कम शिक्षा की समस्या को अपने अमीर बनने की राह में आड़े आने देते हैं। वे पहला क़दम ही नहीं उठाते हैं। और जो लोग पहला क़दम उठाने के बाद असफल हो जाते हैं, ग़लती करते हैं, पैसे गँवाते हैं या समस्याओं का सामना करते हैं, तो उनमें से कई इसे छोड़ देते हैं। इसीलिए अरबों लोगों को 17 मिलियन का प्रोजेक्ट हमेशा बड़ा प्रोजेक्ट दिखेगा, क्योंकि यह उनके सपनों से भी ज़्यादा बड़ा है।

2. ***छोटी शुरुआत करें और छोटे क़दम उठाएँ।*** 1989 में किम ने जो पहला निवेश किया, वह पोर्टलैंड, ओरेगन में दो बेडरूम और एक बाथ के 45,000 डॉलर वाले घर में था। उसने 5,000 डॉलर का डाउन पेमेंट दिया और हर महीने 25 डॉलर कमाए। पहला क़दम उठाते समय वह बहुत घबरा रही थी। आज 17 मिलियन डॉलर का अपार्टमेंट हाउस उसे बोरिंग लगता है। वह ज़्यादा बड़े प्रोजेक्ट्स के लिए तैयार है।

   1997 में केन मैक्एलरॉय ने स्कॉट्सडेल, एरिज़ोना में दो बेडरूम, दो बाथ वाले कॉन्डो से शुरुआत की। इसमें 1,15,000 डॉलर की लागत आई और उन्होंने 23,000 डॉलर

नक़द लगाए। उन्होंने कैशफ़्लो में हर महीने 50 डॉलर कमाए। आज वे करोड़ों डॉलर मूल्य के रियल एस्टेट पोर्टफ़ोलियो को नियंत्रित करते हैं।

मैंने अपनी पहली निवेश जायदाद 1973 में ख़रीदी। मेरे पास निवेश करने के लिए कोई अतिरिक्त पैसा नहीं था। मैं उस वक़्त मरीन कॉर्प में था और मैंने उसी समय अपना पहला घर ख़रीदा था। कम वेतन और पैसे की तंगी से रुकने के बजाय मैंने 385 डॉलर में रियल एस्टेट निवेश कोर्स किया। कुछ ही महीनों में मैंने अपनी पहली निवेश जायदाद ख़रीदी। मैंने माउई टापू पर एक बेडरूम वाला कॉन्डो 18,000 डॉलर में ख़रीदा। जायदाद नीलाम हो रही थी और बैंक इससे छुटकारा पाने के लिए व्यग्र था। बैंक ने मुझे अपने क्रेडिट कार्ड पर 2,000 डॉलर का डाउन पेमेंट रखने की अनुमति दी। मेरे मॉर्गेज और क्रेडिट कार्ड बिल को चुकाने के बाद मुझे इससे महीने में 35 डॉलर मिले, जो असीमित रिटर्न है, क्योंकि मैंने 100 प्रतिशत पैसा उधार लिया था। जब मैंने बैंक के सामने यह साबित कर दिया कि मैं जायदाद का प्रबंधन कर सकता हूँ, तो इसने मुझे दो और यूनिट ख़रीदने की अनुमति दी। मेरा निवेश करियर शुरू हो गया था।

एक साल बाद मैंने तीनों जायदादें लगभग 48,000 डॉलर प्रत्येक के भाव पर बेच दीं और 90,000 डॉलर का मुनाफ़ा अपनी जेब में रखा। 385 डॉलर के सेमिनार और क्रेडिट कार्ड से डाउन पेमेंट करने पर बुरा रिटर्न नहीं है!

हालाँकि मैंने ऐसा किया था, लेकिन मैं यह सलाह नहीं देता कि लोग डाउन पेमेंट करने के लिए क्रेडिट कार्ड का इस्तेमाल करें, लेकिन मैं यह सलाह ज़रूर देता हूँ कि व्यक्ति निवेश करने से पहले पुस्तकें पढ़े और सेमिनारों में जाए। द रिच डैड कंपनी गहन निवेश सेमिनार इसलिए भी आयोजित करती है, क्योंकि मानसिक शक्ति में मेरा प्रबल विश्वास है। हमारा मस्तिष्क लीवरेज का सबसे सशक्त रूप है।

हमारे सेमिनारों में आप ज़बरदस्त वक्ताओं की बातें सुनते हैं। मुझे स्वीकार करना होगा कि वे मुझसे बेहतर शिक्षक हैं। वे अपनी सामग्री को प्रस्तुत करने में ज़्यादा एकाग्र और कुशल हैं। वे अच्छी तरह प्रशिक्षित हैं, आपकी सफलता के लिए समर्पित हैं और इससे भी ज़्यादा महत्त्वपूर्ण बात यह कि वे जो सिखाते हैं, उसका अभ्यास भी करते हैं। ज़्यादातर विद्यार्थी बताते हैं कि हमारे कोर्स करने के बाद उनका दिमाग़ नए अवसरों के संसार के प्रति खुल जाता है, उन्हें वित्तीय दृष्टि से स्वतंत्र बनने के अलग-अलग तरीक़े दिखाई देने लगते हैं और उनका जीवन हमेशा-हमेशा के लिए बदल जाता है। आप हमारी वेबसाइट रिचडैड डॉट कॉम पर ज़्यादा जानकारी हासिल कर सकते हैं।

3. ***बड़े सपने देखें।*** हम में से ज़्यादातर लोग जानते हैं कि बच्चों को सपने देखने की इजाज़त देनी चाहिए। यही वयस्कों के बारे में भी सच है। दंपती के रूप में किम और मेरे सपने बड़े थे। हमारे सपनों ने हमारे विवाह को समृद्ध, युवा और मज़ेदार रखा। ज़्यादा बड़े निवेश प्रोजेक्ट्स की वजह से हम मिलकर सीखते रहे, टीम की तरह काम करते रहे और अलग-अलग दिशा में जाने के बजाय एक ही दिशा में

विकास करते रहे। अपने संसाधनों से कम में जीने के बजाय हम बड़े सपने देखते हैं, सीखते हैं और अपने साधनों से परे जाने के लिए सावधानी से निवेश करते हैं। यह पैसे के बारे में ही नहीं है... यह तो जीवन के बारे में है। व्यक्तिगत रूप से किम और मैं सोचते हैं कि आपके सपनों से नीचे रहना अफ़सोस की बात है।

निष्कर्ष में

9 और 10 अगस्त 2007 को जब संसार के बाज़ार ध्वस्त हुए, तो कई लोगों को ज़रा भी अंदाज़ा नहीं था कि इस गिरावट का क्या मतलब था। ज़्यादातर लोगों को पता नहीं था कि इससे उनके जीवन पर क्या प्रभाव पड़ेगा। ज़्यादातर लोगों को पता नहीं था कि 1971 और 1974 में नियम बदलने से उनके जीवन पर क्या प्रभाव पड़ा है।

आज संसार के सबसे अमीर देश अमेरिका में भी करोड़ों शिक्षित और मेहनती लोग ज़्यादा वेतन मिलने के बावजूद कम कमा रहे हैं, वे ऐसा पैसा बचा रहे हैं, जिसका मूल्य घट रहा है, वे अपने घरों से चिपके हैं, जिनका मूल्य घट रहा है और वे अपने बिलों का भुगतान करने के लिए क्रेडिट कार्ड का इस्तेमाल कर रहे हैं।

स्थिति बदतर हो जाती है, क्योंकि बाज़ार गिरने के कारण करोड़ों शिक्षित, मेहनती लोग यह सोचने लगते हैं कि निवेश ख़तरनाक है और ज़्यादा मुनाफ़ा हासिल करने के लिए आपको ज़्यादा जोखिम लेने की ज़रूरत होती है। बहुत कम लोग जानते हैं कि लीवरेज की कुंजी है *नियंत्रण* और *नियंत्रण* की कुंजी है वित्तीय बुद्धि।

अच्छी ख़बर यह है कि आपकी वित्तीय बुद्धि जितनी ज़्यादा होती है, आप पैसों के बिना उतने ही ज़्यादा पैसे कमा सकते हैं। इस नए पूँजीवाद में *शून्य से पैसा कमाना* सचमुच संभव है। सूचना युग में ज्ञान चरम लीवरेज है। आप पैसों के बिना जितने ज़्यादा पैसे कमाते हैं, आपका आरओआई और आईआरआर उतना ही ऊँचा होता है और आपका वित्तीय आईक्यू भी उतना ही ऊँचा होता है।

वित्तीय आईक्यू वित्तीय बुद्धि का संख्यात्मक पैमाना है, यानी *असीमित रिटर्न* का मतलब है असीमित वित्तीय आईक्यू। यह बात अपने बैंकर और फ़ाइनैंशियल प्लैनर से कहना न भूलें, जब वे आपको अगली बार बताएँ कि बचत पर 5 प्रतिशत ब्याज या म्यूचुअल फ़ंड्स पर 10 प्रतिशत रिटर्न बेहतरीन रिटर्न है।

अध्याय 7

वित्तीय आईक्यू #5 : अपनी वित्तीय जानकारी को बेहतर बनाना

जनवरी 1972 में मेरा तबादला हो गया और मैं कैंप पेंडलटन, कैलिफ़ोर्निया से वियतनाम के तट पर एक विमान कैरियर पर पहुँच गया। यह मेरी दूसरी वियतनाम यात्रा थी। मैंने पहली यात्रा 1966 में की थी। द मर्चेंट मरीन अकैडमी ने विद्यार्थियों को एक साल के अध्ययन के लिए समुद्र में भेजा था। मेरा प्रोजेक्ट युद्ध क्षेत्र में सैन्य कार्गो ऑपरेशन्स का अध्ययन करना था - ज़्यादा स्पष्टता से कहूँ, तो मेरे अध्ययन का विषय यह था कि अपनी जान गँवाए बिना बमों को सुरक्षित रूप से कैसे लादना और उतारना है। दूसरी यात्रा में मैं योद्धा पायलट था और यह विद्यार्थी के रूप में युद्ध का अध्ययन करने से बहुत अलग अनुभव था।

विमान कैरियर पर मेरा मुख्य काम हेलिकॉप्टर गनशिप पायलट का था। मेरा बुनियादी मिशन ज़्यादा बड़े ट्रूप हेलिकॉप्टर्स के साथी के रूप में उड़ना था। हमारे स्क्वाड्रन में ज़्यादातर ट्रूप ट्रांसपोर्ट हेलिकॉप्टर्स थे - दो रोटर वाले सीएच-46 और सीएच-53s यानी जॉली ग्रीन जाएंट्स। अगर इलाक़े में दुश्मनों की गोलाबारी होती थी, तो गनशिप का काम उस इलाक़े में ट्रूप ट्रांसपोर्ट हेलिकॉप्टर्स की रक्षा करना था। यह ट्रूप ट्रांसपोर्ट पायलट बनने से बहुत बेहतर था। ट्रांसपोर्ट पायलटों को बेहद बहादुर होने की ज़रूरत थी। वे युद्ध के इलाक़े में बड़े हेलिकॉप्टर उड़ाते थे और ट्रूप के चढ़ते-उतरते समय वहीं बैठे रहते थे।

टॉप-सीक्रेट काम

मेरा दूसरा काम यह था कि मैं स्क्वाड्रन के टॉप-सीक्रेट सूचना अधिकारी का सहायक था। यह बहुत रोचक काम था। घंटों तक हम बैठकर गोपनीय जानकारी सुनते थे, देखते थे, इकट्ठी करते थे और व्यवस्थित करते थे। दिन और रात में नियमित अंतराल पर हम कमांडिंग ऑफ़िसर और उनकी टीम को महत्त्वपूर्ण जानकारी देते थे। हमारा काम युद्ध के आँकड़ों को प्रासंगिक जानकारी में बदलना था।

जीवन और मृत्यु की जानकारी

सूचना अधिकारी बनने के बाद मैं जानकारी का बहुत सम्मान करने लगा। वियतनाम जाने से पहले मैंने इस बारे में ज़्यादा नहीं सोचा था। स्कूल में मैं सोचता था कि जानकारी का अध्ययन एक मज़ाक़ था। मेरे लिए सूचना बस आँकड़े थे, बिना दिमाग़ के तथ्य और संख्याएँ, तारीखें और समय, जिन्हें परीक्षा में पास होने के लिए याद करने की ज़रूरत थी। वियतनाम में सूचना ज़्यादा महत्त्वपूर्ण थी। यह मेरे साथी पायलटों के लिए जीवन-मरण का मामला हो सकती थी।

आज मुझे विश्वास है कि मैं सूचना अधिकारी होने की बदौलत बेहतर उद्यमी और निवेशक बना हूँ। आज मैं जानता हूँ कि जानकारी युद्ध में जीवन-मरण का फ़र्क़ हो सकती है, तो कारोबारी संसार में यह अमीर या ग़रीब के बीच का फ़र्क़ हो सकती है।

सूचना जीवन से ज़्यादा महत्त्वपूर्ण होती है

वियतनाम जाने की तैयारी के दौरान हमें प्रशिक्षित किया गया कि हम असीमित जानकारी की प्रोसेसिंग करें और गहन दबाव में तुरंत निर्णय लेने में सक्षम हों। अगर हम जानकारी की अच्छी तरह प्रोसेसिंग करेंगे, तो ज़िंदा बच जाएँगे। अगर हमने अच्छी तरह प्रोसेसिंग नहीं की, तो हमारी जान जा सकती है। जब मुझे अहसास हो गया कि मेरी और दूसरों की जान जानकारी की गुणवत्ता पर निर्भर है, तो यह मेरे लिए ख़ुद के जीवन से भी ज़्यादा महत्त्वपूर्ण हो गई।

अपनी एक पुस्तक में मैं बता चुका हूँ कि जब वियतनाम में मेरा गोलाबारी से सामना हुआ, तो पहले दिन मुझे कैसा लगा।

मैंने उस डर के साथ ही इस अहसास का भी वर्णन किया कि मुझ पर गोलाबारी करने वाला व्यक्ति भी उसी तरह घर लौटना चाहता था, जिस तरह कि मैं चाहता था। उस पुस्तक में मैंने अपने दल के मुखिया के बुद्धिमत्तापूर्ण शब्द बताए थे, जिन्होंने मुझे याद दिलाया कि युद्ध में कोई दूसरा स्थान या सिल्वर मेडल नहीं होता। यह या तो गोल्ड मेडल होता है या कुछ नहीं होता। असली गोलियों का सामना करने पर मुझे अहसास हुआ कि स्कूल के दिन अब ख़त्म हो चुके हैं। जब हम अपनी मृत्यु की ओर उड़ रहे थे, तो बरसों का प्रशिक्षण और जानकारी उस एक निर्णय, एक काम पर निर्भर थी। अच्छी ख़बर यह है कि मेरा दल और मैं उस रात घर लौट आए। दुखद बात यह थी कि ज़मीन पर रहने वाले वियतनामी लोग ऐसा नहीं कर पाए। कोई दूसरा स्थान नहीं था।

सबसे महत्त्वपूर्ण संपत्ति

मेरा एक मित्र बाइबिल का ज्ञाता है और वह अक्सर कहता है, "ज्ञान के बिना मेरे लोग नष्ट हो जाएँगे।" आज कई लोग नष्ट हो रहे हैं, क्योंकि उन्हें धन संबंधी ज्ञान नहीं है। हम सूचना युग में रहते हैं। संसार के दूर-दराज़ वाले इलाक़ों में भी मैंने देखा है कि युवा लोग

पारिवारिक गधागाड़ी पर बैठकर टेक्स्ट मैसेज भेजते रहते हैं। पहले कभी पूरा संसार इतनी तीव्रता से आपस में नहीं जुड़ा था।

सूचना या जानकारी इस युग की सबसे बड़ी संपत्ति है। पिछले युगों में आपको अमीर बनने के लिए फ़ैक्टरियों, मवेशियों, सोने की खदानों, तेल के कुँओं या अट्टालिकाओं का स्वामी होने की ज़रूरत थी। सूचना युग में आप सिर्फ़ जानकारी से बहुत अमीर बन सकते हैं। इसके लिए आपको ज़मीन, स्वर्ण या तेल जैसे मूर्त संसाधनों की ज़रूरत नहीं है। माईस्पेस और यूट्यूब बनाने वाले युवा उद्यमी यह साबित कर चुके हैं। सिर्फ़ कुछ डॉलर, कुछ जानकारी और टेक्नोलॉजी के लीवरेज की बदौलत ये बीस-पच्चीस साल के युवा अरबपति बन गए हैं।

दूसरी तरफ़, ख़राब या ग़लत जानकारी से नुक़सान होता है। ख़राब जानकारी से लोग ग़रीब बनते हैं। इतने सारे लोग वित्तीय दृष्टि से इसलिए संघर्ष कर रहे हैं, क्योंकि उनके पास दक़ियानूसी, पक्षपातपूर्ण, भ्रामक या ग़लत जानकारी है, जिसे वे अपनी सबसे शक्तिशाली संपत्ति यानी अपने मस्तिष्क में डाल रहे हैं। कई लोगों की बदहाली का कारण यह है कि वे सूचना युग में औद्योगिक या कृषि युग की जानकारी का इस्तेमाल कर रहे हैं। औद्योगिक युग की जानकारी के उदाहरण इस तरह के विचार हैं, "मुझे ऊँचे वेतन वाली नौकरी पाने के लिए अच्छी शिक्षा की ज़रूरत है।" कृषि युग की जानकारी का एक उदाहरण है, "ज़मीन ही सारी दौलत का आधार है।"

मानवता के चार युग

मानवता के चार आर्थिक युग रहे हैं :

1. ***शिकारी-संग्रहकर्ता का युग।*** इस अवधि में प्रकृति दौलत प्रदान करती थी। क़बीले के लोग जानवरों के झुंड का पीछा करते थे या भोजन की तलाश करते थे। अगर आप यह जानते थे कि शिकार कैसे करना है और भोजन कैसे इकट्ठा करना है, तो आप ज़िंदा बच जाते थे। अगर आप यह नहीं जानते थे, तो मर जाते थे। क़बीले में सामाजिक सुरक्षा थी। सामाजिक-आर्थिक दृष्टि से हर व्यक्ति समान था। मुखिया का जीवन स्तर बाक़ी कबीले के मुक़ाबले ज़्यादा ऊँचा नहीं था। यह तो संभव था कि उसे सबसे पहले भोजन मिले या उसकी सबसे ज़्यादा पत्नियाँ हों, लेकिन बुनियादी तौर पर आग आग थी और गुफा गुफा थी। पैसे के संदर्भ में एक ही वर्ग था। हर व्यक्ति ग़रीब था।

2. ***कृषि युग***। जब इंसानों ने फ़सल उगाना और जानवरों को पालतू बनाना सीख लिया, तो ज़मीन दौलत बन गई। राजा और रानी ज़मीन के मालिक थे और बाक़ी सभी ज़मीन पर काम करते थे तथा राजा को टैक्स देते थे। इसीलिए 'रियल एस्टेट' का असली मतलब है *'रॉयल एस्टेट'* यानी शाही जायदाद। शाही परिवार घोड़ों की सवारी करता था और किसान पैदल चलते थे। इसीलिए 'पीज़ेंट' शब्द का मूल अर्थ *ज़मीन पर और पैदल था।* किसान किसी चीज़ के स्वामी नहीं थे। सामाजिक-आर्थिक दृष्टि से दो समूह थे, अमीर और किसान।

3. ***औद्योगिक युग।*** 1492 में क्रिस्टोफ़र कोलंबस और दूसरे खोजी व्यापार मार्ग, ज़मीन और संसाधनों की खोज में गए। मेरे हिसाब से औद्योगिक युग दरअसल तभी से शुरू हुआ। औद्योगिक युग में तेल, ताँबे, टिन और रबर जैसे संसाधन ही दौलत थे। इस युग में रियल एस्टेट का मूल्य बदल गया। कृषि युग में उपजाऊ ज़मीन मूल्यवान थी, जो फ़सल उगाने या जानवर पालने के लिए उपयुक्त हो। औद्योगिक युग में ग़ैर-कृषि भूमि ज़्यादा मूल्यवान बन गई। मिसाल के तौर पर, हेनरी फ़ोर्ड ने अपना ऑटो प्लांट डेट्रॉयट में लगाया, क्योंकि वे पथरीली, ग़ैर-उपजाऊ, ग़ैर-कृषि भूमि के बड़े टुकड़े सस्ते में ख़रीद सकते थे। आज औद्योगिक उपयोग की भूमि का मूल्य कृषि भूमि से ज़्यादा होता है। सामाजिक-आर्थिक दृष्टि से एक नए वर्ग का उदय हुआ - मध्य वर्ग। अब लोगों के तीन समूह हो गए : अमीर, मध्य वर्ग और ग़रीब।

4. ***सूचना युग।*** यह युग आधिकारिक रूप से डिजिटल कंप्यूटर के आविष्कार से शुरू हुआ। सूचना युग में टेक्नोलॉजी के लीवरेज वाली जानकारी दौलत बन गई, जहाँ सिलिकॉन जैसे बहुत सस्ते और प्रचुर संसाधन दौलत उत्पन्न करते हैं। दूसरे शब्दों में, अमीर बनना सर्वसुलभ हो गया है। इतिहास में पहली बार दौलत प्रचुर मात्रा में हर एक के लिए उपलब्ध है, चाहे वह कहीं भी रहता हो। सामाजिक-आर्थिक दृष्टिकोण से अब लोगों के चार समूह बन चुके हैं : गरीब, मध्यवर्ग, अमीर और बेहद अमीर। बिल गेट्स सूचना युग के बेहद अमीर व्यक्ति का सबसे स्पष्ट उदाहरण हैं।

बेहद अमीर

आज बेहद अमीर व्यक्ति अपनी दौलत किसी भी युग के तरीक़ों से प्राप्त कर सकते हैं। आप बेहद अमीर शिकारी/संग्रह करने वाला बन सकते हैं, जैसे न्यू ज़ीलैंड के माओरी मछली पकड़ने के अधिकार की बदौलत हैं। आप कृषि युग के बेहद अमीर पशुपालक या किसान भी बन सकते हैं या औद्योगिक युग के बेहद अमीर कार-निर्माता भी। जैसा पहले ही ज़िक्र किया जा चुका है, सूचना युग के बेहद अमीर लोग बीस साल के अरबपति हैं, जो टेक्नोलॉजी, सूचना और विचारों के सस्ते व प्रचुर संसाधनों से बेहद अमीर बने। इन सभी में यह समानता है कि जानकारी ने इतिहास में सबसे ज़्यादा तेज़ और सबसे ज़्यादा ऊँचे स्तर पर संसाधनों के समन्वय को संभव बनाया। यही समन्वय बेहद अमीर बनाता है।

खाई

इसी समय ऐसे लोग भी हैं, जो दक़ियानूसी या अपर्याप्त सूचना की वजह से नष्ट हो रहे हैं। ऐसे मूल निवासी कुनबे हैं, जो ख़त्म हो रहे हैं, क्योंकि उनके जंगल उनसे छीने जा रहे हैं। किसान दिवालिया हो रहे हैं और कार निर्माता हज़ारों कर्मचारियों की छँटनी कर रहे हैं। कभी समृद्ध रिकॉर्ड स्टोर चेन डाउनलोडेड संगीत की वजह से दिवालिया हो रही हैं।

संसार के सबसे अमीर देश अमेरिका के करोड़ों लोग गहरे क़र्ज़ में हैं, नौकरी की सुरक्षा के आख़िरी धागे को जकड़े हैं और सोच रहे हैं कि वे अपने बच्चों की शिक्षा और ख़ुद के रिटायरमेंट का ख़र्च कैसे उठाएँगे। इस अमीर देश में करोड़ों लोग इसलिए संघर्ष कर रहे हैं, क्योंकि वे शिकारी/संग्रह करने वाले, कृषि या औद्योगिक युग के विचारों से काम कर रहे हैं।

बेहद अमीर और बाक़ी सबके बीच की यह खाई सूचना के कारण चौड़ी होती जा रही है। अच्छी ख़बर यह है कि जानकारी प्रचुर और मुफ़्त है। आज कोई बहुत ग़रीब हो या कम उम्र का, हर व्यक्ति के लिए बेहद अमीर बनना तुलनात्मक रूप से आसान है। आज अमीर बनने के लिए आपको दूसरे देश जीतने या विदेशी भूमियों तक जहाज़ों में जाकर वहाँ रहने वालों के संसाधन लूटने की ज़रूरत नहीं है। आपको कार फ़ैक्टरी बनाने या हज़ारों कर्मचारियों को नियुक्त करने के लिए शेयर बाज़ार में करोड़ों डॉलर इकट्ठे करने की ज़रूरत नहीं है। आज सूचना और बहुत किफ़ायती कंप्यूटर आपको घर बैठे-बैठे ही ग़रीब से बेहद अमीर बना सकते हैं। इसके लिए तो बस सही जानकारी की ज़रूरत होती है।

सूचना का अति बोझ

अच्छी ख़बर यह है कि सूचना प्रचुर और मुफ़्त है। बुरी ख़बर यह है कि... सूचना प्रचुर और मुफ़्त है। सूचना युग की यही विडंबना है कि जानकारी बहुत ज़्यादा है। आज लोग जानकारी के बहुत भारी बोझ की शिकायत करते हैं। किसी भी पल कोई व्यक्ति टेलीविज़न देख सकता है, इंटरनेट पर सर्फ़िंग कर सकता है और फ़ोन पर बात कर सकता है - और डिजिटल बिलबोर्ड्स के पास से कार चलाकर जा सकता है। पुराने ज़माने में कोई भी ज़रूरत से ज़्यादा ज़मीन या तेल होने की शिकायत नहीं करता था, लेकिन सूचना युग में लोग ज़रूरत से ज़्यादा जानकारी होने की शिकायत कर रहे हैं और वे उसी संपत्ति के भारी बोझ से परेशान हैं, जो उन्हें बेहद अमीर बना सकती है।

सैन्य बुद्धि

वियतनाम में मैंने सूचना की शक्ति का सम्मान करना सीखा। मैं जान लेने और जान बचाने की सूचना की शक्ति के बारे में बहुत जागरूक हुआ। जान लेने के लिए सैन्य बुद्धि का इस्तेमाल करने में अब मुझे कोई समझदारी नहीं लगती है। आज मैं जान लेने के लिए नहीं, बल्कि जान बचाने के लिए सूचना का इस्तेमाल करना ज़्यादा पसंद करता हूँ।

सूचना अधिकारी के रूप में मेरा सामना सूचना के भारी बोझ से भी हुआ। युद्ध में हमें जिस सूचना को व्यवस्थित करना होता था, वह बहुत ज़्यादा थी। बहुत जल्दी ही हमने बहुत से अलग-अलग स्रोतों से बहुत सी जानकारी को छाँटना, श्रेणीबद्ध करना, हटाना और व्यवस्थित करना सीख लिया। अगर हम ऐसा नहीं करते, तो हमारी या दूसरे लोगों की जान जा सकती थी।

सूचना को वर्गीकृत करना

सूचना के भारी बोझ को सँभालने के लिए सेना सूचना को वर्गीकृत करने की बहुत कोशिश करती है। वर्गीकृत किए बिना सारी जानकारी समान और लगभग मूल्यहीन होती है। वियतनाम में सूचना अधिकारी होने के नाते मैंने सूचना को निश्चित विशेषताओं के आधार पर वर्गीकृत करना सीख लिया।

1. ***समय।*** युद्ध और व्यवसाय में सूचना एक पल उपयोगी हो सकती है, लेकिन अगले ही पल बासी हो सकती है। युद्ध हमेशा गतिशील होता है। व्यवसाय और निवेश भी ऐसे ही हैं। दुश्मनों की टुकड़ियाँ आज एक जगह हो सकती हैं और कल सौ मील दूर हो सकती हैं। व्यवसाय में व्यावसायिक लाभ आज बेशक़ीमती हो सकता है और कल मूल्यहीन हो सकता है।

2. ***विश्वसनीयता।*** हमें यह जानने की ज़रूरत थी कि जानकारी किससे मिली? क्या हमारे स्रोत विश्वसनीय थे? दुर्भाग्य से, पैसे के संसार में ज़्यादातर लोगों को वित्तीय जानकारी वे लोग देते हैं, जिनके साथ वे काम करते हैं या जो सेल्सपीपुल होते हैं - ऐसे लोग, जो पैसों के लिए परेशान हैं। वे अच्छे, ईमानदार लोग हो सकते हैं, लेकिन वे वित्तीय जानकारी के विश्वसनीय स्रोत नहीं हैं।

3. ***वर्गीकरण।*** सेना में मैंने जानकारी को श्रेणियों में बाँटना सीखा। मिसाल के तौर पर, टॉप सीक्रेट जानकारी सिर्फ़ उन्हीं लोगों के लिए उपलब्ध थी, जो इसके लिए अधिकृत थे।

   व्यवसाय और निवेश के संसार में टॉप-सीक्रेट या वर्गीकृत जानकारी को *अंदरूनी जानकारी* कहा जाता है। जब आम निवेशक यह शब्दावली सुनता है, तो वह सोचता है कि इस तरह की जानकारी ग़ैर-क़ानूनी होगी... और कई बार यह होती भी है। अंदरूनी जानकारी तब ग़ैर-क़ानूनी होती है, जब कोई व्यक्ति किसी सार्वजनिक कंपनी के भीतर के किसी व्यक्ति से इसे प्राप्त करता है और उसके आधार पर उस कंपनी के शेयर ख़रीदता-बेचता है।

   सच तो यह है कि सारी जानकारी अंदरूनी जानकारी होती है। ज़्यादा महत्त्वपूर्ण सवाल यह है, आप अंदरूनी केंद्र से कितनी दूर हैं? जब तक कोई व्यक्ति किसी कंपनी के नए प्रॉडक्ट के बारे में हॉट टिप सुनता है या उसे पता चलता है कि कंपनी मुश्किल में है, तब तक अंदरूनी केंद्र के ज़्यादा क़रीब वाले लोग उस जानकारी के आधार पर ख़रीद-फरोख़्त कर चुके होते हैं। वे युद्ध पहले ही जीत चुके हैं और आम निवेशक हार चुका है।

   मैं यह स्पष्ट करना चाहूँगा कि मैं ग़ैर-क़ानूनी अंदरूनी जानकारी के आधार पर इनसाइडर ट्रेडिंग को प्रोत्साहित नहीं कर रहा हूँ। मैं तो बस यह अंतर बताना चाहता हूँ कि अंदर रहना और जानकारी के क़रीब रहना महत्त्वपूर्ण है। मुझे उद्यमी

और रियल एस्टेट निवेशक बनने से इसलिए प्रेम है, क्योंकि इसमें मैं क़ानूनी रूप से इनसाइडर हूँ, जो अंदरूनी जानकारी के आधार पर ख़रीद-फरोख़्त कर सकता है। चूँकि मैं सार्वजनिक कंपनी नहीं हूँ, इसलिए मैं अपनी जानकारी खुलकर अपने मित्रों को बता सकता हूँ और यह भी बता सकता हूँ कि मैं कैसे निवेश कर रहा हूँ।

शेयर बाज़ार में पेशेवर निवेशक जानते हैं कि शौक़िया लोग प्राचीन इतिहास के आधार पर ट्रेडिंग करते हैं। इसी वजह से पेशेवर पैसे कमाते हैं। वे शौक़िया लोगों से पैसे कमाते हैं। एक उदाहरण श्री औसत हैं, जो सुबह उठकर कॉफ़ी पीते समय अख़बार पढ़ते हैं और अपनी प्रिय सार्वजनिक कंपनी की न्यूज़ रिलीज़ देखते हैं, फिर वे अपने ब्रोकर को फ़ोन लगाते हैं या ख़ुद ऑनलाइन जाकर उस कंपनी के शेयर ख़रीद लेते हैं। हो सकता है कि वह जानकारी सिर्फ़ कुछ घंटे पुरानी हो, लेकिन फिर भी श्री औसत को वह जानकारी काफ़ी देर बाद मिली है, इसलिए उनका पराजित होना तय है। श्री औसत पार्टी में देर से पहुँचे हैं, क्योंकि उन्हें कभी आमंत्रित ही नहीं किया गया था। वे *अंदर नहीं* हैं। वे तो बाहरी व्यक्ति हैं।

अमीर डैडी ने मुझे वित्तीय बुद्धि विकसित करने के लिए प्रोत्साहित किया, उसका एक मुख्य कारण यह है कि मेरी अंदरूनी जानकारी तक पहुँच हो सके। आपको अंदरूनी केंद्र के जितने क़रीब से जानकारी मिलेगी, आप उतने ही ज़्यादा अमीर बन सकते हैं।

4. ***तुलनात्मक जानकारी।*** युद्धभूमि की जानकारी हर दिन बदलती थी। सूचना अधिकारियों के रूप में हम *अतीत* और *वर्तमान* जानकारी का विश्लेषण करके भावी जानकारी की *भविष्यवाणी* करते थे। मिसाल के तौर पर, अगर हमें यह पता था कि शत्रु की टुकड़ी मंगलवार को एक जगह थी, बुधवार को दूसरी जगह थी और गुरुवार को तीसरी जगह थी, तो हम यह भविष्यवाणी कर सकते थे कि वे कहाँ जा रहे थे और उनके उद्देश्य क्या हो सकते थे। दूसरे शब्दों में, हमें यह जानना होता था कि जानकारी दूसरी जानकारी से कैसे जुड़ी थी।

   व्यवसाय और निवेश के संसार में अतीत, वर्तमान और भावी जानकारी को इकट्ठा करने की इस प्रक्रिया को ट्रेंड या रुझान कहा जाता है।

5. ***छलावे भरी जानकारी।*** युद्ध में शत्रु अक्सर ग़लत जानकारी भेजकर हमें चकमा देने की कोशिश करता था। वे ध्यान भटकाने वाली नीतियों का इस्तेमाल करते थे। मिसाल के तौर पर, वे बहुत शोर करते हुए और धूल उड़ाते हुए बड़ी संख्या में टुकड़ियों और उपकरणों को कहीं ले जाते थे, लेकिन वे ऐसा सिर्फ़ इसलिए करते थे, ताकि हमारा ध्यान उनके असली उद्देश्यों पर न जाए या वे अपने किसी सैनिक को पकड़वा देते थे, जो ग़लत जानकारी प्रदान करता था या वे हमें ग़लत जानकारी देने के लिए किसी जासूस का इस्तेमाल करते थे, जिसे हम अपने पक्ष में मानते थे।

आसमान तक उठाओ, फिर नीचे गिरा दो

व्यवसाय और निवेश के संसार में छलावे भरी जानकारी की भरमार है। उद्यमी और निवेशक को भ्रामक जानकारी के बारे में लगातार सतर्क और सावधान रहना चाहिए। मिसाल के तौर पर, कई बार एक वित्तीय विशेषज्ञ आपसे कुछ करने को कहेगा और ख़ुद उसकी विपरीत चीज़ करेगा। यह विशेषज्ञ टीवी पर कह सकता है कि किसी ख़ास शेयर का भविष्य उज्ज्वल है और वह उसे ख़रीद रहा है। इस जानकारी से दूसरे लोग शेयर ख़रीदने लग जाते हैं और शेयर का भाव बढ़ जाता है। जब भाव बढ़ जाता है, तो जिस विशेषज्ञ ने शेयर ख़रीदने की सलाह दी थी, वह शेयर को बेच देता है और भारी मुनाफ़ा कमा लेता है। इसे *पंप ऐंड डंप* यानी आसमान तक उठाओ, फिर नीचे गिरा दो कहा जाता है।

हाथ की सफ़ाई

छल का एक और रूप है *हाथ की सफ़ाई*। इसे जादुई चाल माना जाता है। जब जादूगर अपने टॉप हैट को थपथपाता है, तो आपकी आँखें हैट की ओर आकर्षित हो जाती हैं और यह नहीं देख पातीं कि वह अपनी पीठ के पीछे अपने दूसरे हाथ से क्या कर रहा है।

व्यवसाय में उपभोक्ताओं को अक्सर इसी तरह चकमा दिया जाता है। मिसाल के तौर पर, सीरियल के बॉक्स पर लिखा हो सकता है, 'लो-फैट।' वज़न बढ़ने की चिंता करने वाला उपभोक्ता सोचता है कि यह उसके लिए अच्छा सीरियल है, लेकिन महीन इबारत की जाँच करने पर आपको पता चलता है कि उसमें फैट तो कम है, लेकिन शुगर बहुत ज़्यादा है।

निवेश में म्यूचुअल फ़ंड का विज्ञापन 'सारे फ़ंड्स में सबसे ज़्यादा रिटर्न' हो सकता है। यह शीर्षक यह नहीं बताता है कि हर फ़ंड घाटे में गया और उसका फ़ंड भी घाटे में ही था। यह इसे कहने जैसा था, "मैंने सबसे बड़ी छोटी मछली पकड़ी।"

ज़्यादा अमीर बनने के लिए सूचना को वर्गीकृत करना

मैंने जानकारी को वर्गीकृत करने के बारे में सेना में कई सबक़ सीखे, जिन्हें व्यवसाय में लागू किया जा सकता है :

> ***सबक़ #1 : तथ्य या राय।*** तथ्य और राय में फ़र्क़ समझना सैन्य बुद्धिमत्ता की कुंजी है। यही वित्तीय बुद्धिमत्ता के बारे में भी सच है। इतने सारे लोग निवेश को ख़तरनाक मानते हैं, इसका एक कारण यह है कि वे तथ्यों और रायों के फ़र्क़ को नहीं समझ पाते। रायों के कुछ उदाहरण ये हैं :
>
> - जब कोई कहता है कि किसी कंपनी के शेयर का भाव ऊपर जाने वाला है, तो यह एक राय है, क्योंकि यह भावी घटना के बारे में है।
> - जब कोई कहता है कि किसी व्यक्ति की नेट वर्थ मिलियन डॉलर है, तो यह एक राय है, क्योंकि ज़्यादातर मूल्यांकन राय की श्रेणी में आते हैं।

- अगर कोई व्यक्ति कहता है, "वह बहुत सफल है," तो यह एक राय है, क्योंकि सफलता की परिभाषा सापेक्ष होती है।

सबक़ #2 : पागलपन भरे समाधान। पागलपन भरा समाधान तब आता है, जब कोई व्यक्ति राय वाली जानकारी को तथ्य समझ लेता है। इस वजह से युद्ध में आपकी जान जा सकती है। इस वजह से व्यवसाय में आप बर्बाद हो सकते हैं। मिसाल के तौर पर :

प्रश्न : *"आपने वह मकान क्यों ख़रीदा, जबकि आप जानते थे कि आप इसका ख़र्च नहीं उठा सकते?"*

जवाब : "मैंने इसलिए ख़रीदा, क्योंकि मेरे ब्रोकर ने कहा था कि इसका मूल्य बढ़ने वाला है। मैं सोचता था कि मैं मकान ख़रीदकर इसमें रह सकता हूँ और फिर मुनाफ़े में इसे बेच सकता हूँ, जिससे मेरी पैसे की समस्याएँ सुलझ जाएँगी।"

प्रश्न : *"आपने उस आदमी से शादी क्यों की, जबकि आप जानती थीं कि वह औरतख़ोर और आलसी है?"*

जवाब : "देखिए, वह बहुत आकर्षक था। मुझे डर था कि मैं उसे खो दूँगी। मैं नहीं चाहती थी कि कोई दूसरी औरत उसे मुझसे चुरा ले। इसलिए हालाँकि मैं जानती थी कि वह दूसरी जगहों पर धोखा देता था और उसे मेहनत पसंद नहीं थी, लेकिन मैंने सोचा था कि जब हमारी शादी हो जाएगी और बच्चे हो जाएँगे, तो मैं उसे बदल सकती हूँ।"

प्रश्न : *"आप इतने सालों तक उस नौकरी में क्यों अटके रहे, जिससे आप नफ़रत करते थे?"*

जवाब : "मैंने सोचा था कि मुझे प्रमोशन मिल सकता है।"

प्रश्न : *"आप इन म्यूचुअल फ़ंड्स में निवेश क्यों करते हैं?"*

जवाब : "क्योंकि मेरी सुपरवाइज़र ने मुझे ऐसा करने को कहा था। उन्होंने कहा था कि यह एक अच्छा निवेश है।"

सबक़ #3 : जोखिम भरे काम। युद्ध में अगर आप जानकारी का सत्यापन नहीं करते थे और इस पर आँख मूँदकर काम करते थे, तो आपको मृत्यु का ख़तरा रहता था। जोखिम उठाने वाला निवेशक राय के आधार पर निवेश करता है। दुर्भाग्य से यह ज़्यादातर निवेशकों के मामले में सही है। चूँकि ज़्यादातर निवेशक कैपिटल गेन्स की ख़ातिर निवेश करते हैं, इसलिए उनका निवेश निर्णय भविष्य के बारे में राय पर आधारित होता है। कई निवेशक इस राय के आधार पर म्यूचुअल फ़ंड्स में निवेश करते हैं कि शेयर बाज़ार हर साल 8 से 10 प्रतिशत तक बढ़ता है। अगर यह राय ग़लत हुई, तो वे पराजित हो जाते हैं।

स्मार्ट निवेशक तथ्य और राय के बीच के फ़र्क़ को समझता है। आम तौर पर जो व्यक्ति कैपिटल गेन्स की ख़ातिर निवेश करता है, वह राय के आधार पर निवेश कर रहा है। कैशफ़्लो निवेशक तथ्यों के आधार पर निवेश करता है। अगर संभव हो, तो स्मार्ट निवेशक राय और तथ्य दोनों का इस्तेमाल करके निवेश करेगा यानी वह कैशफ़्लो तथा कैपिटल गेन्स दोनों की ख़ातिर निवेश करेगा।

अगर आप शेयरों, म्यूचुअल फ़ंड्स, रियल एस्टेट या व्यवसाय में निवेश कर रहे हैं, तो ख़ुद से पूछें कि आप जिस जानकारी के आधार पर निर्णय ले रहे हैं, वह तथ्य है या राय।

सबक़ #4 : संपत्ति पर नियंत्रण। मैं यह महत्त्वपूर्ण जानकारी चाहता हूँ कि उस संपत्ति पर मेरा कितना नियंत्रण है। वित्तीय आईक्यू #4 पर पिछले अध्याय : अपने धन का लीवरेज करना, में मैंने कहा था कि लीवरेज से पहले निवेश में नियंत्रण होना महत्त्वपूर्ण है। अगर मेरे पास नियंत्रण नहीं है, तो मैं ज़्यादा लीवरेज का इस्तेमाल नहीं करता हूँ। मैं अपने किराये को नियंत्रित करके अपनी संपत्ति के मूल्य को नियंत्रित करता हूँ। मेरी संपत्ति का मूल्य बाज़ार के मूल्यांकन पर आधारित नहीं होता, जो 99 प्रतिशत समय राय होती है।

बैंकर किसी जायदाद पर डाउन पेमेंट अक्सर इसीलिए माँगते हैं, क्योंकि वे आँके गए मूल्य पर भरोसा नहीं करते। ज़ाहिर है, जब से क़र्ज़ सस्ता हुआ है, यह परिपाटी ख़त्म सी हो गई है। आसान क़र्ज़ और सस्ते पैसों के इस दौर में मकान के भाव आसमान छूने लगे, जब मूर्ख लोग सोने के लालच में दौड़ते हुए इस दिशा में चले आए। ज़्यादा ख़रीदारों का मतलब होता है कि भाव बढ़ेंगे। जब भाव बढ़े, तो रियल एस्टेट के मूल्यांकन भी बढ़ गए। जब मूल्यांकन बढ़ गए, तो परिवार अमीर महसूस करने लगे, क्योंकि वे सोचने लगे कि उनके मकान का मूल्य बढ़ गया है। कई ने नए मूल्यांकन के आधार पर होम इक्विटी लोन भी ले लिए। उन्होंने नई कारें और वैकेशन होम्स ख़रीद लिए, समुद्री यात्राएँ कीं और ख़रीदारी करने लगे। फिर गुब्बारे में एक सूराख़ हो गया, जिसे सबप्राइम मॉर्गेजेस नामक समस्या के रूप में जाना जाता है। जब यह छोटा छेद बड़ा हुआ, तो गुब्बारा तैरता हुए वापस ज़मीन की ओर आने लगा।

तथ्य (कैशफ़्लो) के बजाय राय (कैपिटल गेन्स) को मूल्यांकन का आधार बनाने के साथ यही समस्या है। यह न सिर्फ़ रियल एस्टेट, बल्कि सारी संपत्तियों के बारे में सच है। इसीलिए जब मैं वित्तीय जानकारी चाहता हूँ, तो मुझे यह जानने की ज़रूरत होती है कि वह जानकारी तथ्य है या राय। वित्तीय पागलपन तब होता है, जब राय को ग़लती से तथ्य समझ लिया जाता है।

मूर्ख दौड़कर अंदर आ जाते हैं

जब आप अगली बार कोई निवेश निर्णय लेने वाले हों, तो दो गानों को गुनगुनाना न भूलें। ये हैं जॉनी मर्सर और रूब ब्लूम का 'फूल्स रश इन' और डॉन शिलिट्ज का 'द गैम्बलर', जिसे केनी रॉजर्स ने गाया है। 'द गैम्बलर' की जो पंक्ति मुझे बेहद पसंद है, वह यह है, "जब आप टेबल पर बैठे होते हैं, तो आप कभी अपने पैसे नहीं गिनते हैं।" जब कोई कहता है, "मेरी नेट वर्थ इतनी है," या "मेरे घर का मूल्य इतना आँका गया है," तो मैं जान जाता हूँ कि मैं एक जुआरी से बात कर रहा हूँ, जो टेबल पर बैठे-बैठे ही अपने पैसे गिन रहा है। मेरे अमीर डैडी ने कहा था, "जब आप टेबल पर बैठे होते हैं, तब आप अपने पैसे इसलिए नहीं गिनते हैं, क्योंकि जब तक आप टेबल पर हैं, तब तक आपका पैसा सचमुच आपका नहीं होता। जिस पल आप टेबल से दूर जाते हैं, आपकी जेब का पैसा आपका होता है और आप इसे गिन सकते हैं।"

आज रिटायरमेंट अकाउंट वाले करोड़ों कर्मचारी टेबल पर बैठे-बैठे ही अपने पैसे गिन रहे हैं। चूँकि ज़्यादातर निवेशक पेपर एसेट्स में कैपिटल गेन्स के लिए निवेश करते हैं, इसलिए वे नियंत्रण के बिना और इस उम्मीद से निवेश करते हैं कि *राय तथ्य बन जाए*। यह बहुत ख़तरनाक है।

इसका यह मतलब नहीं है कि स्मार्ट निवेशक सिर्फ़ तथ्यों के आधार पर ही निवेश करता है। स्मार्ट निवेशक वह होता है, जो राय और तथ्य दोनों के आधार पर निवेश करता है। स्मार्ट निवेशक जानता है कि तथ्य और राय में मूल्यवान जानकारी हो सकती है। सरल भाषा में कहें तो, "तथ्य एक ऐसी चीज़ है, जिसके भौतिक प्रमाण को सत्यापित करके साबित किया जाता है। राय ऐसी चीज़ है, जो तथ्य पर आधारित हो भी सकती है और नहीं भी हो सकती।" दूसरे शब्दों में, राय तथ्य हो सकती है, लेकिन यह तब तक राय ही रहती है, जब तक कि इसे सत्यापित न किया जाए। जैसा मेरे अच्छे मित्र और बिज़नेस पार्टनर केन मैक्एलरॉय कहते हैं, "विश्वास करें, लेकिन सत्यापित करें।"

> ***सबक़ #5 : नियम क्या हैं?*** नियम और क़ानून जानकारी के बहुत महत्त्वपूर्ण प्रकार हैं। कई लोग इसलिए मुश्किल में पड़ जाते हैं, क्योंकि वे या तो नियम नहीं जानते हैं या फिर नियमों को नज़रअंदाज़ कर देते हैं या फिर नियम तोड़ देते हैं।
>
> व्यक्तिगत रूप से मुझे नियम कभी पसंद नहीं थे। वियतनाम में मुझे वे और भी कम पसंद थे। मुझे ख़ास तौर पर इस चीज़ से नफ़रत थी कि हम अलग नियमों के अनुसार लड़ते थे और शत्रु दूसरे नियमों से लड़ता था। युद्ध में जो एक नियम मुझे मूर्खतापूर्ण लगा, वह यह था कि हम सीमाओं के पार शत्रु का पीछा नहीं कर सकते थे। इसलिए शत्रु जान-बूझकर सीमा के क़रीब लड़ाई छेड़ता था और फिर सुरक्षा के लिए इसके पार चला जाता था। कई बार हमें लड़ाई इसलिए छोड़नी पड़ी, क्योंकि शत्रु दोबारा लाओस में चला गया था।

मुझे यह नियम भी पसंद नहीं था कि मुझे यूनिफ़ॉर्म पहननी थी, लेकिन शत्रु को नहीं पहननी थी। लड़ने के बारे में एक बहुत मुश्किल चीज़ यह जानकारी न होना थी कि शत्रु कौन है और कौन नहीं है। यूनिफॉर्म यह जानकारी दे सकती थी।

नियम संपत्ति के मूल्य को बढ़ा देते हैं

अमीर डैडी ने नियमों के प्रति मेरे नज़रिये को बदला। उन्होंने कहा, "अगर कोई नियम नहीं है, तो कोई संपत्ति नहीं है।" इसे आगे स्पष्ट करते हुए उन्होंने कहा, "जिस इलाक़े में नियम तोड़े जाते हैं, वहाँ अपराध की दर ऊँची होती है और जायदाद के मूल्य गिर जाते हैं।" उन्होंने यह भी कहा था, "अगर तुम कोई खेल खेलते हो और नियमों का पालन कराने वाला कोई रेफ़री न हो, तो खेल अराजकता में बदल जाता है। अगर तुम हाइवे पर गाड़ी चलाते हो और नियमों का पालन कराने के लिए पुलिस न हो, तो लोग मर जाते हैं। इसीलिए नियम महत्त्वपूर्ण होते हैं।"

नियम किसी व्यक्ति को बहुत अमीर या बहुत ग़रीब बना सकते हैं। इसीलिए नियमों पर जानकारी बहुत महत्त्वपूर्ण होती है। एनरॉन के एक्ज़ीक्यूटिवों ने नियम तोड़े। कंपनी ग़ायब हो गई, कर्मचारियों की नौकरी चली गई और निवेशकों का पैसा डूब गया। निवेश के संसार में अलग-अलग संपत्तियों के अलग-अलग नियम होते हैं। मुझे म्यूचुअल फ़ंड पसंद न होने का एक कारण यह है कि मैं नियमों को पसंद नहीं करता। मेरे पास कोई नियंत्रण नहीं होता। मैं रियल एस्टेट के नियमों को ज़्यादा पसंद करता हूँ, जो मुझे ज़्यादा पैसे बनाने और क़ानूनी रूप से कम टैक्स देने की अनुमति देते हैं। अगर मैं रियल एस्टेट के नियमों को म्यूचुअल फ़ंड्स में लागू करने लगूँ, तो मैं जेल चला जाऊँगा।

जो लोग अमीर बनना चाहते हैं, उनके पास अच्छे अकाउंटेंट और वकील होना महत्त्वपूर्ण है। आज इतने सारे नियम, क़ानून और नीतियाँ हैं कि किसी एक व्यक्ति के लिए उन सभी को जानना या समझना असंभव है, हालाँकि वकील या अकाउंटेंट को नियुक्त करना महँगा लग सकता है, लेकिन वे जिस कष्ट से आपको बचा सकते हैं और आपकी ख़ातिर वे जितना पैसा बना सकते हैं, वह आपकी दी हुई फ़ीस से ज़्यादा हो सकता है।

दो बातें याद रखें : नियम इस बारे में जानकारी का मूल्यवान स्रोत हैं कि पैसे का खेल कैसे खेला जाता है। और नियमों के बिना संपत्तियों का मूल्य कम हो जाता है।

> ***सबक़ #6 रुझान या ट्रेंड।*** ट्रेंड तब बनती है, जब कोई निवेशक *तथ्यों* के आधार पर जानकारी लेता है और फिर एक *राय* बनाता है। मैं आपको एक कहानी बताना चाहूँगा, जिसने मेरे जीवन पर बहुत प्रभाव डाला।
>
> 1972 के उत्तरार्द्ध में नॉर्थ वियतनामी आर्मी (एनवीए) ने डिमिलिटराइज़्ड ज़ोन (डीएमज़ेड) को पार कर लिया। एनवीए साइगोन के रास्ते पर थी, जिसे आज हो ची मिन्ह सिटी कहा जाता है। डीएमज़ेड के दक्षिण में पहला बड़ा शहर था क्वांग ट्री। हम जानते थे कि अगर हमने उन्हें वहाँ नहीं रोका, तो युद्ध हार जाएँगे।

जब हम क्वांग ट्री के लिए युद्ध हारने लगे, तो मैंने कुछ अलग-अलग संदेशों के आगमन पर ग़ौर किया। एक जानकारी यह थी कि दक्षिण वियतनामी लोग अपनी मुद्रा यानी वियतनामी पियास्टर के बदले में सोने की पत्ती ख़रीद रहे थे। मुझे यह अजीब जानकारी रोचक लगी।

जैसा इस पुस्तक में बताया गया है, 1971 में अमेरिकी डॉलर धन नहीं रह गया, बल्कि मुद्रा बन गया। 1973 में वियतनाम में मैंने दक्षिण वियतनामी लोगों की दहशत के बारे में मिली जानकारी के आधार पर प्रत्यक्ष रूप से धन के नियमों में परिवर्तन पर ग़ौर किया। वे जानते थे कि वे युद्ध हार गए थे और वे पराजित दल में थे।

1971 में सोने का भाव 35 डॉलर प्रति औंस था। 1973 में मैंने इसका भाव बढ़कर 80 डॉलर के पार जाते देखा। जब उत्तरी वियतनामी दल दक्षिण की ओर बढ़ते रहे, तो डर दहशत के स्तर पर पहुँच गया था। जो अमीर अमेरिका के पक्ष में थे, वे भागने की तैयारी कर रहे थे। पियास्टर या अमेरिकी डॉलरों को इकट्ठा करने के बजाय वे उस सारे सोने को ख़रीद रहे थे, जिसे वे ख़रीद सकते थे। मुझे एक और गोपनीय रिपोर्ट मिली, जिसमें बताया गया था, “विश्वास ख़त्म हो गया है। लोग भागने के लिए तैयार हैं। डॉलर और पियास्टर को सोने में बदल रहे हैं।”

टॉप सीक्रेट कमरे में बैठकर मुझे अहसास हुआ कि लोग सोना चाहते हैं। मैंने सोचा, वे यह बात जानते थे कि सोने की मदद से वे दूसरे देश तक की यात्रा करने में कामयाब हो जाएँगे। मैं उनकी पीड़ा महसूस कर सकता था। वे जानते थे कि सोना उनकी जान बचा सकता है।

मैं तथ्य जानता था। अमेरिका युद्ध हार रहा था। शत्रु क़ब्ज़ा जमा रहा था। अंतरराष्ट्रीय स्तर पर डॉलर नीचे गिर रहा था और सोने का भाव बढ़ रहा था। ख़ुफ़िया रिपोर्ट के आधार पर मैं जानता था कि दक्षिण वियतनामी लोग दहशत में आ रहे थे और अपनी मुद्रा छोड़कर सोना ख़रीद रहे थे। मेरे लिए यह प्रवृत्ति निवेश का अवसर था। मैंने इसके आधार पर राय क़ायम की।

कुछ दिनों बाद एक मित्र और मैं उत्तर दिशा में शत्रु की सीमारेखा के ठीक पीछे उड़े, क्योंकि हम थोड़ा सोना ख़रीदना चाहते थे। हमारी *राय* यह थी कि वियतनामी सोने के खनिक हमें सोना बेचने के लिए व्याकुल होंगे, क्योंकि एनवीए ने उनके गाँव पर क़ब्ज़ा कर लिया था। हमारी *राय* थी कि खनिक हमारे अमेरिकी डॉलर लेने के लिए व्याकुल होंगे। हमारी *राय* यह थी कि हम डिस्काउंट में सोना ख़रीदने की अच्छी स्थिति में होंगे। हमारी *राय* के आधार पर, जो कुछ तथ्यों पर आधारित थी, हमने कुछ नियम तोड़े और हम चंद डालरों के लिए अपनी जान का जोखिम लेने के लिए तैयार थे।

मुनाफ़ा कमाने के बजाय मेरी जान जाते-जाते बची। सोने को डिसकाउंट पर ख़रीदने के बजाय मैंने सोने और मुद्राओं के बारे में एक मूल्यवान सबक़ सीखा। उस दिन मुझे पता चला कि सोने का भाव दरअसल पूरे संसार में समान रहता था। उस दिन

सोने का भाव 82 डॉलर प्रति औंस के क़रीब था। मुझे पता चला कि मैं सोने को चाहे अमेरिकी इलाक़े में ख़रीदूँ या एनवीए इलाक़े में, इसका भाव वही रहता था।

शत्रु की सीमारेखा के पीछे खड़े होकर मैं सोने को सस्ते दाम में ख़रीदने की आशा कर रहा था, यह मूर्ख होकर स्मार्ट बनने का आदर्श उदाहरण है। मैं खदान के लिए बाँस की झोंपड़ी के सेल्स ऑफ़िस के सामने खड़े होकर अंतरराष्ट्रीय फ़ाइनैंस में एमबीए हासिल कर रहा था और लाल दाँत वाली महिला से बहस कर रहा था, जिसके दाँत पान चबाने की वजह से लाल हो गए थे, हालाँकि मैंने यह नहीं पूछा, लेकिन मुझे नहीं लगता कि वह महिला हार्वर्ड से पढ़ी होगी। मुझे नहीं लगता कि उसे औपचारिक शिक्षा मिली होगी, लेकिन वह बेहतरीन शिक्षक थी, हालाँकि वह शिक्षित नहीं दिखती थी और उसने सफलता की पोशाक नहीं पहनी थी, लेकिन वह सोने के मूल्य और भाव के बारे में पूरी जानकारी रखती थी। वह वित्तीय दृष्टि से बुद्धिमान थी और कील जितनी कठोर थी। वह दो युवा अमेरिकी पायलटों की चिकनी-चुपड़ी बातों में नहीं आने वाली थी, जो तेज़ी से गिरते अमेरिकी डॉलरों के बदले में उससे सोना लेना चाहते थे।

मुझे आज भी स्पष्टता से याद है कि उसके सामने खड़े होकर मैं 5 डॉलर के डिस्काउंट के लिए बहस कर रहा था। मैं 82 डॉलर का वैश्विक भाव देने के बजाय 77 डॉलर देना चाहता था। हमारा पैसा लेने के बजाय उसने सिर हिलाया और अपना पान चबाती रही। वह भाव जानती थी। वह स्थानीय और वैश्विक भू-राजनीतिक आर्थिक शक्तियों को जानती थी। उसके पास जानकारी थी, वह शांत थी और उसे सोना बेचने की कोई जल्दी नहीं थी। वह जानती थी कि ट्रेंड हमारे नहीं, उसके पक्ष में थी। वह यह भी जानती थी कि थोड़ा मुनाफ़ा कमाने की कोशिश करने वाले दो पायलट उसका सोना ख़रीदने के लिए जितने उतावले हैं, उनसे ज़्यादा उतावले कई दूसरे लोग होंगे।

एक बार जब मुझे समझ में आ गया कि वह टस से मस नहीं होने वाली थी, तो मैंने मन ही मन सोचा, "मैं आज मर गया। आज मैं मरने वाला हूँ, शत्रु की सीमारेखा के पीछे, 5 डॉलर के डिस्काउंट के चक्कर में। कोई हमें नहीं खोज पाएगा। किसी को कभी पता नहीं चल पाएगा कि हमें क्या हुआ था। हम युद्ध में गुम होंगे और दरअसल हम युद्ध में भी *नहीं* हैं। मैं किसी महान उद्देश्य की ख़ातिर नहीं मारा जाऊँगा। मेरी जान तो एक अंतरराष्ट्रीय कमॉडिटी के भाव कुछ डॉलर कम कराने की कोशिश में जाएगी। मैं इसलिए मरूँगा, क्योंकि मैं सस्ता और मूर्ख हूँ। अगर मैं यहाँ अब और खड़े होकर डिस्काउंट के लिए इस औरत से बहस करता रहा, तो मेरी पीठ में गोली पड़ जाएगी। मैं इतना मूर्ख हूँ कि मुझे तो सचमुच मार देना चाहिए।"

ट्रेंड आपकी मित्र है

उस दिन मैंने तीन सबक़ सीखे। एक तो वैश्विक बाज़ारों की शक्ति थी। वैश्विक बाज़ार का मतलब है कि भाव पूरे संसार में समान रहता है। सोने का भाव अंतरराष्ट्रीय बाज़ारों में तय होता है। रियल एस्टेट का भाव स्थानीय बाज़ार में तय होता है। बूढ़ी महिला इसलिए जीती, क्योंकि उसके पास वैश्विक और स्थानीय दोनों बाज़ारों की जानकारी थी। वह इसलिए जीती, क्योंकि उसके पास बेहतर जानकारी और ज़्यादा बुद्धि थी।

आज मैं समझ गया हूँ कि मुझे यह जानने की ज़रूरत है कि कौन सी जानकारी स्थानीय और वैश्विक दोनों स्तरों पर महत्त्वपूर्ण है। आज मैं रियल एस्टेट से प्रेम करता हूँ, क्योंकि यह एक ऐसी संपत्ति है, जो वैश्विक के बजाय स्थानीय जानकारी पर ज़्यादा निर्भर है। रियल एस्टेट में मैं अपने छोटे इलाक़े में विशेषज्ञ बन सकता हूँ। स्थानीय जानकारी की मदद से मैं न्यू यॉर्क, लंदन, हांगकांग या टोक्यो के बड़े संस्थागत निवेशकों से ज़्यादा स्मार्ट बन सकता हूँ। जिस तरह डेविड ने गोलियथ को हराया था, उसी तरह श्रेष्ठ जानकारी और बुद्धिमत्ता वाला छोटा निवेशक रियल एस्टेट के क्षेत्र में दिग्गज निवेशक को पछाड़ सकता है।

दूसरा सबक़, जो मैंने उस दिन सीखा, वह रुझानों या ट्रेंड्स की शक्ति थी। अगर मैं रुझानों और सोने के भाव को ज़्यादा अच्छी तरह समझता, तो मैं शत्रु की सीमारेखा के पीछे जान का जोखिम लिए बिना बहुत सारे पैसे बना लेता। मुझे निवेश करने के लिए शत्रु के इलाक़े में जाने की ज़रूरत नहीं थी। मुझे डिस्काउंट माँगने की भी ज़रूरत नहीं थी। मुझे तो बस ट्रेंड के साथ निवेश करना था। मैं संसार के किसी भी क़स्बे में जाकर उसी भाव पर सोना ख़रीद सकता था। 1979 तक ट्रेंड ने सोने का भाव बढ़ाकर लगभग 800 डॉलर प्रति औंस कर दिया। मुझे अपनी जान जोखिम में डालने की ज़रूरत नहीं थी। अगर मैंने ट्रेंड पर विश्वास किया होता, तो मैं बहुत सारे पैसे बना लेता। मुझे पैसे बनाने के लिए डिस्काउंट की ज़रूरत भी नहीं थी।

उस दिन का तीसरा और सबसे मूल्यवान सबक़ यह था कि जानकारी बस जानकारी होती है। *बुद्धिमत्ता उस जानकारी को लेकर उसे अर्थपूर्ण बनाने की योग्यता होती है।* लाल दाँत वाली बूढ़ी महिला के पास भी वही जानकारी थी, जो मेरे पास थी, लेकिन उसकी बुद्धिमत्ता ने उसे वह समझ और अर्थ प्रदान किए, जो मेरे पास नहीं थे। वह अनुभवी खिलाड़ी थी। वह खेल को जानती थी। मैं नया बच्चा था और एक प्राचीन खेल में एक नया खिलाड़ी था।

जब 9 अगस्त 2007 को बाज़ार लुढ़कने पर लोग दहशत में आए, तो मुझे उस बूढ़ी औरत की याद आई। मैंने सबसे पहले ट्रेंड की जाँच की। भीड़ के साथ दहशत में आने के बजाय मैंने अपने डर को नियंत्रण में रखा और बाज़ार के उतार-चढ़ाव के बजाय ट्रेंड पर दोबारा ध्यान केंद्रित किया। मैंने तथ्यों को दोबारा सत्यापित किया और भविष्य के बारे में अपनी ख़ुद की राय बनाई।

मैं केंद्रीय बैंकों के उठाए क़दमों पर निगाह रख रहा था। एक बार फिर वे समस्या को सुलझाने के बजाय ज़्यादा मुद्रा छापने में लगे थे। जब मुझे तथ्य पता चले कि अंतरराष्ट्रीय

केंद्रीय बैंक गिरते बाज़ारों में नक़दी का इंजेक्शन लगा रहे हैं, तो मैं जान गया कि कि डॉलर की *क्रय शक्ति के कम होने की* मेरी राय अब भी दमदार है।

आज डाइवर्सिफ़ाई करने के बजाय मैं कुछ छोटी संपत्तियों पर ध्यान केंद्रित करता हूँ, ट्रेंड पर ग़ौर करता हूँ और ट्रेंड के साथ निवेश करता हूँ। चूँकि मैं जानता हूँ कि ट्रेंड पलट सकती है और दिशा बदल सकती है, इसलिए मैं *आँख मूँदकर लंबे समय के लिए निवेश नहीं करता*। सूचना युग परिवर्तन के बारे में है और मुझे रोबोट के बजाय लचीला बनने की ज़रूरत है।

आजकल मैं जिन कुछ ट्रेंड्स में निवेश कर रहा हूँ, वे ये हैं :

तेल में ट्रेंड्स। जैसा आप जानते हैं, चीन, भारत और पूर्वी यूरोप जितने ज़्यादा पाश्चात्य बन रहे हैं, तेल की माँग उतनी ही बढ़ रही है। ऊर्जा के वैकल्पिक स्रोत खोजने की होड़ के बावजूद तेल आने वाले कई वर्षों में ऊर्जा का मुख्य स्रोत बना रहेगा, हालाँकि मैं तेल से उत्पन्न पर्यावरण नुक़सान को पसंद नहीं करता, लेकिन कटु वास्तविकता यह है कि हम सभी इसका इस्तेमाल करते हैं, सबसे समर्पित पर्यावरणवादी भी। मेरा विश्वास है कि तेल के भाव की दीर्घकालीन ट्रेंड ऊपर है, यह संभवतः निकट भविष्य में 200 डॉलर प्रति बैरल तक जा सकता है। इस ऊँचे भाव के वैश्विक अर्थव्यवस्था पर गंभीर परिणाम होंगे, जो बाद में दूसरी महत्त्वपूर्ण ट्रेंड्स की ओर ले जाएँगे, जब सौर ऊर्जा जैसी वैकल्पिक ऊर्जा टेक्नोलॉजी विकसित होगी।

चाँदी में ट्रेंड्स। मेरा विश्वास है कि चाँदी सर्वश्रेष्ठ निवेश है। मेरा विश्वास है कि यह तेल से भी बेहतर निवेश है। मैं दो कारणों से यह बात कह रहा हूँ। पहला कारण तो यह है कि चाँदी एक औद्योगिक धातु है। इसका मतलब है कि इसका उपभोग होता है। चाँदी इलेक्ट्रॉनिक्स के लिए सबसे अच्छी धातुओं में से एक है। इसका इस्तेमाल कंप्यूटर्स, सेल फ़ोन्स, टेलीविज़न सेट्स और दूसरे उपकरणों में होता है। अनुमान है कि संसार में मौजूद 95 प्रतिशत चाँदी का अब तक उपभोग हो चुका है। इसके भंडार कम होते जा रहे हैं। सोना की स्थिति भिन्न है। यह अनुमान है कि खदान में से अब तक निकाले गए सोने का 95 प्रतिशत अब भी मौजूद है। चाँदी की तरह उपभोग के बजाय सोने को सँभालकर रखा जाता है। कई मायनों में इस वजह से चाँदी सोने से ज़्यादा मूल्यवान बन जाती है।

दूसरा कारण यह है कि चाँदी भी एक मूल्यवान धातु और धन का रूप है। डॉलर की क्रय शक्ति होने पर लोग किसी ऐसी चीज़ की तलाश करेंगे, जो असली धन का प्रतिनिधित्व करती हो या कम से कम इसके मूल्य को क़ायम रखती हो। यह लिखते वक़्त चाँदी सोने की तुलना में बहुत सस्ती है। इसका मूल्य लगभग 13 डॉलर प्रति औंस है, जबकि सोने का भाव 600 डॉलर प्रति औंस है। ऐतिहासिक दृष्टि से सोने का भाव चाँदी से सिर्फ़ 14 गुना ज़्यादा रहता है, जिसका मतलब है कि अगर चाँदी का भाव 10 डॉलर प्रति औंस है, तो सोना 140 डॉलर प्रति औंस

के भाव पर चलेगा। आज सोने और चाँदी के भाव में 50 गुना अंतर चल रहा है। ऐतिहासिक प्रवृत्तियों के आधार पर और चाँदी के उपभोग योग्य धातु होने की वजह से मेरी राय में इसका भाव बढ़ने के अवसर ज़्यादा हैं।

लगभग एक साल पहले कई शेयर एक्सचेंजों में चाँदी के एक्सचेंज-ट्रेडेड फ़ंड्स (ईटीएफ़) आ चुके हैं। ये उन निवेशकों के लिए हैं, जो चाँदी के सिक्कों या छड़ों को जमा नहीं करना चाहते या चाँदी की खदान वाली कंपनी में निवेश नहीं करना चाहते। चाँदी के ईटीएफ़ की वजह से निवेशकों के लिए चाँदी में निवेश करना ज़्यादा आसान हो गया है। चाँदी का ईटीएफ़ पुराने ज़माने के अमेरिकी डॉलर जैसा है, जिसके पीछे चाँदी की गारंटी है, जिसे *सिल्वर सर्टिफ़िकेट* के रूप में जाना जाता है। अंतर यह है कि चाँदी के भाव ऊपर-नीचे होने से ईटीएफ़ ऊपर-नीचे जा सकता है। चाँदी का ईटीएफ़ आने का मतलब है कि संसार ज़्यादा से ज़्यादा चाँदी का संग्रह करने वाला है, क्योंकि संसार की मुद्राओं की क्रय शक्ति नीचे जा रही है।

चाँदी उपभोग में आने वाली मूल्यवान धातु है, जिससे यह इस दशक का निवेश अवसर बन जाती है। इस तरह की ख़बर है कि धरती पर 300 मिलियन औंस से भी कम चाँदी बची है। इसका मतलब है कि जल्द यह संसार में ख़त्म हो सकती है। इस वजह से कुछ चाँदी के कीड़े यह महसूस करते हैं कि चाँदी आने वाले सालों में सोने जितनी ही महँगी हो जाएगी। मैं नहीं सोचता कि यह उतनी ऊपर जाएगी, लेकिन माँग और पूर्ति की प्रवृत्तियों की वजह से मेरा विश्वास है कि चाँदी जीवन में एक बार का अवसर है। आज यह सस्ता और कम जोखिम वाला निवेश है, जिसका ख़र्च कोई भी उठा सकता है। इसीलिए चाँदी का बाज़ार भाव गिरने पर मैं रुझानों को देखकर चाँदी ख़रीद लेता हूँ। ज़ाहिर है, मैं ग़लत हो सकता हूँ, इसलिए सबसे अच्छा यही रहेगा कि आप अपना ख़ुद का शोध करें और इस ट्रेंड में निवेश करने से पहले अपनी ख़ुद की जानकारी खोजें।

हाउसिंग में ट्रेंड्स। कमॉडिटीज़ के ऊँचे भाव का एक कारण यह है कि संसार को ज़्यादा मकानों की ज़रूरत है। मिसाल के तौर पर, चीन में कंक्रीट की माँग की वजह से अमेरिका में कंक्रीट की कमी हो गई, जिससे कंक्रीट का भाव आसमान छूने लगा।

मुझे अपार्टमेंट हाउसेस में निवेश करने से प्रेम इसलिए है, क्योंकि अमीर हो या ग़रीब, हर एक को अपने सिर के ऊपर छत चाहिए। उम्मीद है कि अमेरिका की जनसंख्या अगले दो दशकों में 300 से 400 मिलियन तक बढ़ जाएगी। इसलिए मैं मानता हूँ कि मकानों के भाव भी बढ़ते रहेंगे।

अगर रियल एस्टेट ज़्यादा महँगी हो जाती है, तो इसका ख़र्च उठाना मुश्किल हो जाता है और अगर वेतन कम हो जाते हैं, तो इन ट्रेंड्स की वजह से ज़्यादा लोग किराये के मकानों में रहना पसंद करेंगे। किम और मैं 9 अगस्त 2007 के क्रैश में दहशत में इसलिए नहीं आए, क्योंकि हम रियल एस्टेट को कैशफ़्लो के लिए *किराये*

पर देते हैं। हम रियल एस्टेट बेचते नहीं हैं। जो लोग *कैपिटल गेन्स* की ख़ातिर निवेश करते हैं, वही रियल एस्टेट को *बेचने* के लिए ख़रीदते हैं।

जब सबप्राइम मॉर्गेज बाज़ार ढह गया, तो बेचने वाले दहशत में आ गए। जिन लोगों ने कैशफ़्लो की ख़ातिर निवेश किया था, यानी जिन्होंने दूसरों को अपार्टमेंट किराये पर दिए थे, वे दहशत में नहीं आए। दरअसल, उन्होंने तो इस आपदा में अवसर देखा। गिरते बाज़ारों में मकान ख़रीदने वाले कम होते हैं, लेकिन किराये पर लेने वालों की संख्या बढ़ जाती है, इसलिए क्रैश सामान्य तौर पर मकान किराये पर उठाने वालों के लिए अच्छा रहता है, लेकिन बेचने वालों के लिए नहीं।

पान चबाने और सोना बेचने वाली बूढ़ी औरत जानती थी कि दहशत उसे अमीर बनाएगी। ट्रेंड उसकी मित्र थी। जो लोग अपनी जायदाद किराये पर देते हैं, वे जानते हैं कि ट्रेंड उनकी मित्र है। जो लोग जायदाद को बेचते हैं या जो अपनी जायदाद का मूल्य बढ़ने के भरोसे बैठे रहते हैं, अल्पकालीन प्रवृत्तियाँ उनके ख़िलाफ़ काम कर सकती हैं। भाव ऊपर जाने के बजाय शायद नीचे रहेंगे या इतने ही बने रहेंगे। बेचने वालों के लिए उछाल का दौर ख़त्म हो गया है और मकान किराये पर देने वालों के लिए यह अभी शुरू ही हुआ है।

जनसांख्यिकी ही भाग्य है

जानकारी का एक बहुत मूल्यवान स्रोत है जनसांख्यिकी। जैसी कहावत है, "जनसांख्यिकी ही भाग्य है।" दूसरे शब्दों में बस लोगों को देखें, जैसा मैंने वियतनाम में किया था और आप जान जाएँगे कि किस तरह से निवेश करना है। जब मैं समझ गया कि दहशत में आने पर लोग अपनी मुद्रा से कमॉडिटीज़ ख़रीदते हैं, तो मेरे पास अपनी रायों को ट्रेंड्स पर आधारित करने के लिए बहुत मूल्यवान जानकारी आ गई। जब सोना 400 डॉलर प्रति औंस से नीचे गया, तो मैंने इसे ख़रीदना शुरू कर दिया और जब यह 275 डॉलर प्रति औंस पर पहुँच गया, तो बहुत सारा ख़रीदने लगा। फिर भाव तेज़ी से बढ़ने लगे। दूसरे शब्दों में, मैंने ट्रेंड के नीचे जाते समय इसका पीछा किया और जब ट्रेंड उलटी, तो तुरंत ही बहुत सारा सोना ख़रीद लिया। मैं सोने-चाँदी को पसंद करता हूँ, इसका एक कारण यह है कि इनका बाज़ार हमेशा रहता है। इन्हें तुलनात्मक रूप से जल्दी बेचा जा सकता है और नक़दी की ज़रूरत होने पर मैं काफ़ी जल्दी नक़दी हासिल कर सकता हूँ।

कम लिक्विडिटी, ज़्यादा जानकारी

रियल एस्टेट में ट्रेंड यह है कि रिटायर होने वाले बहुत से बेबी बूमर्स एरिज़ोना और नेवाडा में जाकर रहते हैं। इसलिए मैं इन राज्यों में निवेश करता हूँ। डेट्रॉयट में नौकरियाँ कम होने के कारण लोग डेट्रॉयट छोड़कर बाहर जा रहे हैं, जिससे मकान के दाम और किराया कम हो रहा है। इस प्रवृत्ति के बदलने में कई साल लगेंगे। चूँकि रियल एस्टेट में सोने-चाँदी और शेयरों से कम लिक्विडिटी होती है, इसलिए मुझे ट्रेंड्स के बारे में ज़्यादा जानकारी होनी चाहिए।

9 अगस्त 2007 के बाद कई मकान मालिक, फटाफट ख़रीदने-बेचने वाले और बहुत महँगे कॉन्डोज़ के रियल एस्टेट डेवलपर्स को बेचने में बहुत मुश्किल आ रही है। इसलिए ज़्यादातर तो बस असहाय होकर अपने रियल एस्टेट के भाव को पश्चिम दिशा में डूबता देख सकते हैं। सबक़ यह है : निवेश जितना कम लिक्विड होता है, आपको ट्रेंड के बारे में उतना ही ज़्यादा जानने की ज़रूरत है। कई लोगों ने ऊँचे दामों पर ख़रीदा था और अब वे कम भाव पर बेचने को विवश हैं। चतुर निवेशक जानता है कि कम भाव पर ख़रीदने और ज़्यादा भाव पर बेचने के लिए ट्रेंड्स का अनुसरण कैसे किया जाए।

वित्तीय शिकारी पक्षी

जब भी मैं ऊँचे कॉन्डोज़ पर डेवलपर्स की कंस्ट्रक्शन क्रेन्स को खाली देखता हूँ, तो मैं समझ जाता हूँ कि ट्रेंड का अंत निकट है। जब भी आप कंस्ट्रक्शन क्रेन्स देखें, तो उन्हें आसमान में बैठे शिकारी पक्षी मानें और यह समझ लें कि उछाल ख़त्म होने वाला है। इसका मतलब है कि उछाल का चक्र समाप्ति की ओर है और आम तौर पर नीचे का ही रास्ता खुला है। अगली बार जब आप आसमान में दो से ज़्यादा कंस्ट्रक्शन क्रेन्स देखें, तो उस रियल एस्टेट को बेचना शुरू कर दें, जिसे आप नहीं चाहते हैं।

इतिहास और चक्र

ट्रेंड्स पर एक अंतिम विचार है इतिहास और चक्रों का महत्त्व। ऊपर-नीचे के कई बाज़ारों में बचे रहने के बाद मैंने इतिहास से बहुत कुछ सीखा है। मेरा मानना है कि एक ऐतिहासिक वित्तीय ट्रेंड देखने लायक़ है। वह ट्रेंड शेयरों और कमॉडिटीज़ के बीच का बीस वर्षीय चक्र है। मैंने तेल कंपनी के लिए जहाज़ पर यात्रा की है और सोने की तलाश में हेलिकॉप्टर उड़ाए हैं, इसलिए मेरी जिज्ञासा जागी कि शेयरों के भाव गिरने पर कमॉडिटीज़ के भाव क्यों बढ़ते हैं। कुछ साल पहले मैंने अपने प्रिय वित्तीय लेखक जिम रॉजर्स की पुस्तक *हॉट कमॉडिटीज़* पढ़ी थी। रॉजर्स के अनुसार शेयरों के भाव बीस साल तक ऊपर चढ़े और इस दौरान कमॉडिटीज़ के भाव नीचे गिरे।

मिसाल के तौर पर, 1960 से लेकर 1980 तक जब मैं युवा हो रहा था, तब तेल और सोने जैसी कमॉडिटीज़ के भाव बढ़ रहे थे। 1980 में तेल, सोने, चाँदी और रियल एस्टेट के भाव तेज़ी से नीचे गिरने लगे, जबकि शेयरों के भाव ऊपर चढ़ने लगे। 1980 से 2000 के बीच शेयर बाज़ार काफ़ी आकर्षक जगह थी और तेल, सोने व चाँदी के भाव गिर रहे थे, हालाँकि कमॉडिटी बाज़ार नीचे था, लेकिन मैं सारा तेल, सोना, चाँदी और रियल एस्टेट ख़रीद रहा था, जो मैं ख़रीद सकता था। निर्धारित समय पर 2000 में डॉटकॉम बूम के शिखर पर शेयरों के भाव लुढ़के और कमॉडिटीज़ के भाव दोबारा ऊपर चढ़ने लगे। इतिहास ख़ुद को दोहराता है।

स्पष्ट रूप से मैं भविष्यदर्शी नहीं हूँ, लेकिन इतिहास ख़ुद को दोहराता है और मेरी उम्र इतनी हो चुकी है कि कुछ दोहराव मैं देख भी चुका हूँ। अगर आप इस बारे में ज़्यादा

जानकारी चाहते हों कि जिम रॉजर्स जैसे विश्व स्तरीय निवेशक ट्रेंड्स का विश्लेषण कैसे करते हैं, तो मैं आपको सलाह देता हूँ कि आप *हॉट कमॉडिटीज़* या उनकी लिखी कोई दूसरी पुस्तक पढ़ लें। वे ज़बरदस्त निवेशक और लेखक हैं, जो ट्रेंड के चतुर अवलोकनकर्ता हैं। हमेशा याद रखें, "ट्रेंड आपकी मित्र है।" अगर आप ट्रेंड को नज़रअंदाज़ करते हैं, तो शिकारी पक्षी आपकी हड्डियों तक को चट कर जाएँगे।

निष्कर्ष

निष्कर्ष यह है कि सिर्फ़ संपत्ति आपको अमीर नहीं बनाती। जानकारी आपको अमीर... या ग़रीब बनाती है। मिसाल के तौर पर, अगर मैं 1979 में 800 डॉलर प्रति औंस के भाव पर सोना ख़रीदता, तो मैं मुनाफ़े के लिए लंबा इंतज़ार करता। डॉलर की क्रय शक्ति में भारी कमी यानी मुद्रास्फीति को ध्यान में रखते हुए मुझे मुनाफ़े के लिए तब तक इंतज़ार करना होता, जब तक कि सोना 1,500 डॉलर पर नहीं पहुँच जाता।

यह किसी भी संपत्ति के बारे में सच है। मिसाल के तौर पर, रियल एस्टेट में ज़्यादातर निवेशक कम जानकारी और बुद्धि के कारण पैसे गँवाते हैं। इसीलिए जब कोई मुझसे पूछता है, "क्या रियल एस्टेट अच्छा निवेश है?" तो मेरा जवाब होता है, "मुझे नहीं पता। क्या आप अच्छे निवेशक हैं?"

ज़्यादातर व्यवसाय पैसों की कमी के कारण असफल नहीं होते हैं, बल्कि अच्छी व्यावसायिक जानकारी और बुद्धि की कमी के कारण असफल होते हैं। जब लोग मुझसे पूछते हैं, "मेरे पास नए व्यवसाय के लिए एक बेहतरीन विचार है और मैं थोड़े पैसे की तलाश कर रहा हूँ। क्या आप मेरी नई कंपनी में निवेश करने में रुचि लेंगे?" तो मेरा जवाब होता है, "मैं नहीं जानता। आपने कितने सफल व्यवसाय शुरू किए हैं?"

वियतनाम में लड़ने की स्वैच्छिक पहल उन सबसे स्मार्ट चीज़ों में से एक थी, जो मैंने कभी की थीं। अगर मैं ऐसा नहीं करता, तो पान चबाने वाली बूढ़ी औरत से नहीं मिल पाता। उस दिन शत्रु की सीमारेखा के पीछे खड़े होकर उसने मुझे बहुत महत्त्वपूर्ण सबक़ सिखाया। वह जीत गई, क्योंकि वह जानती थी कि सोने का भाव का *सोने के मूल्य* से कोई संबंध नहीं होता। मूल्य समझने के कारण वह जानती थी कि लोग सोना क्यों ख़रीद रहे हैं और सोना उनके लिए क्यों महत्त्वपूर्ण है। उस दिन मैंने सीखा कि संपत्ति आपको अमीर नहीं बनाती है... यह तो जानकारी और बुद्धि है, जो आपको अमीर बनाती है। अगर मैं सोने में निवेश करके पैसा गँवा सकता हूँ, जो असली धन है, तो मैं किसी भी चीज़ में पैसा गँवा सकता हूँ। उस दिन मैंने ज़्यादा स्मार्ट बनने की क़सम खाई, क्योंकि उसने मुझे सिखाया कि सोना नहीं, बल्कि जानकारी और बुद्धि मुझे अमीर बनाती हैं।

अध्याय 8

धन की अखंडता

'इन्टेग्रिटी' काफ़ी रोचक शब्द है। मैंने इसे कई अलग-अलग तरीक़े से और अलग-अलग पृष्ठभूमियों में सुना है। मेरा विश्वास है कि यह अँग्रेज़ी भाषा में सबसे ग़लत इस्तेमाल किए जाने वाले शब्दों में से एक है। कई बार मैंने किसी के मुँह से यह सुना है, "उसमें कोई सत्यनिष्ठा नहीं है," या "अगर उसमें ज़्यादा ईमानदारी होती, तो वह ज़्यादा सफल होता।" कोई और यह कह सकता है, "इस मकान के डिज़ाइन में संपूर्णता है।" मैं सोचता हूँ कि धन की अखंडता पर बात करने से पहले 'इन्टेग्रिटी' की अपनी परिभाषा बताना ज़्यादा अच्छा रहेगा।

वेब्स्टर्स में 'इन्टेग्रिटी' की तीन परिभाषाएँ दी हुई हैं :

1. *निर्दोषता :* अक्षुण्ण स्थिति।
2. *अदूषणीयता :* ख़ास तौर पर नैतिक या कलात्मक मूल्यों की संहिता के प्रति दृढ़ निष्ठा।
3. *पूर्णता :* पूर्ण या अविभाजित होने का गुण या अवस्था।

कार की अखंडता

धन और अखंडता पर बातचीत के लिए तीनों परिभाषाएँ आवश्यक हैं। उदाहरण के लिए मैं कार की अखंडता के बारे में बता रहा हूँ। कार में सिस्टम्स होते हैं : ब्रेक सिस्टम, ईंधन सिस्टम, विद्युत सिस्टम, हाइड्रॉलिक सिस्टम। अगर सिस्टम्स अखंडता में काम नहीं कर रहे हैं, तो कार काम नहीं करेगी, यह निर्दोष नहीं होगी। मिसाल के तौर पर, अगर ईंधन सिस्टम *दूषित* हो जाता है, तो पूरी कार रुक जाती है। कार की अखंडता टूट गई है। कार *पूर्ण* नहीं है।

स्वास्थ्य और दौलत की अखंडता

इसी तरह का उदाहरण मानव शरीर के संदर्भ में दिया जा सकता है। शरीर के कुछ सिस्टम्स हैं धमनी तंत्र, श्वसन तंत्र, नर्वस सिस्टम, अस्थि तंत्र, पाचन तंत्र आदि। अगर मानव शरीर

के सिस्टम की अखंडता निर्दोष नहीं है, जैसे बंद धमनियों से दूषित है, तो स्वास्थ्य कमज़ोर हो जाता है और इसके बाद जल्दी ही रोग या मृत्यु हो जाती है।

अखंडता की कमी से जिस तरह *स्वास्थ्य* पर बुरा प्रभाव पड़ सकता है, उसी तरह *दौलत* पर भी पड़ सकता है। शरीर की अखंडता के टूटने का परिणाम रोग या मृत्यु है, जबकि वित्तीय अखंडता के अभाव के लक्षण हैं कम आमदनी, पंगु करने वाले टैक्स, ज़्यादा ख़र्च, अत्यधिक क़र्ज़, दिवालियापन, नीलामी, बढ़ते अपराध, हिंसा, दुख और निराशा।

पहले मैंने पाँच वित्तीय बुद्धियों की सूची दी थी। एक बार फिर उन्हें दोहराना चाहूँगा :

वित्तीय आईक्यू #1 : ज़्यादा पैसे बनाना।

वित्तीय आईक्यू #2 : अपने पैसे को सुरक्षित रखना।

वित्तीय आईक्यू #3 : अपने पैसे का बजट बनाना।

वित्तीय आईक्यू #4 : अपने पैसे की लीवरेजिंग करना।

वित्तीय आईक्यू #5 : अपनी वित्तीय जानकारी को बेहतर बनाना।

अगर कोई व्यक्ति अमीर बनना चाहता है, अमीर बने रहना चाहता है और अपनी दौलत भावी पीढ़ियों तक पहुँचाना चाहता है, तो इन पाँचों बुद्धियों की अखंडता की आवश्यकता होती है। एक या इससे अधिक वित्तीय बुद्धियों की कमी उस व्यक्ति जैसी है, जो कार चलाना नहीं जानता, लेकिन वह उस कार को चलाने की कोशिश कर रहा हो, जिसमें पैड के बिना ब्रेक हों और गैस लाइन में पानी हो।

जब कोई व्यक्ति आर्थिक परेशानी में होता है, तो इनमें से एक या अधिक वित्तीय बुद्धियाँ अनियंत्रित होती हैं, वित्तीय अखंडता निर्दोष नहीं होती और व्यक्ति पूर्ण नहीं होता। मिसाल के तौर पर, मेरी एक मित्र छोटे व्यवसाय के मैनेजर के रूप में बहुत पैसे कमाती है। उसकी समस्या यह है कि वह टैक्स से रक्षित नहीं है, साथ ही वह अच्छे से बजट नहीं बनाती है, कपड़े ख़रीदने और छुट्टियाँ मनाने में भावावेश में ख़र्च करती है। वह अपने बड़े घर का लीवरेज करती है, क्योंकि वह सोचती है कि रियल एस्टेट का भाव हमेशा ऊपर जाता है। वह अपने पति और पति के फ़ाइनैंशियल प्लैनर से वित्तीय सलाह लेती है। उसका पति बेहतरीन इंसान है, लेकिन पत्नी की तरह ही वह भी पाँचों बुद्धियों में चुनौतियों का सामना कर रहा है।

वे अच्छे लोग हैं - शिक्षित, ईमानदार, चर्च जाने वाले और मेहनती। वे जीवन का आनंद लेते हैं और बच्चों की बेहतरीन परवरिश करते हैं। समस्या वित्तीय अखंडता की कमी है। वित्तीय अखंडता की कमी के कारण वे चिंता में रहते हैं। क्रेडिट कार्ड बिलों को चुकाने के लिए वे मकान की इक्विटी उधार लेने की चिंता करते हैं। वे तीन संतानों के कॉलेज की पढ़ाई का ख़र्च उठाने की चिंता करते हैं। वे रिटायरमेंट के लिए पर्याप्त पैसे जमा न होने की चिंता करते हैं। धन संबंधी ये आम समस्याएँ वित्तीय अखंडता की कमी का लक्षण हैं।

समस्या यह है कि उन्हें लगता ही नहीं है कि उन्हें कोई समस्या है। वे हर दिन उठते हैं, बच्चों को स्कूल भेजते हैं और नौकरी करने चले जाते हैं। वे घर आते हैं, बच्चों के

साथ खेलते हैं, उनके होमवर्क में मदद करते हैं, थोड़ा टीवी देखते हैं और बिस्तर पर चले जाते हैं। वे जानते हैं कि कुछ गड़बड़ है, लेकिन वे पता नहीं लगाना चाहते कि क्या। वे बस यही उम्मीद करते हैं कि किसी दिन यह बदल जाएगा।

वित्तीय रिपोर्ट कार्ड

ज़्यादातर लोगों की तरह ही मेरे मित्रों के पास व्यक्तिगत फ़ाइनैंशियल स्टेटमेंट नहीं है। वे यह भी नहीं जानते कि फ़ाइनैंशियल स्टेटमेंट क्या होता है और यह क्यों महत्त्वपूर्ण होता है। ज़्यादातर कॉलेज स्नातकों की तरह मेरे मित्रों को भी कॉलेज से निकलते समय क्रेडिट आवेदन, क्रेडिट स्कोर और फ़ाइनैंशियल स्टेटमेंट का फ़र्क़ मालूम नहीं था। समस्या यह है कि व्यक्तिगत फ़ाइनैंशियल स्टेटमेंट के बिना वे यह नहीं जान सकते कि उनकी वास्तविक वित्तीय स्थिति क्या है, गड़बड़ कहाँ हो सकती है और वित्तीय अखंडता कहाँ कमज़ोर है। फ़ाइनैंशियल स्टेटमेंट और पाँच वित्तीय बुद्धियों के बिना यह तय करना मुश्किल हो सकता है कि क्या ग़लत है और किस चीज़ को सुधारने की ज़रूरत है।

मेरी राय में यहीं पर *अखंडता का अभाव* शुरू होता है। यह हमारे स्कूल तंत्र में शुरू होता है - वित्तीय आईक्यू #5 : अपनी वित्तीय जानकारी को बेहतर बनाना के साथ। 1974 में जब कंपनियों ने कर्मचारियों से उनके रिटायरमेंट के लिए ख़ुद निवेश करने को कहा, तो स्कूल प्रणाली को पाठ्यक्रम में वित्तीय शिक्षा को जोड़ना चाहिए था, जो उन्होंने नहीं किया। हमारे स्कूल-कॉलेजों में वित्तीय शिक्षा की कमी संसार की वित्तीय अखंडता में सदमे की लहरें भेज रही है।

वित्तीय अखंडता का प्रतिबिंब

जैसा कि अमीर डैडी ने कहा था, "मेरे बैंकर ने मुझसे कभी मेरा रिपोर्ट कार्ड नहीं माँगा।" बैंकर्स शैक्षणिक रिपोर्ट कार्ड इसलिए नहीं माँगते, क्योंकि वे शैक्षणिक नहीं, वित्तीय बुद्धि की तलाश कर रहे होते हैं। इसीलिए वे फ़ाइनैंशियल स्टेटमेंट माँगते हैं। फ़ाइनैंशियल स्टेटमेंट आपकी वित्तीय अखंडता का प्रतिबिंब है। यह आपका वित्तीय रिपोर्ट कार्ड है।

बैंकर्स पाँच वित्तीय बुद्धियों से संबद्ध जवाबों की तलाश करते हैं। स्पष्ट रूप से, वे यह जानना चाहते हैं कि लोग पैसे बनाने, उसकी रक्षा करने, उसका बजट बनाने, उसका लीवरेज करने में कितने स्मार्ट हैं और उन्हें कितनी अच्छी जानकारी है। फ़ाइनैंशियल स्टेटमेंट बैंक को उनकी मनचाही जानकारी दे देता है।

वित्तीय अखंडता से बाहर

यदि किसी व्यक्ति में *वित्तीय अखंडता* नहीं है - जैसा अत्यधिक कर्ज़, अच्छी तरह बजट न बनाना, आमदनी से ज़्यादा ख़र्च करना, नीलामी और दिवालियापन - तो बैंकर शायद उस व्यक्ति को ग्राहक नहीं बनाना चाहेगा। यह *पेशेवर अखंडता* का मामला है।

2007 में क्रेडिट मार्केट लुढ़कने पर यह स्पष्ट हो गया कि क्रेडिट, बैंकिंग और निवेश संस्थाएँ वित्तीय अखंडता का अनुसरण नहीं कर रही थीं। निर्दोष ऋण परंपराओं की जगह लोभ ने ले ली थी। अर्थव्यवस्था सिर्फ़ क़र्ज़ के दम पर विस्तार नहीं कर सकती। स्कूल-कॉलेज में पैसे के बारे में ज़्यादा नहीं सिखाया जाता और वित्तीय बुद्धि का विस्तार नहीं किया जाता, इसलिए इस सिस्टम से निकलते समय विद्यार्थी हमारे साहसी नए संसार के लिए तैयार नहीं होते। पूरी पृथ्वी पर अरबों वयस्कों के पास व्यक्तिगत फ़ाइनैंशियल स्टेटमेंट नहीं होता, वे किसी कंपनी का फ़ाइनैंशियल स्टेटमेंट नहीं पढ़ सकते और वे अपने देश की वित्तीय स्थिति को नहीं जानते। यह शैक्षणिक अखंडता में विकार या गतिरोध है।

आंतरिक मूल्य

वॉरेन बफ़ेट डाइवर्सिफ़ाई नहीं करते हैं। इसके बजाय वे *आंतरिक मूल्य* वाली कंपनी की तलाश करते हैं, जिसमें वित्तीय अखंडता हो। वे यह जानना चाहते हैं कि क्या कंपनी में पाँचों वित्तीय बुद्धियाँ हैं। अति सरल भाषा में कहें, तो बफ़ेट नीचे दिए प्रश्नों के उत्तर चाहते हैं :

1. क्या कंपनी ज़्यादा पैसे बना सकती है?
2. क्या कंपनी के पास सुरक्षित अनूठी जगह है?
3. क्या कंपनी अपने धन और संसाधनों का अच्छा बजट बनाती है?
4. क्या व्यवसाय को लीवरेज किया जा सकता है और फैलाया जा सकता है?
5. क्या स्मार्ट और जानकार लोगों की टीम इसे चला रही है?

और भी सरल भाषा में, आंतरिक मूल्य का मतलब होता है :

1. ***सुरक्षित अनूठी जगह।*** इसका मतलब है कि व्यवसाय के पास ऐसी अनूठी क्षमता है, जिससे यह अच्छे और बुरे दोनों तरह के समय में पैसे कमाता है। कोका-कोला इस लिहाज़ से आदर्श है। लोग हमेशा शुगर वाला पानी पीते रहेंगे, भले ही सादा पानी ज़्यादा स्वास्थ्यवर्धक हो।

   कोका-कोला ट्रेडमार्क इसका बड़ा लाभ है, जिसकी रक्षा क़ानून करता है। वित्तीय बुद्धि #2 धन की रक्षा के बारे में है। इस मामले में वॉरेन इस प्रॉडक्ट को पसंद करते हैं, क्योंकि यह प्रॉडक्ट क़ानूनी रूप से संरक्षित ब्रांड है, सिर्फ़ कमॉडिटी नहीं है। कोका-कोला का आंतरिक मूल्य इस वजह से बढ़ जाता है, क्योंकि यह एक अच्छा मान्यता प्राप्त ब्रांड है, जो नक़्क़ालों से सुरक्षित है।

   रिच डैड ब्रांड भी एक ट्रेडमार्क है, जिसकी रक्षा क़ानून हर देश में करता है, जिसमें हम व्यवसाय करते हैं। ब्रांड बनने की वजह से मेरे व्यवसाय का आंतरिक मूल्य बढ़ता है। कई लेखक पुस्तकें तो लिखते हैं, लेकिन ब्रांड नहीं बना पाते हैं। जैसा आप जानते हैं, हैरी पॉटर एक मेगाब्रांड है। इसी तरह डोनाल्ड ट्रम्प भी हैं। एक

बात याद रखें, अगर आप ब्रांड नहीं हैं, तो आप कमॉडिटी हैं। ब्रांड्स का आंतरिक मूल्य ज़्यादा होता है, लेकिन इस मूल्य को क़ायम रखने के लिए ब्रांड को अपने संदेश और ग्राहकों के प्रति ईमानदार रहना पड़ता है।

कुछ साल पहले एक बड़ी म्यूचुअल फ़ंड कंपनी ने मुझसे पूछा कि क्या मैं इसके फ़ंड का विज्ञापन करूँगा, हालाँकि यह मुझे काफ़ी ज़्यादा फ़ीस दे रही थी, लेकिन मैंने प्रस्ताव ठुकरा दिया। मेरे दिमाग़ में यह बात थी कि म्यूचुअल फ़ंड का विज्ञापन करना रिच डैड ब्रांड के प्रति ईमानदारी नहीं होगी। इसका मतलब यह होगा कि अखंडता कम हो जाएगी, जिससे ब्रांड का आंतरिक मूल्य कम हो जाएगा। इसके अलावा मैं यह काम अपना चेहरा सीधा रखकर नहीं कर सकता था।

2. ***लीवरेज।*** यह बिंदु छोटे व्यवसाय मालिकों को बड़े व्यवसाय मालिकों से अलग करता है। मिसाल के तौर पर, अगर मैं डॉक्टर हूँ, तो मेरे लिए अपने मूल्य की लीवरेजिंग करना मुश्किल है, अगर मेरे मरीज़ सिर्फ़ मुझे दिखाने आते हैं, लेकिन अगर वही डॉक्टर किसी नए इलाज या दवा का आविष्कार कर दे, तो उसकी मेडिकल बुद्धि एक प्रॉडक्ट के ज़रिये *लीवरेज* हो सकती है।

   संसार छोटे व्यवसाय मालिकों और पेशेवरों से भरा है, जो इसलिए लीवरेजिंग नहीं कर सकते, क्योंकि वे ख़ुद प्रॉडक्ट हैं। ज़्यादातर कर्मचारी इसी श्रेणी में आते हैं। वे यह नहीं जानते कि उनकी सेवाओं को लीवरेज कैसे करना है और डॉलरों के लिए समय को लीवरेज कैसे करना है।

   ज़्यादातर लोग उन संगीतकारों को जानते हैं, जो कड़ी मेहनत करने के बावजूद ज़्यादा पैसे नहीं कमा पाते, क्योंकि वे अपनी प्रतिभा की लीवरेजिंग करने में असफल रहते हैं। संसार उन संगीतकारों से भरा पड़ा है, जो लीवरेज करके एक सीडी तो बना लेते हैं, लेकिन वे अपनी सीडी के वितरण और बिक्री की लीवरेजिंग नहीं कर पाते। इसीलिए *अमेरिकन आइडल* जैसे शौक़िया कार्यक्रम इतने लोकप्रिय हैं। जो लोग सोचते हैं कि वे गा सकते हैं, उन्हें इसमें राष्ट्रीय टेलीविज़न का लीवरेज मिल जाता है, भले ही साइमन उनकी आलोचना करे।

3. ***विस्तार की योग्यता।*** जब किसी प्रॉडक्ट या व्यवसाय को लीवरेज किया जा सकता है, तो वॉरेन अगला प्रश्न यह पूछना चाहते हैं, "लीवरेज का कितना विस्तार किया जा सकता है?" वॉरेन कोका-कोला से प्रेम करते हैं, क्योंकि इसके लीवरेज का *विस्तार* पूरे संसार में किया जा सकता है। वॉरेन कहते हैं, "जब भी संसार में कहीं भी कोई भी कोक पीता है, तो हर बार मैं थोड़े पैसे कमाता हूँ।"

   जब मैंने *रिच डैड पुअर डैड* लिखी, तो वह पुस्तक मेरा लीवरेज थी। मेरे सिखाने के बजाय अब मेरी पुस्तक और मेरे गेम्स सिखा सकते हैं। अगला काम प्रॉडक्ट को अलग-अलग देशों में पहुँचाकर विस्तार करना था, जिसके लिए अलग-अलग भाषाओं में पुस्तकें प्रकाशित की गईं और गेम्स उतारे गए। हमने संसार के

अलग-अलग हिस्सों में व्यवसायों के लिए रिच डैड प्रॉडक्ट्स उतारने के अधिकारों के लाइसेंस दिए। मेरी कंपनी उन प्रॉडक्ट्स को छापे, इनवेंट्री रखे और वितरण करे, इसके बजाय अब 109 देशों के प्रकाशक मेरी तरफ़ से यह करते हैं। यह मेरे *लीवरेज* और *विस्तार* की योग्यता का उदाहरण है।

4. ***भविष्यसूचकता।*** वॉरेन बफ़ेट यह जानना चाहते हैं कि आमदनी कितनी पूर्व सूचनीय या निश्चित है। वे आमदनी में शिखर और घाटियाँ नहीं चाहते हैं। वे जानना चाहते हैं कि चाहे धूप हो या बारिश, पैसा घड़ी की टिकटिक की तरह लगातार आता रहे।

    मैं अपने अपार्टमेंट हाउसेस से प्रेम करता हूँ, इसका एक कारण यह भी है कि बारिश हो या धूप, मेरे पास पैसा आता रहता है। मुझे रियल एस्टेट के भाव के ऊपर जाने या नीचे गिरने की चिंता नहीं रहती। मैं चाहता हूँ कि पूरे संसार से पैसा मेरे पास 24/7 आए और मेरे अपार्टमेंट हाउसेस से भी आता रहे।

    इसीलिए वॉरेन बफ़ेट *डाइवर्सिफाई* नहीं करते हैं। इसके बजाय वे किसी कंपनी के *आंतरिक मूल्य* पर ध्यान केंद्रित करते हैं। आंतरिक मूल्य को पहचानने के लिए पाँच वित्तीय बुद्धियों की ज़रूरत होती है। जब किसी व्यवसाय का आंतरिक मूल्य बेहतरीन होता है, तो उस व्यवसाय में अखंडता होती है। जब किसी व्यवसाय के पास अखंडता होती है, तो विकास करने और लाभदायक बने रहने का बेहतर अवसर रहता है, चाहे आर्थिक परिस्थितियाँ कैसी भी रहें।

    किसी कंपनी में निवेश करने से पहले पेशेवर निवेशक उस कंपनी का फ़ाइनैंशियल स्टेटमेंट देखता है। पेशेवर निवेशक व्यावसायिक अखंडता की तलाश करता है। यही तब सच है, जब कोई रियल एस्टेट निवेशक अपार्टमेंट हाउस ख़रीदता है। इंटरनल रेट ऑफ़ रिटर्न (आईआरआर) की जानकारी रियल एस्टेट में आंतरिक मूल्य का पर्याय है।

    स्कूल में वित्तीय शिक्षा के अभाव और फ़ाइनैंशियल स्टेटमेंट पढ़ने की अक्षमता के कारण ज़्यादातर लोगों की समस्या यह होती है कि उन्हें यह पता ही नहीं होता कि जिस कंपनी या रियल एस्टेट में वे निवेश कर रहे हैं, उसमें वित्तीय अखंडता और आंतरिक मूल्य है या नहीं।

व्यवसाय की भाषा

वॉरेन बफ़ेट कहते हैं, "अकाउंटिंग व्यवसाय की भाषा है।" अगर आप भाषा नहीं जानते हैं, तो यह समझना मुश्किल होता है कि क्या व्यवसाय में अखंडता है। द रिच डैड कंपनी वयस्कों और बच्चों के लिए *कैशफ़्लो* गेम्स बनाती है, उसका कारण हमारा यह प्रबल विश्वास है कि वित्तीय बुद्धि और व्यवसाय की भाषा बोलने की योग्यता लोभी और संदिग्ध अखंडता वाले संसार में अति महत्त्वपूर्ण हैं।

सरकारी वित्तीय अखंडता

सरकार को भी पाँच वित्तीय बुद्धियों की ज़रूरत होती है। सरकार को पैसे बनाने, उसकी रक्षा करने, उसका बजट बनाने, उसका लीवरेज करने और सर्वश्रेष्ठ वित्तीय जानकारी हासिल करने की ज़रूरत होती है। अगर कोई सरकार अखंडता से काम करती है, तो वह सरकार और इसके लोग फलते-फूलते हैं। अगर सरकार अखंडता से काम नहीं करती है, तो सरकार और इसके लोग परेशान रहते हैं और ज़्यादा ग़रीब बनते हैं। ज़्यादा ऊँचे टैक्स और अत्यधिक क़र्ज़ इस बात के संकेत हैं कि अमेरिकी सरकार पूरी वित्तीय अखंडता से काम नहीं कर रही है।

1971 में जब निक्सन ने अमेरिका को स्वर्ण पैमाने से हटा लिया और हमारी मुद्रा को संसार की रिज़र्व मुद्रा बनवा लिया, तो अमेरिका वित्तीय अखंडता से दूर हो गया। आज संसार में सबसे अमीर देश होने के बजाय हम संसार के सबसे ज़्यादा क़र्ज़दार देश हैं, हालाँकि धन के नियमों में इस परिवर्तन की वजह से कई लोग बहुत अमीर बने हैं, जिनमें मैं भी शामिल हूँ, लेकिन करोड़ों लोग वित्तीय दृष्टि से पीछे रह गए हैं। वित्तीय खाई ज़्यादा चौड़ी होती जा रही है और ख़तरनाक बन रही है।

अमेरिका के लिए समस्या वित्तीय बुद्धि #3 से शुरू हुई : अपने पैसे का बजट बनाना। जब अमेरिका निर्यात से ज़्यादा आयात करने लगा, तो हमने धन के नियम बदल डाले और बुद्धिमत्ता से समस्या को सुलझाने के बजाय ट्रिलियनों डॉलर का क़र्ज़ इकट्ठा करने लगे।

वित्तीय बुद्धि #4 को देखते समय यह स्पष्ट हो जाता है कि अमेरिकी सरकार धन का लीवरेज नहीं करती है... इसके बजाय यह क़र्ज़ का लीवरेज करती है। आज संसार में सबसे अमीर लोग संसार में सबसे ग़रीब लोगों के क़र्ज़ में हैं। अखंडता से दूर होने का इससे बड़ा प्रमाण क्या होगा?

अमेरिका की वित्तीय अखंडता तब ख़त्म हो गई, जब इसने संसार से कहा कि यह अमेरिकी सरकार की 'पूर्ण आस्था और साख' वाले डॉलर को स्वीकार करे। कोई भी अमेरिका में निवेश करना और डॉलर के मूल्य को गिरते देखना पसंद नहीं करता। जब संसार अपना पैसा वापस माँगेगा, तो यह वित्तीय बुद्धि #2 : शिकारियों से रक्षा करने का इम्तिहान होगा। मेरा विश्वास है कि अमेरिका एक दैत्याकार शिकारी साबित होगा, संभवतः अपने कुछ क़र्ज़ नहीं चुकाएगा और वरिष्ठ नागरिकों से किए गए स्वास्थ्य सुविधा तथा सोशल सिक्युरिटी के अपने वादे को तोड़ देगा। यह मुद्रास्फीति को कर्मचारियों की आमदनी नष्ट करने की अनुमति देगा और युवाओं पर क़र्ज़ बढ़ा देगा। मेरे हिसाब से यह अखंडता से बाहर जाना है।

वित्तीय बुद्धि #1 : ज़्यादा पैसा बनाना बढ़ाने के लिए अमेरिकी सरकार का वर्तमान तरीक़ा यह है कि टैक्स बढ़ाओ, ज़्यादा मुद्रा छापो, ज़्यादा पैसे उधार लो, नया युद्ध छेड़ दो और कुछ बिलों का भुगतान न करो। ज़ाहिर है, इससे कई अन्य वित्तीय समस्याएँ उत्पन्न हो जाएँगी, जो तब नहीं होतीं, अगर पुरानी समस्याओं को सुलझा लिया जाता।

अखंडता का युग

इतिहास ख़ुद को दोहराता है। हमारे लीडर और शिक्षाविद् जानते हैं कि जब सरकारें धन की अखंडता का उल्लंघन करती हैं, तो क्या होता है। यह पहले भी हो चुका है। 1517 में कोपरनिकस ने लिखा था कि मुद्रास्फीति उन "महान कष्टों में से एक है, जो राज्यों को कमज़ोर करते हैं।" 1776 में ऐडम स्मिथ ने कहा था कि मुद्रास्फीति 'निजी लोगों की दौलत का सबसे घातक विनाश' उत्पन्न करती है। स्मिथ की चेतावनी जर्मनी में हिटलर के सत्ता में आने पर सच हुई, जब वाइमा सरकार ने अपनी मुद्रा की अखंडता को नष्ट कर दिया।

अमेरिका और संसार की जनता धन और मुद्रा के फ़र्क़ को अब तक नहीं समझ पाई है, इसका इकलौता कारण यह है कि हमारे स्कूल तंत्र शैक्षणिक अखंडता से दूर हो चुके हैं और वे वित्तीय दृष्टि से साक्षर लोगों को उत्पन्न करने में असफल हैं।

व्यक्तिगत रूप से मेरा विश्वास है कि अमेरिका और संसार के लोग एक आदर्श तूफ़ान की ओर बढ़ रहे हैं। मैं मानता हूँ कि इतने लंबे समय तक अखंडता से दूर रहने के बाद वित्तीय, राजनीतिक, पर्यावरणवादी और आध्यात्मिक शक्तियाँ यह माँग करेंगी कि पेंडुलम दूसरी दिशा में झूले। सटीकता से क्या होगा, मैं नहीं जानता। हो सकता है कि यह शुरू भी हो चुका हो।

दुर्भाग्य से, बेहद अमीर - जिन लोगों को वर्तमान प्रणाली से सबसे ज़्यादा लाभ होता है - उन लोगों पर आने वाले वित्तीय तूफ़ान का सबसे कम प्रभाव पड़ेगा। यह तो हम लोग होंगे, जो प्रकृति की शक्तियों को महसूस करेंगे और तूफ़ान से मुक़ाबला करने की अपनी सर्वश्रेष्ठ कोशिश करेंगे, जिसमें ग़रीब सबसे ज़्यादा कष्ट उठाएँगे।

अच्छी ख़बर यह है कि आगे की समस्याएँ हमें ज़्यादा स्मार्ट बनाएँगी, बशर्ते हम साहस के साथ उनका सामना करें और उनसे दूर न भागें। हर समस्या के भीतर बुद्धिमत्ता का मोती छिपा होता है, जो हमें ज़्यादा स्मार्ट, ज़्यादा शक्तिशाली बनाता है और बेहतर काम करने में सक्षम बनाता है, चाहे आर्थिक परिस्थितियाँ कैसी भी हों।

इससे भी ज़्यादा अच्छी ख़बर यह है कि कुछ देशों की सरकारें अपनी शिक्षा प्रणाली में वित्तीय शिक्षा के कोर्स शामिल करने लगी हैं। मेरी भविष्यवाणी है कि जिस देश में सर्वश्रेष्ठ वित्तीय शिक्षा दी जाएगी, वही आर्थिक समृद्धि के एक नए युग में संसार का नेतृत्व करेगा। क्योंकि यह सूचना युग है।

अपना आंतरिक मूल्य बढ़ाएँ

हममें से प्रत्येक के लिए यह महत्त्वपूर्ण है कि हम आने वाले तूफ़ान की तैयारी कर लें।

मेरी अनुशंसाएँ ये हैं :

1. ***ख़ुद को सही स्थिति में रखें।*** जिस तरह नाविक अपनी नाव को तूफ़ान के लिए तैयार करता है, उसी तरह आप भी अपनी वित्तीय नाव को तूफ़ान झेलने लायक़ बनाना शुरू करें। पाँच बुद्धियों पर नज़र डालकर ख़ुद से पूछें कि आपको इस समय

किस तरह की बुद्धि पर काम करने की ज़रूरत है। किस पर सबसे ज़्यादा काम करने की ज़रूरत है? आपकी सबसे बड़ी समस्या कौन सी है? उस एक समस्या पर ध्यान केंद्रित करें और उसे अभी सुलझा लें। एक साथ पाँचों बुद्धियों में निपुण बनने की कोशिश न करें। यह बहुत ज़्यादा बोझ होगा। आप यह पाएँगे कि ये पाँचों आपस में संबद्ध हैं, इसलिए एक पर ध्यान केंद्रित करने से अंततः आपकी पाँचों बुद्धियाँ बेहतर हो जाएँगी। फिर अपना समय लें और हर दिन थोड़ा सीखते रहें। हमेशा याद रखें, कोई भी गोल्फ़ खिलाड़ी एक ही दिन में पेशेवर नहीं बना था। टाइगर वुड्स भी नहीं।

अपनी पाँच वित्तीय बुद्धियों को बढ़ाकर आप अपनी वित्तीय अखंडता और अपने आंतरिक मूल्य को बढ़ा रहे हैं। अगर आपको समझ नहीं आ रहा है कि क्या करें, तो मदद माँगने से न डरें, न ही शर्माएँ। अगले अध्याय में मैंने बताया है कि मैं ख़ुद मदद के लिए स्मार्ट लोगों पर कितना ज़्यादा निर्भर रहता हूँ। कोई भी ऐसा इंसान नहीं होता, जिसे कभी मदद की ज़रूरत न पड़े।

2. ***आंतरिक मूल्य वाली संपत्तियों में निवेश करें।*** कुछ पैमानों पर ग़ौर करें, जिनका इस्तेमाल करके वॉरेन बफ़ेट किसी व्यवसाय का आंतरिक मूल्य तय करते हैं। फिर अभ्यास के लिए ख़ुद से पूछें कि आपके आस-पास के कौन से व्यवसाय उन आवश्यकताओं को पूरा करते हैं। भले ही आप उनमें निवेश न करें, लेकिन यह आपके वित्तीय आईक्यू को बढ़ाने वाला बेहतरीन अभ्यास है।

रियल एस्टेट का आंतरिक मूल्य

मैं रियल एस्टेट को पसंद करता हूँ, इसका एक कारण यह है कि मैं उस जायदाद के ज़्यादातर आंतरिक मूल्य को देख सकता हूँ, स्पर्श कर सकता हूँ और नियंत्रित कर सकता हूँ, लेकिन हमेशा याद रखें, ज़्यादातर रियल एस्टेट अच्छा निवेश नहीं होती। चाहे आपके पास पैसा हो या न हो, एक बेहतरीन अभ्यास यह है कि कुछ मकानों को देखें और उनके आंतरिक मूल्य का विश्लेषण करें।

रियल एस्टेट की एक सुंदरता सृजनात्मकता है। मिसाल के तौर पर, मैं सृजनात्मक फ़ाइनैंसिंग, सृजनात्मक सुधारों या जायदाद का मूल्य बढ़ाने के सृजनात्मक तरीक़ों का इस्तेमाल कर सकता हूँ। शेयर चुनते समय या म्यूचुअल फ़ंड ख़रीदते समय सृजनात्मकता से ज़्यादा लाभ नहीं होता, लेकिन रियल एस्टेट में सृजनात्मकता और अखंडता आपको बहुत अमीर बना सकती हैं।

3. ***मुश्किल की तैयारी करें।*** जैसा हमें यूएस मर्चेंट मरीन अकैडमी में सिखाया गया था, जब तूफ़ान आए, तो *मुश्किल की तैयारी करने* का समय है। इसका मतलब है जहाज़ की अखंडता की रक्षा करें। समुद्र में जाने के मेरे कुछ वर्षों में मुझे प्रशांत महासागर में चार तूफ़ानों में रहने का अवसर मिला। आज भी मैं पहाड़ जितनी

बड़ी लहरों को पूरे जहाज़ से टकराते देख सकता हूँ। मैं देख सकता हूँ, महसूस कर सकता हूँ और सुन सकता हूँ कि जहाज़ चरमरा रहा है और तंत्रात्मक अखंडता को क़ायम रखने की सर्वश्रेष्ठ कोशिश कर रहा है और लहर के नीचे से दोबारा ऊपर आ रहा है। मुझे ख़ुशी है कि इंजीनियरों ने एक बेहतरीन जहाज़ बनाया और जहाज़ का दल प्रशिक्षित था और तूफ़ानों से मुक़ाबला करने के लिए तैयार था।

औद्योगिक युग समाप्त हो रहा है और सूचना युग का बोलबाला होने वाला है, इसलिए यह तय है कि अराजकता बढ़ेगी। जब तेल का भाव बढ़ता है, डॉलर का भाव कम होता है, चीन और भारत कार व विमान बनाने लगते हैं, उत्पादन वाली नौकरियाँ ग़ायब हो जाती हैं, कॉर्पोरेशन्स विदेशों में चले जाते हैं, बेबी बूमर्स सरकारी मदद की उम्मीद करने लगते हैं, आतंकवाद बढ़ जाता है, जिन युद्धों का ख़र्च हम नहीं उठा सकते, वे लड़े जाते हैं और जिस क़र्ज़ को चुकाना है, वह बढ़ जाता है, तो जिन समस्याओं को अतीत में गलीचे के नीचे छिपा दिया गया था, वे सामने आएँगी। सूचना युग में पाँच वित्तीय बुद्धियों जैसी जानकारी आपकी सबसे बड़ी संपत्ति होगी।

मेरा विश्वास है कि संसार की वित्तीय अखंडता को इस बार इतनी बड़ी चुनौती मिलने वाली है, जितनी इतिहास में पहले कभी नहीं मिली। मुझे इस बात का विश्वास इसलिए है, क्योंकि हमारे व्यवसायों, सरकारों और स्कूलों को चलाने में बहुत ज़्यादा लोभ, ग़लत जानकारी और भ्रष्टाचार का बोलबाला है। मेरा विश्वास है कि अगस्त 2007 में जब क्रेडिट मार्केट्स लुढ़के, तो हम आने वाले तूफ़ान की बाहरी सीमाओं को छू रहे थे। मुख्य तूफ़ान अब भी कुछ साल दूर है। इस दौरान अपने जीवन को इसकी तैयारी में लगाएँ। साहसी और स्मार्ट बनें, क्योंकि यह रोमांचक होने वाला है। यह और भी ज़्यादा अमीर तथा स्मार्ट बनने के लिए बेहतरीन समय होगा, लेकिन इसके लिए आपको साहसी बनना होगा और आपको अपने वित्तीय जीनियस का विकास करना होगा।

अध्याय 9

अपने वित्तीय जीनियस को विकसित करना

मैं स्मार्ट नहीं हूँ, यह मुझे तब तक मालूम नहीं पड़ा, जब तक कि मैं स्कूल नहीं गया। किंडरगार्टन से कॉलेज तक सत्रह सालों की पढ़ाई मेरे लिए संघर्ष से कम नहीं थी। मुझ पर हमेशा *औसत* विद्यार्थी का ठप्पा लगाया जाता था। मैं जिस भी क्लास में रहता था, उसमें हमेशा मुझसे ज़्यादा स्मार्ट, प्रतिभाशाली और तेज़ी से सीखने वाले बच्चे रहते थे। स्मार्ट बच्चों को स्कूल आसान लगता था, लेकिन यह मेरे लिए मुश्किल था। मुझे जीवन में सिर्फ़ एक बार ए मिला था, वह भी वुडशॉप में, क्योंकि मुझे हाथों से काम करने से प्रेम था। मैंने अपने क्लास प्रोजेक्ट के लिए नाव बनाई, जबकि मेरे सहपाठी अपनी माँ के लिए सलाद बाउल बना रहे थे।

जब तक मैं स्कूल नहीं गया, तब तक मुझे यह भी पता नहीं था कि मैं *ग़रीब* हूँ। जब मैं नौ साल का था, तो मेरा परिवार शहर के दूसरे इलाक़े में रहने लगा और मैं अमीर बच्चों के स्कूल में पढ़ने लगा। दिलचस्प बात यह है कि सड़क के दोनों तरफ़ दो प्राथमिक स्कूल थे। सड़क के एक तरफ़ यूनियन स्कूल था। दूसरी तरफ़ रिवरसाइड स्कूल था। दोनों ही पब्लिक स्कूल थे, एक अमीरों के लिए और दूसरा कामकाजी वर्ग के लिए।

मौलिक रूप से यूनियन स्कूल शुगर प्लांटेशन यूनियन के कर्मचारियों के बच्चों के लिए था, जैसा कि नाम से ही स्पष्ट होता है। रिवरसाइड शुगर प्लांटेशन के मालिकों और मैनेजरों के बच्चों के लिए था। मैं रिवरसाइड स्कूल में पढ़ा, क्योंकि हमारा परिवार जिस मकान में रहता था, वह नदी के बग़ल वाली सड़क पर था।

हालाँकि मैं सिर्फ़ नौ साल का था, फिर भी मैं इस बारे में जागरूक था कि रिवरसाइड स्कूल के मेरे सहपाठी मेरे परिवार से ज़्यादा ऊँचा जीवनस्तर जीते थे। मेरे कई अमीर सहपाठी नदी के पार पुल से जुड़े अलग-थलग समुदाय में रहते थे। जब भी मैं अपने दोस्तों के साथ खेलने के लिए वह पुल पार करता था, तो मैं जानता था कि मैं एक अलग संसार में जा रहा था।

पुल से उनकी तरफ़ वाले हिस्से में मेरे सहपाठी शाही प्लांटेशन मैनर होम्स में रहते थे। पुल के मेरी तरफ़ वाले हिस्से में मकान क़तई शाही नहीं थे। जिस घर में हम रहते

थे, उसे प्लांटेशन कर्मचारियों के लिए बनाया गया था। मेरे सहपाठियों के माता-पिता उनके मकान के मालिक थे। मेरे माता-पिता किरायेदार थे। मेरे कुछ सहपाठियों के एक से ज़्यादा घर थे, कई के तो बीच हाउस भी थे। जब मेरा परिवार बीच पर जाता था, तो हम पब्लिक बीच पार्क में जाते थे। मेरे सहपाठी याट क्लब या कंट्री क्लब में *खेलते* थे।

अमीर होने के बावजूद मेरे सहपाठियों और उनके परिवार वालों में घमंड नहीं था। वे समुदाय में सक्रिय दोस्ताना लोग थे। मैं अपने दोस्तों के बीच होम्स और उनकी नावों पर बहुत समय बिताता था और उनके विमानों में उड़ता भी था। वे अपनी दौलत की शान नहीं झाड़ते थे। वे इसे बाँटते थे। उनके लिए अमीर बनना ख़ास नहीं, स्वाभाविक था। यह एक जीवनशैली थी, एक जीवनस्तर था। उनकी जीवनशैली उनके लिए ज़्यादा बड़ा मामला नहीं थी। यह तो मैं था, जो इसे बहुत बड़ा मामला बना लेता था, जिस वजह से मैं कई बार असहज महसूस करता था, कई बार ग़लत जगह पर महसूस करता था और इस बारे में पीड़ादायक तरीक़े से जागरूक होता था कि उनका जीवन हमसे अलग था। बारह साल की उम्र में मेरे अमीर दोस्त प्राइवेट स्कूलों में पढ़ने चले गए और मैंने आगे की पढ़ाई यूनियन स्कूल जाने वाले बच्चों के साथ पब्लिक हाई स्कूल में की।

मैं जब तक स्कूल नहीं गया, तब तक यह भी नहीं जानता था कि मैं असामान्य या अजीब व्यक्तित्व का था। हाई स्कूल में मैं जिन लड़कियों के साथ डेटिंग करना चाहता था, उनकी मुझमें कोई रुचि नहीं थी। मैं फ़ैशनेबल नहीं था। लोकप्रिय लड़कियाँ बुरे लड़कों में रुचि रखती थीं, जो उम्र में ज़्यादा बड़े थे, किसी गैंग में शामिल थे और कार के मालिक थे, हालाँकि मैं फुटबॉल टीम का शुरुआती खिलाड़ी था और सर्फ़िंग करता था, लेकिन मैं फ़ैशनेबल नहीं था, बुरा लड़का नहीं था और मेरे पास कार नहीं थी। मैं संकोची और मोटा था और अपने परिवार की गहरे पीले रंग की स्टेशन वैगन चलाता था। निश्चित रूप से फ़ैशनेबल नहीं था।

1974 में 27 साल की उम्र में मरीन कॉर्प से निकलते वक़्त मैं जानता था कि मैं अमीर बनना चाहता हूँ, तेज़ कारें चलाना चाहता हूँ और सुंदर महिलाओं के साथ डेटिंग करना चाहता हूँ, हालाँकि मैं बड़ा हो गया था, मेरी चर्बी जा चुकी थी और मैं ज़्यादा लंबा तथा शक्तिशाली हो गया था, लेकिन मेरी नज़रों में मैं अब भी वही संकोची, मोटा बंदा था, जिसके पास ज़्यादा पैसे नहीं थे। मैं जानता था कि मैं क्या चाहता हूँ। मैं बस यह नहीं जानता था कि मैं वहाँ तक कैसे पहुँचूँ।

मैं जानता था कि मैं उद्यमी बनना चाहता हूँ और रियल एस्टेट में निवेश करना चाहता हूँ, लेकिन मेरे पास न तो पैसा था, न ही योग्यताएँ। मैंने इस बारे में जितना ज़्यादा सोचा और अपने मनचाहे जीवन की तुलना अपने विद्यमान जीवन से की, मुझे उतना ही ज़्यादा अहसास हुआ कि मेरे स्कूल के टीचर सही कहते थे। मैं औसत था। मेरे पास कोई बेहतरीन योग्यताएँ या गुण या प्रतिभा नहीं थी। मैं स्मार्ट नहीं था। अगर मैं अमीर बनना चाहता हूँ, तो मुझे हर मायने में अपने साधनों से *ऊपर* रहने का तरीक़ा खोजना था।

अपने साधनों से कम में जीवन न बिताएँ

वित्तीय विशेषज्ञ लोगों को सलाह देते हैं कि वे अपने साधनों से *कम में जीवन बिताएँ* और *डाइवर्सिफ़ाई* करें। कई लोगों को यह समझदारी भरी सलाह लगती है। इस सलाह को मानने के साथ समस्या यह है कि आप अंततः *औसत* बन जाते हैं, क्योंकि यह *औसत* सलाह है। ग़ौर करें, यह बुरी सलाह नहीं है। यह तो बस औसत वित्तीय सलाह है। इसके अलावा, कौन अपने साधनों से कम में जीना चाहता है?

हाई स्कूल में विद्यार्थी अपनी शैक्षणिक शक्तियों पर ध्यान केंद्रित करना शुरू करते हैं और ऊँचे वेतन वाले भावी करियर के हिसाब से कोर्स चुनते हैं। बच्चों को लगातार धकाया जाता है कि वे स्मार्ट बनें, कड़ी मेहनत करें और अच्छे ग्रेड लाएँ। कॉलेज से निकलने के बाद कई आगे की पढ़ाई करते हैं और अपने करियर के विकल्पों को वकील, डॉक्टर, अकाउंटेंट और एमबीए बनने तक सीमित कर लेते हैं। कई डॉक्टर बरसों तक मेहनत से पढ़ाई करने के बाद सर्जन या इंटर्निस्ट जैसे विशेषज्ञ बनने का अतिरिक्त प्रशिक्षण लेते हैं। कला के विद्यार्थी क्ले, ऑइल पेंट, वाटर कलर्स, कमर्शियल ग्राफ़िक्स और संगीत में विशेषज्ञता हासिल करते हैं। प्रतिभाशाली विद्यार्थी खिलाड़ी फुटबॉल, टेनिस, बास्केटबॉल या गोल्फ़ में पेशेवर करियर की तैयारी करते हैं। वास्तव में, अगर आप खिलाड़ी स्पर्द्धाओं में जाएँ, तो वहाँ कई माता-पिता गला फाड़कर चिल्लाते हैं और माँग करते हैं कि उनके बच्चे खेलें और उनकी टीम जीते। कोई भी औसत टीम में नहीं खेलना चाहता।

हम में से ज़्यादातर लोग जानते हैं कि स्कूल में सफल होने और सफल करियर बनाने के लिए हमें सर्वश्रेष्ठ बनने की सर्वश्रेष्ठ कोशिश करनी चाहिए। हमें ध्यान केंद्रित करने और अध्ययन करने की ज़रूरत होती है। हमें विशेषज्ञता हासिल करने की ज़रूरत होती है, लेकिन जब पैसे की बात आती है, तो लोगों को *विशेषज्ञता* के बजाय *डाइवर्सिफ़ाई* करने और *ज़्यादा ऊँचा जीवनस्तर जीने के बजाय साधनों से कम में जीने की सलाह दी जाती है।*

जब मैं मरीन कॉर्प से बाहर आया, तो मैं औसत नौकरी नहीं करना चाहता था और अपने साधनों से कम में नहीं जीना चाहता था। मेरे लिए साधनों से कम में जीने का मतलब वैसा जीवन जीना है, जैसा औसत से कम लोग जीते हैं। मैं औसत कार नहीं चलाना चाहता था। मैं औसत इलाक़े में नहीं रहना चाहता था। मैं यह भी जानता था कि डाइवर्सिफ़ाई करने से निवेश पर मुझे जो मुनाफ़ा होगा, वह औसत से कम होगा। मैं जानता था कि अगर मैं *ज़्यादा ऊँचा जीवनस्तर* चाहता हूँ, तो मुझे *ध्यान केंद्रित* करने की ज़रूरत थी... मेरे सहपाठियों जैसे जीवन स्तर पर, जो पुल के उस पार रहते थे।

जब मैंने उस संसार को देखा, जिसमें मैं चार साल के सैनिक स्कूल और पाँच साल मरीन में रहने के बाद दोबारा दाख़िल हो रहा था, तो मैंने ग़ौर किया कि *ज़्यादातर लोग पेशेवर दृष्टि से* औसत से ऊपर रहने के लिए कड़ी मेहनत करते थे, लेकिन वे *वित्तीय दृष्टि से औसत* से कम थे।

मैंने निर्णय लिया कि ए विद्यार्थियों, अमीर बच्चों, मुझ पर एवरेज का ठप्पा लगाने वाले शिक्षकों और मुझमें रुचि न लेने वाली लड़कियों को हराने का सर्वश्रेष्ठ तरीक़ा यह था

कि मैं उन्हें अमीर बनकर दिखाऊँ। मैं उनसे नाराज़ नहीं था। मैं तो बस औसत रहते-रहते थक चुका था। मुझे अहसास हुआ कि मैं ज़्यादातर लोगों से ज़्यादा अमीर बन सकता हूँ, क्योंकि पैसों के मामले में ज़्यादातर लोग औसत से कमतर वित्तीय रणनीतियों और सलाह पर चलते हैं।

विशेषज्ञ डाइवर्सिफ़िकेशन की सलाह क्यों देते हैं?

जैसा वॉरेन बफ़ेट कहते हैं, "डाइवर्सिफ़िकेशन अज्ञानता के ख़िलाफ़ सुरक्षा है। उन लोगों के लिए इसमें बहुत कम समझदारी है, जो जानते हैं कि वे क्या कर रहे हैं।" बफ़ेट ने मनी मैनेजर्स के बारे में भी कहा था, "दूसरे क्षेत्रों में पूर्णकालिक पेशेवर, मान लें कि डेंटिस्ट, सामान्य व्यक्ति को बहुत कुछ देते हैं, लेकिन कुल मिलाकर देखें, तो *लोगों को पेशेवर मनी मैनेजर्स से अपने पैसों के बदले में कुछ नहीं मिलता है।"*

मेरा विश्वास है कि जब कई डाइवर्सिफ़िकेशन की सलाह देते हैं, तो यह बस उनकी अज्ञानता के ख़िलाफ़ सुरक्षा है। मेरे हिसाब से बफ़ेट यह कह रहे हैं कि यह औसत से कमतर निवेशकों के लिए औसत से कमतर सलाहकारों द्वारा दी जा रही औसत से कमतर वित्तीय सलाह है।

वॉरेन बफ़ेट की वित्तीय रणनीति अलग है। वे डाइवर्सिफ़ाई नहीं करते। वे पूरी तरह केंद्रित होते हैं। वे एक बेहतरीन कंपनी को बेहतरीन भाव पर ख़रीदने की ताक में रहते हैं। वे बहुत सारी कंपनियों के शेयर ख़रीदकर यह प्रार्थना नहीं करते हैं कि उनमें से कोई एक अच्छा प्रदर्शन करे। वे औसत लाभ नहीं चाहते। वे शेयर बाज़ार का फटाफट खेल नहीं खेलना चाहते। वे तो कंपनी पर नियंत्रण चाहते हैं, लेकिन कंपनी को चलाना नहीं चाहते। जब वॉरेन निवेश करने के बारे में बोलते हैं, तो मुख्य शब्द *डाइवर्सिफ़िकेशन* नहीं, बल्कि *आंतरिक मूल्य होता* है।

वित्तीय सलाहकार डाइवर्सिफ़िकेशन की सलाह इसलिए भी देते हैं, क्योंकि वे बेहतरीन कंपनियाँ नहीं खोज सकते। उनका कोई नियंत्रण नहीं होता और ज़्यादातर को तो पता भी नहीं होता कि किसी कंपनी को कैसे चलाया जाता है। वे कर्मचारी होते हैं, वॉरेन की तरह उद्यमी नहीं।

स्मार्ट लोग असफल हो जाते हैं

24 अगस्त 2007 को बाज़ार लुढ़कने के बाद *वॉल स्ट्रीट जर्नल* ने एक लेख प्रकाशित किया कि कैसे सभी क्वांटिटेटिव फ़ंड्स (क्वांट्स) का पैसा डूब गया, जिन्हें वॉल स्ट्रीट के कुछ सबसे स्मार्ट बंदे चला रहे थे (जस्टिन लाहार्ट, "क्वांट की प्लेबुक कैसे असफल रही?")। दूसरे शब्दों में, ए विद्यार्थियों को एफ़ मिला। लेख में कहा गया था :

> *भले ही उनके सांख्यिकीय मॉडल एक जैसे नहीं होते, लेकिन क्वांट फ़ंड्स की बाज़ार के प्रति नीतियाँ एक जैसी होती हैं। वे समान सांख्यिकीय प्रणालियों का*

इस्तेमाल करते हैं, समान शैक्षणिक शोध-पत्रों पर नज़रें गड़ाए रहते हैं और समान ऐतिहासिक आँकड़ों का इस्तेमाल करते हैं। इसके फलस्वरूप निवेश करने के बारे में एक जैसे निष्कर्षों पर पहुँचना आसान होता है।

दूसरे शब्दों में, वॉल स्ट्रीट शैक्षणिक जीनियसों, ए विद्यार्थियों और विश्व के सर्वश्रेष्ठ बिज़नेस स्कूल्स से निकले विद्यार्थियों को नियुक्त करती है, जो अरबों डॉलर का निवेश करने के लिए अत्याधुनिक कंप्यूटर मॉडलों का इस्तेमाल करते हैं और वे सभी एक ही जवाब पर पहुँचते हैं। जब उनके मॉडल कहते हैं, 'ख़रीदो,' तो वे सब उन्हीं शेयरों को ख़रीदते हैं, जिससे बूम उत्पन्न हो जाता है और जब मॉडल कहते हैं 'बेचो', तो वे एक साथ बेच देते हैं, जिससे बाज़ार क्रैश हो जाता है। यह वित्तीय बुद्धिमत्ता नहीं है।

डाइवर्सिफ़ाइड नहीं हैं... लेकिन सोच रहे हैं कि वे डाइवर्सिफ़ाइड हैं

मेरे दो बहुत स्मार्ट सहपाठी हैं, जिन्होंने स्टैनफ़र्ड यूनिवर्सिटी से पीएचडी की। दोनों को नौकरी में अच्छा वेतन मिलता है, एक बैंक में है और दूसरा तेल कंपनी में। 9/11 के बाद जब शेयर बाज़ार लुढ़का, तो दोनों का ही बहुत सा पैसा डूब गया, हालाँकि दोनों डाइवर्सिफ़ाइड थे। मैंने उनसे व्यक्तिगत रूप से बातचीत की। मैंने उनसे उनकी निवेश रणनीति पूछी। दोनों ने बताया, "मैंने शेयरों, बॉन्डों और म्यूचुअल फ़ंड्स के अच्छी तरह डाइवर्सिफ़ाइड पोर्टफ़ोलियो में निवेश किया था।"

हालाँकि मैंने यह कहा नहीं, लेकिन मैं उन्हें बताना चाहता था कि वे दरअसल डाइवर्सिफ़ाइड नहीं थे। *डाइवर्सिफ़ाइड होने के बजाय उनका 100 प्रतिशत निवेश पेपर एसेट्स में था, मूलतः शेयर बाज़ार में।* उन्होंने रियल एस्टेट, निजी व्यवसायों या तेल उत्पादन जैसी कमॉडिटीज़ में निवेश नहीं किया था। जब बाज़ार नीचे गया, तो सब कुछ नीचे आ गया। वे डाइवर्सिफ़ाइड नहीं थे, लेकिन वे सोच रहे थे कि वे हैं। उनका शैक्षणिक आईक्यू तो औसत से ऊपर था, लेकिन वित्तीय आईक्यू औसत से कम था।

अपनी प्रतिभा को खोजना

मैंने 1974 से 1984 तक बहुत से व्यवसाय बनाए और दोबारा बनाए। मैं उद्यमी बनने के लिए संकल्पित था। हर बच्चा चलना सीखने से पहले कई बार खड़ा होता है और गिरता है, उसी तरह उद्यमी के रूप में चलने से पहले मैं कई बार खड़ा हुआ और गिरा। मैंने यह इसलिए किया, क्योंकि मैं बाहरी व्यक्ति नहीं, बल्कि अंदरूनी व्यक्ति यानी इनसाइडर बनना सीखना चाहता था।

1984 से 1994 तक शैक्षणिक उद्यमी बना, क्योंकि मेरी इस बात में रुचि हो गई कि लोग कैसे सीखते हैं, हालाँकि मैं स्कूल को नापसंद करता था, लेकिन मुझे सीखने में आनंद आता था। इसके अलावा मैं जानना चाहता था कि क्लास में मैं हमेशा मूर्ख क्यों महसूस करता था। उन दस वर्षों में किम और मैंने एक शिक्षण कंपनी बनाई, जो ऑस्ट्रेलिया, कैनेडा,

न्यू ज़ीलैंड, सिंगापुर और अमेरिका में हमारे ऑफ़िसों से उद्यमिता और निवेश सिखाती थी।

इस दौर में मैंने चीज़ों को अलग तरीक़े से किया, जो पारंपरिक स्कूलों के सिखाने के तरीक़े से ठीक विपरीत था। ऐसा परिवेश बनाने के बजाय जहाँ केवल एक-दो विद्यार्थी स्मार्ट हों, मैंने एक ऐसा परिवेश बनाया, जहाँ हर व्यक्ति स्मार्ट महसूस कर सके और सीख सके। *प्रतिस्पर्द्धा* करने के बजाय क्लास *सहयोग* करती थी। विद्यार्थी मेरा व्याख्यान सुनें, इसके बजाय मैंने विशिष्ट विषय सिखाने के लिए अलग-अलग गेम्स बनाए। बोर महसूस करने के बजाय वयस्क विद्यार्थियों को सक्रिय चुनौती मिली, इसलिए उन्होंने सहभागिता की।

मैंने उद्यमी शिक्षाविद् के रूप में जो सीखा था, उसके आधार पर मैंने अपना शैक्षणिक बोर्ड गेम *कैशफ़्लो* बनाया, जो अकाउंटिंग और निवेश दोनों को सिखाने वाला पहला गेम था। जैसा आपको पता होगा, अकाउंटिंग संसार का सबसे बोरिंग विषय हो सकता है और निवेश सबसे डरावना। दोनों विषयों को एक ही गेम में शामिल करने से सीखना चुनौतीपूर्ण और मज़ेदार बन गया। कोई व्यक्ति इस गेम को एक हज़ार बार खेल सकता है और इसके बाद भी उसे अकाउंटिंग, निवेश और ख़ुद के बारे में नई चीज़ों का पता चल सकता है। यह गेम 1996 में बाज़ार में आया।

जब मैंने मानव मन और हमारे सीखने की प्रक्रिया के बारे में ज़्यादा सीखा, तो मुझे हमारे स्कूल तंत्र के बारे में कुछ चीज़ें पता चलीं, जो विचलित करने वाली थीं। मैंने पाया कि हमारी वर्तमान शिक्षा प्रणाली दरअसल बच्चे के मस्तिष्क को नुक़सान पहुँचाती है। दूसरे शब्दों में, शिक्षा प्रणाली ए विद्यार्थी की प्रगति को भी धीमा कर सकती है। मैंने जितना ज़्यादा अध्ययन किया और अपनी क्लासों में अलग-अलग शिक्षण तकनीकों का अभ्यास किया, मुझे उतने ही उम्दा जवाब मिले और मैंने यह भी पता लगा लिया कि मुझ पर लगातार मूर्ख या सर्वश्रेष्ठ स्थिति में औसत का ठप्पा क्यों लगाया जाता था।

बहुल बुद्धियाँ

अपने शोध में मुझे हॉवर्ड गार्डनर की पुस्तक *फ़्रेम्स ऑफ़ माइंड : द थ्योरी ऑफ़ मल्टपल इंटेलिजेंसेस* मिली। उनके काम से मेरे मस्तिष्क का विस्तार हुआ और मेरे कई विचारों की पुष्टि हुई। उनके अनुसार सात तरह की बुद्धियाँ होती हैं :

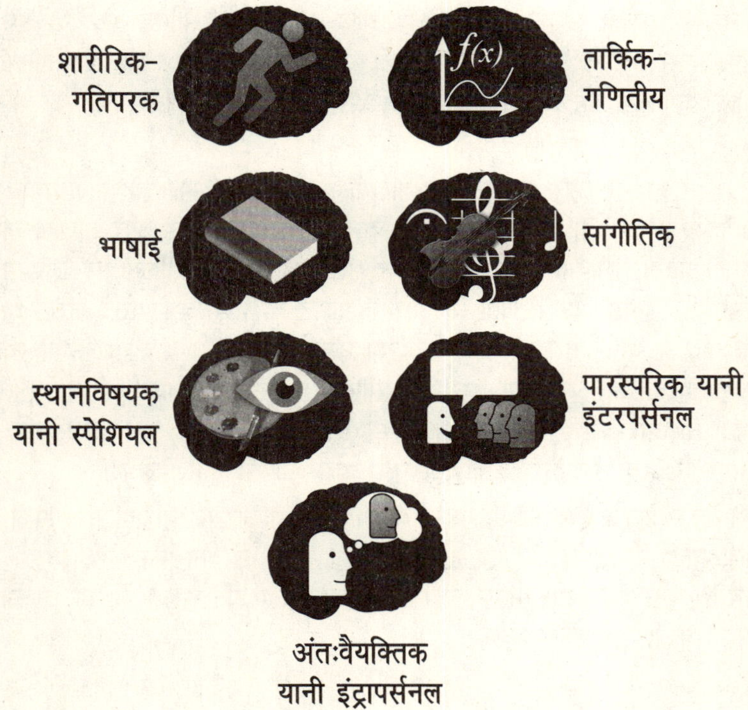

उनकी पुस्तक से उस बात की पुष्टि हुई, जिसे मैं सहज बोध से जानता था, मुझमें बस वे बुद्धियाँ नहीं थीं, जिन्हें स्कूल का तंत्र मान्यता देता था, जो मुख्यतः भाषाई और तार्किक-गणितीय होती हैं। इस कारण मैं हाई स्कूल में अँग्रेज़ी में दो बार फ़ेल हुआ। मैं सही से लिख नहीं सकता था, सही स्पेलिंग नहीं लिख सकता था और विराम का निशान नहीं लगा सकता था। मैं *भाषाई* दृष्टि से योग्य नहीं हूँ और मैं *तार्किक* नहीं हूँ।

मर्चेंट मरीन अकैडमी में मेरे फ़र्स्ट इयर में अँग्रेज़ी मेरा प्रिय विषय बन गया, क्योंकि मेरे शिक्षक बेहतरीन थे। अगर वे न होते, तो शायद आज मैं लेखक नहीं होता। अकैडमी में मेरे अँग्रेज़ी के शिक्षक में बेहतरीन *पारस्परिक योग्यताएँ* थी, इसीलिए वे मुझसे संबंध जोड़ सकते थे। मैं उनका सम्मान करता था। मुझे नीचा दिखाने के बजाय उन्होंने मुझे प्रेरित किया। हम विद्यार्थी और शिक्षक के बजाय दो इंसानों की तरह बात कर सकते थे। उनकी क्लास में मैं स्मार्ट बनना चाहता था और सीखना चाहता था। इस कारण मुझे अँग्रेज़ी में हमेशा की तरह एफ़ मिलने के बजाय बी मिला।

मुझे सुरक्षा चाहिए

बाद में वियतनाम में मरीन के रूप में मेरी *अंतःवैयक्तिक* बुद्धि ने ही मुझे जीवित रखा। अंतःवैयक्तिक बुद्धि आपकी भावनाओं को नियंत्रण में रखने और काम को पूरा करने की योग्यता है, भले ही उस काम में जान का जोखिम हो। कई लोग वित्तीय दृष्टि से सफल

इसलिए नहीं हैं, क्योंकि उनकी अंतःवैयक्तिक बुद्धि कमज़ोर है। सीमित अंतःवैयक्तिक बुद्धि वाले लोग अक्सर कहते हैं, "मुझे नौकरी की सुरक्षा चाहिए," या "यह ख़तरनाक लगता है।" ये अंतःवैयक्तिक बुद्धि के उदाहरण नहीं हैं, क्योंकि यहाँ भावनाएँ सोचने का काम कर रही हैं।

जब मैंने गार्डनर और उनकी बहुल बुद्धियों की अवधारणा का ज़्यादा अध्ययन किया, तो मुझे अहसास हुआ कि ए विद्यार्थी वे थे, जिनके पास उच्च भाषाई और तार्किक-गणितीय बुद्धियाँ थीं। पढ़ना, लिखना और गणित उनके लिए आसान थे, लेकिन मेरे लिए मुश्किल थे। मैं धीरे-धीरे पढ़ता और लिखता था और मैं गणित को सिर्फ़ तभी पसंद करता था, जब मैं अपनी नाव या अपने पैसे को नाप-तौल रहा होता था। मेरी बुद्धि की शक्तियाँ स्थानिक, शारीरिक-गतिपरक और अंतःवैयक्तिक थीं, इसीलिए मैं क्लास में लाइनें खींचता रहता था, नाव बनाता था और कोई जोखिम या प्रेरणा महसूस नहीं करता था, जब टीचर्स मुझे बताते थे कि अगर मैं अच्छे ग्रेड नहीं लाया, तो मुझे अच्छी नौकरी नहीं मिलेगी।

इस वक़्त आपको ख़ुद से यह पूछना चाहिए : सात प्रकार की बुद्धियों में आपकी सबसे शक्तिशाली बुद्धि कौन सी है? आप क्रम में उनकी सूची भी बना सकते हैं, जिसमें सबसे ऊपर सबसे ज़्यादा बुद्धि और सबसे नीचे सबसे कम बुद्धि हो। मैं आपको डॉ. गार्डनर की पुस्तक पढ़ने के लिए प्रोत्साहित करता हूँ।

मस्तिष्क के तीन हिस्से

ऐल्बर्ट आइंस्टाइन ने कहा था, "कल्पना ज्ञान से ज़्यादा महत्त्वपूर्ण है।"

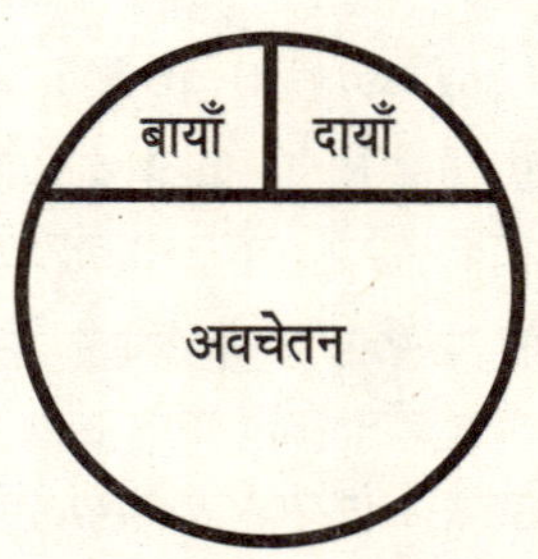

उद्यमी शिक्षाविद् के नाते मैंने मस्तिष्क के अलग-अलग हिस्सों पर काफ़ी शोध किया। अति सरल शब्दावली में कहें, तो हमारे मस्तिष्क के तीन बुनियादी हिस्से होते हैं, जैसा कि दिए गए रेखाचित्र से स्पष्ट होता है।

1. ***बायाँ मस्तिष्क।*** आम तौर पर मस्तिष्क के इस हिस्से का इस्तेमाल पढ़ने, लिखने, बोलने और तर्क में किया जाता है। जो बच्चे स्कूल में अच्छा प्रदर्शन करते हैं, उनका बायाँ मस्तिष्क अच्छी तरह विकसित होता है। बहुल बुद्धियों पर गार्डनर के काम

के आधार पर यह कहा जा सकता है कि बायाँ मस्तिष्क *भाषाई, तार्किक-गणितीय* और *पारस्परिक* बुद्धियों से सबसे ज़्यादा संबद्ध होता है। ऐसे लोगों के लिए लेखक, वैज्ञानिक, वकील, अकाउंटेंट और स्कूल टीचर के पेशे ज़्यादा उपयुक्त होते हैं।

2. ***दायाँ मस्तिष्क।*** मस्तिष्क का यह हिस्सा अक्सर चित्रों, कला, संगीत और अन्य अरेखीय संबंधों से जुड़ा होता है - यह सृजनात्मकता और कल्पना से जुड़ा होता है। गार्डनर के हिसाब से *सांगीतिक* और *स्थानिक* बुद्धियाँ दाएँ मस्तिष्क से सबसे ज़्यादा संबद्ध होंगी। अगर ये बुद्धियाँ ज़्यादा प्रबल हैं, तो डिज़ाइनर, आर्किटेक्ट और संगीतकार के पेशे ज़्यादा उपयुक्त होंगे।

3. ***अवचेतन मन।*** यह तीन मस्तिष्कों में सबसे शक्तिशाली हिस्सा है, क्योंकि इसमें 'पुराना मस्तिष्क' शामिल होता है, जिसे प्रायः आदिम मस्तिष्क कहा जाता है। आदिम मस्तिष्क पशु के मस्तिष्क जैसा होता है। यह सोचता नहीं है, बल्कि प्रतिक्रिया करता है, लड़ता है, भागता है या अपनी जगह पर जमा रह जाता है। गार्डनर के काम के आधार पर *अंतःवैयक्तिक* बुद्धि अवचेतन मन से सबसे ज़्यादा संबद्ध होगी। मेरी राय में व्यक्ति की अंतःवैयक्तिक बुद्धि ही अंततः यह तय करती है कि वह जीवन, प्रेम, स्वास्थ्य और धन में सफल होता है या असफल। ऐसा इसलिए है, क्योंकि अवचेतन मस्तिष्क हमारे मस्तिष्क का सबसे शक्तिशाली हिस्सा है, ख़ास तौर पर दबाव वाली स्थितियों में।

   अवचेतन मन *शारीरिक-गतिपरक* बुद्धि के ज़रिये हमारे शारीरिक कार्यों को भी प्रभावित करता है। मिसाल के तौर पर, गोल्फ़ के खेल में दबाव की वजह से खिलाड़ी कोई आसान शॉट चूक सकता है। अवचेतन रूप से कोई व्यक्ति अपनी जगह पर जम सकता है और ग़लती करने के डर से निष्क्रिय रह सकता है या काम के प्रेम के बजाय सुरक्षा की ख़ातिर नौकरी करता रह सकता है।

   उच्च अंतःवैयक्तिक बुद्धि वाले लोगों में अवचेतन मन की लड़ने, भागने या जमने की इच्छा को नियंत्रित करने की योग्यता होती है। *भागने* के बजाय वे यह निर्णय ले सकते हैं कि अपनी जगह पर *जमे* रहना सबसे अच्छी चीज़ है। अगर वे *जमे* हुए हैं, तो वे *लड़ने* का विकल्प चुन सकते हैं। मुद्दे की बात यह है कि उनमें उचित अवचेतन प्रतिक्रिया को चुनने की बुद्धि होती है। यदि वे नाराज़ हैं, तो वे शांति से बोल सकते हैं। अगर वे डरे हुए हैं, तो वे अपने डर से मुक़ाबला कर सकते हैं।

   जब लोगों के अवचेतन मस्तिष्क पर डर हावी हो जाता है, तो लोग अलग तरीक़े से सोचते हैं। डर के शिकार लोग कह सकते हैं, "मैं यह नहीं कर सकता। अगर मैं असफल हो गया, तो क्या होगा?" या "यह ख़तरनाक है।" इसकी तुलना उस व्यक्ति से करें, जो अवचेतन रूप से लड़ने की अवस्था में है, जो इस तरह की बात कह सकता है, "मैं उन्हें दिखा दूँगा। मैं यह सौदा सिर्फ़ यह साबित करने के लिए करूँगा कि मैं यह कर सकता हूँ।"

सोचने और निर्णय लेने से पहले अपने मस्तिष्क की अवचेतन अवस्था को चुनना सीखना बहुत महत्त्वपूर्ण है। अगर मैं वियतनाम में अवचेतन रूप से लड़ने का विकल्प चुनता था, तो मैं बेहतर महसूस करता था, बेहतर विमान उड़ाता था और ज़्यादा आत्मविश्वासी रहता था। जब मैं भागने या डरने की अवस्था में होता था, तो मेरे विचार भयभीत रहते थे। इसलिए अपने बाएँ और दाएँ मस्तिष्कों का इस्तेमाल करने से पहले अपने मस्तिष्क की अवचेतन अवस्था को चुनें।

दबाव भरी परिस्थितियों में ज़बरदस्त नियंत्रण की आवश्यकता वाले पेशे उत्कृष्ट *अंतःवैयक्तिक* बुद्धि वाले लोगों के लिए सर्वश्रेष्ठ होते हैं। मिसाल के तौर पर, पुलिस अधिकारियों, इमरजेंसी रूम नर्स और डॉक्टरों, अग्निशामक कर्मियों और सैनिकों को उच्च अंतःवैयक्तिक बुद्धि की ज़रूरत होती है। मैं तो कहूँगा कि उद्यमियों को भी इस बुद्धि के ऊँचे स्तर की ज़रूरत होती है।

कौन सा मस्तिष्क आपके धन को नियंत्रित करता है?

मैं मस्तिष्क और इसके काम करने के तरीक़े के बारे में जिज्ञासु इसलिए हुआ, क्योंकि मैंने सोचा कि लोग एक चीज़ क्यों कहते हैं और दूसरी चीज़ क्यों करते हैं। मिसाल के तौर पर, मैं किसी व्यक्ति से पूछ सकता हूँ, “क्या आप अमीर बनना चाहते हैं?” ज़्यादातर लोग उनके तार्किक बाएँ मस्तिष्क से जवाब देंगे, “हाँ। मैं अमीर बनना चाहता हूँ।” समस्या उनके तार्किक बाएँ मस्तिष्क में नहीं है। समस्या तो अवचेतन मस्तिष्क में है, जो कह रहा है, “तुम नहीं। तुम कभी अमीर नहीं बन पाओगे,” या “तुम कैसे अमीर बन सकते हो, तुम्हारे पास तो पैसे ही नहीं हैं।”

ज़्यादातर मामलों में *असफल होने का अवचेतन डर* ही लोगों को पीछे रोककर रखता है। यह असफल होने का डर है, जिसका इस्तेमाल टीचर्स विद्यार्थियों को स्कूल में प्रेरित करने के लिए करते हैं। मुझे याद है, मेरे टीचर्स ने मुझसे कहा था, “अगर तुम अच्छे ग्रेड नहीं लाते हो, तो तुम्हें अच्छी नौकरी नहीं मिलेगी।” जीवन में बाद में अच्छी नौकरियाँ करने वाले ए विद्यार्थी करियर बदलना चाहते हैं, लेकिन वे डर के क़ैदी बन जाते हैं।

मिसाल के तौर पर, मेरा एक वकील मित्र है। वह हार्वर्ड का ए विद्यार्थी है, जो करियर बदलना चाहता है, लेकिन बदल नहीं सकता। वह असफल होने और पर्याप्त पैसे न कमा पाने के डर की वजह से कुछ नया करने से घबराता है। वह मुझसे कहता है, “मैं इतने लंबे समय से वकील रहा हूँ कि अब कोई नई चीज़ कैसे करूँगा। मैं जितना कमा रहा हूँ, उतना कोई दूसरा मुझे क्यों देगा?” उसके पास ज़बरदस्त बायाँ मस्तिष्क है, कम विकसित दायाँ मस्तिष्क है और अनियंत्रित अवचेतन मस्तिष्क है।

एक बार फिर कहना चाहूँगा, अवचेतन मस्तिष्क तीनों मस्तिष्कों में सबसे शक्तिशाली होता है। यह अवचेतन मस्तिष्क इतना शक्तिशाली होता है कि यह हमारी लतों को नियंत्रित करता है। मिसाल के तौर पर, ज़्यादातर सिगरेट पीने वाले छोड़ना चाहते हैं। आप तार्किक दृष्टि से उनके बाएँ मस्तिष्क को सिगरेट पीने के सभी नुक़सान गिना सकते हैं और उनके

दाएँ मस्तिष्क को फेफड़ों के कैंसर की डरावनी तसवीरें दिखा सकते हैं, लेकिन अगर अवचेतन मस्तिष्क सिगरेट पीना चाहता है, तो वह व्यक्ति सिगरेट पीता रहेगा। कई मायनों में अवचेतन मस्तिष्क आपके जीवन को नियंत्रित करता है, चाहे आप ए विद्यार्थी हों या एफ़। ज़्यादातर लोगों के मामले में जब पैसे की बात आती है, तो उनके *भीतर मस्तिष्कों का युद्ध चलता है।* इसी युद्ध की वजह से कई लोग *अपने साधनों से कम में* जीते हैं, जबकि दरअसल वे अपने *जीवनस्तर को बेहतर बनाना चाहते हैं* और अमीर बनना चाहते हैं।

उद्यमिता और धन का शिक्षक होने के नाते मैं कई लोगों को जानता हूँ, जिनमें उच्च शिक्षित लोग भी शामिल हैं, जिन्हें ग़रीब होने की लत है। उनके मस्तिष्क के अंदर की कोई चीज़ उन्हें ग़रीब बनाए रखती है। वे जिस भी चीज़ को छूते हैं, वह सोने में बदलने के बजाय मूल्यहीन बन जाती है।

मस्तिष्कों का युद्ध

शिक्षक के रूप में मस्तिष्कों के इस युद्ध ने मुझे जिज्ञासु बना दिया। मैं किसी व्यक्ति के तार्किक और अतार्किक मस्तिष्क के आपसी संघर्ष से चकरा गया। मुझे अहसास हुआ कि सच्ची शिक्षा सिर्फ़ विद्यार्थियों को पढ़ना, लिखना और जवाब याद करना सिखाना नहीं है। मुझे अहसास हुआ कि प्रभावी शिक्षा वही होगी, जो तीनों मस्तिष्कों की शक्ति को सामंजस्य में लाए। तीनों मस्तिष्कों से एक दूसरे के ख़िलाफ़ नहीं, बल्कि एक साथ मिलकर काम कराए। अगर कोई व्यक्ति अपने तीनों मस्तिष्कों को सामंजस्य में ले आए और विकसित कर ले, तो उसके असली संसार में सफल होने की ज़्यादा संभावना होगी।

पारंपरिक शिक्षा के साथ समस्या यह है कि यह मस्तिष्क के सिर्फ़ एक हिस्से पर ध्यान केंद्रित करती है - बायाँ मस्तिष्क। दूसरे शब्दों में, ऐसा हो सकता है कि बाएँ मस्तिष्क के मामले में तो आप जीनियस हों, लेकिन अवचेतन के मामले में मंदबुद्धि हों। आपके बाएँ मस्तिष्क को पता रहता है कि क्या करना है, लेकिन आपके अवचेतन मस्तिष्क की वजह से आप दहशत में आ जाएँगे और उस काम को सचमुच नहीं करेंगे। सबसे बुरी बात, कॉलेज से निकलने वाले बहुत से युवा विद्यार्थी पढ़ने, लिखने और गणित करने में पूरी तरह योग्य होते हैं, लेकिन असली संसार में वे अवसर के बजाय सुरक्षा चाहते हैं, क्योंकि वे असफल होने की दहशत में रहते हैं। उन्हें ज्ञान को कल्पना से ज़्यादा मूल्यवान मानना सिखाया गया है - और मस्तिष्क के तीनों हिस्सों को एकीकृत करने की योग्यता से भी ज़्यादा मूल्यवान मानना सिखाया गया है। सर्वश्रेष्ठ बनने की बरसों की कोशिश के बाद इन लोगों से वित्तीय विशेषज्ञ कहते हैं कि वे *डाइवर्सिफ़ाई* करें और *अपने साधनों से कम में जीवन बिताएँ।* डरे हुए अवचेतन मस्तिष्क को यह सलाह बुद्धिमत्तापूर्ण और तार्किक लगती है। बरसों तक ये लोग हर महीने अपना वेतन वित्तीय विशेषज्ञों को इस आशा में दे देते हैं कि वे जानते हैं कि वे क्या कर रहे हैं। उसी समय संसार के सबसे अमीर निवेशक वॉरेन बफ़ेट कहते हैं, "डाइवर्सिफ़िकेशन अज्ञानता के ख़िलाफ़ सुरक्षा है।" और यह सचमुच है।

बाएँ मस्तिष्क वाले लोगों द्वारा शासित संसार

बाएँ मस्तिष्क वाले लोग संसार को चला रहे हैं। बाएँ मस्तिष्क वाले लोगों के साथ समस्या यह है कि वे सोचते हैं कि केवल एक ही तरह का मस्तिष्क होता है और एक ही तरह की बुद्धि होती है। कई लोग तो मस्तिष्क के बाक़ी हिस्सों के बारे में जानते ही नहीं हैं और उन्हें दूसरे प्रकार की बुद्धियों का अंदाज़ा भी नहीं है। जब आप किसी उच्च शिक्षित बाएँ मस्तिष्क वाले व्यक्ति से बुद्धि की परिभाषा पूछते हैं, तो वह जवाब देता है, "अगर आप मुझसे सहमत हैं, तो आप बुद्धिमान हैं। अगर आप सहमत नहीं हैं, तो मूर्ख हैं।"

धन के संसार में ये बाएँ मस्तिष्क वाले लोग यह विश्वास करते हैं कि पैसे बनाना गणितीय सूत्र या संख्याओं का फ़ॉर्मूला है। इसीलिए जब बाज़ार क्रैश हुआ, तो ज़्यादातर फ़ंड एक साथ क्रैश हो गए। इन फ़ंड्स को शैक्षणिक जीनियस चला रहे थे, जो एक ही फ़ॉर्मूले पर चल रहे थे। यहाँ 24 अगस्त 2007 के क्वांट फ़ंड्स वाले वॉल स्ट्रीट जर्नल के लेख का एक और अंश दिया जा रहा है :

> *बहुत से क्वांट फ़ंड्स को इस महीने भारी घाटा हुआ, जो विजेता ट्रेडिंग रणनीतियाँ खोजने के लिए सांख्यिकीय मॉडलों का इस्तेमाल करते हैं। कई मैनेजरों ने अपनी अँगुलियाँ दूसरे क्वांटिटेटिव हेज फ़ंड्स की ओर उठाईं और वे बुनियादी तौर पर यह कह रहे थे कि उन सभी के पास कमोबेश उन्हीं कंपनियों के शेयर थे और उनके मॉडल ने एक ही समय पर उन्हें बेचने को कहा था, जिससे शेयर के भाव नीचे गिरते चले गए और इस प्रक्रिया में हर एक को नुक़सान हुआ।*

दूसरे शब्दों में ए विद्यार्थियों ने शेयर बाज़ार में निवेश करने के लिए अपने भाषाई और तार्किक-गणितीय बाएँ मस्तिष्क का इस्तेमाल किया और उनका जवाब एक ही था... स्कूल की तरह। और इस घाटे या नुक़सान की क़ीमत कौन चुकाता है? ए विद्यार्थी नहीं। उनका वेतन तो निश्चित है, क्योंकि वे निवेशक नहीं, कर्मचारी हैं।

पूरे मस्तिष्क का इस्तेमाल करके जीतना सीखें

वॉरेन बफ़ेट ने एक बार कहा था, "आपको ख़ुद के लिए सोचना होता है। मैं इस बात पर हमेशा हैरान होता हूँ कि उच्च आईक्यू वाले लोग बिना सोचे किस तरह नक़ल करते हैं।"

शैक्षणिक उद्यमी होने के नाते मैंने विद्यार्थियों को अपारंपरिक या नवाचारी तरीक़े से सोचना सिखाया। मैंने उन्हें नक़ल करने के बजाय सृजन करना सिखाया। मैं यह देखकर हैरान था कि यह शिक्षण प्रक्रिया मेरे कई विद्यार्थियों के लिए कितनी डरावनी थी। ज़्यादातर तो अपने डर की वजह से नौकरी की सुरक्षा की चाहते थे, निवेश का जादुई फ़ॉर्मूला चाहते थे और ग़लतियों से बचना चाहते थे। डर के बंधनों को तोड़ना मेरे काम का सबसे मुश्किल हिस्सा था। वे स्मार्ट, सफल, उच्च-शिक्षित लोग थे, जो परिवर्तन करना चाहते थे। वे ग़रीब, **असफल और अशिक्षित नहीं थे।**

टीचर के रूप में मेरा काम उन्हें यह दिखाना था कि वे वित्तीय दृष्टि से जीतने के लिए उनकी बुनियादी बुद्धियों और तीनों मस्तिष्कों का इस्तेमाल कैसे करें। मैं अक्सर अपने बिज़नेस प्रोग्राम्स को 'आपके पूरे मस्तिष्क का इस्तेमाल करके जीतना सीखें' कहता हूँ। लोगों का ध्यान आकर्षित करने के लिए मैं अक्सर कहता था, "ए विद्यार्थी सी विद्यार्थियों की ख़ातिर काम करते हैं और बी विद्यार्थी सरकार की ख़ातिर काम करते हैं।" ज़ाहिर है, इससे ए विद्यार्थी ख़ुश नहीं हुए, लेकिन जब मैंने अपने निष्कर्षों के पीछे के तर्क को स्पष्ट किया, तो उनकी नाराज़गी चली गई।

ग़रीब और मध्यवर्गीय भाषाएँ

न्यूरोसाइंटिस्ट्स ने कुछ समय पहले यह पता लगाया है कि मस्तिष्क में मिरर न्यूरॉन्स होते हैं। कई वैज्ञानिक इस खोज को डीएनए की खोज से भी ज़्यादा महत्त्वपूर्ण मानते हैं। अति सरल भाषा में न्यूरोमिरर का मतलब है *जैसा बंदर देखते हैं, वैसा बंदर करते हैं या एक जैसे पंख वाले पक्षी एक साथ रहते हैं,* यानी हम दूसरों को जो करते देखते हैं, हमारे मस्तिष्क उसकी नक़ल करने के लिए प्रोग्राम्ड होते हैं। इससे यह स्पष्ट हो जाता है कि क्वांट फ़ंड मैनेजर एक जैसे शेयरों में निवेश क्यों करते हैं, ग़रीब लोग काफ़ी पैसे कमाने के बावजूद ग़रीब क्यों बने रहते हैं और इंग्लैंड में पला बच्चा अमेरिका या ऑस्ट्रेलिया में पले बच्चे से अलग लहज़े में अँग्रेजी क्यों बोलता है।

बोली और एक्सेंट के मिरर न्यूरॉन हमारे संसार के दायरे और हमारे संगी-साथियों के दायरे को सीमित करते हैं। कई बच्चों को हवाई छोड़कर दूसरी जगह पर जाने में मुश्किल आई, क्योंकि वे पीजिन अँग्रेज़ी बोलते थे। हवाई के पीजिन बोलने वाले बच्चे प्रायः बड़े हवाई क्लब वाले मुख्य भूमि के स्कूल-कॉलेजों में जाते हैं, ताकि वे आरामदेह महसूस कर सकें। यूनियन स्कूल के बहुत से बच्चे पीजिन बोलते थे। रिवरसाइड स्कूल के बच्चों को पीजिन बोलने पर पाबंदी थी। मेरा विश्वास है कि इससे मेरे जीवन पर ज़बरदस्त फ़र्क़ पड़ा, इसीलिए मैं यूनिवर्सिटी ऑफ़ हवाई के बजाय न्यूयॉर्क में कॉलेज गया।

व्यवसाय और निवेश के संसार में ग़रीब लोग ग़रीबों की भाषा बोलते हैं। व्यवसाय और निवेश की भाषा का इस्तेमाल करने के बजाय वे ऐसी चीज़ें कहते हैं, "सरकारी योजनाएँ, जनकल्याण और सरकारी सहायता।" मध्य वर्ग की डायलेक्ट या बोली अलग होती है। वे कहते हैं, "डाइवर्सिफ़ाई करो और अपने साधनों से कम में जियो।" संसार के सबसे अमीर निवेशक बफ़ेट कहते हैं, "मैं पैसा नहीं चाहता हूँ। मैं तो पैसा बनाने और इसे बढ़ते देखने का आनंद चाहता हूँ।" एक बार फिर, यह अलग मिरर-न्यूरॉन मस्तिष्क को प्रदर्शित करने वाली अलग अँग्रेज़ी बोली का उदाहरण है।

हर समूह एक अलग बोली बोलता है। मिसाल के तौर पर, जब गोल्फ़ खिलाड़ी मिलते हैं, तो वे अँग्रेज़ी के एक बिलकुल ही भिन्न रूप का इस्तेमाल करते हैं। जब वे बर्डी के बारे में बात करते हैं, तो वे गोल्फ़ कोर्स पर चिड़ियों को मारने के बारे में बात नहीं कर रहे होते हैं। आप संसार में कहीं भी चले जाएँ, अगर एक गोल्फ़ खिलाड़ी दूसरे से कहता है, "मैंने

एक बर्डी मारी," तो हर गोल्फ़ खिलाड़ी समझ जाता है कि उसका खेल औसत से ऊपर था।

इसी तरह, अमीर लोग भी एक अलग बोली बोलते हैं। यह अलग-अलग मस्तिष्कों और अलग-अलग मिरर न्यूरॉन्स का मामला है। इसीलिए नौ साल की उम्र में पुल पार करना जीवन बदलने वाला अनुभव था और इसीलिए मैं अपने साधनों से कम में नहीं जीता हूँ या डाइवर्सिफ़ाई नहीं करता हूँ। इसीलिए जब मैं कड़का था, तब भी मैं सस्ती कारें नहीं चलाता था, सस्ते कपड़े नहीं पहनता था या सस्ते इलाक़े में नहीं रहता था। यह मिरर न्यूरॉन्स और जीवनस्तर का मामला है।

आज न्यूरोसाइंटिस्ट्स मानते हैं कि मिरर न्यूरॉन हमारे मस्तिष्क के सबसे शक्तिशाली सीखने वाले हिस्से होते हैं। इससे यह स्पष्ट होता है कि कुछ विद्यार्थी शिक्षक को प्रिय क्यों होते हैं। चूँकि ज़्यादातर टीचर्स बाएँ मस्तिष्क वाले होते हैं, इसलिए वे समान बुद्धियों वाले बच्चों से प्रेम करते हैं। दूसरी ओर, ये टीचर्स उन बच्चों को पसंद न करने की प्रवृत्ति रखते हैं, जो कलात्मक, संगीतमय, सृजनात्मक, शारीरिक रूप से सीखने वाले या आसानी से दबते नहीं हैं। जब तक कॉलेज का समय आता है, तब तक कम भाषाई और तार्किक-गणितीय बुद्धि वाले ज़्यादातर बच्चे स्कूल छोड़कर जा चुके होते हैं। उन पर ठप्पा लगा दिया जाता है और वे बाहर हो चुके होते हैं। दुखद बात यह है कि स्कूल से जाने वाले ये बच्चे अक्सर जीवन भर ख़ुद को मूर्ख समझते हैं। कम उम्र में अपने साथ यह होने की कल्पना करें। यह लेबल आपको जीवन भर किस तरह प्रभावित करता है?

हार्वर्ड के प्रोफ़ेसर रॉबर्ट रोज़ेन्थल और लेनोर जैकबसन ने 1966 में एक प्रयोग किया। इसमें शिक्षकों को बताया गया कि उनकी क्लास के कुछ निश्चित बच्चे जीनियस थे, हालाँकि वे सचमुच जीनियस नहीं थे। लगभग सभी मामलों में उन बच्चों को असाधारण रूप से ऊँचे ग्रेड मिले। दूसरे शब्दों में, शोधकर्ताओं ने पाया कि बच्चे की बुद्धि के बारे में शिक्षक की मान्यता से बच्चे के सीखने पर सबसे ज़्यादा प्रभाव पड़ा। निवेश के संसार में इसे *रुझान* कहा जाता है; जातीय संबंधों में इसे *पूर्वाग्रह* कहा जाता है। यह मिरर न्यूरॉन्स के प्रभाव का उदाहरण है।

सरल शब्दावली में मिरर न्यूरॉन्स का मतलब है कि हमारे मस्तिष्क टेलीविज़न ट्रांसमीटर और रिसीवर जैसे होते हैं। भले ही हम एक दूसरे से बात न करें, लेकिन हमारे मस्तिष्क बहुत गहरे स्तर पर संवाद कर रहे होते हैं। मिसाल के तौर पर, जब हम किसी कमरे में जाते हैं, तो किसी के बिना कुछ बोले हम में से ज़्यादातर को तुरंत आभास हो जाता है कि कौन हमें पसंद करता है और कौन नहीं करता। यह सबसे बुरा हिस्सा है। मैंने सीखा कि अगर मैं ख़ुद के बारे में अच्छा महसूस नहीं करता था, तो लोग मेरे बारे में अच्छा महसूस नहीं करते थे। कई मामलों में तो दूसरा व्यक्ति सिर्फ़ मेरे द्वारा प्रेषित भावों को ही लौटा रहा था। दूसरे शब्दों में, अगर मैं सोचता हूँ कि मैं पराजित हूँ, तो दूसरे लोग भी मुझे पराजित ही मानेंगे।

अच्छी ख़बर यह है कि आप और मैं अपने बारे में अपनी अनुभूतियों को बदल सकते हैं और इस तरह अपने बारे में दूसरों की अनुभूति को बदल सकते हैं। यह हमारे मिरर न्यूरॉन्स को सही साँचे में ढालकर किया जा सकता है। यह आसान नहीं है, लेकिन संभव

है। मिसाल के तौर पर, अगर मैं अपने बारे में अपनी अनुभूति को नहीं बदलता, तो मैं कभी किम जैसी सुंदर महिला से मिल नहीं पाता और शादी नहीं कर पाता, डोनाल्ड ट्रम्प जैसा व्यक्ति मेरा मित्र नहीं होता और मैं आज वित्तीय दृष्टि से सुरक्षित नहीं होता। अगर मैं चेतन रूप से अपनी अनुभूति को नहीं बदलता, तो मैं शायद अब भी संकोची, मोटा, ग़रीब लड़का होता, जो पीजिन अँग्रेजी बोल रहा होता।

हालाँकि मैंने बहुत अच्छे कॉलेज से डिग्री ली थी, लेकिन मैं स्मार्ट महसूस नहीं कर रहा था। मैं तो यह महसूस कर रहा था कि बहुत से लोग हैं, जिनके जितना स्मार्ट मैं कभी नहीं बन सकता। मैं हमेशा औसत रहा था। जब मैं नौकरियों के इंटरव्यू देता था, तो मुझसे पहले सवाल ये पूछे जाते थे कि मैं कौन से कॉलेज गया था और क्या मेरे पास मास्टर्स डिग्री थी। अगर मेरे पास मास्टर्स डिग्री होती, तो नौकरी मिलने की संभावना बेहतर थी। एक बार फिर, हालाँकि मैं व्यावसायिक संसार में था, लेकिन मैं अब भी क्लासरूम में था, जिस पर बाएँ मस्तिष्क की बुद्धि का वर्चस्व था। 1974 में ज़िरॉक्स में काम करते समय मैंने कंपनी से एमबीए करने का वादा किया और मस्तिष्क की कार्यविधि के साथ-साथ सीखने तथा सिखाने के अलग-अलग तरीक़ों पर शोध शुरू किया। मैं उनकी नहीं, अपनी शर्तों पर जीतने का तरीक़ा ढूँढ रहा था।

स्कूल शिक्षकों के परिवार में पले होने के कारण मुझे अहसास हुआ कि सफलता का उनका पैमाना यह था कि सामने वाला किस स्कूल गया है और उसके पास कितनी ऊँची डिग्रियाँ हैं। बड़े व्यवसाय के संसार में भी काफ़ी हद तक यही चीज़ थी। ज़्यादातर बड़े कॉर्पोरेशनों में नियोक्ता प्रतिष्ठा का तमगा चाहते थे, जो मान्यता प्राप्त कॉलेजों की ऊँची डिग्रियों के साथ आता है। दूसरे शब्दों में, आइवी लीग के कॉलेजों के स्नातक स्टेट यूनिवर्सिटीज़ के स्नातकों से बेहतर हैं, जो सामुदायिक कॉलेजों के स्नातकों से बेहतर थे। आप किस स्कूल में पढ़े हैं, इस आधार पर आपको बड़े व्यवसाय के संसार में बेहतर नौकरी, बेहतर पदनाम और बेहतर वेतन मिल सकता है। यह सफलता का पैमाना है।

अमीर डैडी के आस-पास रहने के कारण मुझे अहसास हुआ कि उनकी सफलता का पैमाना यह था कि कोई व्यक्ति कितने ज़्यादा पैसे कमाता था, किन लोगों के साथ समय बिताता था, उसके पास काम करने या न करने की कितने स्वतंत्रता थी और वह कितनी नौकरियाँ प्रदान करता था। मुझे निर्णय लेना था कि मैं सफलता के किस पैमाने के हिसाब से जीना चाहता हूँ। चूँकि मैं यह नहीं सोचता था कि मैं स्कूल और बड़े व्यवसाय के अपने ग़रीब डैडी के खेल में जीत सकता हूँ, इसलिए मुझे अमीर डैडी के खेल में जीतने की बेहतर संभावना दिखी। तब मेरी असली शिक्षा शुरू हुई।

मैंने उद्यमी और रियल एस्टेट निवेशक बनकर अपने अमीर डैडी के क़दमों पर चलने का फ़ैसला किया। मैं जानता था कि मेरे पास उन क्षेत्रों में बेहतर संभावना थी, क्योंकि ज़्यादातर ए विद्यार्थी कर्मचारी थे, ऊँचे वेतन वाली नौकरियों की तलाश कर रहे थे और शेयरों, बॉन्डों तथा म्यूचुअल फ़ंड्स जैसे पेपर एसेट्स में निवेश कर रहे थे। चूँकि मैं सी विद्यार्थी था, इसलिए मुझे अहसास हुआ कि जीतने के लिए मुझे अपने बाएँ मस्तिष्क का ही नहीं, बल्कि तीनों मस्तिष्कों का इस्तेमाल करने की ज़रूरत थी।

आपके लिए सवाल ये हैं :

- आपकी सफलता का पैमाना क्या है?
- जीतने का आपका सर्वश्रेष्ठ अवसर कहाँ है?
- क्या आपका मस्तिष्क जीतने के लिए प्रशिक्षित है?
- क्या आपके तीनों मस्तिष्क मिलकर काम कर रहे हैं या वे आपके ख़िलाफ़ काम कर रहे हैं?

दो कमियाँ

इतने बरसों में मैंने पाया है कि पैसों के मामले में लोगों में दो कमियाँ होती हैं :

1. ***हमारे स्कूल-कॉलेज पैसों के बारे में ज़्यादा नहीं सिखाते हैं।*** यहाँ तक कि ए विद्यार्थी भी बहुत कम जानकारी के साथ स्कूल से बाहर निकलते हैं। इसके अलावा, हाल में खोजे गए मिरर न्यूरॉन्स के विज्ञान के अनुसार हम में से ज़्यादातर लोग पैसे के बारे में उन लोगों से सीखते हैं, जो वित्तीय दृष्टि से बुद्धिमान नहीं हैं। इसीलिए इतने सारे लोगों की मध्यवर्गीय आकांक्षाएँ होती हैं, यानी, अपने साधनों से कम में जीवन बिताओ, पैसे बचाओ और क़र्ज़ से दूर रहो।
2. ***हमारे स्कूल-कॉलेज अवचेतन मस्तिष्क को शक्तिशाली नहीं बनाते हैं।*** वास्तव में विद्यार्थियों को शिक्षित करने के बजाय स्कूल-कॉलेज उन्हें प्रेरित करने के लिए डर का इस्तेमाल करते हैं, सिखाने के बजाय धमकी देते हैं, नवाचार करने के बजाय नक़ल पर ज़ोर देते हैं, प्रोत्साहित करने के बजाय ग़लतियों को दंडित करते हैं, ज़्यादा बड़ा सोचने के बजाय सुरक्षित खेलने को बढ़ावा देते हैं और सामने वाले की मनचाही बात कहते हैं, बजाय उसके जो उसे सुनने की ज़रूरत है।

इन दो घटकों के कारण बहुत लोग तब *ख़रीदते* हैं, जब उन्हें *बेचना* चाहिए; तब *बचाते* हैं जब उन्हें *ख़र्च* करना चाहिए; तब *ख़र्च* करते हैं, जब उन्हें *बचाना* चाहिए; तब *डरते* हैं जब उन्हें *बहादुर* होना चाहिए और तब *बहादुर* होते हैं, जब उन्हें *डरना* चाहिए।

अवचेतन मस्तिष्क के ऐसे ग़ैर-नियंत्रित, अतार्किक, वित्तीय दृष्टि से मूर्खतापूर्ण व्यवहार के उदाहरण ये हैं :

1. सारे क्वांट फ़ंड एक साथ बेच रहे होते हैं और बाज़ार को गिरा रहे होते हैं, क्योंकि वे सभी उन्हीं शेयरों में निवेशित हैं। वे तब बेच रहे होते हैं, जब उन्हें ख़रीदना चाहिए। दहशत अवचेतन मस्तिष्क का भाव है। नक़ल करने के पीछे अलग होने का डर है, इसलिए वे सृजनात्मक बनने और अलग तरीक़े से सोचने के बजाय वही चीज़ करते हैं।

2. जब लोगों का वेतन बढ़ता है या उन्हें थोड़ा पैसा मिलता है, तो वे अक्सर इसे ख़र्च कर देते हैं, क्योंकि वे अच्छा महसूस करते हैं, बजाय बुरा क़र्ज़ चुकाने के। मैं एक सज्जन को जानता हूँ, जिसे अपने माता-पिता से दस लाख डॉलर विरासत में मिले। तुरंत उसने एक बड़ा मकान ख़रीद लिया और क्रेडिट पर दो नई कारें ख़रीद लीं। बुरे क़र्ज़ से *बाहर* निकलने के बजाय उसकी प्रसन्नता उसे ज़्यादा क़र्ज़ में ले गई। आज उसका पैसा ख़त्म हो चुका है और वह अपना मकान बचाने की कोशिश कर रहा है।

3. जब अर्थव्यवस्था गोता खाती है, तो कई कंपनियों का 'बिक्री रोको विभाग' (अकाउंट विभाग) बागडोर थाम लेता है। जब बिक्री कम होती है, तो ज़्यादातर कंपनियाँ विज्ञापन, प्रचार और सेल्स स्टाफ़ में कटौती करती हैं। समस्या यह है कि इस वक़्त कंपनी को *बचत* नहीं, *ख़र्च* करना चाहिए। बुरी अर्थव्यवस्था में कंपनी को विज्ञापन और प्रचार पर ज़्यादा ख़र्च करना चाहिए, ज़्यादा सेल्स रिप्रज़ेंटेटिव्ज़ को नियुक्त करना चाहिए, ज़्यादा बिक्री को प्रोत्साहित करना चाहिए और ज़्यादा सृजनात्मक बनना चाहिए। दूसरे शब्दों में, दाएँ मस्तिष्क वाले ज़्यादा बनें और ज़्यादा संवाद करें। बिक्री बढ़ाने वाले विभाग के आगे रहने के बजाय बिक्री रोकने वाला विभाग आगे आ जाता है। ज़्यादातर कंपनियों के बिक्री रोकने वाले विभाग में बाएँ मस्तिष्क वाले अकाउंटेंट्स, वकील और वेतनभोगी कर्मचारी रहते हैं, जिनका अवचेतन मस्तिष्क दहशत में होता है। जब बिक्री रोकने वाला विभाग बागडोर थाम लेता है, तो कई कर्मचारियों की नौकरी चली जाती है। मेरी राय तो यह है कि मुश्किल समय में बिक्री रोकने वाले विभाग के कुछ कर्मचारियों को कम कर देना चाहिए।

अवचेतन मस्तिष्क ख़ुद को बुद्धिमान मानता है। अवचेतन मस्तिष्क के साथ समस्या यह है कि यह या तो आपका सबसे बड़ा मित्र हो सकता है या आपका सबसे बुरा दुश्मन हो सकता है। इसके लिए ज़्यादा ऊँची बुद्धि चाहिए कि व्यक्ति निरपेक्ष ढंग से तय करे कि कौन सा मस्तिष्क बात कर रहा है... मित्र या शत्रु। जब धन, सेक्स, धर्म और राजनीति जैसे बेहद भावनात्मक विषयों की बात आती है, तो विरक्त होने, विस्तार करने, निरपेक्षता से सुनने और फिर बाएँ व दाएँ दोनों मस्तिष्कों से स्पष्टता से सोचने के लिए उच्च विकसित बुद्धि की ज़रूरत होती है। अवचेतन मस्तिष्क के साथ समस्या यह है कि यह बुद्धिमान नहीं, प्रतिक्रियाशील होता है; यह गुण-दोष तौलने में सक्षम नहीं होता।

किसी मूर्ख के साथ बहस करना

जो व्यक्ति अपने अवचेतन मस्तिष्क से बोल रहा हो, उसके साथ तार्किक बनना असंभव होता है, क्योंकि अवचेतन मस्तिष्क तार्किक नहीं होता। यह सोच नहीं सकता। यह सिर्फ़ प्रतिक्रिया कर सकता है। दिक़्क़त तब होती है, जब अवचेतन मस्तिष्क से बोलने वाले लोग यह सोच लेते हैं कि वे तार्किक और बुद्धिमान हैं। मिसाल के तौर पर, जब मैं सुझाव देता हूँ कि मंदी में व्यवसायी बचत करने के बजाय ख़र्च करे, तो ज़्यादातर मामलों में उसका

अवचेतन मस्तिष्क कमान सँभाल लेता है और उसे तमाम तार्किक कारण बताने लगता है कि उसे कटौती करने, कर्मचारियों की छँटनी करने और पैसे बचाने के काम में जुटने की ज़रूरत क्यों है। ज़्यादातर व्यवसायियों को यह तार्किक और बुद्धिमत्तापूर्ण लगता है। वे ज़्यादा नहीं जानना चाहते। उन्होंने फ़ैसला कर लिया होता है। उनका मस्तिष्क नए विचारों के प्रति बंद हो चुका होता है।

अगर आप मुद्दे पर आगे ज़ोर देते हैं, तो उनका मस्तिष्क रक्षात्मक मुद्रा में आ जाता है। दीवारें खड़ी हो जाती हैं और भागने के बजाय वे लड़ना चाहते हैं। वे अपने निर्णय की रक्षा करना चाहते हैं और सही होना चाहते हैं। सीखने के बजाय वे मूर्ख बन जाते हैं। किसी मूर्ख के साथ बहस करने के साथ समस्या यह है कि जल्दी ही दो मूर्ख हो जाते हैं : आप और वह व्यक्ति, जिसके साथ आप बहस कर रहे हैं।

ग़रीब लोगों के ग़रीब रहने का एक कारण यह है कि उनके पास ग़रीब व्यक्ति का अवचेतन मस्तिष्क होता है। जब मैं वित्तीय दृष्टि से संघर्ष करने वाले लोगों से बात करता हूँ, तो उनमें से कई कहते हैं कि वे ग़रीबी में ही ख़ुश हैं। वे इस तरह की बातें कहते हैं, "मैं अमीर बनने के बजाय ख़ुश रहना ज़्यादा पसंद करूँगा," या "आपको अमीर बनने के लिए बुरा आदमी बनना पड़ता है।" अगर आप नए विचारों के प्रति उनका दिमाग़ खोलने की कोशिश में उनके साथ बहस करते हैं, तो उनका अवचेतन मस्तिष्क अक्सर ज़्यादा बंद हो जाता है और वे ख़ुद को ज़्यादा सही मानने लगते हैं। जल्दी ही दो मूर्ख बहस कर रहे होते हैं।

इसी तरह की घटना कई कर्मचारियों और उच्च वेतन वाले एक्ज़ीक्यूटिवों के साथ होती है, जो अपनी नौकरी को पसंद करते हैं, लेकिन कोई दूसरी चीज़ करना चाहते हैं। जो वे करना चाहते हैं, वह करने के बजाय उनका अवचेतन मस्तिष्क तार्किक कारण खोज लाता है कि वे उसे क्यों नहीं कर सकते। जब उन्हें बताया जाता है कि उच्च वेतन वाले कर्मचारियों के रूप में वे कितने ज़्यादा टैक्स दे रहे हैं, तो वे जवाब दे सकते हैं, "देखिए, आपको टैक्स तो देना पड़ता है।" अगर बेहतर निवेशों, ज़्यादा ऊँचे रिटर्न्स और कम टैक्स देने के बारे में उन पर जानकारी का दबाव डाला जाता है, तो वे जवाब दे सकते हैं, "यह तो ख़तरनाक लगता है।" वे डर के कारण नई संभावनाओं के प्रति अपने मस्तिष्क के द्वार बंद कर लेते हैं। अगर आप बहस करते हैं, तो एक बार फिर वहाँ दो मूर्ख हो जाते हैं।

अपना जीवन बदलने के लिए... अपना परिवेश बदलें

सीखने की प्रक्रिया और शिक्षा संबंधी मेरे शोध में यह बहुत स्पष्ट हो गया कि परिवेश सबसे शक्तिशाली शिक्षक होता है। इसीलिए न्यूरोसाइंटिस्ट्स द्वारा मस्तिष्क में मिरर न्यूरॉन्स की खोज से होने वाली पुष्टि इतनी महत्त्वपूर्ण है। विज्ञान आख़िरकार वह पता लगा रहा है, जो हम में से कई लोग पहले से ही जानते हैं; अपने जीवन को बदलने के लिए पहले अपना नज़रिया बदलें।

हम में से ज़्यादातर लोग जानते हैं कि अगर हम वज़न कम करना चाहते हैं, तो रेस्तराँ जाने के बजाय जिम जाने से हमारे सफल होने की बेहतर संभावना है। अगर हम

अध्ययन करना चाहते हैं, तो कार चलाते समय पढ़ने के बजाय (मैंने कई लोगों को ऐसा करते देखा है) किसी शांत लाइब्रेरी में पढ़ना बेहतर हो सकता है। अगर हम तनावरहित होना चाहते हैं, तो हम कामकाज छोड़कर समुद्र तट पर जा सकते हैं या पहाड़ चढ़ सकते हैं। और अगर आप अमीर बनना चाहते हैं, तो आपको ऐसा परिवेश खोजने की ज़रूरत है, जो ज़्यादा अमीर बनने के लिए अनुकूल हो, एक ऐसा परिवेश, जो तीनों मस्तिष्कों को शक्तिशाली बनाता हो। विडंबना यह है कि ज़्यादातर लोगों के ऑफ़िस और स्कूल-कॉलेज में ऐसे परिवेश नहीं होते।

परिवेशों की शक्ति

यदि आप ज़्यादा अमीर और ज़्यादा सफल बनना चाहते हैं, तो यह अत्यंत महत्त्वपूर्ण हो जाता है कि आप एक ऐसा परिवेश खोज लें, जो आपके तीनों मस्तिष्कों को विकास करने की अनुमति दे और उन्हें विकसित होने का समय दे।

1974 तक मुझे अहसास हो चुका था कि मुझे कोई ए विद्यार्थी नौकरी नहीं देगा। मिसाल के तौर पर, कोई डॉक्टर या वकील मुझे कभी नौकरी नहीं देगा, क्योंकि डॉक्टरों और वकीलों को अपने आस-पास शैक्षणिक तथा पेशेवर दृष्टि से स्मार्ट लोगों की ज़रूरत होती है। डॉक्टर फूहड़ नर्स नहीं चाहता, न ही वकील अक्षम सहायक को पसंद करता है।

चूँकि मैं सी विद्यार्थी था, इसलिए मुझे कोई ऐसा तरीक़ा खोजना था, जिससे ए विद्यार्थी मेरी ख़ातिर काम करें। तब मैंने अपने अमीर डैडी जैसा बनने का निर्णय लिया। मैंने ठान लिया कि मैं भी उनकी तरह उद्यमी और रियल एस्टेट निवेशक बनूँगा। मैंने संकल्प लिया कि मैं अपने ग़रीब डैडी की तरह नहीं बनूँगा, जो ए विद्यार्थी और स्कूल टीचर थे। मैंने उद्यमी और रियल एस्टेट निवेशक बनने का चुनाव इसलिए किया, क्योंकि मैं धीमी गति से सीखता हूँ और मुझे विकसित होने के लिए समय चाहिए होता है। मैं फटाफट अमीर बनने की तलाश नहीं कर रहा था। मैं तो एक ऐसे परिवेश की तलाश कर रहा था, जो मेरे लिहाज़ से उपयुक्त हो, जहाँ मैं बहुत समय तक धीरे-धीरे सीख सकूँ।

उद्यमी बनने का एक और महत्त्वपूर्ण कारण यह था कि मैं ख़ुद को स्मार्ट लोगों से घेर सकता था। मैं जानता हूँ कि मैं भाषा या गणित में दक्ष नहीं हूँ, इसलिए मुझे इन लोगों को अपनी टीम का हिस्सा बनाने की ज़रूरत है। मैं अब भी लेखन में औसत हूँ, गणित में औसत हूँ और विवरणों के मामले में भयंकर हूँ। खेलों के मामले में मैं फुटबॉल, रग्बी और रोइंग जैसे टीम खेलों में बेहतर था। मैं गोल्फ़ या टेनिस जैसे व्यक्तिगत खेलों में अच्छा नहीं हूँ। अपने बारे में यह जानने के बाद यह मुझे ज़्यादा तार्किक लगा कि मैं ख़ुद को स्मार्ट लोगों की टीम से घेर लूँ।

कई मुश्किलों के बाद मुझे पता चला कि कई स्मार्ट लोग टीमों में अच्छे नहीं होते हैं, इसीलिए वे स्कूल में उत्कृष्ट होते हैं, जहाँ परीक्षा अकेले देनी होती है। मेरे कारोबारी संसार में मैं हर दिन परीक्षा देता हूँ, लेकिन अकेले नहीं। कारोबारी संसार में मैं अपनी परीक्षा स्मार्ट लोगों की टीम के साथ देता हूँ और उनकी मदद से अपनी समस्याएँ सुलझाता हूँ। दूसरे शब्दों में, मेरा जीनियस टीम में ही प्रदर्शित होता है। टाइगर वुड्स का जीनियस

व्यक्तिगत रूप से प्रदर्शित होता है। प्रश्न यह है कि आप व्यक्ति के रूप में बेहतर हैं या टीम के हिस्से के रूप में?

इसे अपने तरीक़े से करें

मेरे कहने का मतलब यह नहीं है कि आपको उद्यमी या रियल एस्टेट निवेशक बनना चाहिए। मैं आपको वह करने को नहीं कह रहा हूँ, जो मैं करता हूँ। मैं तो सिर्फ़ यह कह रहा हूँ कि आप सीखने के एक ऐसे परिवेश पर विचार करें, जो वित्तीय दृष्टि से आपके जीतने की संभावनाओं को बेहतर बनाए। वित्तीय सफलता का अपना परिवेश और अपना ख़ुद का तरीक़ा खोजें। मिसाल के तौर पर, अगर आप सोचते हैं कि आप पेशेवर गोल्फ़ खिलाड़ी बन सकते हैं, तो आपको स्पष्ट रूप से गोल्फ़ के मैदान पर ज़्यादा समय बिताना चाहिए, ताकि आपके मस्तिष्क के मिरर न्यूरॉन्स सक्रिय हो जाएँ और आप अपने आस-पास के सर्वश्रेष्ठ गोल्फ़ खिलाड़ियों से सीख सकें।

मस्तिष्क में मिरर न्यूरॉन्स की खोज मेरे लिए इसलिए महत्त्वपूर्ण है, क्योंकि 1974 से ही मैंने अपना ज़्यादातर समय उद्यमियों और रियल एस्टेट निवेशकों के साथ बिताया है। मैं महान उद्यमियों और रियल एस्टेट निवेशकों के साथ व्यवसाय करने के अवसरों की लगातार तलाश करता हूँ। इसीलिए 2006 में डोनाल्ड ट्रम्प के साथ पुस्तक लिखना मेरे लिए महत्त्वपूर्ण था। यह एक महान व्यक्ति के साथ समय बिताकर मिरर न्यूरॉन्स के ज़रिये सीखने का बेहतरीन अवसर था। उनके साथ समय बिताने से मेरा व्यवसाय, जीवन और जीवनस्तर संबंधी दृष्टिकोण एक बिलकुल ही नए स्तर पर पहुँच गया... लगभग उतना ही जितना नौ साल की उम्र में अमीर दोस्तों के घर की ओर जाने वाला पुल पार करते समय पहुँचता था।

आपका परिवेश खोजना

आज कई बिज़नेस स्कूल मुझसे उनकी उद्यमिता क्लासों के सामने व्याख्यान देने को कहते हैं। विद्यार्थियों का एक आम सवाल वित्तीय बुद्धि 1 : ज़्यादा पैसे बनाना से जुड़ा होता है। सवाल यह होता है, "मैं निवेशक कैसे खोजूँ?" या "मैं पूँजी कैसे उगाहूँ?" मैं इस प्रश्न को समझता हूँ, क्योंकि यही प्रश्न मुझे सताता था, जब मैं ज़िरॉक्स की सुरक्षा छोड़कर उद्यमी बना था। मेरे पास पैसे नहीं थे और कोई भी मेरे साथ निवेश नहीं करना चाहता था। बड़ी वेंचर कैपिटल फ़र्म्स मेरा दरवाज़ा नहीं खटखटा रही थीं।

बिज़नेस स्कूल के विद्यार्थियों को मेरा जवाब यह है, "आप बस इसे कर देते हैं। आप इसे इसलिए करते हैं, क्योंकि यह आपको करना ही होता है। अगर आप इसे नहीं करते हैं, तो आप कारोबार से बाहर हो जाते हैं, हालाँकि आज मेरे पास पर्याप्त पैसा है, लेकिन मैं पूँजी उगाहता हूँ। यही मेरे मित्र डोनाल्ड ट्रम्प करते हैं। उनका काम पूँजी उगाहना है। यह हर उद्यमी का पहले नंबर का काम होता है। उद्यमी के रूप में हम लोगों के तीन समूहों से पूँजी उगाह सकते हैं। ये हैं आपके ग्राहक, निवेशक और कर्मचारी। उद्यमी के रूप में आपका काम अपने ग्राहकों से प्रॉडक्ट्स ख़रीदवाना है। अगर आप ग्राहकों को अपने प्रॉडक्ट्स ख़रीदने के

लिए राजी कर सकें, तो आपके निवेशक आपको बहुत सारे पैसे देने को तैयार हो जाएँगे। और अगर आपके कर्मचारी हैं, तो आपका काम यह सुनिश्चित करना है कि वे आपको अपने वेतन से दस गुना कमाकर दें। अगर आप अपने कर्मचारियों से उनके वेतन से दस गुने से ज़्यादा उत्पादन नहीं करा सकते, तो आप व्यवसाय से बाहर हो जाते हैं और अगर आप व्यवसाय से बाहर हो जाते हैं, तो आपको कोई पैसा उगाहने की ज़रूरत नहीं होती।"

स्पष्ट रूप से यह वह जवाब नहीं है, जो ज़्यादातर एमबीए विद्यार्थी चाहते हैं। वे तो जादुई फ़ार्मूले, गोपनीय रेसिपी, अमीरी की फटाफट व्यावसायिक योजना चाहते हैं। बिज़नेस स्कूल के कई प्रशिक्षक कसमसाते हैं, क्योंकि उनमें से ज़्यादातर उद्यमिता सिखाते हैं, लेकिन उद्यमी नहीं हैं। ज़्यादातर को अब भी एक स्थिर नौकरी, वेतन और कार्यकाल की ज़रूरत होती है। एक बार फिर, यह हमारे मस्तिष्कों के मिरर न्यूरॉन्स का प्रभाव है, जो विरोधी विचारों से सहमत नहीं होते हैं, जिस वजह से वे कसमसाने लगते हैं। कई बिज़नेस स्कूल तो व्याख्यान देने के लिए सीईओ को बुलाना ज़्यादा पसंद करेंगे, जो उद्यमी नहीं, कर्मचारी होते हैं।

आँखें सच्चाई बता देती हैं

जब मैं इस बारे में अपने विचार बताता हूँ कि पूँजी उगाहने में किस चीज की ज़रूरत होती है, तो मैं विद्यार्थियों की आँखों को देखता हूँ। 70 से 90 प्रतिशत आँखों में मुझे डर दिखता है। उनकी आँखें काँच जैसी हो जाती हैं और साँस उथली हो जाती है। ख़ून बाएँ और दाएँ मस्तिष्कों से प्रवाहित होकर उनके आदिम मस्तिष्क में पहुँच जाता है, जो अवचेतन मस्तिष्क का सबसे पुराना हिस्सा है। इसके विपरीत, क्लास के लगभग 10 प्रतिशत लोग मुस्कराते हैं। उन्हें मेरा जवाब पसंद आता है। उनकी आँखें ज़्यादा चमकने लगती हैं और वे रोमांचित हो जाते हैं। वे जानते हैं कि वे जीत सकते हैं। वे जानते हैं कि वे अपने सहपाठियों को हरा सकते हैं। वे जानते हैं कि वे उद्यमी बन सकते हैं। असफलता के डर पर फलने-फूलने वाले परिवेश के बावजूद उनके तीनों मस्तिष्क सामंजस्य में आ रहे होते हैं।

मस्तिष्क के तीनों हिस्सों का विकास करना

आपमें से जिन लोगों ने मेरा *कैशफ़्लो* गेम खेला है, उन्हें पता होगा कि इस खेल में जीतने के लिए आपको बाएँ मस्तिष्क के वित्तीय ज्ञान और दाएँ मस्तिष्क की सृजनात्मकता दोनों की ज़रूरत होती है। चूँकि यह महज खेल होता है, जिसे नक़ली धन से खेला जाता है, इसलिए असफल होने या पैसे गँवाने का डर काफ़ी कम हो जाता है और अवचेतन मस्तिष्क कमोबेश तटस्थ हो जाता है। जब कोई व्यक्ति खेल को समझ लेता है, तो अवचेतन मस्तिष्क डर से रोमांच और जीतने के आनंद की ओर पहुँच जाता है। सीखना मज़ेदार और रोमांचक बन जाता है। तीनों मस्तिष्क शिक्षित हो रहे होते हैं, तीनों का विकास हो रहा होता है। एक विस्तृत पूर्ण मस्तिष्क के लिए नई संभावनाएँ खुल रही होती हैं।

सीखने का शंकु

2005 में एरिज़ोना स्टेट यूनिवर्सिटी ने बिज़नेस स्कूल के विद्यार्थियों को अकाउंटिंग और निवेश सिखाने के लिए मेरे गेम की व्यावहारिकता पर एक अध्ययन किया। उनका निष्कर्ष सकारात्मक और अनुकूल था। उनका निष्कर्ष यह था कि दूसरे तरीक़ों के बजाय इस खेल से विद्यार्थी दरअसल ज़्यादा तेज़ी से सीखते थे और ज्ञान को लंबे समय तक क़ायम रखते थे।

यूनिवर्सिटी ने मुझे कोन ऑफ़ लर्निंग यानी सीखने के शंकु से भी परिचित कराया, जिसकी तसवीर नीचे दी गई है।

सीखने का शंकु		
दो सप्ताह बाद हम याद रख पाते हैं		संलग्नता की प्रकृति
आप जो कहते और करते हैं, उसका 90 प्रतिशत	असली चीज़ करना	सक्रिय
	सच्चे अनुभव को सिमुलेट करना	
	नाटकीय प्रस्तुति करना	
हम जो कहते हैं, उसका 70 प्रतिशत	व्याख्यान देना	
	किसी विचार-विमर्श में सहभागी बनना	
हम जो सुनते और देखते हैं, उसका 50 प्रतिशत	इसे जगह पर किए जाते देखना	निष्क्रिय
	किसी प्रदर्शन को देखना	
	किसी प्रदर्शनी में प्रदर्शित वस्तु को देखना	
	कोई फ़िल्म देखना	
30 प्रतिशत, जो हम देखते हैं	चित्रों को देखना	
20 प्रतिशत, जो हम सुनते हैं	शब्द सुनना	
हम जो पढ़ते हैं, उसका 10 प्रतिशत	पढ़ना	

Source (Missing) (eng. pg. 196)

सीखने का दूसरा सबसे अच्छा तरीक़ा

जैसा कि आप चार्ट से समझ सकते हैं, सीखने का सबसे बुरा तरीक़ा है पढ़ना और दूसरा सबसे बुरा तरीक़ा है व्याख्यान सुनना... जो पारंपरिक स्कूलों में शिक्षा देने के सबसे लोकप्रिय तरीक़े हैं। लर्निंग कोन के सबसे ऊपर है असली काम करना। जब मैंने एमबीए विद्यार्थियों से जाकर काम करने को कहा, तो कई तो जम गए। ज़ाहिर है, पढ़ने, व्याख्यान सुनने और असल संसार में बचे रहने के बीच एक खाई है।

एरिज़ोना स्टेट यूनिवर्सिटी की स्टडी ने इंगित किया कि असल ज़िंदगी के ठीक नीचे *सिमुलेशन्स या गेम्स* आते हैं। इस अध्ययन ने कोन ऑफ़ लर्निंग की पुष्टि की। इससे इस बात की पुष्टि भी हुई कि हमारा खेल दूसरा सर्वश्रेष्ठ तरीक़ा था, जिससे धन प्रबंधन, अकाउंटिंग और निवेश का तरीक़ा सीखा जा सकता था, क्योंकि इसमें बाएँ मस्तिष्क के तर्क और दाएँ मस्तिष्क की सृजनात्मकता को मिलाया जा सकता था। अवचेतन के डर के बजाय सीखना मज़ेदार और प्रेरक बन गया था। विद्यार्थी ज़्यादा आत्मविश्वासी, ज़्यादा ऊर्जावान थे। वे सीखने के लिए ज़्यादा उत्सुक थे और सीखी हुई बातों का इस्तेमाल करने में ज़्यादा सक्षम थे।

यूनिवर्सिटी के निष्कर्ष शैक्षणिक उद्यमी के रूप में मेरे निष्कर्षों के तालमेल में थे। मैंने पाया कि हॉवर्ड गार्डनर की चौथी बुद्धि यानी शारीरिक-गतिपरक बुद्धि पर ध्यान केंद्रित करने से विद्यार्थी ज़्यादा सीखते थे, ज़्यादा जल्दी सीखते थे, उन्हें ज़्यादा मज़ा आता था और वे जानकारी को लंबे समय तक याद रखते थे। हमने व्याख्यान नहीं दिए, बल्कि विभिन्न बिंदुओं को सिखाने के लिए अलग-अलग खेल खेले। मैंने खेलने और ग़लतियाँ करने को प्रोत्साहित किया और फिर खेल ख़त्म होने के बाद हमने जानकारी दी।

विद्यार्थी ज़्यादा इसलिए सीखे, क्योंकि खेलते समय तीनों मस्तिष्क शामिल होते हैं। कई बार तो खिलाड़ी विचलित, नाराज़ या दुखी दिखे। उन्हें अपनी ग़लतियाँ पसंद नहीं आई थीं। कुछ ने खेल या दूसरे खिलाड़ियों को दोष दिया। ये भावनाएँ सीखने की प्रक्रिया का हिस्सा हैं, मेरी क्लास में भी और असल जीवन में भी। प्रशिक्षक के रूप में मेरा काम यह है कि मैं प्रतिभागी को दोषारोपण तथा भावनाओं से दूर ले जाऊँ और सबक़ सीखने की ओर ध्यान दिलाऊँ, जो खेल उसे सिखा रहा था। जब प्रतिभागी खेल के व्यक्तिगत सबक़ सीख लेते थे, तो कुछ ने तो हँसकर कहा, "मुझे अहसास ही नहीं था कि मैं यही चीज़ अपनी ज़िंदगी में भी करता हूँ।" खेल और असली जीवन में व्यवहार के आपसी संबंध को पहचानने के बाद प्रतिभागी के पास परिवर्तन करने का अवसर था, बशर्ते वह करना चाहे। ज्ञान की कौंध के पल, जीवन के *अहा* पल में सभी तीनों मस्तिष्क मिलकर काम करते हैं। जब यह हो जाता है, तो प्रतिभागी अक्सर ज़्यादा सीखने और विकास करने के लिए उत्सुक रहता है।

सफलता की एक बड़ी कहानी फ़ीनिक्स के एक बहुत ग़रीब हिस्से में बॉयज़ ऐंड गर्ल्स क्लब में मिली। वहाँ मेरी कंपनी की एक टीम ने कैशफ़्लो क्लब बनाया। एक बार फिर खेल के माध्यम से वित्तीय बुद्धि सिखाने का परिणाम शक्तिशाली, गहन और जीवन बदलने वाला था। एक ख़ास प्रतिभागी एक विद्यार्थी था, जिस पर स्कूल तंत्र ने सीखने में अक्षम होने का ठप्पा लगा दिया था और उसे मंदबुद्धियों की क्लास में पहुँचा दिया था। अपने मित्रों के साथ

कई बार *कैशफ़्लो* गेम खेलने के बाद वह धीरे-धीरे अपनी पढ़ने और गणित की योग्यताओं को बेहतर बनाने लगा। आज वह सामान्य क्लास में पहुँच चुका है। यह समकक्षों के साथ सीखने के सहयोगी परिवेश में मस्तिष्क के तीनों हिस्सों का समन्वय करने की शक्ति है।

अपना परिवेश बदलें... अपना जीवन बदलें

शैक्षणिक उद्यमी के रूप में मेरे सामने यह स्पष्ट हो गया कि परिवेश ही सबसे शक्तिशाली शिक्षक होता है। मुझे अहसास हुआ कि मैं कितना ही सिखा दूँ और जानकारी दे दूँ, लेकिन अगर प्रतिभागी पहले वाले माहौल में लौटकर जाता है, तो मेरी सिखाई बातों का असर कम हो जाता था। दूसरे शब्दों में, अगर वह व्यक्ति उसी नौकरी में जाता है, जहाँ ग़लतियों को दंडित किया जाता है और सृजनात्मकता का दमन किया जाता है, तो मेरी सिखाई बातों का महत्त्व बहुत कम रह जाता है। हमेशा परिवेश की जीत होती है।

एक पुरानी कहावत है, “अगर मैं जानता हूँ कि मैं कहाँ मरने वाला हूँ... तो मैं वहाँ नहीं जाऊँगा।” आज मैं जानता हूँ कि करोड़ों लोग ऐसे परिवेशों में हैं, जो उनके सीखने, दौलत कमाने और व्यक्तिगत विकास करने के लिए सर्वश्रेष्ठ नहीं हैं। उनके ऑफ़िस और घर के परिवेश उनकी वित्तीय बुद्धि और दौलत को नहीं बढ़ा रहे हैं। ज़्यादा अमीर बनने के बजाय वे अपने ऑफ़िस और घरों के क़ैदी बन जाते हैं। सफलता चाहने के बजाय ज़्यादातर लोग ऐसे परिवेशों में रहते हैं, जो सुरक्षित खेलने को पुरस्कार देते हैं, ग़लतियाँ करने को नहीं, लेकिन जैसा पॉल ट्यूडर जोन्स कहते हैं, “इंसान सफलताओं से नहीं, ग़लतियों से सीखता है।”

अपना जीनियस खोजना

अपने जीनियस को खोजने के लिए लोगों को ऐसा परिवेश खोजने की ज़रूरत होती है, जो उनके जीनियस का समर्थन करे। मिसाल के तौर पर, टाइगर वुड्स का परिवेश गोल्फ़ कोर्स है। वे जॉकी के रूप में इतना अच्छा प्रदर्शन नहीं कर पाते। डोनाल्ड ट्रम्प ने न्यू यॉर्क रियल एस्टेट के कठोर संसार में अपनी शक्ति खोजी। उस परिवेश ने उन्हें चुनौती दी, उन्हें बहुत कुछ सिखाया और उनकी योग्यताओं को विकसित किया।

यह आसान प्रक्रिया नहीं है। जैसा आप जानते हैं, टाइगर वुड्स गोल्फ़ जीनियस बने रहने के लिए बहुत कड़ी मेहनत करते हैं। डोनाल्ड ट्रम्प रियल एस्टेट के जीनियस बने रहने में बहुत मेहनत करते हैं। अगर आपने कभी वे इमारतें देखी हों, जिन्हें उन्होंने मैनहैटन और पूरे संसार में विकसित किया है, तो आप उनके जुनून को आसानी से देख सकते हैं। ओपरा टेलीविज़न के बहुत मुश्किल परिवेश में फल-फूल रही हैं।

कई लोग आलस की वजह से अपने जीनियस को विकसित नहीं कर पाते। वे सिर्फ़ तनख़्वाह के लिए नौकरी करने जाते हैं। उन्हें अपना जीनियस विकसित करने की कड़ी मेहनत करने के बजाय औसत रहना ज़्यादा आसान लगता है।

मैं आपसे सवाल पूछना चाहता हूँ, "आपके हिसाब से आपका जीनियस क्या *है* और कौन सा परिवेश इसे विकसित करने के लिए सर्वश्रेष्ठ है?" दूसरा महत्त्वपूर्ण सवाल है, "क्या आपमें परिवेश बदलने का साहस है?" अपने भविष्य की कल्पना करें, बशर्ते आप कर सकें।

कई लोगों के लिए इन प्रश्नों का जवाब है "मैं नहीं जानता," या सिर्फ़ "नहीं।" ज़्यादातर लोगों के लिए आरामदेह रहना उनके जीनियस को खोजने और विकसित करने से ज़्यादा महत्त्वपूर्ण होता है। औसत बने रहना, कड़ी मेहनत करना, वेतन का चेक लेना, पैसे बचाना, म्यूचुअल फ़ंड्स में डाइवर्सिफ़ाई करना और अपने साधनों से नीचे रहना कहीं ज़्यादा आसान होता है। अगर आप ऐसा सोचते हैं, तो वही करते रहें, जो आप कर रहे हैं।

हम में से हर व्यक्ति अलग होता है। हम सभी की अलग-अलग शक्तियाँ और कमज़ोरियाँ होती हैं। इसीलिए मैं यह सलाह नहीं देता हूँ कि हर व्यक्ति वही करे, जो मैंने किया, हालाँकि उद्यमी बनना काफ़ी आसान है, लेकिन मैं जानता हूँ कि अमीर उद्यमी बनना आसान नहीं है। संसार औसत उद्यमियों से भरा है। यही रियल एस्टेट के बारे में सच है। संसार उन रियल एस्टेट निवेशकों से भरा हुआ है, जो ज़्यादा पैसे नहीं कमाते हैं।

मुद्दे की बात यह है : हम सभी के पास एक अनूठा गुण या जीनियस है। अगर लोग अमीर या बेहद अमीर बनना चाहते हैं, तो उन्हें ऐसा परिवेश खोजने की ज़रूरत है, जो उन्हें उनके जीनियस को विकसित करने की अनुमति दे। यह आसान नहीं है, लेकिन यदि आप समर्पित हैं और आपमें जीतने का संकल्प है, तो यह किया जा सकता है। असल संसार में समर्पण और प्रेरणा अच्छे ग्रेड्स से ज़्यादा मूल्यवान होते हैं।

ऐसे परिवेश, जो आपको अमीर बनाते हैं

अगर आप ज़्यादा अमीर बनना चाहते हैं, तो अपने परिवेश को लगातार ऊपर उठाना महत्त्वपूर्ण है। इसीलिए मैं अपना सिर हिलाता हूँ, जब भी कोई विशेषज्ञ आपके साधनों से कम में जीने की सलाह देता है। साधनों से कम में जीकर आप हमेशा कमतर परिवेश में जीते हैं। बचपन में जब भी मैं अपने अमीर मित्रों के इलाक़े में जाने वाले पुल को पार करता था, तो मेरा मस्तिष्क यह सोच रहा होता था कि ज़्यादा ऊँचा जीवनस्तर कैसा होता है... ऐसा स्तर जिसे मैं जीना चाहता था। मेरा मस्तिष्क वैसा ही जीवनस्तर हासिल करने के तरीक़े खोज रहा था।

इसका मतलब यह नहीं है कि आप दौड़कर बाहर जाएँ और बहुत सारा बुरा क़र्ज़ लेकर एक बड़ा मकान, चमचमाती कारें और नए कपड़े ख़रीद लें। मेरा मतलब तो चेतन रूप से और बुद्धिमत्तापूर्ण तरीक़े से ख़ुद को चुनौती देना है कि आप अपनी वित्तीय बुद्धि को बढ़ाकर अपने जीवनस्तर को बेहतर बनाएँगे।

आपकी वित्तीय बुद्धि को बढ़ाने का सर्वश्रेष्ठ तरीक़ा सबसे पहले ऐसा परिवेश खोजना है, जहाँ आपका जीनियस विकसित हो सके। यह लाइब्रेरी में जाकर उस व्यक्ति की लिखी पुस्तक पढ़ने जितना आसान हो सकता है, जिसके जैसे आप बनना चाहते हैं या फिर शाही

घरों के चित्रों वाली पत्रिकाओं को देखने जितना आसान भी हो सकता है। पहला क़दम चेतन रूप से उस जीवन स्तर और उन लोगों के प्रति अपने मिरर न्यूरॉन्स को उद्‌दीप्त करना है, जिनके जैसे आप बनना चाहते हैं।

संक्षेप में

वित्तीय रूप से कमज़ोर लोग वे हैं, जो अपनी बुद्धि विकसित नहीं करना चाहते हैं। वे आसान परिवेश और आसान जवाब चाहते हैं। ये वे लोग हैं, जिन्हें धकाया जाता है, जो बहुत ज़्यादा टैक्स देते हैं, कड़ी मेहनत करते हैं और अपने साधनों से कम में जीते हैं। वे स्मार्ट, अच्छे और शिक्षित हो सकते हैं, लेकिन तीनों मस्तिष्कों के वित्तीय विकास के बिना वे संभवतः वित्तीय दृष्टि से कमज़ोर ही रहेंगे।

सफलता के लिए कुछ हद तक मानसिक और शारीरिक दृढ़ता की ज़रूरत होती है। अगर आप काम करने से पहले अपने बाएँ मस्तिष्क को विषय के बारे में समझने का प्रशिक्षण दे सकें, अपने दाएँ मस्तिष्क को सृजनात्मक समाधान खोजने में संलग्न कर लें और अपने अवचेतन मस्तिष्क को डरने के बजाय रोमांचित रखें, तो आप जादू कर सकते हैं। हाँ, इसके साथ ही आपमें ग़लतियाँ करने और सीखने की इच्छा भी होनी चाहिए। इस तरह से आप अपना जीनियस विकसित कर सकते हैं।

अध्याय 10

अपना वित्तीय आईक्यू विकसित करना

कुछ व्यावहारिक उपयोग

यह पुस्तक आपकी वित्तीय बुद्धियों को विकसित करने और आपके वित्तीय आईक्यू को बढ़ाने के बारे में है। जैसा मैंने पहले लिखा था, अमीर और सफल बनने के लिए आपको अपनी पाँचों वित्तीय बुद्धियों की अखंडता हासिल करने की ज़रूरत है। मैं जानता हूँ कि यह कहना आसान है, करना कठिन है। पाँच बुद्धियों को विकसित करना एक आजीवन प्रक्रिया है, जिसे एक दिन या एक साल में हासिल नहीं किया जा सकता। मैं अपनी बुद्धियों के विकास पर लगातार काम कर रहा हूँ और मैं आपको भी ऐसा ही करने के लिए प्रोत्साहित करता हूँ। इस अध्याय में आपके वित्तीय आईक्यू को तराशने के कुछ व्यावहारिक तरीक़े बताए गए हैं।

कई वित्तीय सलाहकार दीर्घकालीन निवेश करने की सलाह देते हैं। उनमें से ज़्यादातर का दरअसल यह मतलब होता है कि आप अपना पैसा उन्हें थमाकर भूल जाएँ, ताकि वे लंबे समय तक कमीशन वसूल कर सकें। इस सलाह के साथ समस्या यह है कि आप ज़्यादा कुछ नहीं सीखते हैं या बिलकुल भी नहीं सीखते। आप वित्तीय दृष्टि से ज़्यादा स्मार्ट नहीं बन पाते हैं और वित्तीय आईक्यू को विकसित नहीं कर पाते हैं। इससे भी बढ़कर, ज़्यादातर दीर्घकालीन निवेशक ऊँचे जोखिम वाले निवेशों में पैसे लगाते हैं, जिनमें कम मुनाफ़ा और बहुत कम नियंत्रण होता है।

अपने वित्तीय सलाहकार की सलाह को आँख मूँदकर मानने के बजाय आप दीर्घकालीन परिवर्तनकारी परिवेशों में निवेश करने पर विचार कर सकते हैं, जो तीनों मस्तिष्कों को शक्तिशाली बनाते हैं और आपके वित्तीय आईक्यू को शक्तिशाली बनाने के अवसर प्रदान करते हैं। आपको परिवर्तनकारी परिवेशों की तलाश करनी चाहिए, जो आपके तीनों मस्तिष्कों और आपके जीनियस को व्यावहारिक रूप से विकसित करें। परिवर्तनकारी परिवेशों के कुछ उदाहरण ये हैं :

1. ***स्कूल।*** स्कूल ज़्यादातर लोगों के लिए परिवर्तनकारी परिवेश होता है। क्लास में पढ़ना बाएँ और दाएँ मस्तिष्कों की कार्यविधि को बेहतर करने का उत्कृष्ट तरीक़ा है।

पारंपरिक स्कूलों के साथ समस्या यह है कि वे तीनों मस्तिष्कों में सबसे शक्तिशाली अवचेतन मस्तिष्क को विकसित करने का परिवेश नहीं देते हैं। ज़्यादातर पारंपरिक स्कूल असफल होने और ग़लतियाँ करने से डरने के मिरर न्यूरॉन्स को बढ़ाते हैं।

2. ***चर्च।*** मैंने ग़ौर किया है कि दो तरह के चर्च होते हैं : ऐसे चर्च जो ईश्वर का *प्रेम* सिखाते हैं और ऐसे चर्च, जो ईश्वर का *डर* बताते हैं। मैं नहीं जानता कि ईश्वर से डरना कितना प्रभावी हो सकता है, लेकिन मैं सोचता हूँ कि चर्च आध्यात्मिक शक्ति पाने की बेहतरीन जगह है, जो अवचेतन मस्तिष्क को मज़बूत करती है। ज़्यादा आध्यात्मिक शक्ति होने पर व्यक्ति के ज़्यादा नैतिक और उदार बनने की उम्मीद की जा सकती है।

3. ***सेना।*** मरीन कॉर्प मेरे लिए तीनों मस्तिष्कों को विकसित करने का बेहतरीन परिवेश था। पायलट बनने के लिए तीनों मस्तिष्कों और सातों बुद्धियों की आवश्यकता थी, सांगीतिक बुद्धि की भी। जब हम युद्ध में उड़ान भरते थे, तो अपने साहस को बढ़ाने के लिए अक्सर रॉक ऐंड रोल बजाते थे। आज मैं मानता हूँ कि मैं बेहतर उद्यमी इसलिए बना हूँ, ख़ास तौर पर जब पैसे गँवाने की बात आती है, क्योंकि मैंने वहाँ अपनी अंतःवैयक्तिक बुद्धि को बेहतर बनाना और अपने डरों को नियंत्रण में रखना सीखा था।

4. ***नेटवर्क मार्केटिंग।*** ज़्यादातर नेटवर्क मार्केटिंग कंपनियाँ सीखने का अविश्वसनीय परिवेश प्रदान करती हैं, क्योंकि वे प्रशिक्षण, समर्थन, व्यावसायिक तंत्र और प्रॉडक्ट्स प्रदान करती हैं - ताकि आप अपनी बिक्री योग्यताएँ विकसित करने और अपना व्यवसाय बनाने पर ध्यान केंद्रित कर सकें। उद्यमी बनने की इच्छा रखने वाले हर व्यक्ति को मेरी सलाह है कि वह असली ज़िंदगी के व्यावहारिक व्यावसायिक प्रशिक्षण के लिए किसी नेटवर्क मार्केटिंग कंपनी से जुड़ जाए। ये कंपनियाँ तीनों मस्तिष्कों के विकास पर ध्यान केंद्रित करती हैं, ख़ास तौर पर अवचेतन मस्तिष्क को शक्तिशाली करने पर।

   नेटवर्क मार्केटिंग प्रशिक्षण कार्यक्रम आपकी पारस्परिक बुद्धि और आपकी अंतःवैयक्तिक बुद्धि को विकसित करने के लिए बेहतरीन होते हैं। इन दो बुद्धियों को विकसित करने से आपका जीवन बदल जाएगा और आपका जीवनस्तर बढ़ जाएगा, क्योंकि वे आपको दूसरों के डर और असफल होने के डर से उबरना सिखाती हैं। नेटवर्क मार्केटिंग परिवेश में सीखने के बारे में सबसे अच्छी चीज़ यह है कि यहाँ का परिवेश समर्थनकारी होता है, डर से संचालित नहीं होता, जैसा स्कूलों और व्यवसायों में होता है। औसत से कमतर प्रदर्शन करने पर आपको फ़ेल नहीं किया जाता है या बाहर नहीं निकाला जाता है। इसके बजाय ज़्यादातर नेटवर्क मार्केटिंग कंपनियाँ आपको शक्तिशाली बनाने के लिए तब तक काम करेंगी, जब तक कि आप सीखने और विकास करने के इच्छुक होंगे। मैं कुछ लोगों को जानता हूँ, जो किसी नेटवर्क

मार्केटिंग व्यवसाय में पाँच साल रहने के बाद अपनी शंकाओं और डरों से आज़ाद हो पाए। जब उन्होंने यह कर लिया, तो पैसा प्रवाहित होने लगा।

5. ***व्यवसाय।*** बुनियादी तौर पर दो तरह के व्यवसाय होते हैं... बड़े और छोटे। बड़ा व्यवसाय तीनों मस्तिष्कों को विकसित करने की बेहतरीन जगह है, ख़ास तौर पर आपके अवचेतन मस्तिष्क को। इन बड़े कॉर्पोरेशनों में मेरे मित्रों पर बहुत भारी दबाव होता है। वे इसे कैसे सँभाल लेते हैं, मैं नहीं जानता। दिमाग़ की चालें और ऑफ़िस के अंदर की राजनीति आपकी पारस्परिक और अंतःवैयक्तिक बुद्धियों को प्रशिक्षित करने के बेहतरीन अवसर प्रदान करती हैं।

   जो लोग उद्यमी बनना चाहते हैं, उनके लिए किसी छोटी कंपनी में नौकरी करना सीखने का बेहतरीन परिवेश हो सकता है। बड़ी कंपनी के बजाय छोटी कंपनी में एक लाभ यह होता है कि आप व्यवसाय के सभी अलग-अलग पहलुओं के बारे में सीख सकते हैं। मेरी पुस्तक *बिफ़ोर यू क्विट युअर जॉब* में मैंने व्यवसाय के आठ अनिवार्य हिस्सों का वर्णन किया है। किसी छोटी कंपनी में काम करने पर आपको सभी आठ हिस्सों को सीखने और अनिवार्य व्यावसायिक अनुभव हासिल करने का बेहतर अवसर होता है।

6. ***सेमिनार।*** पारंपरिक स्कूल उन लोगों के लिए महत्त्वपूर्ण हैं, जो डॉक्टर, वकील या आर्किटेक्ट जैसे लाइसेंसधारक पेशेवर बनना चाहते हैं। वे उन लोगों के लिए भी महत्त्वपूर्ण हैं, जो कंपनी या सरकार में करियर की सीढ़ियाँ चढ़ना चाहते हैं, जहाँ पारंपरिक मान्यता प्राप्त स्कूलों की डिग्रियाँ प्रमोशन के लिए ज़रूरी होती हैं, लेकिन जो लोग उद्यमी या निवेशक बनना चाहते हैं, उनके लिए सेमिनार बेहतरीन हैं। आज संसार में हर विषय पर सेमिनार और सम्मेलन होते हैं। आपको तो बस अपनी रुचि के सेमिनार को चुनना है।

   द रिच डैड कंपनी उन लोगों के लिए उत्कृष्ट सेमिनारों का आयोजन करती है, जो रियल एस्टेट पेशेवर बनना चाहते हैं या शेयरों की ट्रेडिंग सीखना चाहते हैं। मुझे इन कार्यक्रमों पर बहुत गर्व है, क्योंकि उन्हें ऐसे प्रशिक्षक सिखाते हैं, जो ख़ुद भी वही काम करते हैं। ज़्यादा एडवांस्ड कोर्सेस व्यावसायिक होते हैं और क़दम दर क़दम सिखाया जाता है। मिसाल के तौर पर, आप आस-पास के इलाक़ों में जाकर असली पैसों से असली प्रस्ताव देते हैं। अगर आप भूमि विकास के कोर्स में हैं, तो आप वास्तविक भूमि विकास प्रोजेक्ट्स पर काम करेंगे। सबसे महत्त्वपूर्ण बात, हमारे कोर्स सभी तीनों मस्तिष्कों को शिक्षित और सशक्त करने के लिए बनाए गए हैं, ताकि वे समन्वय के साथ काम कर सकें। तीनों मस्तिष्कों पर ध्यान केंद्रित करने से आपके मुनाफ़े और सफलता की संभावना बढ़ जाती है।

   अगर आप इन कार्यक्रमों के बारे में ज़्यादा जानकारी चाहते हैं, तो Richdad.com पर जाएँ और कुछ मिनट वहाँ बिताएँ और देखें कि आपको किसकी ज़रूरत है।

7. ***कोचिंग।*** डोनाल्ड ट्रम्प और मैं ख़ुशक़िस्मत थे कि हमारे पास अमीर डैडी थे, जो हमारे कोच थे। जिसने भी टीम स्पोर्ट खेला है, वह जानता है कि टीम की सफलता के लिए कोच कितना महत्त्वपूर्ण होता है।

   द रिच डैड कंपनी का एक कोचिंग डिवीज़न भी है। इसमें पेशेवर कोच रहते हैं, जो न सिर्फ़ बेहतरीन कोच हैं, बल्कि वे जिस चीज़ की कोचिंग देते हैं, उसका पालन भी करते हैं। रिच डैड कोचिंग उन लोगों के लिए है, जो एक-पर-एक ध्यान चाहते हैं। अगर आप हमारे कोचिंग कार्यक्रम के बारे में ज़्यादा जानकारी चाहते हैं, तो कृपया Richdad.com पर जाएँ। सभी रिच डैड कार्यक्रमों की तरह यहाँ भी तीनों मस्तिष्कों को शिक्षित करने पर बहुत ज़ोर दिया जाता है।

   अब अगर आप मन ही मन यह कह रहे हैं, "मैं कोच का ख़र्च कैसे उठा सकता हूँ? मेरे पास पैसे ही नहीं हैं," या "मुझे कोच की क्या ज़रूरत है? मैं पहले से ही आदर्श हूँ," तो इस बारे में सोचें : जब कोई कहता है, "मैं इसका ख़र्च नहीं उठा सकता," या "मुझे सहायता की ज़रूरत नहीं है," जबकि उसे सचमुच में होती है, तो यह वह नहीं, बल्कि उसका अवचेतन मस्तिष्क बोल रहा है। इसीलिए उस व्यक्ति को कोच की ज़रूरत होती है।

   कोच हर उस व्यक्ति के लिए अनिवार्य है, जो एक परिवेश से दूसरे परिवेश में परिवर्तन करने और एक बिंदु से दूसरे बिंदु तक जाने के लिए तैयार है। अगर लगभग तीस साल तक अमीर डैडी मुझे कोचिंग नहीं देते, तो मैं आज यहाँ नहीं होता। आज भी मेरे कई कोच हैं, क्योंकि मेरा अवचेतन मस्तिष्क पूरी तरह से मेरी आत्मा के सामंजस्य में नहीं है।

8. ***कैशफ़्लो क्लब्स।*** आज पूरे संसार में हज़ारों कैशफ़्लो क्लब्स हैं। क्लब लीडर्स स्वयंसेवी हैं, जिन्हें सीखने के रिच डैड परिवेश को तैयार करने से लगाव है। कुछ क्लब मेरा ऑफ़िशियल रिच डैड 10-स्टेप करिक्यूलम उन लोगों के लिए आयोजित करते हैं, जो अपनी वित्तीय बुद्धि को बढ़ाना चाहते हैं। कई क्लब मुफ़्त हैं; कुछ में बुनियादी खर्चों के लिए नाम मात्र की फ़ीस ली जाती है। ज़्यादा जानकारी के लिए Richdad.com पर जाकर अपने आस-पास किसी कैशफ़्लो क्लब की तलाश करें। क्लब में जाना समान मानसिकता वाले लोगों से मिलने और अपने मस्तिष्क के मिरर न्यूरॉन्स को सक्रिय करने का बेहतरीन तरीक़ा है। आप चाहें, तो अपने इलाक़े, व्यवसाय या चर्च में अपना ख़ुद का कैशफ़्लो क्लब भी शुरू कर सकते हैं।

9. **आपके लिए एक डाउनलोड।** 6 सितंबर 2007 को मैंने मस्तिष्क और लतों के विशेषज्ञ डॉ. माइकल कार्लटन, एमडी का वीडियो इंटरव्यू लिया। चर्चा का विषय था, 'क्या लोगों में ग़रीब बनने की लत हो सकती है?' यह मेरे सर्वश्रेष्ठ इंटरव्यूज़ में से एक था। अपनी बातों में डॉ. कार्लटन ने विस्तार से बताया कि मस्तिष्क कैसे काम करता है और कुछ लोग अमीर क्यों होते हैं और कुछ ग़रीब क्यों होते हैं? यह आदत या लत का मामला है। आप Richdad.com पर जाकर उनका यह

इंटरव्यू डाउनलोड कर सकते हैं। मुझे विश्वास है कि आपको यह मज़ेदार और बहुत ज्ञानवर्द्धक लगेगा। यह इस पुस्तक को पढ़ने के लिए आपको धन्यवाद देने का हमारा तरीक़ा है।

ये संभव परिवर्तनकारी परिवेशों के उदाहरण हैं। मैंने मरीऩ कॉर्प, ज़िरॉक्स, मेरे ख़ुद के व्यवसायों और रियल एस्टेट निवेशों में अपने जीनियस का विकास किया। अगर आप अपना जीनियस विकसित करना चाहते हैं, तो आपको यह तय करना होगा कि आपके लिए कौन सा परिवेश सर्वश्रेष्ठ है?

उद्यमी बनने के लिए किस चीज़ की ज़रूरत होती है?

हम में से ज़्यादातर लोग जानते हैं कि उद्यमी संसार के सबसे अमीर लोग होते हैं। रिचर्ड ब्रान्सन, डोनाल्ड ट्रम्प, ओपरा विनफ़्रे, स्टीव जॉब्स और रूपर्ट मर्डोक आज के कुछ सबसे मशहूर उद्यमी हैं।

इस सवाल पर लगातार बहस होती है, "उद्यमी पैदा होते हैं या फिर उन्हें विकसित किया जा सकता है?" यह सवाल इसलिए उठता है, क्योंकि कुछ लोग सोचते हैं कि उद्यमी बनने के लिए एक ख़ास तरह का इंसान या एक ख़ास तरह का जादू चाहिए होता है। मेरे लिए उद्यमी बनना उतनी बड़ी चीज़ नहीं है। मिसाल के तौर पर, मेरे इलाक़े में जूनियर हाई स्कूल की एक लड़की का बेबी-सिटिंग व्यवसाय फल-फूल रहा है और वह सहपाठियों को अपनी मदद के लिए नियुक्त करती है। वह उद्यमी है। एक और लड़का स्कूल के बाद छुटपुट व्यवसाय कर रहा है। वह एक उद्यमी है। ज़्यादातर बच्चों में कोई डर नहीं होता। यह तो ज़्यादातर वयस्कों में होता है।

उद्यमियों के दो गुण

आज करोड़ों लोग अपनी नौकरी छोड़ने और उद्यमी बनकर अपना ख़ुद का व्यवसाय चलाने का सपना देख रहे हैं। समस्या यह है कि ज़्यादातर लोगों का सपना बस सपना ही रहता है और कभी हक़ीक़त नहीं बन पाता। इसलिए प्रश्न यह है, इतने सारे लोग उद्यमी बनने के सपने को साकार करने की कोशिश क्यों नहीं करते?

इस युगों पुराने प्रश्न का सर्वश्रेष्ठ जवाब मेरे एक मित्र ने दिया है। वे कहते हैं, "उद्यमियों के दो गुण होते हैं... *अज्ञानता और साहस*।"

यह आसान, लेकिन गहरी बात है। इससे उद्यमिता ही नहीं, बहुत सी चीज़ें स्पष्ट हो जाती हैं। इससे यह भी स्पष्ट होता है कि कुछ लोग अमीर क्यों बनते हैं और ज़्यादातर क्यों नहीं बन पाते। मिसाल के तौर पर, इतने सारे ए विद्यार्थी अमीर नहीं बन पाते, इसका एक कारण यह है कि हालाँकि वे स्मार्ट हैं, लेकिन उनमें साहस की कमी होती है। कई लोगों में ज्ञान और साहस दोनों का अभाव होता है।

दो हेयर स्टाइलिस्ट्स की कहानी

मेरा एक मित्र बेहतरीन हेयर स्टाइलिस्ट है। महिलाओं को सुंदर बनाने के मामले में वह जादूगर है। बरसों से वह अपना ख़ुद का सैलून खोलने के बारे में बात कर रहा है। उसकी योजनाएँ बड़ी हैं, लेकिन दुखद बात यह है कि वह अब भी छोटे पैमाने पर काम कर रहा है, बड़े सैलून में एक अकेली कुर्सी पर काम कर रहा है और मालिक से लगातार उलझता रहता है।

एक और मित्र की पत्नी है, जो फ़्लाइट अटेंडेंट की नौकरी करते-करते थक गई थी। दो साल पहले उसने अपनी नौकरी छोड़ दी और हेयरस्टाइलिस्ट का प्रशिक्षण लिया। एक महीने पहले उसने अपने सैलून का भव्य शुभारंभ किया। परिवेश शानदार है और उसने वहाँ काम करने के लिए कुछ सर्वश्रेष्ठ हेयर स्टाइलिस्ट्स को आकर्षित कर लिया है।

जब मेरे ज़्यादा उम्र वाले दोस्त को उस महिला के सैलून का पता चला, तो उसने कहा, "वह सैलून कैसे खोल सकती है? उसके पास प्रतिभा नहीं है। उसके पास हुनर नहीं है। वह न्यू यॉर्क में प्रशिक्षित नहीं है, जिस तरह मैं हूँ। इसके अलावा उसके पास कोई अनुभव नहीं है। मैं उसे एक साल का समय देता हूँ, वह असफल हो जाएगी।"

हो सकता है कि वह असफल हो जाए। आँकड़े बताते हैं कि 90 प्रतिशत व्यवसाय पहले पाँच सालों में असफल हो जाते हैं, लेकिन कहानी का सबक़ यह है कि *अज्ञानता* और *साहस* हमारे जीवन पर कितना ज़्यादा प्रभाव डालते हैं। इस उदाहरण में हमारे पास एक हेयर स्टाइलिस्ट है, जो प्रतिभाशाली तो है, लेकिन उसमें साहस की कमी है - और दूसरी हेयरस्टाइलिस्ट है, जिसके पास अनुभव की कमी है, लेकिन उसके पास साहस है। मेरी राय में अज्ञानता और साहस का यह आपसी संबंध ही जीवन का सार है।

1974 में मेरे पास नौकरी, धन या ज़्यादा व्यावसायिक अनुभव नहीं था। मैं अपने साधनों से नीचे नहीं जी सकता था, क्योंकि मेरे पास साधन ही नहीं थे। मैं डाइवर्सिफ़ाई नहीं कर सकता था, क्योंकि मेरे पास डाइवर्सिफ़ाई करने के लिए कुछ था ही नहीं। मेरे पास साहस के सिवाय कुछ नहीं था। असल संसार में साहस अच्छे ग्रेड से ज़्यादा महत्त्वपूर्ण होता है। *अपने जीनियस को खोजने, विकसित करने और संसार को देने के लिए साहस की ज़रूरत होती है।*

हमेशा याद रखें कि आपका मस्तिष्क *असीमित* है और आपकी शंकाएँ *सीमित* करने वाली हैं। *एटलस श्रग्ड* की लेखिका आयन रैंड ने कहा है, "दौलत मनुष्य के सोचने की क्षमता का परिणाम है।" इसलिए अगर आप अपना जीवन बदलना चाहते हैं, तो ऐसा परिवेश खोजें, जो आपके तीनों मस्तिष्कों को ज़्यादा सोचने योग्य और ज़्यादा समृद्ध बना सके। और कौन जाने, हो सकता है कि आप अपना जीनियस खोज लें।

आपका फ़ीडबैक लूप : कोई व्यक्ति टापू नहीं होता

हम फ़ीडबैक के संसार में रहते हैं। जब हम वज़न की मशीन पर चढ़ते हैं, तो हमारा वज़न हमें फ़ीडबैक देता है। अगर मशीन कहती है कि हमारा वज़न दस पौंड बढ़ गया है, तो

शायद हमें फ़ीडबैक पसंद न आए, ख़ास तौर पर अगर हमारा वज़न इससे पहले भी बीस पौंड ज़्यादा हो। जब डॉक्टर आपका ब्लड प्रेशर लेता है और ब्लड सैंपल लैब में भेजता है, तो आपका डॉक्टर फ़ीडबैक चाहता है।

फ़ीडबैक महत्त्वपूर्ण होता है। यह हमारे और हमारे परिवेश के बारे में जानकारी का बहुत महत्त्वपूर्ण स्रोत है। समस्या यह है कि अगर हमें फ़ीडबैक पसंद नहीं आता है, तो हमारा अवचेतन मस्तिष्क फ़ीडबैक से मिलने वाली जानकारी को ब्लॉक कर सकता है, विकृत कर सकता है, नज़रअंदाज़ कर सकता है या उस जानकारी के महत्त्व से इंकार कर सकता है।

मरीन कॉर्प से मैंने जो सबसे बुद्धिमत्तापूर्ण सबक़ सीखे, उनमें से एक फ़ीडबैक का महत्त्व था। जब मैं गड़बड़ कर रहा था, तब फ़ीडबैक काफ़ी प्रखर था और निश्चित रूप से शक्कर की चाशनी में लिपटा हुआ नहीं था। जब मैंने अपने अमीर डैडी के साथ काम किया, तब भी उतना ही ज़बरदस्त फ़ीडबैक मिला। हमने जो पुस्तक साथ-साथ लिखी, उसमें मुझे डोनाल्ड ट्रम्प से काफ़ी जल्दी और स्पष्टवादी फ़ीडबैक मिला। अगर मेरा सैन्य प्रशिक्षण या अमीर डैडी के साथ काम करने का अनुभव नहीं होता, तो मैं कभी डोनाल्ड के साथ काम नहीं कर पाता। उनका फ़ीडबैक त्वरित, बिंदुवार और स्पष्ट था। मैं जानता था कि अगर मैं पलटकर बहस करूँगा, असहमत होऊँगा या डोनाल्ड के फ़ीडबैक को नहीं मानूँगा, तो मैं उनके साथ काम नहीं कर पाऊँगा - न ही इतना ज़्यादा सीख पाऊँगा।

मैं इस बात का ज़िक्र इसलिए कर रहा हूँ, क्योंकि आज हम में से कई ऐसे परिवेशों में काम करते हैं, जहाँ स्पष्ट और ईमानदार फ़ीडबैक की अनुमति नहीं होती। कई स्कूल और व्यवसाय मुक़दमा झेलने के डर से आपको वह बताने से बचते हैं, जो आपको सुनने की ज़रूरत है। कई मित्र और सहकर्मी आपकी पीठ पीछे बोलते हैं, क्योंकि उनमें आपके सामने बोलने का साहस नहीं है। यह स्वस्थ परिवेश नहीं है। यह तो अस्वस्थ परिवेश है।

स्वस्थ परिवेश वह होता है, जो फ़ीडबैक देता है। जीवन लगातार आपको अमूल्य जानकारी देता रहता है, बशर्ते आप उसे प्राप्त करने के इच्छुक हों और ज़्यादातर समय यह फ़ीडबैक मुफ़्त होता है। जब भी आप अपने वेतन पर नज़र डालते हैं और देखते हैं कि टैक्स में कितना चला गया है, तो यह फ़ीडबैक है। अगर आपको क़र्ज़ देने वाले फ़ोन करके पैसे माँग रहे हैं, तो यह फ़ीडबैक है। अगर आप ज़्यादा कड़ी मेहनत कर रहे हैं, लेकिन पर्याप्त नहीं कमा रहे हैं, तो यह फ़ीडबैक है। अगर आप ऑफ़िस में ज़्यादा समय लगा रहे हैं और घर पर समय नहीं दे पा रहे हैं, तो यह फ़ीडबैक है। अगर आपके बच्चे नशे के आदी हैं और क़ानून उनके पीछे पड़ा है, तो यह फ़ीडबैक है। अगर आपके सभी मित्र पराजित हैं और पराजित जैसे दिखते हैं, तो यह फ़ीडबैक है। यह बेहतरीन जानकारी है। असल संसार आपको कुछ बताने की कोशिश कर रहा है।

आपका जीवनस्तर फ़ीडबैक का बेहतरीन स्रोत है। अगर आप एक ऐसे घर में रह रहे हैं, जो आपको ग़रीब महसूस कराता है, तो यह फ़ीडबैक है। अगर आप सस्ती कार चला रहे हैं, जबकि आप लैम्बोर्गिनी चलाना चाहते हैं, तो यह फ़ीडबैक है। जीवनस्तर बस वह स्तर होता है, जहाँ आप सबसे आरामदेह महसूस करते हैं। इसका मतलब सिर्फ़ आराम से रहना या सस्ते में रहना या समझौता करना नहीं है। जीवनस्तर का मतलब है कि आप

किसी दूसरे के जीवनस्तर से ईर्ष्या किए बिना अपने मकान, मित्रों और वस्तुओं से प्रेम करते हैं। एक बार फिर, इसका मतलब यह नहीं है कि आप क़र्ज़ में डूबकर अपने जीवनस्तर को बेहतर बनाने लगें। मैं तो यह कह रहा हूँ कि पहले सीखने, ज़्यादा स्मार्ट बनने और फिर अमीर बनने के लिए बेहतरीन परिवेश खोजें और इसके बाद अपना जीवनस्तर बेहतर बनाएँ।

संसार में कुछ सबसे अच्छी जानकारी पाने के लिए आपको बेहतरीन स्कूल-कॉलेज में जाने, बेहतरीन नौकरी करने या बेहतरीन पुस्तकें पढ़ने की ज़रूरत नहीं है। आपको तो बस अपने आस-पास के संसार को देखने और फ़ीडबैक सुनने की ज़रूरत है।

आपको फ़ीडबैक के बारे में ये तीन महत्त्वपूर्ण चीज़ें पता होनी चाहिए :

1. ***फ़ीडबैक के प्रति खुले रहने का साहस रखें।*** अगर आप बेहतर बनना चाहते हैं, तो ज़्यादा फ़ीडबैक की तलाश करें। इसीलिए सफल लोग कोच और मार्गदर्शक को महत्त्वपूर्ण मानते हैं। सफल लोग ज़्यादा फ़ीडबैक चाहते हैं।

2. ***फ़ीडबैक या सलाह माँगने पर ही दें।*** लोगों को सबसे ज़्यादा गुस्सा उस फ़ीडबैक से आता है, जो उन्होंने माँगा ही नहीं था... भले ही यह वह फ़ीडबैक हो, जो उन्हें जानने की ज़रूरत हो। जैसी प्राचीन कहावत है, "सूअरों को गाना मत सिखाओ। इससे आपका समय बर्बाद होता है और सूअर भी चिढ़ जाता है।"

3. ***धोखेबाज़ लोग आपको वही बताएँगे, जो आप सुनना चाहते हैं, वह नहीं, जो आपको सुनने की ज़रूरत है।*** धोखेबाज़ आपको वह कभी नहीं बताएँगे, जो आपको सुनने की ज़रूरत है। धोखेबाज़ लोग कम जानकार और भावनात्मक रूप से कमज़ोर लोगों को शिकार बनाते हैं। वे आपकी कमज़ोर नस पर निशाना साधते हैं और फिर ऐसा मार्केटिंग संदेश बनाते हैं, जो उस कमज़ोरी से मेल खाता हो। धन के संसार में धोखेबाज़ों ने जनता को यह विश्वास दिला दिया है कि डाइवर्सिफ़िकेशन करना और अपने साधनों से कम में जीना स्मार्ट है, हालाँकि वॉरेन बफ़ेट जैसे सबसे स्मार्ट निवेशक डाइवर्सिफ़ाई नहीं करते और आपके साधनों से कम में जीने की अनुशंसा नहीं करते।

   बफ़ेट *अपना* मनचाहा जीवनस्तर जीते हैं, जो डोनाल्ड ट्रम्प के जीवनस्तर से बहुत अलग है। वॉरेन बफ़ेट ओमाहा, नेब्रास्का में रहते हैं और डोनाल्ड ट्रम्प न्यू यॉर्क सिटी में रहते हैं। मुद्दे की बात यह है कि दोनों के पास संसार में कहीं भी रहने और मनचाहे जीवनस्तर को जीने के साधन हैं, लेकिन वे जहाँ हैं, वहीं ख़ुश हैं।

सबसे महत्त्वपूर्ण प्रश्न ये हैं :

- क्या आप वहीं रह रहे हैं, जहाँ आप रहना चाहते हैं और वही जीवनस्तर जी रहे हैं, जो आप जीना चाहते हैं?
- क्या आप डाइवर्सिफ़ाई कर रहे हैं और अपने साधनों से कम में जी रहे हैं, ताकि धोखेबाज़ लोग उनके साधनों से ज़्यादा में जी सकें?

- क्या आप ऐसे मित्रों और लोगों से जुड़े हैं, जिनके साथ आप रहना चाहते हैं?

अगर आप ज़्यादा स्वस्थ, ज़्यादा स्मार्ट, ज़्यादा अमीर, और ज़्यादा ख़ुश बनना चाहते हैं, तो अपने फ़ीडबैक को ज़्यादा ग़ौर से देखें। यह आपको संसार की सबसे महत्त्वपूर्ण जानकारी दे रहा है। चाहे आपको फ़ीडबैक पसंद हो या न हो, अगर आपमें इसे सुनने और इससे सीखने का साहस है, तो आप सफल होंगे। यह पुस्तक पढ़ने के लिए धन्यवाद।

अंतकथन :
धन छापने का लाइसेंस

जब मैंने 2007 में यह पुस्तक लिखना शुरू किया, तो हाउसिंग और क्रेडिट संकट बड़ी समस्या के रूप में उभर ही रहे थे। उस वक़्त यह पक्का नहीं था कि इस समस्या के कितने दूरगामी परिणाम होंगे, हालाँकि मुझे पता नहीं था कि इससे वित्तीय बाज़ारों में कितना संकट उत्पन्न होगा, लेकिन मुझे एक बात शत-प्रतिशत मालूम थी : *मध्य वर्ग कष्ट उठाएगा।*

मैं जानता था कि जो लोग धन के पुराने नियमों के हिसाब से जीते थे, जैसे *कड़ी मेहनत करो, पैसे बचाओ, क़र्ज़ से बाहर निकलो और स्टॉक्स, बॉन्ड्स और म्यूचुअल फ़ंड्स* के अच्छी तरह डाइवर्सिफ़ाइड पोर्टफ़ोलियो में लंबे समय के लिए निवेश करो, वही सबसे ज़्यादा कष्ट झेलेंगे। वे खड़े होकर मौन हताशा में अपने मकानों और रिटायरमेंट अकाउंट्स का मूल्य बहुत कम होते देखेंगे, जिससे वे वित्तीय स्थिरता के भ्रम से वित्तीय बर्बादी की कगार पर पहुँच जाएँगे।

एक साल बाद, लेकिन एक साल ज़्यादा स्मार्ट नहीं

पिछले एक साल में बहुत कुछ बदल गया है और जब मैं अगस्त 2008 में यह अंतकथन लिख रहा हूँ, तो यह स्पष्ट है कि हाउसिंग और क्रेडिट संकटों ने वित्तीय बाज़ारों और पूरी अमेरिकी अर्थव्यवस्था पर बहुत ज़बरदस्त प्रभाव डाला है। आज मकानों के भाव इतनी तेज़ी से गिर रहे हैं, जितनी तेज़ी से वे पहले कभी नहीं गिरे। अमेरिकी शेयर बाज़ार मंदी के दौर में आ गया है और अपने सर्वोच्च शिखर से 20 प्रतिशत से भी ज़्यादा गिर चुका है। मुद्रास्फीति छब्बीस सालों के सर्वोच्च बिंदु पर है और गैसोलिन का भाव चार डॉलर प्रति गैलन है। अमेरिका एक लंबी और पीड़ादायक मंदी में है या उसके काफ़ी क़रीब है। यह बताने के लिए आपको मेरी ज़रूरत नहीं है। बुरी ख़बर हर बड़े समाचार स्रोत के मुखपृष्ठ पर दिख रही है।

जब मैंने यह पुस्तक लिखी, उसके बाद अर्थव्यवस्था में कई पहलू बदल गए हैं, लेकिन एक पहलू नहीं बदला है - इस पुस्तक का बुनियादी आधार वाक्य। मैंने यह पुस्तक इसलिए लिखी थी, क्योंकि मैं जानता था कि धन के नियम 1971 में क्रांतिकारी रूप से बदल गए थे :

- 1971 में राष्ट्रपति निक्सन ने अमेरिका को स्वर्ण पैमाने से दूर कर लिया।
- 1971 में अमेरिका ने ख़ुद को धन छापने का लाइसेंस दे दिया।

धन की कार्यप्रणाली में होने वाले ये बुनियादी परिवर्तन हमारी वर्तमान आर्थिक समस्याओं की जड़ हैं। उनकी वजह से ही अमीर ज़्यादा अमीर होते जाते हैं और ग़रीब ज़्यादा ग़रीब होते जाते हैं - और मध्य वर्ग धीरे-धीरे कम हो रहा है और ग़रीबी की दिशा में जा रहा है।

जैसा आप अब तक जान चुके हैं, इस पुस्तक का आधार वाक्य बस यह है :

पैसा नहीं, बल्कि ज्ञान आपको अमीर बनाता है।

ऊँचे वित्तीय आईक्यू और वित्तीय बुद्धि वाले व्यक्ति के पास धन के बारे में बहुत ज्ञान होता है। जैसा मैं कह चुका हूँ, वित्तीय बुद्धि ही बुद्धि का सबसे महत्त्वपूर्ण रूप नहीं है, लेकिन यह बुनियादी है। वर्तमान अर्थव्यवस्था में आप तब तक बच नहीं सकते और फल-फूल नहीं सकते, जब तक कि आपमें ऊँचा वित्तीय आईक्यू न हो और आप इस बात को अच्छी तरह न समझ लें कि धन के नियम बदल गए हैं।

दुर्भाग्य से अमेरिका की शिक्षा प्रणाली ध्वस्त हो चुकी है। हमारे शिक्षक बच्चों को बहुत सारे तथ्यों की ख़ुराक देते हैं और फिर असफलता का डर दिखाकर उन्हें उन तथ्यों को उगलने के लिए प्रशिक्षित करते हैं, लेकिन हमारी शिक्षा प्रणाली हमारे बच्चों को समस्याएँ सुलझाने का प्रशिक्षण नहीं देती है। और यह ख़ास तौर पर उन्हें यह नहीं सिखाती कि पैसे की समस्याएँ कैसे सुलझाएँ। यह विद्यार्थियों को यह जानकारी भी नहीं देती कि पैसा कैसे काम करता है। ज़्यादा से ज़्यादा यह उन्हें चेकबुक बैलेंस करना सिखाती है, धन के पुराने नियमों का सार बताती है और पैसे बचाने तथा म्यूचुअल फ़ंड में लगाना सिखाती है।

मध्य वर्ग पराजित है

मैं मध्य वर्ग का अपमान नहीं करना चाहता, लेकिन हक़ीक़त यही है कि वर्तमान अर्थव्यवस्था में मध्य वर्ग पराजित है, क्योंकि शिक्षा प्रणाली ने इसे धोखा दिया है। मध्य वर्ग के लोग यह नहीं जानते कि पैसा कैसे काम करता है और धन के नियम बदल गए हैं। इस वजह से वे वित्तीय दृष्टि से संघर्ष करते हैं, धन के पुराने नियमों को जकड़े रहते हैं और हताशा से उम्मीद करते हैं कि वे नियम उन्हें बचा लेंगे। बदले में वे अपने बच्चों को धन के वही पुराने नियम सिखाते हैं, क्योंकि उन्हें बस वही पता हैं। इस दौरान वे ज़्यादा ग़रीब होते जाते हैं और उनके बच्चे भी ज़्यादा ग़रीब होते जाते हैं।

अमीर विजेता हैं

इसके विपरीत अमीर लोग धन के पुराने नियमों का पालन नहीं करते हैं। उन्हें इस बात की गहरी समझ और वृहद ज्ञान होता है कि पैसा कैसे काम करता है - और पैसे से अपनी ख़ातिर काम कैसे कराया जाता है। अमीर लोग जानते हैं कि धन के नियम बदल गए हैं, वे

उन नियमों का फ़ायदा उठाते हैं और अपनी वित्तीय बुद्धि का इस्तेमाल करके हवा में से पैसा बना लेते हैं। अमीर लोग अपने बच्चों को भी सिखाते हैं कि धन के पुराने नियम बदल चुके हैं। वे अपने बच्चों को सिखाते हैं कि पैसे की ख़ातिर काम न करके पैसे से अपनी ख़ातिर काम कैसे कराया जाए। फलस्वरूप वे और उनके बच्चे ज़्यादा अमीर बनते जाते हैं। वर्तमान अर्थव्यवस्था में अमीर ही विजेता हैं।

ज्ञान : धन छापने का लाइसेंस

ग़ौर करें कि अमीरों के पास चाहे जितना पैसा हो, उनका धन उन्हें या उनके बच्चों को अमीर नहीं बनाता है। इसके बजाय धन की कार्यविधि का *ज्ञान* उन्हें अमीर बनाता है। उनका ज्ञान संपत्ति है, जिसका इस्तेमाल करके वे हवा में से पैसे बना लेते हैं। बहुत असली मायने में धन की कार्यविधि के ज्ञान की वजह से अमीर लोगों को क़ानूनन धन छापने का लाइसेंस मिल जाता है।

जो लोग धन की ख़ातिर काम करते हैं और जो लोग धन छापने का लाइसेंस रखते हैं, उनके बीच की खाई की वजह से ही अमीरों और बाक़ी लोगों के बीच इतनी बड़ी खाई है। धन के मामले में मुझे दो शिक्षाएँ मिलीं। मेरे ग़रीब डैडी ने मुझे मध्यवर्गीय मानसिकता सिखाई और मेरे अमीर डैडी ने मुझे अमीरों की मानसिकता सिखाई। मेरे ग़रीब डैडी धन की ख़ातिर काम करते थे और मेरे अमीर डैडी ने मुझे क़ानूनन धन छापना सिखाया।

धन क्या है?

आप सोच रहे होंगे कि आख़िरकार मेरा दिमाग़ चल गया है, वरना मैं यह जानने का दावा कैसे कर सकता हूँ कि क़ानूनी रूप से धन कैसे छापना है? कई लोगों को यह अवधारणा समझने में दिक़्क़त इसलिए आती है, क्योंकि उन्हें इस बारे में बुनियादी ग़लतफ़हमी है कि धन क्या है। इसलिए मैं संक्षेप में बताना चाहता हूँ कि आज की अर्थव्यवस्था में धन क्या है। इससे यह भी स्पष्ट हो जाएगा कि वित्तीय बुद्धि आज पहले से ज़्यादा महत्त्वपूर्ण क्यों है। आज आपका वित्तीय आईक्यू ही आपका असली धन है। (धन पर ज़्यादा विस्तृत स्पष्टीकरण और धन के विकास संबंधी जानकारी के लिए मैं आपको सलाह देता हूँ कि आप मेरे मित्र माइक मैलोनी की पुस्तक *रिच डैड्स गाइड टू इनवेस्टिंग इन गोल्ड ऐंड सिल्वर* और रिचर्ड डंकन की पुस्तक *द डॉलर क्राइसिस* पढ़ें।)

नीचे *धन के विकास* का संक्षिप्त इतिहास है।

अदला-बदली

पैसे से पहले बार्टर सिस्टम यानी अदला-बदली चलती थी। उदाहरण के लिए, अगर मैं टमाटर उगाता था और अंडे चाहता था, तो मैं मुर्गी वाले किसान को दो टमाटर देकर दो अंडे ले सकता था। बार्टर तब तक अच्छी तरह चलता था, जब तक कि मैं अपने टमाटर देकर अपनी आवश्यकता की वस्तुएँ ले सकता था, लेकिन अगर कोई भी टमाटर नहीं लेना चाहता था, तो मैं भूखा रहता था।

कमॉडिटीज़

जब इंसान ज़्यादा सभ्य हुए, तो अदला-बदली का बार्टर सिस्टम व्यापार का कार्यकुशल तरीक़ा नहीं रह गया। धन के शुरुआती प्रकार थे शंख, मनके, रंगीन पत्थर, तीर की नोंक और जिस भी चीज़ को लोग मूल्यवान मानते थे। मिसाल के तौर पर, अगर मुझे दो अंडों की ज़रूरत नहीं थी, तो मैं मुर्गी वाले किसान को दो टमाटर दे सकता था और वह बदले में मुझे दो अंडों के बजाय दो सीप दे सकता था, ताकि मैं उन सीपों से अपनी मनचाही चीज़ ख़रीद सकूँ।

हज़ारों वर्षों तक सोने और चाँदी तक पहुँच रखने वाले लोग इन क़ीमती धातुओं का इस्तेमाल पैसे की तरह करने लगे। सोने और चाँदी का आंतरिक मूल्य होता है, जिसका मतलब है कि उनका इस्तेमाल धन के अलावा किसी दूसरी चीज़ के लिए किया जा सकता है, जैसे आभूषण में, यानी सच्चे धन में आंतरिक मूल्य होता था। सच्चे धन को सटीकता से मापा जा सकता था। और सच्चे धन को बरसों तक संग्रह करके रखा जा सकता था। सोना-चाँदी को काफ़ी दूर तक ले जाना भी सुविधाजनक था। टमाटर या अंडे अपने आंतरिक मूल्य को इतने लंबे समय तक क़ायम नहीं रख सकते थे। तेल जैसी दूसरी चीज़ों का आंतरिक मूल्य होता है और इसे नापा भी जा सकता है, लेकिन समस्या यह है कि आप उसे आसानी से अपनी जेब में रखकर नहीं ले जा सकते।

रसीदी धन

जिस व्यक्ति के पास सोना या चाँदी था, उसके लिए यह अक्सर ज़्यादा सुरक्षित था कि वह इसे किसी के पास रख दे, जो इसे सँभाल सके। व्यक्ति सोना-चाँदी किसी तिजोरी वाले व्यक्ति के पास रख देता था और वह व्यक्ति उस सोने-चाँदी की रसीद दे देता था। यह पेपर मनी के सबसे शुरुआती रूपों में से एक था। यह रसीदी धन था।

बरसों तक व्यक्ति सोने-चाँदी के बजाय रसीद अपने पास रखता था और फिर उस रसीद से कोई चीज़ ख़रीद लेता था। रसीद लेने वाला व्यक्ति फिर उस व्यक्ति के पास जा सकता था, जिसके पास सोना-चाँदी रखा था और रसीद देकर क़ीमती धातुओं को ले सकता था।

समय बीतने के साथ मूल्यवान चीज़ों को रखने वाली ये तिज़ोरियाँ आज के आधुनिक बैंक बन गईं। जल्दी ही लोग सोने या चाँदी के बजाय बैंक रसीदों के इस्तेमाल के आदी हो गए। जब तक लोगों को बैंकर पर भरोसा रहता था, लोग काग़ज़ी रसीदों से व्यापार करके ख़ुश थे।

जब मैं बच्चा था, तो अमेरिकी डॉलर रसीदी धन था। इसका मतलब है, जब मैं डॉलर का नोट देखता था, तो उस पर लिखा रहता था, "एक डॉलर धारक को माँग पर देय।" इसका मतलब था कि काग़ज़ के अमेरिकी डॉलर के पीछे एक डॉलर मूल्य की चाँदी थी। आज अमेरिकी डॉलर कहता है, "ईश्वर पर हमें भरोसा है,"

और अमेरिकी ट्रेज़री इसके मूल्य के बारे में यह कहती है : “इन नोटों का अपने आप में कोई मूल्य नहीं है, सिवाय उसके जो इससे ख़रीदा जा सकता है।” दूसरे मायने में, चूँकि वे क़ानूनी विनिमय साधन हैं, इसलिए फ़ेडरल रिजर्व के नोटों को अर्थव्यवस्था की सारी वस्तुओं और सेवाओं से ‘समर्थन’ मिलता है और जैसा हम जानते हैं, अमेरिकी अर्थव्यवस्था की ‘वस्तुओं और सेवाओं’ का मूल्य तेज़ी से कम होता जा रहा है।

आंशिक भंडार

बैंकरों को जल्दी ही अहसास हो गया कि बहुत कम लोग उनकी रसीदों के बदले में सोना-चाँदी माँगते थे। उनके सामने जल्दी ही स्पष्ट हो गया कि उनके पास सोने-चाँदी का जो भंडार था, वे उससे ज़्यादा की रसीदें जारी कर सकते हैं। जल्दी ही बैंकर ज़्यादा रसीदें देने लगे। जब तक लोगों को लगता था कि उनका सोना-चाँदी सुरक्षित है, तब तक सब कुछ ठीक था, लेकिन अगर कभी बैंकों या बैंकों के नोटों में लोगों का विश्वास ख़त्म हुआ, तो लोग बैंक में एक साथ अपना सोना-चाँदी लेने आ जाएँगे। अगर बैंक के पास उस सबको देने के लिए पर्याप्त भंडार नहीं है, तो बैंक डूब जाएगा। यह महामंदी के दौरान सबसे नाटकीय रूप से हुआ। और यह हाल में इंडी मैक (कैलिफ़ोर्निया स्थित एक अमेरिकी बैंक जो 2008 में डूब गया था और जिसे यूनाइटेड स्टेट्स फ़ेडरल डिपॉज़िट इंश्योरेंस कॉर्पोरेशन ने ज़ब्त कर लिया था।) के ढहने में भी हुआ, जो अमेरिकी इतिहास की सबसे बड़ी बैंकिंग असफलताओं में से एक है।

आज अनुमान है कि एक डॉलर की जमा बचत पर बैंक बीस डॉलर उधार देती है। इस सिस्टम को फ्रैक्शनल रिज़र्व सिस्टम यानी आंशिक भंडार प्रणाली कहा जाता है, क्योंकि बैंकों को अपने पास मौजूद डॉलरों के केवल छोटे से अंश को, इस मामले में बीसवें हिस्से को, अपने पास रखने की ज़रूरत होती है। इसके अलावा बैंकर आपके जमा एक डॉलर पर आपको 5 प्रतिशत ब्याज दे सकता है (बशर्ते आप ख़ुशक़िस्मत हों), लेकिन यह उस व्यक्ति से 20 प्रतिशत ब्याज ले सकता है, जिसे यह बीस डॉलर उधार देता है। इसका मतलब है कि एक साल के भीतर बैंक आपको आपके जमा किए हुए एक डॉलर पर पाँच सेंट देता है और यह आपके एक डॉलर पर चार डॉलर कमाता है (20 प्रतिशत X 20 डॉलर)। इसीलिए बैंक का स्वामी बनना इतना लाभदायक होता है - जब तक कि आप मूर्खतापूर्ण लोन न दें, जैसा इंडी मैक ने किया, जो हाउसिंग और क्रेडिट संकट की ओर ले गया।

काग़ज़ी मुद्रा

आज अमेरिकी धन प्रणाली पूरी तरह से काग़ज़ी मुद्रा या फ़िएट है। काग़ज़ी मुद्रा सिर्फ़ एक हुक़्मनामा या स्वेच्छाचारी आदेश है, यानी काग़ज़ी मुद्रा वह धन है, जिसे सरकार आदेश द्वारा उत्पन्न करती है और इसके पीछे कोई मूल्यवान चीज़ नहीं

होती, बल्कि सिर्फ़ सरकार की प्रतिष्ठा होती है। यह इंसानों द्वारा बनाया धन है, जिसका कोई आंतरिक मूल्य नहीं होता। हमारा धन छापने वाला यू.एस. ब्यूरो ऑफ़ एनग्रेविंग चौबीसों घंटे काम कर रहा है और सिर्फ़ धन छापने में हर महीने अठारह टन स्याही का इस्तेमाल कर रहा है, लेकिन अमेरिकी डॉलर का कोई आंतरिक मूल्य नहीं है और चूँकि यह क़र्ज़ पर आधारित है, इसलिए यह दरअसल शून्य से भी कम मूल्यवान है। वास्तव में यह एक दायित्व है। सरकार क़ानून बनाती है, जो आपको इस मानव निर्मित धन को स्वीकार करने के लिए विवश करते हैं। अगर आप इसे स्वीकार नहीं करते हैं, तो आपको दंड दिया जा सकता है। काग़ज़ी मुद्रा तकनीकी दृष्टि से वह नक़ली धन है, जिसे क़ानूनी मान्यता प्राप्त है।

1971 में जब राष्ट्रपति निक्सन ने अमेरिका को स्वर्ण पैमाने से दूर किया, तो अमेरिकी सरकार ने ख़ुद को धन छापने का लाइसेंस दे दिया और काग़ज़ी मुद्रा का प्रयोग करने लगी, जिसका असफल होना तय है – इतिहास में काग़ज़ी मुद्रा के हर दूसरे प्रयोग की तरह।

सरल भाषा में कहें, तो काग़ज़ी मुद्रा काल्पनिक धन है। चूँकि यह काल्पनिक है, इसलिए इसका चित्र देखना मुश्किल होता है और काग़ज़ी मुद्रा की प्रणाली को समझाना बहुत दुविधापूर्ण हो सकता है।

आसान शब्दों में मैं फ़िएट मनी यानी काग़ज़ी मुद्रा को स्पष्ट करने के लिए क्रेडिट कार्ड के उदाहरण का इस्तेमाल करूँगा। जब बैंक आपको क्रेडिट कार्ड भेती है, तो आपके क्रेडिट बैलेंस के नाम पर खाते में तकनीकी दृष्टि से कोई पैसा नहीं होता है। न ही कोई क़र्ज़ होता है। इसलिए अगर आपके पास 10,000 डॉलर का क्रेडिट बैलेंस है, तो इसके पीछे 10,000 डॉलर बैंक में मौजूद नहीं हैं। क्रेडिट कार्ड बस आपके नाम और कुछ संख्याओं वाला प्लास्टिक का टुकड़ा है। जिस पल आप अपने क्रेडिट कार्ड का इस्तेमाल करके स्कूल आपूर्ति के लिए 10 डॉलर का भुगतान करते हैं, उसी पल 10 डॉलर उत्पन्न हो जाते हैं और 10 डॉलर का क़र्ज़ उत्पन्न हो जाता है। उस पल तक कुछ नहीं था, लेकिन जिस पल आप अपने कार्ड को स्वाइप करते हैं, काग़ज़ी मुद्रा जादू से उत्पन्न हो जाती है।

आपमें से जिन लोगों ने *रिच डैड पुअर डैड* पुस्तक पढ़ी है, वे नीचे दिए रेखाचित्र को पहचान सकते हैं :

बैलेंस शीट

संपत्ति	दायित्व
10 डॉलर	10 डॉलर

जिस पल आप अपने क्रेडिट कार्ड का इस्तेमाल करते हैं, आप जादुई रूप से विश्व की अर्थव्यवस्था में 10 डॉलर जोड़ देते हैं। आप 10 डॉलर का दायित्व या क़र्ज़ भी उत्पन्न कर देते हैं, जो उन्हीं 10 डॉलरों को विश्व अर्थव्यवस्था को लौटाने का वादा है।

आज की अर्थव्यवस्था में कोई नहीं चाहता कि आप अपना क़र्ज़ उतारें। अगर आप अपना क़र्ज़ चुका देते हैं, तो धन ग़ायब हो जाएगा। इसीलिए क्रेडिट कार्ड कंपनियाँ कभी नहीं चाहतीं कि आप अपना पैसा लौटाएँ। अगर आप पाँच दिन में 10 डॉलर लौटा देते हैं, तो बैलेंस शीट इस तरह दिखेगी।

बैलेंस शीट

संपत्ति	दायित्व
0 डॉलर	0 डॉलर

बैंक अपने संपत्ति और दायित्व कॉलम में शून्य डॉलर के साथ पैसे नहीं बनाते हैं। तकनीकी दृष्टि से बैंक और क्रेडिट कार्ड कंपनियाँ नक़ली धन का सृजन करती हैं, उसे उधार देती हैं और फिर उस मूल धन पर मिलने वाले ब्याज से पैसे कमाती हैं, जिसे हवा में से उत्पन्न किया गया था। (मैं जानता हूँ कि यह पेचीदा है, इसीलिए ज़्यादातर लोगों को आधुनिक बैंकिंग प्रणाली समझ नहीं आती।)

आइए आपके व्यक्तिगत फ़ाइनैंशियल स्टेटमेंट की तरफ चलते हैं। बैंक यह चाहता है कि आप अपने क्रेडिट कार्ड पर 10 डॉलर ख़र्च करें और यह कर्ज़ कभी न लौटाएँ। वे चाहते हैं कि आप हमेशा ब्याज चुकाते रहें। बैंक यही देखना चाहता है।

आपका फ़ाइनैंशियल स्टेटमेंट :

इनकम स्टेटमेंट

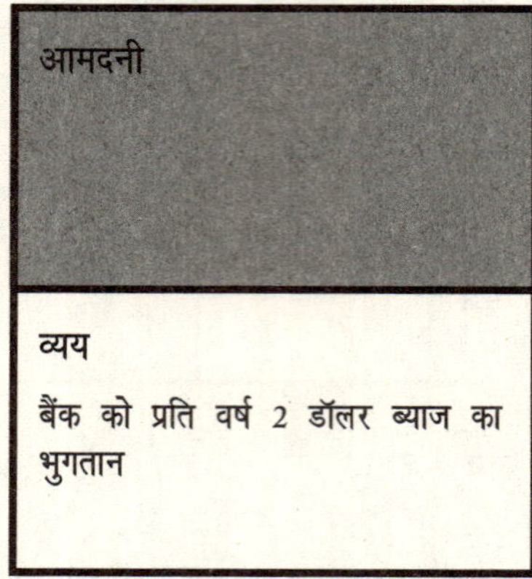

बैलेंस शीट

संपत्ति	दायित्व
	10 डॉलर

इस अवधारणा के बारे में सोचने और समझने के लिए एक पल लें। यह समझना इसलिए मुश्किल है, क्योंकि बैंक के पास दरअसल कभी दस डॉलर थे ही नहीं। जिस पल आपने अपने क्रेडिट कार्ड का इस्तेमाल किया, उसी पल ये 10 डॉलर हवा में से उत्पन्न हुए। बैंक चाहता है कि आप ब्याज चुकाते रहें, इस उदाहरण में 20 प्रतिशत, जब तक कि आप उधार लिए हुए 10 डॉलर न चुका दें (यह वह पैसा है, जिसे बैंक ने हवा में से उत्पन्न किया है)। दूसरे शब्दों में, आधुनिक धन सिर्फ़ क्रेडिट है, एक क़र्ज़ है जिसे चुकाना है। और यह क्रेडिट बस एक स्रोत से दूसरे स्रोत तक पहुँचाया जाता है, जिसके पीछे कोई ठोस आधार नहीं होता।

यह सिस्टम तब तक काम करता है, जब तक उधार देने वाला लगातार ब्याज चुकाता है, लेकिन हाल में इस सबप्राइम मॉर्गेज संकट के दौरान सिस्टम ने काम करना बंद कर दिया, जब सबप्राइम उधार लेने वाले न्यूनतम भुगतान नहीं चुका पाए। जब उधार लेने वाले ने पैसे देना छोड़ दिया, तो संसार का पूरा क्रेडिट सिस्टम ध्वस्त हो गया। दुर्भाग्य से यह समस्या 1971 से पनप रही थी।

क्रेडिट संकट

आज संसार दहशत में काँप रहा है, क्योंकि बैंकर गहरी मुश्किल में हैं। बैंकर दूसरे बैंकों को ख़ुद के लोन नहीं चुका पा रहे हैं। अगर बैंक लोन नहीं देते हैं या अपने लोन नहीं चुका सकते, तो अर्थव्यवस्था गिरने लगती है और लोग मुश्किल में आ जाते हैं। इसीलिए हमारा 75 प्रतिशत आर्थिक विकास उपभोक्ता व्यय का परिणाम है। और चूँकि वर्तमान पीढ़ी की अमेरिकी इतिहास में सबसे बुरी बचत दर है, इसलिए हमारे पास ख़र्च करने के लिए धन उधार लेने का ही तरीक़ा बचता है। अगर उधार मिलना बंद हो जाता है, तो अमेरिकी उपभोक्ता ख़र्च नहीं कर पाएगा। अगर उपभोक्ता ख़र्च करना छोड़ देंगे, तो अर्थव्यवस्था संकट में आ जाएगी। अर्थव्यवस्था के विकास का एकमात्र तरीक़ा यह है कि हम एक बार फिर उधार लेना शुरू करें।

बरसों तक फ़ेडरल रिज़र्व बैंक, विश्व बैंक और आईएमएफ़ सबप्राइम पूरे संसार के देशों, सबप्राइम निवेशकों और सबप्राइम उधार लेने वालों को क्रेडिट कार्ड थमाता रहा है। आज क़र्ज़ की समस्या ट्रिलियनों डॉलर के 'जादुई' पैसे में मापी जाती है - जो हवा में से उत्पन्न हुआ, इस आशा में कि लोग ब्याज चुकाते रहेंगे और ज़्यादा पैसे उधार लेते रहेंगे।

हम सभी ने इस सिस्टम को धीरे-धीरे ढहते हुए देखा। लोभ में अंधे होकर बैंकों और संस्थाओं ने अपने पैमाने इतने नीचे कर दिए कि उन्होंने हर उस किसी को लोन दे दिए, जो बस जीवित हो। जब मैंने शुरू में *इनक्रीज़ युअर फ़ाइनैंशियल आईक्यू* लिखी थी, तब बहुत कम लोग इस समस्या के बारे में बात करते थे, क्योंकि तब यह समस्या छोटी दिखती थी, फिर लोग इसके बारे में हर जगह सुन सकते थे। वही सबप्राइम उधार लेने वाले ब्याज भी नहीं चुका पा रहे थे, जिनकी सेवा करने के लिए बैंकें बहुत आतुर थीं। फलस्वरूप बैंकों को उनके संपत्ति और दायित्व कॉलमों में भारी फेरबदल करना पड़ा, क्योंकि जिस पैसे की उन्हें ब्याज में मिलने की उम्मीद थी, वह सूख गया था। इससे भी बदतर, जिन चीज़ों के लिए उन्होंने पैसे उधार दिया था, वे अब भी उनके स्वामित्व में थीं, लेकिन उनका मूल्य लोन की राशि से बहुत कम था। इसके फलस्वरूप बैंक लोन देने से डर रहे थे, जिससे पूरी अर्थव्यवस्था नीचे घिसट रही थी और करोड़ों अमेरिकियों की जीवनशैली पर विपरीत प्रभाव पड़ रहा था।

लेकिन अमीर इससे परेशान या नुक़सान में था। मध्य वर्ग परेशान था। मध्य वर्ग अब ग़रीबों की श्रेणी में आता जा रहा है। और क्रेडिट संकट की वजह से अमीर ज़्यादा अमीर बन रहे हैं। मेरा मतलब यह है।

असली धन

आज करोड़ों लोग स्वर्ण पैमाने की वापसी का आह्वान कर रहे हैं। दूसरे शब्दों में, वे चाहते हैं कि घड़ी 1971 के पहले जैसी हो जाए। इसे दूसरी तरह से कहें, तो राष्ट्रपति पद के

उम्मीदवार रहे रॉन पॉल जैसे कुछ लोग चाहते हैं कि वे हमें उस समय में ले जाएँ, जब पैसा कमॉडिटी धन होता था।

हालाँकि *यह हो तो सकता* है, लेकिन इसके होने की *उम्मीद* कम है, क्योंकि अगर ऐसा हुआ, तो शायद पूरी वैश्विक आर्थिक प्रणाली ढह जाएगी।

लेकिन घड़ी को दोबारा पलटाने की उम्मीद या इंतज़ार करने के बजाय रिच डैड कंपनी यह मानती है कि यह वित्तीय शिक्षा का समय है। यह उन लोगों के वित्तीय बुद्धि और अंततः वित्तीय आईक्यू को ऊपर उठाने का समय है, जो संपत्तियों और दायित्वों के बीच फ़र्क़ जानना चाहते हैं और जो यह भी जानना चाहते हैं कि उनका ख़ुद का धन कैसे छापें। आज की अर्थव्यवस्था में आपका ज्ञान या आपका वित्तीय आईक्यू ही आपका असली धन है।

लोगों के मुश्किल में होने का मुख्य कारण यह है कि वे दायित्वों को ख़रीदने के लिए क़र्ज़ या उधार लेते हैं, जैसे उनके घर, कार और टेलीविज़न - ऐसे दायित्व जिन पर उन्हें हर महीने ब्याज देना पड़ता है - लेकिन जिनसे कोई आमदनी नहीं होती और प्रायः समय के साथ उनका मूल्य घटता है। ये सामान दरअसल उन्हें ज़्यादा ग़रीब बनाते हैं। दूसरी तरफ, अगर लोग संपत्तियाँ ख़रीदने के लिए उधार लें, तो वे ज़्यादा अमीर बनेंगे, जैसे किराये की जायदाद या आमदनी उत्पन्न करने वाले व्यवसाय।

सोना, चाँदी, तेल और जमीन जैसी कमॉडिटीज़ औद्योगिक युग में असली दौलत प्रदान करती थीं, लेकिन सूचना युग में ये कमॉडिटीज़ अपने आप आपको अमीर नहीं बनाती हैं। इसके बजाय इन कमॉडिटीज़ के बारे में आपके पास जो जानकारी है, वह आपको अमीर बनाती है। सूचना युग में असली दौलत आपकी वित्तीय बुद्धि है। इसे स्पष्ट कर दूँ। आज हम सभी जानते हैं कि हम रियल एस्टेट, शेयरों, सोने, तेल और कंपनियों में निवेश करके पैसे कमा भी सकते हैं और गँवा भी सकते हैं। दूसरे शब्दों में, यह मूर्त संपत्ति नहीं है, जो आपको अमीर बनाती है। आज असली दौलत वित्तीय जानकारी ही नहीं है, यह तो जानकारी पर विचार करने और इसे व्यक्तिगत दौलत में बदलने की वित्तीय बुद्धि है। सूचना युग में आपका वित्तीय आईक्यू ही आपकी असली दौलत है।

धन मुद्रा के रूप में

आपका वित्तीय आईक्यू आपकी असली संपत्ति इसलिए है, क्योंकि अब असली धन जैसी कोई चीज़ बची ही नहीं है। जैसा कि मैंने इस पुस्तक के पहले अध्याय में बताया था, धन अब मुद्रा बन चुका है। और मुद्रा को समझने का सबसे आसान तरीक़ा बिजली का करेंट है। बिजली का करेंट लगातार प्रवाहित होना चाहिए, वरना इसका अस्तित्व समाप्त हो जाएगा। यह तो बस विद्युत को एक स्रोत से दूसरे तक पहुँचाने का साधन है। इसी तरह मुद्रा के रूप में हमारा धन एक संपत्ति से दूसरी संपत्ति की ओर बढ़ना चाहिए, वरना यह भी ख़त्म हो जाएगा।

हालाँकि यह कल्पना करना अच्छा लगता है कि अमेरिकी मुद्रा प्रणाली फिर से स्वर्ण पैमाने की ओर चली जाएगी, जहाँ हमारे धन के पीछे सोने-चाँदी जैसी कोई मूर्त चीज़ होगी, लेकिन सच तो यह है कि हमारे धन के पीछे विश्वास और अच्छी साख

के अलावा कुछ भी नहीं है। देश के रूप में हम अपनी अच्छी साख को खो रहे हैं। इसीलिए डॉलर संसार की दूसरी मुख्य मुद्राओं की तुलना में बहुत गिर गया है।

यानी मूल्यवान हमारा धन नहीं, बल्कि आमदनी उत्पन्न करने वाली संपत्तियाँ हैं, जिन्हें हम धन से ख़रीद सकते हैं। यह अवधारणा समझना आपके वित्तीय आईक्यू को बढ़ाने की दिशा में पहला क़दम है।

दुधारी तलवार

आज की अर्थव्यवस्था में तीन दुधारी तलवारें हैं, जो स्पष्ट करती हैं कि इतने सारे लोग वित्तीय दृष्टि से क्यों संघर्ष कर रहे हैं। वे दुधारी तलवारें इसलिए हैं, क्योंकि हालाँकि वे ज़्यादातर लोगों को ज़्यादा गरीब बनाती हैं, लेकिन वे वित्तीय दृष्टि से स्मार्ट लोगों को ज़्यादा अमीर भी बना सकती हैं। ये हैं :

1. टैक्स
2. ब्याज
3. मुद्रास्फीति

1971 के बाद जब अमेरिका किसी कमॉडिटी के समर्थन के बिना धन छापने लगा, तो लोग ज़्यादा टैक्स देने लगे, ज़्यादा ब्याज देने लगे और मुद्रास्फीति की वजह से चीज़ों के भाव बढ़ गए।

अमीरों के ज़्यादा अमीर बनने का कारण यह है कि वे कम टैक्स देते हैं, वे अच्छे क़र्ज़ और बुरे क़र्ज़ के फ़र्क़ को जानते हैं और मुद्रास्फीति उन्हें ज़्यादा अमीर बनाती है। सबसे महत्त्वपूर्ण बात, अमीर लोग जानते हैं कि क़ानूनन धन कैसे छापा जाए, जिस तरह सरकार छापती है।

मैं स्पष्ट करता हूँ।

टैक्स

अगर आप पैसे की ख़ातिर शारीरिक रूप से काम करते हैं, तो आप टैक्स चुकाएँगे। आप जितनी ज़्यादा मेहनत करते हैं, आप जितने ज़्यादा पैसे कमाते हैं, आप उतना ही ज़्यादा टैक्स देते हैं। चाहे आपको पता हो या न हो, अमेरिकी टैक्स प्रणाली एक खिसकने वाला स्केल है, जो ज़्यादा आमदनी पर ज़्यादा प्रतिशत टैक्स लेता है। इस टैक्स प्रणाली में जो लोग कड़ी मेहनत करते हैं, प्रमोशन लेते हैं और ज़्यादा पैसे बनाते हैं, उन्हें उनकी पहल के लिए एक तरह से दंडित किया जाता है।

अमीर लोग ज़्यादा अमीर इसलिए बनते हैं, क्योंकि वे धन की ख़ातिर काम नहीं करते, बल्कि उनका पैसा उनकी ख़ातिर काम करता है। जैसा कि मैंने इस पूरी पुस्तक में बताया है, मेरे निवेशों से होने वाली निष्क्रिय आमदनी पर कम टैक्स लगता है और मेरे श्रम से होने वाली उपार्जित आमदनी पर ज़्यादा टैक्स लगता

है। मिसाल के तौर पर, अगर मेरा वित्तीय आईक्यू ज़्यादा है, तो मैं अमेरिका में अपने रियल एस्टेट निवेश से होने वाले कैपिटल गेन्स पर शून्य टैक्स दे सकता हूँ। कैपिटल गेन्स पर मैं ज़्यादा से ज़्यादा 20 प्रतिशत टैक्स देता हूँ। मेरी उपार्जित आमदनी पर - कर्मचारी के रूप में उपार्जित आय - 50 प्रतिशत तक टैक्स लगता है। स्पष्ट रूप से मैं तो यही पसंद करूँगा कि मेरा पैसा मेरी ख़ातिर कड़ी मेहनत करे और मुझे कम टैक्स देना पड़े।

ब्याज

1997 में मैंने अपनी पुस्तक *रिच डैड पुअर डैड* में ऐसा कथन लिखा, जो उस वक़्त बहुत क्रांतिकारी या विधर्मी लगा था। मैंने कहा था, "आपका मकान संपत्ति नहीं है।" सत्रहवीं सदी के सेलम, मैसाचुसेट्स में लोग मुझे चुड़ैल मानकर जला सकते थे। विरोध के स्वर गूँजने लगे और लोगों ने मेरे पुतले जलाने की माँग की।

आज जब मैं वही बात कहता हूँ, तो विरोध के स्वर रहस्यमय रूप से ग़ायब हो चुके हैं। ऐसा इसलिए है, क्योंकि अब लोग समझ गए हैं कि उनका मकान एक दायित्व है, क्योंकि यह हमारी जेब में पैसे नहीं डालता है, यह तो सिर्फ़ मॉर्गेज के ब्याज, रखरखाव और प्रॉपर्टी टैक्स के रूप में पैसा हमारी जेब में से निकालता है। आज की तारीख़ में कई मकान तो उनके मूल कर्ज़ की राशि में भी नहीं बिक पा रहे हैं, इसलिए मकान सचमुच एक बड़ा दायित्व बन चुके हैं। वास्तव में वे ऐसे दायित्व बन चुके हैं कि रिकॉर्ड संख्या में लोग अब बस घर छोड़कर दूर जाने लगे हैं। शायद आपने 'जिंगल बेल' सुना होगा? यह कंगाल घर मालिकों का अजीबोग़रीब काम है, जो घर की चाबियाँ डाक से क़र्ज़ देने वाले को भेज रहे हैं और अपने घर छोड़कर जा रहे हैं। जब मैंने *इनक्रीज़ युअर फ़ाइनैंशियल आईक्यू* लिखी, उस साल नीलामी के दावे *121 प्रतिशत* ज़्यादा हुए तथा उनके और ऊपर चढ़ने की उम्मीद है।

कई लोग घर को अपना सबसे बड़ा निवेश मानते हैं और आसान ऋण के दौर में कई लोगों के लिए यह इतना बड़ा निवेश था कि वे उसका ख़र्च नहीं उठा सकते थे, लेकिन कई का तर्क था कि अपनी सीमा से ज़्यादा महँगे मकान ख़रीदना इसलिए तर्कसंगत है, क्योंकि "मकान के भाव हमेशा ऊपर जाते हैं।" अब आप देख सकते हैं कि मकान संपत्ति नहीं है। यह तो एक दायित्व है।

इसके अलावा, अमीरों के ज़्यादा अमीर बनने का एक कारण यह है कि वे अच्छे क़र्ज़ और बुरे कर्ज़ के फ़र्क़ को जानते हैं। बुरा क़र्ज़ वह है, जिसके लिए आप पैसे देते हैं। बुरा क़र्ज़ आपको ज़्यादा ग़रीब बनाता है। हाउस लोन आपको ज़्यादा ग़रीब बनाता है, क्योंकि आप उस पर ब्याज देते हैं। अगर आपके पास कार लोन, स्कूल लोन और क्रेडिट कार्ड लोन भी हैं, तो आपकी बहुत सारी आमदनी तो ब्याज चुकाने में ही चली जाती है।

दूसरी ओर, अच्छा क़र्ज़ वह है जिसकी ख़ातिर कोई दूसरा पैसे देता है। अच्छा क़र्ज़ आपको ज़्यादा अमीर बनाता है। मिसाल के तौर पर, जब मैं कोई अपार्टमेंट हाउस ख़रीदता हूँ, तो मैं मिलियनों डॉलर उधार ले सकता हूँ, जिस पर लाखों डॉलर का ब्याज लगता है, लेकिन मुख्य फ़र्क़ यह है कि क़िस्त, ब्याज और संचालन व्यय मेरे किरायेदार चुकाते हैं - जबकि सारी आमदनी मुझे होती है। इस उदाहरण में, मेरे अच्छे क़र्ज़ का ब्याज मैं नहीं चुकाता हूँ, इसलिए दरअसल यह मुझे ज़्यादा अमीर बनाता है।

मुद्रास्फीति

सभी दुधारी तलवारों में मुद्रास्फीति सबसे बुरी है, क्योंकि यह छिपी होती है। चूँकि यह छिपी होती है, इसलिए ज़्यादातर लोग इसके बारे में जागरूक नहीं होते या उन्हें सिर्फ़ अस्पष्ट अंदाज़ा होता है कि मुद्रास्फीति उनका पैसा कैसे चुराती है। यह छिपे हुए टैक्स की तरह काम करती है।

मुद्रास्फीति अमेरिकी फ़ेडरल रिजर्व बैंक के नोट छापने के लाइसेंस की वजह से उत्पन्न होती है, जो अक्सर शासकीय व्यय का सीधा परिणाम होता है। मुद्रास्फीति भाव बढ़ने से उत्पन्न नहीं होती है। मुद्रास्फीति आपके धन की क्रय शक्ति के कम होने से उत्पन्न होती है। मुद्रास्फीति किसी व्यक्ति के श्रम और बचत के मूल्य को कम कर देती है।

इसीलिए धन के नए नियमों के संदर्भ में काग़ज़ी धन की मुद्रा की अवधारणा को समझना बहुत महत्त्वपूर्ण है। नए नियमों के तहत आप जो डॉलर बचाते हैं, उनका मूल्य कम हो जाता है। सरकार ज़्यादा नोट छापकर अर्थव्यवस्था में डाल देगी। जब भी सरकार ज़्यादा नोट छापती है, तो यह दरअसल अमेरिकी नागरिक से "चुरा" रही है। ऐसा इसलिए है, क्योंकि अर्थव्यवस्था में वस्तुओं की संख्या समान है, लेकिन अब ज़्यादा डॉलर उनका पीछा कर रहे हैं। यानी उन्हें ख़रीदने के लिए ज़्यादा डॉलरों की ज़रूरत होती है। आसान नियम यह है कि किसी प्रॉडक्ट का पीछा जितने ज़्यादा डॉलर करते हैं, भाव उतना ही ज़्यादा होगा। 5 डॉलर प्रति गैलन पर गैसोलीन इसका अच्छा उदाहरण है।

जब मैं यह लिख रहा हूँ, तो मुद्रास्फीति छब्बीस साल के सर्वोच्च बिंदु पर है। मुद्रास्फीति के साथ समस्या बदतर ही होगी। सरकार ने उन चीज़ों का भुगतान करने के वादे किए हैं, जिनके लिए इसके पास पैसे नहीं हैं। मेडिकेयर और सोशल सिक्युरिटी दीर्घकालीन समस्याएँ हैं। ये स्पष्ट हैं और कई लोग पहले से ही जानते हैं कि वे सरकार और भावी आर्थिक स्वास्थ्य के लिए समस्या हैं।

ज़्यादा हाल के वादे भी हैं, जिन्हें कई लोग पूरी तरह नहीं समझ पाए हैं। जैसे यह कि सरकार बड़े कॉर्पोरेशनों को दिवालिया होने से बचाने की कोशिश कर रही है, जैसे बियर स्टर्न्स, फ़ैनी मे और फ्रेडी मैक। सरकार के ऐसे काम बड़े कॉर्पोरेशनों

को सहारा देते हैं, लेकिन ये दरअसल अमेरिकी नागरिकों से 'चुराते' हैं। ये कंपनियाँ अपनी ग़लतियों की क़ीमत नहीं चुकाती हैं। इसके बजाय उन्हें टैक्स देने वाले के पैसों से बचाया जाता है। मिसाल के तौर पर, संसद ने 26 जुलाई 2008 को हाउसिंग बिल पारित किया, जो अमेरिकी ट्रेज़री से फ़ैनी और फ्रेडी को 2.25 अरब डॉलर की क्रेडिट लाइन यानी साख देता है। यह घर की नीलामी का सामना करने वाले लोगों के मॉर्गेज दोबारा फ़ाइनैंस करने के लिए शासन-समर्थित एफ़एचए लोन के लिए भी 300 अरब डॉलर उपलब्ध कराता है। विडंबना यह है कि जो लोग बैंक को उनका पैसा चुकाना गवारा नहीं कर सकते, अब उन्हीं से सरकार को और ज़्यादा पैसे देने को कहा जाएगा। जब एफ़एचए लोन की नीलामी होगी, तो बिल अमेरिका के करदाता चुकाएँगे। यह हर एक के लिए हार का सौदा है - ज़ाहिर है, उन कॉर्पोरेशनों को छोड़कर, जिन्हें मुश्किल से निकाला गया है। देखें कि इससे किसी कॉर्पोरेशन के फ़ाइनैंशियल स्टेटमेंट में किस तरह मदद मिलती है। यह इस तरह दिखेगा :

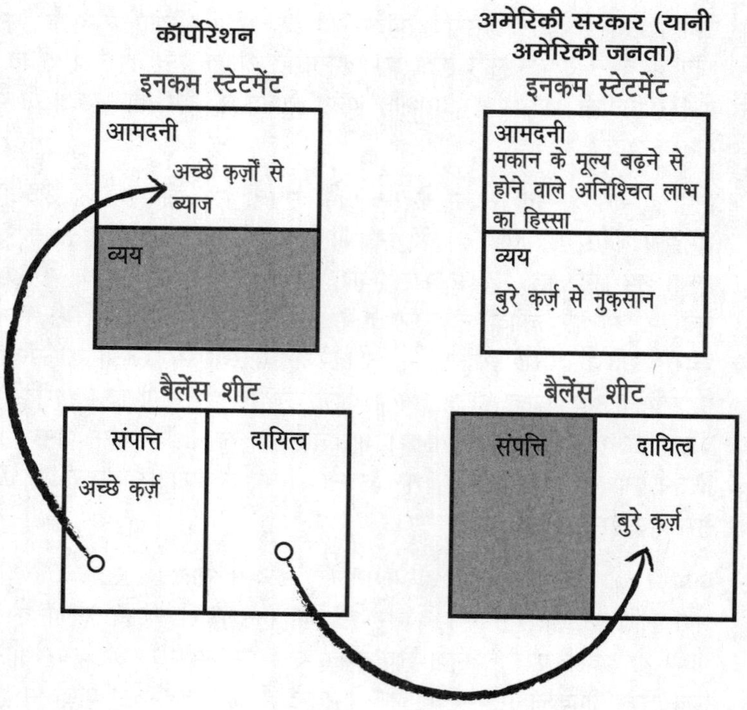

दूसरी तरफ़, अमेरिकी सरकार यानी अमेरिकी जनता का फ़ाइनैंशियल स्टेटमेंट इस तरह दिखेगा :

इनकम स्टेटमेंट

आमदनी
मकान के मूल्य बढ़ने से होने वाले अनिश्चित लाभ का हिस्सा

व्यय
बुरे क़र्ज़ों से होने वाला नुक़सान

बैलेंस शीट

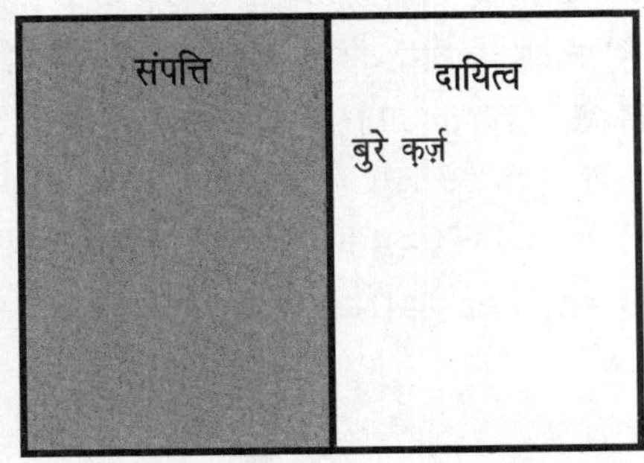

बहरहाल, हाउसिंग बिल पर हुए विचार-विमर्श में यह तथ्य लगभग खो गया है कि इसमें एक प्रावधान है, जिससे सरकार अमेरिकी क़र्ज़ को *10.6 ट्रिलियन डॉलर* तक बढ़ा सकती है। कारण यह है कि हाउसिंग बिल योजनाओं या बड़े कॉर्पोरेशनों को बचाने के लिए भुगतान देने के वास्ते सरकार के पास धन नहीं है। इसके बजाय, फ़ेड ज़्यादा नोट छापकर ये क़र्ज़ चुका सकती है, जिससे मुद्रास्फीति बढ़ेगी। इस तरह अमेरिकी करदाता न सिर्फ़ टैक्स के ज़रिये इन योजनाओं के लिए पैसे देंगे, बल्कि वे मुद्रास्फीति के छिपे हुए टैक्स के ज़रिये भी क़ीमत चुकाएँगे, क्योंकि इससे डॉलर का मूल्य कम हो जाता है। इसीलिए पैसे बचाना घाटे का सौदा होता है। इसके बजाय आपको तो वह करना चाहिए, जो अमीर लोग करते हैं : आपको मुद्रास्फीति से फ़ायदा उठाना चाहिए।

अमीर लोग मुद्रास्फीति से फ़ायदा कैसे उठाते हैं? वे धन का इस्तेमाल करके ऐसी संपत्तियाँ ख़रीदते हैं, जो न सिर्फ़ कैशफ़्लो प्रदान करती हैं, बल्कि मुद्रास्फीति से लाभ भी पहुँचाती हैं। मिसाल के तौर पर, मुद्रास्फीति होने पर मैं अपनी रियल एस्टेट पर किराया बढ़ा सकता हूँ। अगर किराया बढ़ता है, तो मेरी जायदाद का मूल्य भी बढ़ जाता है। मुद्रास्फीति की वजह से मेरी जायदाद की रिप्लेसमेंट कॉस्ट भी बढ़ जाती है, जो अपार्टमेंट हाउस ख़रीदने या नया बनाने के भाव का फ़र्क़ होता है। इसके अलावा मैं तेल में निवेश करता हूँ और

जब भी तेल के भाव बढ़ते हैं, तो मैं ज़्यादा कमाता हूँ। ये उदाहरण बताते हैं कि मुद्रास्फीति मुझे ज़्यादा अमीर कैसे बनाती है।

रेंटल रियल एस्टेट और तेल में निवेश करने का अतिरिक्त लाभ यह है कि मुझे सरकार से टैक्स में कुछ छूटें और लाभ मिलते हैं। रियल एस्टेट में *डिप्रिसिएशन* बहुत बड़ा टैक्स लाभ है। डिप्रिसिएशन के ज़रिये मैं कई वर्षों तक अपने टैक्स रिटर्न में अपनी संपत्तियों के मूल्य का निश्चित हिस्सा घटा सकता हूँ। इससे मुझे मदद मिलती है, क्योंकि मेरी जेब से कोई पैसा नहीं गया है, लेकिन फिर भी सरकार इसे मेरे इनकम स्टेटमेंट में घाटा मानती है, जिससे मेरा टैक्स बचता है। मुझे तेल की ड्रिलिंग के लिए टैक्स प्रोत्साहन मिलते हैं और रिफ़ाइनरी को तेल बेचने पर भी टैक्स में छूट मिलती है। जब मैं तेल बेचता हूँ, तो मुझे *डिप्लीशन* यानी रिक्तीकरण के लिए टैक्स छूट मिलती है, जो कई मायनों में रियल एस्टेट के *डिप्रिसिएशन* से मिलता-जुलता है।

जैसा इन उदाहरणों से स्पष्ट होता है, टैक्स, ब्याज और मुद्रास्फीति ज़्यादातर लोगों को ज़्यादा ग़रीब बनाते हैं, लेकिन वित्तीय दृष्टि से बुद्धिमान लोगों के मामले में टैक्स, ब्याज और मुद्रास्फीति दरअसल उन्हें ज़्यादा अमीर बना सकते हैं। आम तौर पर फ़र्क़ कैशफ़्लो क्वाड्रैंट के रेखाचित्र में पाया जाता है, जिसे मैं पहले ही अध्याय दो में विस्तार से स्पष्ट कर चुका हूँ और जिसके बारे में आप मेरी पुस्तक *कैशफ़्लो क्वाड्रैंट* में ज़्यादा सीख सकते हैं।

कैशफ़्लो क्वाड्रैंट के अक्षरों का अर्थ यह है :

- ई यानी कर्मचारी।
- एस यानी छोटा व्यवसाय, सेल्फ़-एम्प्लॉयड या विशेषज्ञ, जैसे डॉक्टर, प्लंबर या सेल्फ़-एम्प्लॉयड व्यक्ति।
- बी यानी बड़े उद्यमी, जो 500 से अधिक कर्मचारियों वाली कंपनियाँ बनाते हैं।
- आई यानी निवेशक।

टैक्स, ब्याज और मुद्रास्फीति से जिन लोगों को नुक़सान पहुँचता है, आम तौर पर वे क्वाड्रैंट के ई और एस वाले हिस्से में रहते हैं।

अमीर लोग ज़्यादा अमीर क्यों बनते हैं, इसका मुख्य कारण यह है कि वे धन के नए नियमों को समझते हैं, जिन्हें अगले खंड में स्पष्ट किया गया है।

धन छापने का लाइसेंस

जैसा हम ज़िक्र कर चुके हैं, 1971 के बाद अमेरिका को क़ानूनी रूप से धन छापने की अनुमति मिल गई। अमेरिकी डॉलर अब सोने-चाँदी के बंधन से मुक्त हो गया था।

1971 में अमेरिकी फ़ेडरल रिजर्व बैंक ने - जो न तो अमेरिकी है, न ही फ़ेडरल है, जिसके पास तकनीकी दृष्टि से कोई रिजर्व नहीं है और जो दरअसल बैंक नहीं है - को सरकार ने अमेरिकी मुद्रा छापने का अधिकार दे दिया, हालाँकि फ़ेड के पास रिज़र्व नहीं होता, लेकिन इसके पास प्रिंटिंग प्रेस है। फ़ेड को यह अनुमति है कि यह संसार को डॉलरों से भर दे, जिसे जादुई धन, फ़िएट मनी या मुद्रा कहा जाता है, हालाँकि इससे संसार को थोड़ा फ़ायदा हुआ, जैसे कई देशों के जीवनस्तर बढ़े और कई लोग अमीर बने, लेकिन इससे बहुत से लोग ज़्यादा ग़रीब भी बने, क्योंकि उन्हें न सिर्फ़ ज़्यादा मेहनत करनी पड़ी, बल्कि अंततः उन्होंने कम पैसा भी कमाया। उन्होंने कम पैसा इसलिए कमाया, क्योंकि उन्हें टैक्स, ब्याज और मुद्रास्फीति में ज़्यादा देना पड़ा।

सच्चे पूँजीवादी तंत्र में कोई मुद्रास्फीति नहीं होनी चाहिए। सच्चे पूँजीवादी तंत्र में भाव घटने चाहिए और उत्पादकता बढ़नी चाहिए। मिसाल के तौर पर, आज कंप्यूटरों की लागत कम है, लेकिन वे ज़्यादा काम करते हैं। यह पूँजीवाद के सही तरीक़े से काम करने का उदाहरण है। भाव बढ़ने का एक कारण यह है कि अकार्यकुशल समाजवादी सरकारें करती कम हैं और इनकी लागतें महँगी होती हैं। और जब बैंकों और सरकारी अधिकारियों ने हमारी धन आपूर्ति पर क़ब्ज़ा कर लिया, तो इससे लागतें बढ़ गईं, क्योंकि धन की क्रय शक्ति कम हो गई।

इस अजीब धन यानी मुद्रा के तंत्र को हराने के लिए अमीर डैडी ने मुझसे कहा था, "अगर सरकार के पास धन छापने का लाइसेंस है, तो तुम्हें भी अपना ख़ुद का धन छापना सीखना चाहिए।" नीचे कुछ उदाहरण दिए जा रहे हैं कि मैं यह काम कैसे करता हूँ।

रियल एस्टेट

अपने रियल एस्टेट करियर की शुरुआत में जब हाउसिंग बाज़ार का चक्र ऊपर जा रहा था, तो मैं 1,00,000 डॉलर वाला मकान ख़रीदने के लिए अपने वित्तीय आईक्यू का इस्तेमाल करता था। मैं इसे तुरंत ही एक बुरे क़र्ज़ वाले व्यक्ति को 1,20,000 डॉलर में बेच दिया करता था, जिसे बैंक लोन नहीं मिल सकता था। इस तरह मैं उस व्यक्ति को मकान और लोन दोनों दे देता था। ऐसा करके मैंने तुरंत ही 20,000 डॉलर बना लेता था, जो पहले मौजूद नहीं थे। दरअसल, मैं नहीं चाहता था कि वह व्यक्ति कभी अपने मकान का पूरा लोन चुकाए। जिस तरह क्रेडिट कार्ड कंपनी चाहती है कि आप सिर्फ़ न्यूनतम भुगतान करते रहें, उसी तरह मैं भी लोन पर ब्याज का भुगतान चाहता था। अगर मेरी ब्याज दर 10 प्रतिशत थी, तो मैं उस 20,000

डॉलर पर ब्याज में 2,000 डॉलर प्रति वर्ष कमाता, जिन्हें मैंने हवा में से उत्पन्न किया था। सबसे अच्छी बात, जायदाद के रख-रखाव के सारे ख़र्च नया मालिक करता था।

जैसा कि मैंने ज़िक्र किया था, जो लोग इस तरह की रियल एस्टेट ख़रीदते थे, वे आम तौर पर ऐसे लोग होते थे, जिनके पास डाउन पेमेंट के लिए पर्याप्त पैसे नहीं थे या जो पारंपरिक मॉर्गेज के लिए पात्र नहीं हो सकते थे, लेकिन यह मेरे लिए जीत-जीत स्थिति थी, ख़ास तौर पर जब मुद्रास्फीति के कारण मकान के भाव बढ़ रहे थे। घटते रियल एस्टेट बाज़ार में इस रणनीति का इस्तेमाल करना शायद अच्छा विचार नहीं होगा। इस उदाहरण में अगर मकान का भाव घटकर 80,000 डॉलर हो जाता, तो मैं वित्तीय दृष्टि से घाटे में रहता। मैं इसका इस्तेमाल सिर्फ़ एक उदाहरण के रूप में कर रहा हूँ कि मैंने रियल एस्टेट में अपना पैसा क़ानूनी रूप से कैसे छापा।

एक बार फिर, इससे सिर्फ़ यह पता चलता है कि धन या आपकी संपत्तियाँ आपकी सच्ची दौलत नहीं हैं। इसके बजाय धन की कार्यविधि का ज्ञान आपको धन उत्पन्न करने की अनुमति देता है, जब अवसर सामने आते हैं। आर्थिक परिस्थितियाँ हमेशा बदलती रहती हैं, लेकिन उच्च वित्तीय आईक्यू वाला व्यक्ति हर तरह की परिस्थिति में आसानी से अमीर बन सकता है।

पुस्तक लिखना

जब मैं पुस्तक लिखता हूँ, तो मैं दरअसल धन छाप रहा होता हूँ। मैं पुस्तक एक बार लिखता हूँ और फिर इसे प्रकाशित करने के अधिकार का लाइसेंस पूरे संसार के लगभग साठ प्रकाशकों को दे देता हूँ। हर तिमाही में प्रकाशक बिकी हुई पुस्तकों की संख्या के आधार पर मुझे रॉयल्टी देते हैं। मेरा आगे कुछ ख़र्च नहीं होता और बरसों तक सिर्फ़ शुद्ध आमदनी होती है। पुस्तक लिखना धन छापने का लाइसेंस है। अगर मेरी पुस्तक की करोड़ों प्रतियाँ बिकती हैं, तो मैं करोड़ों डॉलर कमा सकता हूँ।

अपने व्यवसाय के शेयर बेचना

धन छापने का एक और तरीक़ा यह है कि व्यवसाय बनाएँ और उस व्यवसाय के शेयर आईपीओ के ज़रिये बेच दें, जिसे इनिशियल पब्लिक ऑफ़रिंग कहा जाता है। सार्वजनिक कंपनी के शेयर आम तौर पर शेयर बाज़ारों के माध्यम से बेचे जाते हैं जैसे न्यू यॉर्क की वॉल स्ट्रीट, टोक्यो का निक्केई, और लंदन व टोरेंटो के स्टॉक एक्सचेंज।

हाल के वर्षों में बीस साल के लड़के अरबपति बन गए हैं और इसी तरह से बने हैं। उन्होंने पहले माइक्रोसॉफ़्ट, ऐपल और गूगल जैसी कंपनियाँ बनाईं और फिर उनके शेयर जनता को बेचे। इन युवा उद्यमियों ने 'अपना ख़ुद का धन छापा'।

व्यक्तिगत तौर पर मैंने दो कंपनियों को सार्वजनिक किया है, जो ऐपल या गूगल जितनी मशहूर या धनाढ्य नहीं थीं, फिर भी मैंने किसी दूसरे की कंपनी के शेयर ख़रीदकर बेचने के बजाय अपनी कंपनी के शेयर बेचकर धन छापना सीखा। मेरा एक अच्छा मित्र पचास साल से ज़्यादा समय से वेंचर कैपिटेलिस्ट है। वह हमेशा कहता है, "अमीर लोग शेयर नहीं ख़रीदते हैं, वे तो शेयर बेचते हैं।" अमीर लोग कंपनियाँ बनाते हैं और फिर उनके शेयर निवेशकों को बेच देते हैं। यह क़ानूनी रूप से धन छापना है।

अपने व्यवसाय के फ्रैंचाइज़ी बनाना

रिच डैड को सार्वजनिक करने के बजाय मैंने फ्रैंचाइज़ी सिस्टम के ज़रिये व्यवसाय को फैलाकर क़ानूनी रूप से धन छापने का निर्णय लिया। मैकडॉनल्ड्स सबसे मशहूर फ्रैंचाइज़ी है और उस जैसा फ्रैंचाइज़ी सिस्टम बनाना क़ानूनी रूप से धन छापने का एक और तरीक़ा है। जब मैं अपने व्यवसाय के फ्रैंचाइज़ी बनाता हूँ, तो मैं उद्यमियों को रिच डैड ब्रांड के तहत काम करने का लाइसेंस देता हूँ। बदले में वे मुझे फ़ीस देते हैं और रिच डैड कंपनी के साथ मुनाफ़ा बाँटते हैं। रिच डैड फ्रैंचाइज़ी को संसार भर में फैलते देखें। जब रिच डैड फ्रैंचाइज़ी विश्वव्यापी हो जाएगा, तो मैं इसे आईपीओ के ज़रिये सार्वजनिक कर सकता हूँ और एक बार फिर क़ानूनन ज़्यादा धन छाप सकता हूँ।

कंपनी को सार्वजनिक करने या व्यवसाय के फ्रैंचाइज़ी बनाने के विचार मुझे इस कारण पसंद हैं, क्योंकि ये मेरे व्यवसाय से उत्पन्न दौलत को बाँटने के तरीक़े हैं। न सिर्फ़ मैं हवा में से पैसे बनाता हूँ, बल्कि मैं रिच डैड ब्रांड का लाभ लेकर उद्यमियों को भी ऐसा करने का अवसर देता हूँ।

ख़ुद में निवेश करें : आजीवन शिक्षा

इस पुस्तक और दरअसल रिच डैड कंपनी का उद्देश्य आपको यह सिखाना नहीं है कि अमीर बनने के लिए क्या करना है। 'क्या करना है' सारे समय बदलता रहता है। इसके बजाय मेरा व्यक्तिगत मिशन आपको वित्तीय दृष्टि से बुद्धिमान बनाना है। मेरा लक्ष्य यह है कि आप धन के नए नियम जान लें, ताकि जब धन उत्पन्न करने का अवसर आपके सामने आए, तो आप इतने स्मार्ट हों कि इसे तुरंत पहचान लें। मेरा लक्ष्य आपके वित्तीय आईक्यू को बढ़ाना है।

अमीर बनने के लिए आपको धन के संदर्भ में दौलत के बारे में सोचना छोड़ना होगा। धन तो आपकी सच्ची दौलत का सह-उत्पाद है - जो आपका वित्तीय आईक्यू है। कई लोग धन के पुराने नियमों के तहत पैसे बनाने में माहिर थे। उन नियमों के तहत धन कमाना कहीं ज़्यादा आसान था, क्योंकि आपको तो इसके लिए बस कड़ी मेहनत करनी थी, बचत करनी थी और पारंपरिक तरीक़े से निवेश करना था। आज अगर आपके पास उच्च वित्तीय

आईक्यू नहीं है, तो धन बनाना और उसे रोककर रखना काफ़ी मुश्किल है। इसीलिए अमीरों और ग़रीबों के बीच की खाई कम होने के बजाय बढ़ रही है। इसीलिए मध्य वर्ग मिटता जा रहा है।

अगर आपको इस पर यक़ीन नहीं है कि धन के नियम बदल गए हैं, तो आपका भविष्य उज्ज्वल नहीं है। अगर आप अब भी सोचते हैं कि कड़ी मेहनत करना, अपने पैसे बचाना और म्यूचुअल फ़ंड्स के अच्छी तरह डाइवर्सिफ़ाइड पोर्टफ़ोलियो में निवेश करना स्मार्टनेस है, तो आपका ज़्यादा ग़रीब बनना तय है।

आप यह पुस्तक पढ़ रहे हैं, सिर्फ़ इसी बात से मुझे यह विश्वास है कि आप इस तरीक़े से नहीं सोचते। मैं आपको वित्तीय आईक्यू बढ़ाने के लिए मेहनत करने को प्रोत्साहित करता हूँ। मैं आपको शिक्षा की आजीवन आदत डालने के लिए भी प्रोत्साहित करता हूँ। वित्तीय दृष्टि से बुद्धिमान व्यक्ति के पास हमेशा सीखने के लिए कुछ होगा, क्योंकि सुलझाने के लिए हमेशा एक नई समस्या रहेगी। और जैसा आप अब जानते हैं, हर सुलझाई गई नई समस्या आपकी संपत्ति वाले कॉलम में डिपॉज़िट है, क्योंकि आप अपनी दौलत के सच्चे स्रोत- अपने वित्तीय आईक्यू - को निरंतर बढ़ा रहे हैं।

मैं आपसे इस पुस्तक के अध्याय दस पर गंभीरता से मनन करने का आग्रह करता हूँ। विचार करें कि किस तरह आप अपनी वित्तीय बुद्धि बढ़ा सकते हैं और धन संबंधी ज्ञान को बढ़ा सकते हैं। ख़ुद को अपने से ज़्यादा स्मार्ट लोगों से घेर लें और ज़्यादा से ज़्यादा मार्गदर्शक खोज लें। मार्गदर्शक की मेरी परिभाषा सरल है : जो पहले से वहाँ हो, जहाँ आप पहुँचना चाहते हैं। यह समझ लें कि एक बार जब आपकी समझ और आपका क़द आपके मार्गदर्शकों जितना हो जाएगा, तो आप न सिर्फ़ उनके प्रति आजीवन कृतज्ञ रहेंगे, बल्कि आप नए मार्गदर्शक खोजने का काम करने के लिए प्रेरित भी होंगे, जो आपको और ज़्यादा आगे ले जाने में मदद कर सकते हैं।

शिक्षा के बेहतरीन स्रोत के रूप में मैं रिच डैड्स एज्युकेशन की अनुशंसा करता हूँ, जो रिच डैड कंपनी की व्हिटनी इनफ़ॉर्मेशन नेटवर्क के साथ साझेदारी है। इसके कार्यक्रम पूरे अमेरिका में उपलब्ध हैं और वे सचमुच प्रगतिशील हैं। इसके कार्यक्रमों के ज़रिये आपको गुणवत्तापूर्ण निर्देश और मार्गदर्शन मिलेगा। यह आपके वित्तीय आईक्यू को बढ़ाने के लिए एक अनिवार्य साधन है। रिच डैड्स एज्युकेशन के बारे में ज़्यादा जानने के लिए आप richdadeducation.com पर जा सकते हैं।

निष्कर्ष में मैं आपसे नीचे लिखी बातें याद करने का आग्रह करता हूँ :

- 1971 में धन के नियम बदल गए थे। कड़ी मेहनत करने, बचत करने और स्टॉक्स, बॉन्ड्स तथा म्यूचुअल फ़ंड्स के अच्छी तरह डाइवर्सिफ़ाइड पोर्टफ़ोलियो में निवेश करने के पुराने नियम मर चुके हैं और अगर आप उन पर चलते हैं, तो आप ज़्यादा ग़रीब बनेंगे।
- अब डॉलरों के पीछे कोई गारंटी नहीं है। इसलिए आपका वित्तीय आईक्यू ही आपका सच्चा धन है। आपका वित्तीय आईक्यू ही आपको अमीर बनाएगा।

- टैक्स, ब्याज और मुद्रास्फीति आपको ग़रीब या अमीर बना सकते हैं : सब कुछ आपके वित्तीय आईक्यू पर निर्भर करता है।

मैं गारंटी देता हूँ कि यदि आप जीवन को सीखने वाला रोमांचक अभियान बना लेते हैं और अपने वित्तीय आईक्यू को बढ़ाने के लगातार प्रयास करते हैं, तो दौलत आपकी राह में अवश्य आएगी। इस पुस्तक को पढ़ने के लिए एक बार फिर धन्यवाद! रोमांचक यात्रा का आनंद लें!

लेखक के बारे में

रॉबर्ट कियोसाकी अंतरराष्ट्रीय बेस्टसेलर *रिच डैड पुअर डैड* के लेखक हैं, जो छह वर्षों तक *न्यू यॉर्क टाइम्स* बेस्टसेलर रही। वे निवेशक, उद्यमी और शिक्षाविद् हैं, जिनके धन और निवेश संबंधी दृष्टिकोण अक्सर पारंपरिक बुद्धिमत्ता के विपरीत जाते हैं। रॉबर्ट ने सीधी बात, नई सोच और साहस की प्रतिष्ठा अर्जित की है। वे वित्तीय शिक्षा के जोशीले और मुखर समर्थक हैं। उन्होंने लगभग अकेले ही धन के बारे में संसार भर के करोड़ों लोगों की सोच को चुनौती दी और उनके दृष्टिकोण को बदला।

रिच डैड पुअर डैड सार्वकालिक बेस्टसेलिंग पर्सनल फ़ाइनैंस पुस्तक है और यह *बिज़नेसवीक, वॉल स्ट्रीट जर्नल* और *यूएसए टुडे* की बेस्टसेलर सूचियों में रही है। इसे दो साल तक लगातार *'यूएसए टुडेज़ #1 मनी बुक'* का ख़िताब मिला।

51 भाषाओं में प्रकाशित और 109 देशों में उपलब्ध रिच डैड सीरीज़ की पूरे संसार में 2.7 करोड़ से अधिक प्रतियाँ बिक चुकी हैं। ये एशिया, ऑस्ट्रेलिया, दक्षिण अमेरिका, मेक्सिको और यूरोप की बेस्टसेलर सूचियों में अग्रणी रही हैं। 2005 में रॉबर्ट को एमेज़ॉन डॉट कॉम के हॉल ऑफ़ फ़ेम में शीर्षस्थ 25 लेखकों में शामिल किया गया। वर्तमान में रिच डैड सीरीज़ में 13 पुस्तकें हैं।

रॉबर्ट याहू! फ़ाइनैंस के लिए पाक्षिक कॉलम 'व्हाई द रिच आर गेटिंग रिचर' लिखते हैं और एंटरप्रेन्योर मैग्ज़ीन के लिए 'रिच रिटर्न्स' मासिक कॉलम लिखते हैं।

हवाई में पैदा हुए और पले-बढ़े रॉबर्ट कियोसाकी चौथी पीढ़ी के जापानी-अमेरिकी हैं। न्यू यॉर्क में कॉलेज की पढ़ाई पूरी करने के बाद रॉबर्ट मरीन कॉर्प में चले गए और उन्होंने अफ़सर तथा हेलिकॉप्टर गनशिप पायलट के रूप में वियतनाम में सेवा की। युद्ध के बाद रॉबर्ट ज़ेरॉक्स कॉर्पोरेशन में सेल्स का काम करने लगे और 1977 में उन्होंने एक कंपनी शुरू की, जिसने बाज़ार में पहले नायलॉन और वेलक्रो 'सर्फ़र वॉलेट्स' उतारे। उन्होंने 1985 में एक अंतरराष्ट्रीय शिक्षण कंपनी की स्थापना की, जिसने पूरे संसार के लाखों विद्यार्थियों को व्यवसाय और निवेश करना सिखाया। 1994 में रॉबर्ट ने अपना व्यवसाय बेच दिया और अपने निवेशों के ज़रिये 47 साल की उम्र में रिटायर हो गए। अपने संक्षिप्त रिटायरमेंट में उन्होंने *रिच डैड पुअर डैड* लिखी।

अनुवादक के बारे में

डॉ. सुधीर दीक्षित ने 225 से अधिक विभिन्न प्रकार की पुस्तकों का अनुवाद किया है, जिनमें *हैरी पॉटर सीरीज, द सीक्रेट, रिच डैड पुअर डैड, 7 हैबिट्स ऑफ़ हाइली इफेक्टिव पीपल, हाउ टु विन फ्रेंड्स, द पावर ऑफ़ पॉजिटिव थिंकिंग, द पावर ऑफ़ युअर सबकॉन्शस माइंड* और *थिंक एंड ग्रो रिच* जैसी कालजयी पुस्तकें शामिल हैं।

उन्होंने ने मशहूर बेस्टसेलर 'टाइम मैनेजमेंट' सहित 7 मौलिक पुस्तकें लिखी हैं तथा उनकी पुस्तकों का अन्य भाषाओं में अनुवाद भी हो चुका है। डॉ. दीक्षित ने पीएससी (प्रोफेसर) परीक्षा में अंग्रेजी साहित्य की प्रावीण्य सूची में प्रथम स्थान अर्जित किया था। वर्तमान में वे शासकीय नर्मदा महाविद्यालय, नर्मदापुरम (म.प्र) में अंग्रेजी साहित्य के प्रोफ़ेसर हैं। उनसे sdixit123@gmail.com पर ईमेल द्वारा संपर्क किया जा सकता है।